夢道華山

夢道華山

全球道教與現代靈性的困境

宗樹人（David A. Palmer）、史來家（Elijah Siegler）著
龍飛俊、祝逸雯、石麗、晏可佳 譯
晏可佳、孫嘉玥、傅紅芬 校

香港大學出版社
香港薄扶林道香港大學
https://hkupress.hku.hk

ISBN 978-988-8805-73-0（平裝）

10 9 8 7 6 5 4 3 2 1

亨泰印刷有限公司承印

目錄

圖表目錄

插圖

列表

鳴謝

我們是在2004年夏於四川青城山和周邊地區開始此項研究的，在此後的十九年間，我們欠下的感謝也堆積得像高山一樣了。

我們要誠摯地感謝我們所在的機構於過去十二年間給予我們時間和資助——史來家所在的查爾斯頓學院宗教學系、宗樹人所在的倫敦政治經濟學院社會學系、法國遠東學院，以及香港大學（社會學系和香港人文社會研究所）。我們要感謝我們的系主任：查爾斯頓學院的歐文（Lee Irwin）和傑肯（Zeff Bjerken）、倫敦政治經濟學院的羅斯（Nikolas Rose）、香港大學的黎樂琪（Karen Laidler）和呂大樂、法國遠東學院的傅飛嵐（Franciscus Verellen）所長、香港人文社會研究所的梁其姿所長，以及香港大學社會科學院院長卜約翰（John Burns）的支持和鼓勵。本書宗樹人所著大部分內容分別於2013年夏得到台灣國家科學基金會資助，在台灣元智大學中國語文學系撰寫；又於2014年夏得到新加坡國立大學亞洲研究所的學術資助，終於殺青。我們要分別感謝鍾雲鶯和杜贊奇（Prasenjit Duara）接待並且提供了良好的寫作環境。同樣，查爾斯頓學院和香港大學也支持我們相互訪學——2010年史來家在香港大學，2013年宗樹人在查爾斯頓學院講課。

我們要感謝我們的學生，這些年來他們閱讀、評論我們的書稿。2015年宗樹人秋季研究生班的學生——張瑋龍、劉清、劉釗、彭橋楊、李恬美（Temily Tavangar）和維尼格（Fabian Winiger）——閱讀了全部書稿，提出了特別詳盡的評論和建議。宗樹人的研究助理謝孟謙和鄧西里在編輯過程中也給予了彌足珍貴的幫助。

在過去的幾年裡，我們在世界各地的不同場合與會議上檢驗我們的想法。我們要感謝謝爾茲（David Mark Shields）、亨弗里 - 布魯克斯（Steve Humphries-Brooks）、陳進國、盧雲峰、范筆德（Peter van der Veer）、麥高登（Gordon Mathews）和裴凝（Benjamin Penny），他們分別邀請我們去賓夕法尼亞州的巴克內爾大學、紐約的漢密爾頓學院、中國社會科學院、北京大學和普朗克多元宗教和民族研究所（德國哥廷根）、香港人類學會，以及澳洲國立大學演講；感謝伊維德（Wilt Idema）、夏龍（Glenn Shive）、高萬桑（Vincent Goossaert）、柯群英（K. E. Kuah-Pearce）、孔麗維（Livia Kohn）、梁永佳、傅飛嵐和蓋建民邀請我們分別在有關亞洲研究（ICAS，上海，2005年）、現代道教（哈佛，2006年）、中國宗教生活（法國遠東學院和香港中文大學，2006年）、全真道（加州大學伯克利分校，2007年）、處在十字路口的亞洲遺產（香港大學，2007年）、道教研究（香港教育學院，2007年，以及羅耀拉馬利蒙特大學，2010年）、中國宗教與民族（新加坡國立大學，2011年）、道教生活（法國遠東學院和法國國立高等實驗研究學院，歐蘇瓦，2015年），以及四川大學道教和宗教研究所第十三屆年會（青城山，2015年）等國際會議上宣讀我們的書稿。

本書部分內容此前在《新宗教》（*Nova Religio*）、《民族》（*Ethnos*）和《遠亞學報》（*Cahiers d'Extrême-Asie*）等雜誌，以及加利福尼亞大學出版社、加州大學伯克利分校東亞研究所著作中出版；[1] 我們感謝編輯和出版社惠允那些文章在此重刊。

我們還要感謝芝加哥大學出版社尼爾森（Priya Nelson）和香港大學出版社 Michael Duckworth 和容啟聰的耐心與熱情，感謝三位匿名評審人仔細的批判性審讀。

我倆自1984年高中時代就已經是好朋友、合作者了，我們一起寫作本書似乎是這種合作關係的自然延續（更多細節請參考本書附錄）。我們2010年在新奧爾良舉辦的美國人類學學會（由莫達夫〔David Mozina〕和伊蓮娜〔Elena Valussi〕主持的一個小組討論）、2013年在巴爾的摩舉辦的美國宗教學會年會

---

1. 史來家，〈返璞歸真〉（"Back to the Pristine"）和〈超越現代性的道教〉（"Daoism beyond Modernity"）；宗樹人，〈跨國的神聖化〉（"Transnational Sacralizations"）和〈「華山的全球化道教〉（"Globalizing Daoism at Huashan"）；以及史來家和宗樹人，〈美國療癒之道〉（"Healing Tao USA"）。

上，同台報告研究進展；我們2004年在華山、2005年在泰國清邁，以及2013年在北卡羅萊納的阿什維爾一起做訪談。我們在香港的一座屋頂花園、成都和查爾斯頓的幾家餐廳、北京的一家酒店邋遢的大院，以及多倫多一處樹影婆娑的後院裡一起寫作和討論。這些工作佔用了我們與家人一起的時間，我們不光欠他們一聲謝謝——對於家人，我們處處都有所虧欠。

原著出版後不久，譯者即聯繫本人，有意將其翻譯為中文，並先後聯繫過多家出版社，至今終於修成正果。感謝這些年來朋友們所提供的種種幫助和支持。在此我們衷心感謝譯者晏可佳、龍飛俊、祝逸雯、石麗，是他們的專業和努力讓這本中文譯本得以問世，同樣的感謝致以對此譯本進行編輯和校對的晏可佳、孫嘉玥、傅紅芬和謝偉強。

最後，本書若沒有研究對象的積極參與是不可能問世的。多謝所有中國夢道之旅的參與者、各位道士、謝明德（Mantak Chia）、孔麗維、約翰遜（Mark Johnson），以及胡、郝、黑和濮各位道長。

我們尤其要感謝三位重要的主角——陳宇明、康思奇（Louis Komjathy）和麥考文（Michael Winn）。感謝他們對本研究項目全面而熱心的支持，同意我們參與他們的修行活動、課程和演講，並耐心而坦誠地接受我們幾乎沒完沒了的訪談，花費的時間數不勝數。這種熱心支持尤其表現在他們閱讀完《夢道華山》的全部書稿後所給予的詳細評論；我們將他們許多充滿洞見的答覆吸收進了本書的終稿。當然，對於書中遺留的任何錯謬，我們要承擔全部的責任。

為此，我們謹將《夢道華山》獻給我們的朋友陳宇明、康思奇和麥考文。我們希望準確地講述了你們的故事，表達了你們的觀點，即使你們不完全贊同我們得出的結論。

宗樹人、史來家

於中國香港

2023年

一、對象

庚申夜，華山山麓下的玉泉院通常閉門謝客，道觀裡只留下舉行禮斗儀式的道士，他們聚集在供奉內丹祖師陳摶的主殿中誦經。然而，2006年5月30日那一晚，這樣的場景發生了變化。在陳摶像的兩邊，八位身著深藍色道袍、頭戴黑色道冠的道士背朝道觀的中庭，跟隨著中空木魚敲擊出的輕柔節奏，莊嚴地念誦《北斗經》，他們雙手持朝板，恭敬虔誠，時而鞠躬，時而跪拜，時而站立。夜幕降臨，大殿中的微弱燈光僅能照亮部分中庭，映射出變幻於動靜之間的裊裊香煙。庭院中間的圓形大香爐周圍能隱約見到人形，一些做著整齊的拉伸和收縮活動，另一些則是隨意運動。還有一些人坐在台階上打坐，有的盤著蓮花腿，有的將膝蓋抬到胸部，散落在小小的院落中。一對年輕夫婦擁抱著彼此，他們的神思就像雲氣一般交織在一起，昏暗中的靜寂不時被道士莊嚴的念誦聲和沉悶的敲擊聲打斷。

這些人來自美洲和歐洲，共三十人，正在練習氣功、太極、內丹冥想、瑜伽，或只是坐在那裡。他們中間有來自墨西哥的武術教師、西雅圖的蘇菲愛好者、多倫多的風水顧問、科羅拉多的薩滿、土耳其的治療師等，還有一些或熱情、或疲憊不堪的年輕人、銀行家、腦科學家、幾位退休人士、法國葡萄園主。他們都是「中國夢道之旅」（China Dream Trip）的參與者，這是由「美國療癒之道」（Healing Tao USA）組織的一次道教聖地之旅，該團體主要在美國提供打坐、治療和身體技術等道家活動課程與工作坊。

在內壇裡，道士站成一排，面向南方，誦經、鞠躬；在外院，夢道者（Dream Trippers）向著不同方向，操練和打坐，多數人面向北方：這兩組人背向對方，在他們自己的世界裡，進行著各自的儀式。不過，他們又能夠感受到對方的存在，以及雙方對「道」的追求，有意識地形成了一種共享。儀式結束後，道士將西瓜和香蕉等供果分發給外國團員。那一晚並沒有什麼交流，但是大家都能察覺到一絲相互之間和平交融的感覺。

從西安出發，搭乘兩個小時的旅遊巴士，經過陝西中部滿是塵土的黃土平原，見到從土地中猛然突起而南下的連綿山脈，就像是一道分隔了中國北部和南部的界牆，夢道者終於抵達目的地。這些山脈的頂點便是華山，其高聳的峭壁就像是一支花柄，支撐著從中間球狀物中冒出來的一圈山峰，後者好似花瓣一樣，因此它被命名為「華山」。

「中國夢道之旅」每兩年活動一次。在華山，參與者用一週時間登山，在隱蔽的洞穴裡打坐，向道士和洞裡的隱士學習道教修行功法。在2004年的那場旅行中，他們還坐車去了西邊五百英里左右的樓觀台，旅行團的領隊麥考文（Michael Winn, 1951–）稱讚那裡充滿了「強烈的靈性震撼」。據傳，二千五百年前，聖人老子在樓觀台傳授《道德經》，隨後隱跡於崑崙。

就在夢道者到達樓觀台賓館，整棟樓裡充斥著英語之際，一對已在那裡留宿了一晚的美國夫婦關上房門，整理行李，退房，匆匆離開了賓館。他們也是來中國道教聖地進行一場靈性之旅的人，卻顯然不想和麥考文的「夢道之旅」有任何瓜葛。康思奇（1971–）最近獲得了宗教學博士學位；其有關道教全真派早期歷史的博士論文，一部五百五十頁的巨著即將出版，[1] 他將在各種修行傳統的比較研究方面的教學和研究做出重要學術貢獻。他的伴侶，唐鄉恩（Kathryn "Kate" Townsend, 1962–）是一位道教和中醫的長期實踐者，有自己的中醫私人診所。厭倦了美國主流道教的膚淺和商業氣息，他們來到中國，參加一次道教研究的大型會議，接著去重要的道教聖地朝聖。他們要在這裡尋找中國古老靈性傳統的本真表現——而不是和一群美國「靈性旅遊者」碰頭。

聽過我們對華山道士的描述後，康思奇和唐鄉恩夫婦就動身前往玉泉院。到達道觀後，他們與二當家陳宇明（1969–）坐下喝茶，兩天前，他剛剛送走夢道者。康思奇向陳道長強調，他與「美國療癒之道」不同。這位年輕的修道學者（scholar-practitioner）向同樣年輕的道長抱怨，在西方不存在真正的道教，那些夢道者正是「所謂的美國道教」徹底誤入歧途的一個絕佳例子。與

1. 康思奇，《修真》（*Cultivating Perfection*）。

他們相反，他希望提高自身的道教修煉，確定自己對道教是否有了本真的連接。他們還討論了以派系（lineage）與受籙（ordination）判定道教徒身份和歸屬的問題，康思奇也問及如何在美國建立和發展「本真的道教」，尤其是植根於派系和傳統的道教。

「我假裝不懂。」幾個月後，陳宇明告訴我們，[2] 他不太贊同康思奇的提議。「我認為，我們並不需要太留意道教的這些外在形式。康思奇想把器帶回去，這是對的，但是不能過於死板：器的作用只是盛水。而另一方面，麥考文想取水，卻不要裝水的器。結果，他也握不住水。」[3]

本書就是探討道教之「水」的跨國流轉，蔓延到國界之外，同時，也向其傳統的制度之「器」回流。本書涉及在中國和美國兩地用此「水」「澆灌」（cultivate）自己的人們，以及他們的相遇、互滲和挪用（appropriation）。用麥考文回應我們研究計劃的話說：本書「在半空中抓住它。你是說，『嘿，這裡有挪用的情況。當出現實際的挪用行為時，我們就記錄下來，相反的再挪用也記錄下來』」。[4] 本書反映了這些相遇、流動和挪用所引起的焦慮——我們稱之為一個現代的、全球性的靈性運動的「困境」，它既拒斥又反哺它與地方傳統、它們的聖地、傳統祖師，和已經破碎的制度容器的連接——提出令人苦惱的有關本真性和權威性的問題。對於一個正在經歷全球化的本土傳統如道教而言，跨國流轉如何在個人層面和集體層面改變靈性實踐、本真性和權威性的意義？

* * *

本書研究了兩組道教修行者在一個共同的聖地的相遇，他們分別來自大不相同的文化和宗教背景。中國道士與夢道者都具備道教身體修煉和打坐的修行體驗，但就其獲得「道教」體驗的社會軌跡和環境背景而言，他們生活在全然不同的世界裡面。在他們的人生軌跡和靈性修煉的過程中，這兩組人曾經親身或象徵性地在華山上、道觀中、山洞裡和山道上不期而遇。在華山

2. 為了便於閱讀，我們使用第一人稱的複數形式，同時表示本書兩位合著者中的一位或兩位。參見附錄。
3. 2004年8月10日，華山，宗樹人對陳宇明的訪談。
4. 2010年12月22日，北卡羅萊納州阿什維爾，史來家對麥考文的訪談。

上，他們經過了那些對他們的「靈性之路」、他們的「路」和他們的「道」而言有意義的或「有力量的」地點。

對於出家的中國全真派道士來說，華山是一個充滿著神聖歷史的地方：它位列中國五嶽，乃一處主要的道教洞天，道教內丹秘傳譜系裡的重要地點，也是古今道士雲遊整個中國，從一個道觀去另一個道觀的中繼站。對陳道長而言，華山是他師父的精神故鄉，也是他自己達到法定年齡當上道士、遇仙的地方——但是，他感覺這裡已經變成了一個令人感到壓抑的地方，科層制度、政治和誹謗摧毀了這裡的靈性氛圍。

對於那些來自海外的靈性旅行者來說，華山是中國夢道之旅行程單上的一站，該旅行團由一頭紅髮的美國人麥考文組織，他曾經做過非洲戰地記者，教過昆達里尼瑜伽（kundalini yoga），自1980年代初期開始，成為謝明德的學生和親密夥伴。謝明德是泰籍華裔，西方最知名道教身體修煉功法導師之一。麥考文的組織「美國療癒之道」，主要提供統稱為「氣功」的訓練項目，其中涵蓋各種輕柔呼吸、身心操練的傳統。夢道之旅的行程囊括了觀光和購物，以及在主要的道教宮觀裡和山嶽上練習氣功和打坐。多半的國際團員都不太了解這些地方的地理、歷史和宗教意義，也沒什麼興趣去了解：對他們而言，這些山嶽就是通過氣功修行產生具身體驗的空間，可以跟過去無名道教隱士和修煉者留下的強大能量印記發生連接。

另一方面，對修道學者康思奇來說，華山是一個重要的道教聖地，也是其個人入道之旅的一個關鍵中繼站。在他的道教派系和傳承中，亦即在本真的中國傳統和他自己意圖在遙遠的美國成立一個「基於傳統的」道教修行和機構的計劃之間，存在著既珍貴又危險的連接，這是關鍵環節之一。

中國道士和西方的靈性追求者、修道學者的這些相遇，乃是道教「回歸全球化」（return globalization）[5]的重要時刻——美國化的道教修行者遇見了該傳統的本土倡導者。20世紀，中國的本土宗教突破了自身的中國文化母體，遠播北美和歐洲，在另類的靈性運動、自然健康實踐和專業學術的世界裡找到了歸宿。本書研究的正是道教全球化的一個重要時刻：道教隨著中國師父們的移民傳播到海外，一種美國化的道教現在又回傳到中國，形成了一個完

5. 弗勒於斯塔（Kathinka Frøystad），〈回歸之路〉（“The Return Path”）。社會學家開始小規模但越來越多地研究西方的新興宗教運動挪用並實踐亞洲宗教傳統，而本書則是調查西方修道者回到亞洲的起源地，並與亞洲修道者真實相遇的首個研究。

美的循環。這是道教變得真正「全球化」的重要時刻——經過向不同國家的對外傳播和文化適應之後，一個全新的階段開始了——一個成熟中的西方道教又回到了中國，並不僅僅是尋根，更給道教的故土帶回了一些新的東西，經過幾十年的革命和改革，這片故土也經歷了深刻的變化。[6] 近年來，這些具有「重要時刻」特徵的相遇越來越頻繁，西方人到達中國，逗留時間長短不一，在不同程度上致力於研究、實踐和推動道教。其中，「道教氣功」之旅最易被察覺，影響最大：由十至四十個人組成國際團體，主要是但不限於西方人，其組織者是那些活躍於東方靈性實踐和體驗市場裡小規模但正在不斷增長的「道教」圈的協會和企業。這些肇始於21世紀初的參訪活動正在變得頻繁起來，現在大部分美國道教組織都提供這種活動。[7]

隨著中國和海外各地的修行者、道士、學者和訪問者之間的流轉，導致這些跨國空間產生的相遇也在倍增。我們2004年開始本書的研究時，這種成倍增長的相遇已變得越發明顯。每一次聯繫都發生在各自獨立的時空之中，將中國和國外不同的道教徒網絡連接在了一起。沒有兩次相遇是相同的，我們在本書中所描繪的相遇也不能代表全部。然而，正是這些日漸頻繁的相遇——跨國道教話語和實踐的地方化空間的增加——最終將創造出全球道教更加清晰的輪廓。

這些相遇如何改變主角？當「西方修道者」回到道教在中國的「根」，遇見「真正的」中國道士的時候，發生了什麼？這種相遇會改變他們嗎？會改變中國道士嗎？關於在後現代的條件下尋求靈性，這些相遇能夠告訴我們什麼？通過它們，中國和西方的靈性及宗教史互相交織、衝突和滲透——揭示了在全球化世界裡尋求靈性本真性的矛盾與兩難。即使中國和美國道教徒修行來自同一個傳統的相同或相近功法，他們做的是同一件事嗎？他們是走在同一條道上嗎？他們通向的是同一個「道」嗎？這些都是本書將要探討的一些問題。

---

6. 參見宗樹人和劉迅（Liu Xun）主編，《20世紀的道教》（*Daoism in the Twentieth Century*）。
7. 史來家，〈歐美社會中的中國傳統〉（“Chinese Traditions in Euro-American Society”）、〈返璞歸真〉和〈超越現代性的道教〉。

(一) 靈性主體的形成：靈性人類學

我們的道教徒所參與的事情，在現代語境下，通常稱為「靈性實踐」或「靈性」。就像無數其他人一樣，在多種語境和傳統下，他們形成了自己的**靈性主體**——超越這個直接物質性和可視性的世界領域，是有意識、會反思的行為體。[8] 本研究將致力於探索人們是如何通過他們的修行、體驗、旅行和軌跡、相遇、對話，以及加入社會團體、網絡和機構，形成靈性主體的。這都是某一種類型的主體被「建構」或「培養」的過程——一個參與本體論上轉變過程的主體，發現或實現其超越平凡肉身的本質，生活在一個超越感官世界的宇宙裡，並與之互動、感應。

當代西方的常見觀點喜歡將靈性與宗教對立起來，「靈性」植根於內在的、主體的經驗，而「宗教」建立於外在的體制、儀式和教義之上。然而，這種話語忽略了**靈性**（spirituality）這個術語和概念正是產生於中世紀天主教高度體制化和宗教化的語境中；[9] 同時，在我們定義靈性時，靈性主體形成的規訓存在於多種文化和宗教背景裡——中國道教的修行制度也是其中之一。通過本書中所描述的那些相遇，尋求道教靈性的不同路徑，既彼此面對又彼此質疑，同時，又彼此連接成為全球網絡，由此影響雙向的流動。

在本研究中，我們希望致力於從人類學的路徑，對靈性主體的形成開展研究。可以從比較靈性人類學的角度，提出以下問題：人們通過什麼形式的

8. 我們使用的術語「靈性的主體建構」（spiritual subject formation）來自阿爾都塞（Louis Althusser）的作品，他探討了主體結構與意識形態的關係。「『主體』這個術語極度模糊不清，它既暗示著（1）一種自由的主觀性，主動權的中心，行動的發起人和責任者；也暗示著（2）一種服從的存在，屈服於更高的權威，因此被剝奪了所有的自由，除了接受屈服的自由。」周越（Adam Yuet Chau）曾將這個理論運用在中國宗教實踐的研究中，提出了「宗教主體化」（religious subjectification）的概念。我們在這裡所用的「靈性的主體建構」無疑是宗教主體化的一種形式，但並不必須與外部存在的人物、教義或文本有關係——我們所說的通常能被更主觀地經驗到，感覺是從一個不可見的、預知的、充滿能量的或靈性的領域直接散發出來的；這個「靈性」領域也許並不像阿爾都塞分析的「意識形態國家機器」（state ideological apparatus）或「基督教意識形態」（Christian religious ideology）那樣清晰和嚴格。我們從阿爾都塞那裡吸取的關鍵點是主體、傳喚、自由和協調之間的關係互動。參見阿爾都塞，〈意識形態和意識形態國家機器〉（"Ideology and Ideological State Apparatuses"）；周越，〈宗教主體化〉（"Religious Subjectification"）。
9. 索利尼亞克（Aimé Solignac）和杜佩（Michel Dupuy），〈靈性〉（"Spiritualité"）。

知識、實踐和社會關係形成靈性主體？靈性主體如何影響知識、實踐和社會關係？靈性主體形成的不同方法，會產生什麼樣的主體？這些方法構成了周越所稱的做宗教的「個人–修煉模式」:「這種模式以對自我修煉和轉變有長期的興趣為先決條件……這種轉變和修煉在每種宗教傳統中的目的是不同的：道教是要成仙，佛教是轉世到更好的人家或達到涅槃，儒家則是要成為一個仁者或是接近聖人。不過，對自身本體狀態和命運的關注，卻是它們的共同之處，有點類似於福柯（Michel Foucault）的『關注自我』(care of the self)。換言之，這種模式的實踐方式提供的是『關於自我的技術』(technologies of the self)。」[10]

福柯從理論上說明了「關於自我的技術」:「人們那些有意圖和自願的行為，不僅為自己設立了行為準則，也同時在尋求改變他們自己，轉變為非凡的存在，將他們的生命打造成一件作品，既具有某種美學價值，也符合一定的格式標準。」[11] 在此引起我們興趣的這些修行作為「靈性的技術」，旨在超越對一個人生活的外在的、美學的或風格的養成：它們追求的是實現修行者自身本體論上的轉變。正如康思奇所提出的，這是「轉變的技術」，「目的在於促進和引起一場本體身份的變化，從馴化的存在變成覺醒的存在」[12]——從對日常生活不加思考的自我，轉變為努力去感知、經驗或邂逅靈性的、神聖的或終極實在的自我。

康思奇在其對早期全真傳統的研究中，列舉了以下幾種類型的宗教訓練方法：「(1) 倫理的；(2) 滌罪的；(3) 冥想的；(4) 禁慾的；(5) 膳食的、衛生的；(6) 睡眠的（入睡／夢）；(7) 內丹的；(8) 吐納的；(9) 體操的（廣義上的理解）；以及 (10) 儀式的。」[13] 所有這些方法均見於道教傳統，在討論修行方式時，使用一系列術語：法、功、煉、術、行和修。[14] 這些技術構成了「自我養成」(self-cultivation)[15] 的方法，福柯定義為「一種態度，一種行為模式；它融入生活方式之中；逐步形成常規、慣例和規則，人們會對之進行反

---

10. 周越，〈做宗教的模式〉(“Modalities of Doing Religion”)，第72頁。
11. 福柯，《快感的運用》(*The Use of Pleasure*)，第10–11頁。
12. 康思奇，《修真》，第25頁。
13. 康思奇，《修真》，第74–75頁。
14. 康思奇，《修真》，第72頁。
15. 譯者注：self-cultivation，我們在本書中直譯為「自我養成」，cultivation，在涉及道教時，翻譯為「修煉」；相應地，「cultivator」也翻譯為「修煉者」。

省、養成、完善和訓練。因此，它開始成為一種社會實踐，個人之間的相互關係、交流和交往，甚至有時連機構也由此而形成。最後，還會產生一定模式的知識，發展出一門學問」。[16] 自我養成的方法使得個人走上本體論上轉變的道路，但是，無論這些道路的體驗和闡釋如何私人化，無論它們的個人或社會解放的目標如何具有超越性，它們都是在社會上建構、解釋和實行的。它們源自於又催生出傳統、派系、機構和有組織的知識系統。這些傳統、實踐和知識體系引導著人們「具備一整套連貫的性情」，藉著這種性情，根據與非人的、神聖的或靈性的他者之間的關係，自我在這個世界尋找著自己的定位，這構成了人類學家夏德斯（Thomas Csordas）所謂的「神聖的自我」。[17]

夢道者和中國道士所實踐和探討的道教內丹、打坐和氣功等功法，一般而言，就是英語學術文獻中所說的「自我養成」的技術。不過，那個養成的「自我」是指什麼呢？這個術語是否預設自我——就如許多希臘和西方思想傳統和流行文化所假設的——是一個有限的本體論實體，是東方主義靈性尋找的對象？著名的天主教神秘主義者、亞洲靈性運動推廣者默頓（Thomas Merton）説到：「對我而言，成為聖徒就是成為我自己。因此，成聖和拯救的問題其實就是找尋我是誰，以及發現真正的自我的問題。」[18] 然而，這些技術在中國道教術語裡被稱為「修煉」（cultivation and refinement），形容為一個轉化的過程，第一個「修」字暗示著漸漸進入正軌，有條不紊，而第二個「煉」字令人聯想到烹飪和煉丹爐裡的礦物元素的轉化。這個中文術語並沒有將「自我」作為實踐的開端、終結或最終目的。如果要將這些技術置於「自我養成」、「關注自我」或「關於自我的技術」等主題中，我們只能將自我看作是一個過程，而不是一個實體或目標。在梅洛-龐蒂（Maurice Merleau-Ponty）、夏德斯和英戈爾德（Tim Ingold）的研究基礎上，我們明白了那個被養成的自我就是一個在世界中具身（embodied）的定位過程。[19] 這個定位涉及對具身的狀態、環境、社會交往和力量的認知——所有這些都有助於自我的形成。

---

16. 福柯，《快感的運用》，第44–45頁。
17. 夏德斯，《神聖的自我》（*The Sacred Self*），第24頁。
18. 艾爾斯伯格（Robert Ellsberg）編，《現代靈性大師》（*Modern Spiritual Masters*），第11頁，轉引自戈特利布（Roger S. Gottlieb），《靈性》（*Spirituality*），第7頁。
19. 梅洛-龐蒂，《知覺現象學》（*Phenomenology of Perception*）；夏德斯，《神聖的自我》；英戈爾德，《對環境的感知》（*The Perception of the Environment*）。

一般而言，美國的靈性追求者可以說是在「實體自我」(ontological individualism) 框架下開始他們的追求和實踐的，靈性的追求就是發現、培養和表達一個人自己的「深度的自我」(deep self)；另一方面，道教的修煉則建立在一個「天人感應」(cosmological attunement) 的過程中，靈性追求身心的動態結構和力量與相應的社會和宇宙的動態結構和力量之間的和諧。如果說夢道者的自我養成發生了從實體自我到天人感應的轉變，那麼這個轉變的程度有多大？這些路徑究竟能在多大程度上脫離它們的文化母體，由對相關的文化知識或經驗知之甚少，甚至無知的人來具現？當這兩種靈性主體形成的路徑相遇或重疊時，將會發生什麼？這種相互滲透意味著什麼？

當人們把自己打造成靈性主體，在他們的人生軌跡中推行時，他們就在與所遇見的力量之間形成的關係中找到了自己的位置和方向。諸多宗教傳統的話語和實踐，當然也包括道教傳統，特別描述了我們所處的身體的、環境的、宇宙的和靈性的力量，但是對修行者如何順應或抵抗各種社會和文化力量，以及他們與那些力量之間的互動，雖然有所涉及，卻語焉不詳。這些力量也會有助於靈性主體的形成；修行者也在自覺或不自覺地促成再生或改變那些社會和文化力量。在道教修行開始進入西方世界時，那裡並非一個真空：它們進入的是一個存在著高度競爭的關於身體、健康和靈性的西方文化場域；在這個場域裡，它們可能與某些其他話語和實踐相似，又可能和另一些相抵觸。

事實上，在西方，道教經常被其修行者和擁護者明確定義為站在主流教堂型基督宗教的對立面，他們貶抑後者是壓迫的、教條的、儀式的、家長制的，與身體、自然和性的關係是不健康的。更含蓄地說，道教是與世俗的笛卡兒主義或「機械論」世界觀相對的，後者在身與心、人與自然之間作了二元劃分。相反，道教的理念和實踐與各種獲得健康、治療和靈性的「整全」方法相提並論，無論它們源自西方玄秘傳統、東方宗教哲學，還是美國本土薩滿教；修行者通常周旋於瑜伽、太極、薩滿教的致幻劑膜拜團體 (shamanic peyote cults)、天使通靈 (angel channeling) 和藏傳佛教之間。在這種場域裡，道教的修煉活動似乎是當代西方靈性運動的精粹：一條建基在對個人身體及其能量的內在探索之上的道路，聚焦於主體的體驗，而不是道德戒律（它甚至提供了提高性生活品質的方法！），可以由個人單獨實踐，不用依靠團體。人們可以通過一系列理性化的技術，而不是對宗教教條的信仰來完成。儀式或組織也不是必需的。它的重要經典《道德經》既與女性的、整全的和生態的觀念有聯繫，對傳統權威也是一種破壞。還有什麼修行方式比它更適合一個超級個人主義的（hyperindividualistic）後現代西方世界的靈性感受力呢？

然而，這些實踐活動早在二千五百多年前業已在中國出現，其發展所在的宗教場域充斥著朝廷中央和地方社會之間，儒家、佛教和道教等正典傳統之間，以及齋醮傳統和救世運動之間的動態張力。[20] 通過與該場域的各種元素互動，道教傳統已經累積了旨在打造靈性主題的由知識、實踐和社會關係等等構成的一個巨大儲藏所。

不過，這些模式與更大範圍的文化和社會活動、體制和環境深深交織在一起。在不同的文化背景下，道教修行會形成哪些類型的靈性主體呢？靈性修行從一種文化環境遷移到另一種文化環境，會引起什麼樣的後果？來自不同文化背景的修行者是否會成為近似的靈性主體？當他們遇見彼此時，會發生什麼？目前流傳於西方的形式是在中國發展並完善起來的，它們經歷了與宗法的、專制的文化長達幾個世紀的相互作用，毫不誇張地說，這種文化與將它們恭迎入美國、出生於嬰兒潮那一代人的個人主義文化幾乎沒有共同之處。在引入西方社會的過程之中，這些技術以及實踐的環境無疑已被改變——就像在近代中國，經過了一個多世紀的改革和現代化，它們也發生了變化。正如任何其他活的傳統一樣，從一開始，它們就在不斷地被革新和重新詮釋。道教文化的元素被選擇性地採用，以適應新的社會和文化環境，創造出某些新的東西。

個體的體驗和路徑從來都無法完全脱離集體軌跡，亦即社會和文化歷史。我們所遇見的美國靈性旅行者和中國道士都行走在各自的旅程之中，但他們同時又是一條漫長的集體軌跡，繼承、推進著歷史，而歷史正體現在他們對技術、經驗、詮釋和生命敘事的取向之中。因此，從中美道教徒的相遇中，我們覺察到了兩種關注自我的歷史、兩種靈性歷史經由道教靈性功法的傳承而相遇——這種相遇具體體現在互不相干的個人之間的交集。然而，每條集體軌跡的走向，都是由中美兩國歷史記憶和當代社會文化動力的分量所決定。這些軌跡會趨於合，還是趨於分呢？

---

20. 參見楊慶堃（C. K. Yang），《中國社會中的宗教》（*Religion in Chinese Society*）。

(二) 靈性的流轉

在本書裡，我們將在這場相遇中產生交集的軌跡譜系，看作是亞洲和西方之間的文化、宗教和靈性之流持續的「相互影響的歷史」[21] 或「流轉的歷史」。[22] 這些軌跡的交集促成了我們稱之為「全球道教」的出現。宗教的全球化並非一個新過程，僅舉其中兩例：一千多年前，絲綢之路的商路也是佛教傳播和轉型的路徑；五百年前，橫跨大西洋的商路傳播並改變了非洲的宗教和基督教。但是，對於道教而言，這是一個相對新鮮的過程；只是在過去的幾十年裡，它才在中華文明影響下的傳統東亞地區之外生根。最值得留意的是，這一過程發生在一個宗教文化的全球流轉和相互滲透達到前所未有的規模和強度的時期。

殖民擴張促進了世界上不同宗教傳統的經典和實踐的流轉，「靈性」的現代場域開拓了一片空間，人們可以在不同傳統的實踐和觀念之間建立連接，從而產生一種「將全球範圍內各種雜亂的傳統連接起來」的普世主義（universalism）。[23] 對靈性的現代理解與世俗主義（secularism）一起出現，使得自由和理性的個人能夠在教會的權威和邊界之外探索靈性的實體（spiritual reality）。與西方傳統世界的祛魅並存的是其他「返魅」（reenchantment）途徑的現身。磁氣説（Magnetism）、催眠術（Mesmerism）、唯靈論（Spiritualism）和神智學（Theosophy）都提出了所謂「科學的」方法，與神秘力量、亡靈、天使和上帝溝通，所有這些都是在正統宗教機構以外的世俗環境下進行，並時常連接、綜合和重新詮釋亞洲宗教傳統的教理和實踐。現代靈性技術的基本目標，是訓練修行者打開其人生返魅的通道，同時保持自治、自控和反身性，哲學家泰勒（Charles Taylor）稱之為「緩衝的自我」（buffered self）[24]——在現代世俗世界中，祛魅的、自足的和自治的自我。事實上，世俗主義也會引起在個人自治範圍內的返魅慾求，可以通過靈性技術的現代變形而達成，如

---

21. 參見范筆德，《亞洲的現代精神》（*The Modern Spirit of Asia*）。（譯者注：此書中譯本《亞洲的精神性：印度與中國的靈性和世俗》，金澤譯〔北京 :社會科學文獻出版社，2016年〕）。
22. 參杜贊奇，《全球現代性的危機》（*The Crisis of Global Modernity*）。
23. 范筆德，〈現代社會中的靈性〉（"Spirituality in Modern Society"），第1097頁；《亞洲的現代精神》。
24. 泰勒，《世俗時代》（*A Secular Age*）。

道教的身體修行。因此，「現代靈性」將自己放在了一個並不穩定和模棱兩可的位置：處在賦魅和祛魅兩個極端之間——亦即放在了完全祛魅的、緩衝的、自足的自我的一個極端，以及完全賦魅、缺少個人能動性的鬆懈自我的另一個極端之間。

只有在一種徹底去處境化的過程中，道教修行的輸出才有可能發生。夏德斯認為，宗教的兩個方面可以跨文化地「暢行無阻」：「便捷的實踐」和「可換位的信息」。[25] 便捷的實踐容易學習，只需要相對較少的秘傳知識或用具（儘管它們的深奧「秘密」是賣點之一），並非專屬某種特定文化語境或與之有必然聯繫，不需要委身於一個複雜的建制性團體就可加以實施。夏德斯把瑜伽視為便捷實踐的「典型事例」；類似地，當我們將中國的打坐、氣功、武術、太極拳等身心功法從原來的社會語境中隔離開來時，它們也是相當便捷的。麥考文自己也使用了相同的表達：

> 我理解了一件事，當我在第三世界擔任新聞記者和攝影師時，我需要一個便捷的醫療體系。因此我最先接觸了瑜伽……道教修行是所有修行中最便捷的。你可以在任何地點站著進行。練瑜伽的話，你需要一個地方坐著。而練氣功，你可以站著，甚至沒有人知道你在練習；你可以練靜功。對我來說，這太完美了。[26]

雖然這些功法具有複雜的神秘意義和宇宙論，但是修行者只需要用自己的身體去嘗試，無論他成長於哪種文化環境；學習和擁護其背後的宇宙論和神秘教義到何種程度，完全是個人的選擇。至於「可換位的信息」，夏德斯指的是「能夠在多樣的語言和文化背景中站穩腳跟的宗教信條、預設或期望」；同時，這些信息是「可以被轉變或記錄的，但不改變本質」。道教中的概念，如不可言說的道、自發和自然、和諧和放鬆、具身的靈性，以及能夠被體驗到的氣，都是「可換位的信息」的例子，可以在西方的反主流文化、整全靈性和另類療法的語境裡，找到新家和轉變後的意義。

人類學家室利尼瓦斯（Tulasi Srinivas）在她對高度全球化的賽巴巴（Sai Baba）運動的研究中，分析了文化跨國流動性過程的四個階段：(1) 脫嵌

---

25. 夏德斯，〈引言：跨國超越性的多種模式〉（"Introduction: Modalities of Transnational Transcendence"），第4–5頁。
26. 2010年12月22日，北卡羅萊納州阿什維爾，史來家對麥考文的訪談。

(disembedding)，特定的實踐或概念被抽離出它們原來的文化母體；(2) 彙編 (codification) 和泛化 (universalization)，經常是心照不宣的、含糊的和不系統的觀念、行為和傳播模式被彙編起來，包裝成明確的陳述 (statements)、話語 (discourse)、步驟和分層次的實踐，在任何語境下都可以被輕易轉化，變得有意義；(3) 止動 (latching) 和匹配，轉變後的形式「被賦予了止動機制，使得它們能夠與其他文化裡的意義解釋圖景相匹配」；(4) 處境化 (contextualization) 和再嵌入 (reembedding)，輸出的形式被合併和嵌入更廣範圍的輸入文化的意義和實踐體系。[27]

在我們談論道教的跨國傳播時，上述的所有階段都有表現；我們的注意力將特別集中在「止動和匹配」以及「再嵌入」過程，道教的功法和觀念被「止動和匹配」於美國的自我、靈性和身體觀念上，被嵌入到一個另類治療和靈性網絡的環境中，為道教創造了一個全新的環境和意義。我們也會觀察返回到原來文化的逆向過程，即自稱美國道教修行者的人們，又是如何回向「止動和匹配」中國道教的神聖地理元素、派系和當代社會實踐的。

真正最「便捷的」實踐和「可換位的」信息，已經由那些突出超越與世俗之間割裂的普世宗教廣為傳播。[28] 例如，佛教、基督宗教和伊斯蘭教的核心教義，可以成為整套的便捷實踐和可換位的信息，在任何文化語境中完全扎根，通過地方化和本土文化適應的漫長過程，保持它們宗教身份的一致性。然而，道教完全是另一回事。道教中的超越和世俗之間的張力，遠沒有其他世界宗教那麼極端；對超越性的追求，深深地嵌入內在的身體、地方社會、歷史和記憶之中。不像佛祖、耶穌或穆罕默德生平中那些範式性的創教時刻，並沒有這樣一個斷裂的時間點，使「道教」從產生它的文化母體之中，突然變成一種普世宗教。我們無法在道教及中國地方社區生活的儀式結構，以及中國文化的一般模式和世界觀之間，劃出一條明顯的界限。通過節日、葬禮和驅邪法事，這套複雜的儀式體系在歷史上——比打坐和身體修煉功法——更加直接構成了中國人的生活，無法脫離地方社會結構和神明崇拜的語境，去理解或實踐它們。這些內容並不便捷，也不容易被換位。由此，有理由認為輸出道教身體技術，包括了如此極端的脫嵌和去處境化，以至於輸出

27. 室利尼瓦斯，《帶翼的信仰》(*Winged Faith*)，第335、341頁。
28. 羅賓斯 (Joel Robbins)，〈跨國的是否真的跨了？〉(“Is the Trans in *Transnational* the Trans in *Transcendent*?”)。

的不再是道教，或者是一種已殘缺不全的、簡化的道教。這還是道教嗎，還是已經變成了完全不同的一種事物？我們所研究的跨國相遇，令這個問題更加複雜化了，不僅產生了有關靈性的權威性和本真性的不同話語的對峙，也產生了共同體驗和理解的場域。道教的宗教認同和本真性的意義，反倒是岌岌可危了。所有這些都是徒有其表的假象，還是就像麥考文所宣稱的，帶來了一種可能性，將道教從背負了幾個世紀的歷史和文化的包袱中解放出來，釋放出所有的潛能？

(三) 全球道教場域的出現

為了將這個過程放在社會文化變遷的動態語境下考慮，我們將批判地使用「宗教場域」(religious field) 這個概念。對於社會學家布迪厄 (Pierre Bourdieu) 來說，在一類專業人員試圖集中、系統化並掌控一套知識體系，同時取消非專業人員或平信徒的相關資格，又在掌握宗教權威的人和不掌握宗教權威的人之間，創造出一個權力的場域之時，宗教場域就隨之產生。當政治或教會的精英將一種宗教體系的地位提高到另一種之上，被取代的信仰和實踐，與普羅大眾的粗俗相聯繫，就被打上「巫術」、「迷信」的烙印，[29] 或者，在當代美國，也許就是「新世紀的五花八門」(new age mumbo jumbo)。在這裡，我們通過考察那些邊緣化的信仰和實踐如何形成一種另類的傳統，它在宗教場域中佔據一席之地，明確自己與主流的宗教機構存在緊張關係，意欲發展自己的本真性和權威性的規範，來進一步思考宗教場域的概念。

無論在中國還是在美國，道教都各具內在動力——但是方式迥異，這解釋了「中國的」和「美國的」道教之間的結構性差異：中國道教在與中央集權帝制國家及其儒家意識形態的緊張關係中發展了逾兩千年；在它向西方傳播的過程中，其語境又轉變為美國宗教場域裡的緊張關係，即玄秘的、「另類

29. 布迪厄，〈起源和結構〉(“Genesis and Structure”)。鑒於本研究的目的，我們並不使用布迪厄對宗教場域有明確定義且制度化的一般概念，其中的「遊戲規則」反映在該場域內所有行動者的實踐之中。事實上，在我們的描述裡，遊戲規則和場域界限沒有被固定下來，反而競爭激烈。參見高萬桑和宗樹人，《現代中國的宗教問題》(*The Religious Question in Modern China*)，第10頁。

的」和「整全的」靈性宗教在它們與主流的基督宗教教會和世俗機構的祛魅之間的張力中發展起來。

因此，靈性並不純粹是一種個人的追求，它還涉及作為靈性主體的個人在某一特定的宗教場域中的建構、定位和具身體現（embodiment）。我們在本書中描述的相遇，也就代表了中國和美國宗教場域之間的相遇和互相介入，每一個場域都有其自身的歷史軌跡和內在動力。一個全球道教場域在這些相遇中開始浮現出來，一批西方和中國的行動者加入了這場有關本真和權威的道教含義的定義和挪用的爭辯之中，其中的一部分人就是我們故事中的主角。

所謂的「全球道教」，我們並非單單指道教傳播至世界的其他地方，[30] 甚至也不是像上文所描述的那樣，已經在海外當地語系化的道教形式回到中國，使得整個過程形成一個完整的循環。我們的研究表明，中國和西方的修行者和研究者對道教的建構是如何闡述他們自己對「道」的多元化的話語的——在我們所描述的相遇裡，這些話語互相察覺到對方的存在，相互回應和影響對方。當一個有關道教修行、話語和權威主張的跨國場域開啟之時，「全球道教」就出現了。

在本書研究的相遇案例中，夢道者和華山的道長都高舉「道教」的旗幟，並互相看到了對方的主張，但他們之間存在的巨大鴻溝使他們對道教的理解時常不同。正是在這種互相承認的基礎之上，他們有了交往，形成了一種建立在共同的「道教」認同之上的新關係網。這些相遇產生了參與者關於本真性的話語，他們在這些話語中尋找本真性、宣稱自己擁有本真性，有時挑戰對方的本真性。

其實，我們故事中的主角們對於下列看法極度敏感，即「美國的」道教只能是一種膚淺的「新世紀」靈性運動，他們竭力將自己與後者區分開來——尤其強調他們和中國道教的本真傳承有所連接。隨著我們所說的因相遇而形成的全球道教場域的開放，這樣的主張遭到中國道士的質疑；同時，中國人擁有本真性的主張也引起了美國人的爭辯。

---

30. 這樣的處理，可參見趙文詞（Richard Madsen）和史來家，〈中國宗教和傳統的全球化〉（"The Globalization of Chinese Religions and Traditions"）；史來家，〈超越現代性的道教〉、〈返璞歸真〉；丁荷生（Kenneth Dean），〈道教，地方宗教運動〉（"Daoism, Local Religious Movements"）；穆雷（Daniel M. Murray）和苗建時（James Miller），〈巴西的道教團體〉（"The Daoist Society of Brazil"）。

康思奇在他的道教研究中心網站上，定義了兩種「美國道教」，一種是本質上具有本真形式並直屬於中國傳統的，他自己就屬於這種道教；另一種是「編造出來的」「西方民間道教」(Popular Western Taoism, PWT)，「美國療癒之道」和夢道者就屬於這一類：

> 在最基本的層面上，「美國道教」指任何在美國可以被認定為「道教」的東西。從更技術性的角度説，它指當代美國社會的兩個不同方面：(1) 與中國道教宗教傳統有關的信徒和團體；以及 (2) 那些信奉植根於殖民主義、傳教士和東方主義遺產的、民間建構的「道教」的個人。只有前者在本質上是道教。[31]

對康思奇而言，當代西方道教可以被描述為一系列「傳統／傳承—創新／改編—挪用／偽造」的光譜。[32] 他把自己定位於該光譜的「傳統／傳承」的一端，暗示大部分自稱為「道教」的美國團體處在「挪用／偽造」的另一端：

> 西方民間挪用和利用道教最多的信徒，最好理解為一種新興宗教運動 (New Religious Movement) 的成員，按照他們自己的説法，理解為一種亙古常新、長青的關乎「靈性」的形式。這種新興宗教運動也許可以被稱為「西方民間道教」(PWT)，其中「道教」(Taoism) 的 T 要發硬音。在美國，西方民間道教的信徒和團體是最公開的自認的「道教徒」。他們最適宜於將道教建構成為一種「古老的哲學」和 (跨宗教的)「靈性」，其中「道」被等同於一種抽象的第一原理或是「能量場」，道的追隨者只是「順其自然」(即：追隨他們自己的慾望和利己的動機)。對「道教」的這種描述是典型的反歷史、反文化和反宗教的觀點。他們讀《道德經》，奉之為「道教的聖經」、「宇宙智慧」的源泉，另類靈性的指導書，但通常使用不準確的通俗譯本 (如勒古恩〔Ursula LeGuin〕和米歇爾〔Stephen Mitchell〕的翻譯)。當人們

31. 康思奇，〈美國的道教〉(“American Daoism”)，網頁版可參見 http://www.daoistcenter.org/america.html (2016 年 7 月 26 日查閱)。
32. 康思奇，〈對《夢道華山》的回覆〉(“Responses to *Dream Trippers*”)；也可參見《道教傳統》(*The Daoist Tradition*)。

> 在閱讀這些「譯本」時，他們並不是在閱讀一部道教經典（以古漢語寫成的神聖文本），而是當代美國文化的產物。[33]

麥考文同意這種「新世紀」美國道教徒的存在，但他認為自己和許多夢道者已經達到了修煉的另一個層次。在他看來，美國修行者和夢道者處於兩個極端之間，一個極端是依賴於「道（Tao）的速食式流行文化」的新世紀道教徒，他們「在疏遠又祛魅的世界中，擴大自身的主體意識，以彌補文化－宗教方面的真空。他們的身份是尋求一個團體和文化根基，但根本上是脆弱的」。另一個極端是那些「挪用了道教宇宙論的深層**體驗**的人，這是一種對本真的內丹修行的挪用。這需要經過多個月或多年的訓練，獲得一種甚至比『返魅』的主體性自我所提供的更高的宇宙層次的因果關係轉化的全身心體驗」。[34]「他們將宇宙轉變成其身份的堅實基礎⋯⋯周圍西方文化的場域是他們身份的次要方面，不是主要的。文化僅僅是人類遊戲場域的一個部分，並非身份的首要衡量標準，他們並不以自己從中取得的物質和社會成就作為身份的主要標準。」麥考文坦言，一些夢道者可以說處在這兩個極端之間，他們體驗著道教宇宙論，「但除非他們掌握方法，有規律地進行練習，最終將之與內丹的其他內在冥想方法結合起來，不然，他們的身份只能在實體自我和天人感應之間搖擺不定。」[35]

「基於傳統的」道教和「編造出來的」道教、有基礎的實踐和「流行的道文化」的共存所引發的焦慮，正是「現代靈性困境」的症狀。我們所稱的「困境」指的是這樣一種情況，現代的靈性追求者拒絕傳統宗教的權威結構，運用個人的能動性和選擇，建構他們自己的靈性路徑和身份，不再被迫跟從任何宗教權威。然而，這種自由發生在一個前所未有的不確定時代，從前為自我提供基礎的各種結構——無論是傳統、團體、宗教，還是意識形態——都在瓦解。悖謬的是，自由而原子化的個人，渴望一個本真性和權威性的穩固基礎。人們能夠體驗、包裝和消費「靈性智慧」時的隨意性，滋生了對靈性實踐是否本真的焦慮，引發了對誰有權、根據什麼標準定義宗教場域中的本真性的爭論。

---

33. 康思奇，〈西方民間道教〉（"Popular Western Taoism"），網頁版可參見 http://www.daoistcenter.org/pwt.html（2016年7月26日查閱）。
34. 2016年2月19日，麥考文給宗樹人的電郵。為了增加易讀性，文字經過少許編輯。
35. 2016年2月22日，麥考文給宗樹人的電郵。為了增加易讀性，文字經過少許編輯。

在本書所敘述的討論和爭辯中，我們發現主角們運用和對照了若干種本真性的範式和權威性的來源。我們將它們在表1.1中列舉了出來。正如我們所展示的，中國和美國的修行者各自運用一種或多種本真性或權威性的來源，為他們自己的主張辯護，並且辯駁或者質疑他人的主張。正是通過這些相互爭辯的主張，全球「道教場域」形成了。

在某種層面上，本書是為另類宗教、新靈性實踐和西方對亞洲傳統的挪用如何強化它們想要超越的全球化新自由主義秩序這一正在興起的研究添磚加瓦。[36] 然而，我們的結論比這些研究更加微妙，也更加重要。學者很容易就會對靈性企業家（spiritual entrepreneurs）窮追猛打，但對更加基於傳統的宗教性則經常網開一面。他們總是拿沿途兜售商品的「假巫醫」（plastic medicine men）和「白人薩滿」（white shamans）的挪用計劃，與一直住在居留地的美國原住民醫師的本真工作相對比。[37] 或者，與上座部佛教的內觀（*vipassana*）文獻和導師的原意相比，西方「正念冥想」（mindfulness meditation）運動的消費主義話語是微不足道的。相反，在本書中，我們考察奉行出家的中國全真派這樣一種更「本真的」道教，發現它也正遭遇著一場本真性和權威性的深刻危機。最後，在研究修道學者的章節中，我們將對有關新世紀靈性企業家的學術批判進行反省。全球化道教中的這三種本真性建構，都反映出了現代靈性的困境。在本書裡，我們不想選邊站，不想通過這些相遇去定位「本真的」道教；我們只是想表達這種對本真性的**尋找**、**體驗**、**建構**和**爭論**。

(四) 跨國相遇的民族志

這是一項對美國人和中國出家的道教修行者的修行、體驗和社會嵌入的比較人類學研究，在其軌跡互相交織時，他們的相似、相異之處和互相影響就會暴露出來。這些軌跡涉及「關注自我」，因為它已經通過話語和實踐構

36. 參見卡雷特（Jeremy R. Carrette）和金（Richard King），《兜售靈性》（*Selling Spirituality*）；劉（Kimberly J. Lau），《新世紀資本主義》（*New Age Capitalism*）；簡恩（Andrea R. Jain），《兜售瑜伽》（*Selling Yoga*）；阿爾特格拉斯（Véronique Altglas），《從瑜伽到喀巴拉》（*From Yoga to Kabbalah*）。

37. 參見網頁：〈原住民宗教和「假巫醫」〉（"Native Religions and 'Plastic Medicine Men'"），http://web.williams.edu/AnthSoc/native/natreligion.htm（2016年7月26日查閱）。

表 1.1：本真性的範式和權威性的來源

本真性的來源	**相關的權威性來源**
主體的體驗。本真的「道」要在自身中尋求，只有通過個人的體驗才能證實。	**自我**。每一個個體是判斷和表達自己的道的唯一權威。
可見的具身性（embodiment）。一位修煉者的本真性可以通過他體現和展示「道」的方式、身體的技巧、他的治愈力量、良好品行或他的智慧來感知。	雖然任何人都可能察覺到這些可見的表現，但只有**高級修行者群體**才具備洞察力，去鑒別、判斷和討論這些具身的力量代表著一個人本真的道行。
忠於傳統。一位修煉者的本真性基於她在總體上遵從和掌握道教傳統的知識、訓導和修行的程度。	投身於維護特定傳統的修行**群體的資深成員們**。
技術知識。一位修煉者的本真性建立在他對複雜的道教修煉功法的實踐和話語體系的掌握之上。	**技藝嫻熟的修行者**，他們能評估和比較技術及其效果，以及他人的修行能力。
經典。本真的「道」包含並表現在道教經典裡。本真的修行要求經常閱讀和研習經典。	**知識淵博的修行者**能指導學生理解經典。
派系傳承。通過合適的儀式和典禮正式入道，在師徒傳承的體系中，得到身份、道名、知識和地位，這是道的本真傳承的要求。	**派系的正式傳人**，根據傳承規定，有權吸收入道徒弟，給予他們正式的派系身份。
國粹。道教是中華文明精華的主要組成部分；只有中國人才能對「道」有本真的理解。	從廣義上說，只有**中國人**才能接觸到道教主張的本真性；更具體而言，作為**中華民族**之體現（embodiment）的中國政府宣稱擁有這樣的權威。
民間傳播。由於千年來的政治干預和道教的工具化，本真的道教不存在於國家承認的正統機構，而是隱藏在民間。	**地方上的民間道士**，以及秘法的傳人。
住在道教聖山裡。本真的道士是那些離開這個世界、在山中得「道」的隱士。	入山、與道通靈的**道教隱士**。
遇仙。道教仙人會降臨並傳授力量和技術，給予那些已在修煉中取得本真成就的人。	**道教仙人**。
學術知識。對道教本真性的主張可以通過評估它們是否與歷史、文本或民族志的已有知識相一致，進行驗證。	**具有學術資歷的學者**，能得到具有道教專業知識的同行的承認，才擁有評價這樣的主張的權威。

成了自身——在中國，通過作為道教禁慾攝生法基礎的各種身體技術，在西方，通過尋求、了解和表達作為本體實在的「自我」。我們的目標並非呈現一段系統的比較歷史——這是一項野心過大的任務——而是辨別出某些仍然嵌入並繼續引導著中、美道教徒參與其中的當代自我養成活動，並且影響了他們相遇的態度、傾向和張力。

在這裡，我們的目標不是對道教全球化進行廣泛調查，而是聚焦在此過程中發生的一連串相遇的民族志研究。我們的主角不是由道士、靈性旅遊者和學者的典型代表組成的作為靜態民族志研究對象的「部落」，他們雖然見解、定位、體驗和感知非常獨特，但都體現了中國後毛澤東時代和北美後嬰兒潮的靈性和宗教之演變的歷史潮流。結論必然是有限的，我們不會堅稱本書在此達成的結論可以泛化：我們只是聚焦於若干在中國道教之旅的美國團體中的一個。夢道者的案例當然不能推廣到所有的西方團體；歐洲團體，尤其是法國和德國，也組織中國道教之旅，但通常使用極為不同的方式，他們更注重歷史和文化，以及嚴格的訓練。我們的研究也只聚焦中國的一處道教名勝。根據華山的道士所言，他們所接待過的西方道教團體（那些並不安排與當地道士進行互動的團體除外）的數目也就十來個：本書所研究的相遇類型遠遠不是一種普遍現象，即便其數量和影響正在日益增長。雖然如此，在西方民間道教的圈子裡，「療癒之道」是根基最深、最積極和最有影響力的網絡之一；多虧莫里遜（Hedda Morrison）和鄧明道（Deng Ming-Dao）的作品，[38] 華山在西方的道教傳説中佔據著重要的地位，因此成為所有中國道教之旅的必遊之地。

基於多地的民族志研究、在中美的訪談，以及泰國道花園度假村（Tao Garden Resort）之旅，本書闡釋了2004至2016年間的這些相遇，講述他們個人之間的交流、軌跡和交集，來辨別與分析此種相遇所由產生的接觸和張力之更廣泛的文化歷史過程。在跟蹤研究這些接觸和張力的重要時刻，我們採用羅安清（Anna Tsing）的**摩擦**隱喻：

> 對全球相互關聯的研究顯示了相遇的影響力：摩擦。一個車輪能夠轉動起來，依靠的是它和路面的接觸；如果在空氣中轉動，那麼它

38. 莫里遜和艾伯華（Wolfram Eberhard），《華山》（*Hua Shan*）；鄧明道，《道志》（*Chronicles of Tao*）。

> 哪兒也去不了。兩支棍子一起摩擦，可以產生熱和光；僅僅一支棍子只能是一支棍子。作為一種隱喻意象，摩擦提醒我們，異質和不平等的相遇將會引起文化和權力的新分配。[39]

這些摩擦表現為對聖地的具身體驗和挪用、朝聖和靈性之旅的活動、宗教知識和本真性的產生，以及在全球化背景下，對現代靈性的渴望之中。不過，從摩擦的角度來考察各種相遇，並不意味著它們一定是衝突、競爭和反抗；也可能是在「異質和不平等的」行動者之間的合作，懷著各自的目的和理解——但是，它們會產生全新而又令人意想不到的結果和軌跡，「文化和權力的新分配」。

室利尼瓦斯在文化全球化的有關研究中，指出了三種理論路徑。[40] 第一種理論涉及不同文化系統的通約性（commensurability）或不可通約性，以及它們的互動在全球化時代的含義；[41] 第二種理論聚焦文化流及其產生的結合，即所謂「混雜狀態」（hybridity）、「混合物」（mélange）或「克里奧爾化」（creolization）；[42] 第三種理論則關心有限和傳承的認同弱化如何強化了作為反身投射的自我和認同的現代建構。[43]

本書結合了上述所有三種分析路徑。與第一種路徑相關，我們概述了在本體論上不相稱的尋求靈性的方法在歷史上的演變。道教是如何在美國的自我實體化傳統中被挪用的，這個傳統中的靈性主體形成方法，完全不同於中國文化背景下的道教傳統所要達到的天人感應。與第二種路徑相關，本書探討了全球化道教裡這兩種獲得靈性方法的「混雜狀態」。我們追溯它們是如何通過修行者相互交集的軌跡、體驗和相遇而表達和結合的。我們直指一個全球道教場域的出現，修行者們在其中流轉、發生聯繫，對本真性和權威性的

39. 羅安清，《摩擦》（*Friction*），第5頁。
40. 室利尼瓦斯，《帶翼的信仰》，第33–34頁。
41. 參見，如亨廷頓（Samuel P. Huntington），《文明的衝突》（*The Clash of Civilizations*）；納斯鮑姆（Martha Craven Nussbaum），《內部衝突》（*The Clash Within*）；森（Amartya Sen），《身份與暴力》（*Identity and Violence*）。
42. 參見，如皮特爾斯（Jan Nederveen Pieterse），《全球化與文化》（*Globalization and Culture*）；哈納茲（Ulf Hannerz），《跨國連接》（*Transnational Connections*）。
43. 吉登斯（Anthony Giddens），《現代性與自我認同》（*Modernity and Self-Identity*）；愛爾維優–雷傑（Danièle Hervieu-Léger），《作為記憶鏈的宗教》（*Religion as a Chain of Memory*）。

主張在其中獲得交流、競爭和協商。與第三種路徑相關，我們將研究修行者如何嘗試通過連接上中國道教的資源，或接觸西方人，克服現代靈性的「困境」——他們試圖在作為個人主義現代靈性之主體的自主自我的脆弱性，與從前提供建構和超越自我的本真性和權威性標準的瓦解之間，尋找一條正確道路。

（五）本書概要

前往華山頂峰的路有很多分叉口和連接點，當你抵達山頂時，會發現很多山峰和諸多景點。與此相似，在我們的故事裡，華山連接起來的，除了主角們的軌跡，還有多條論述和分析鏈，從道教歷史和本真性的解釋學，到靈性之旅的人類學和現代主體性的社會學。我們的華山故事帶領我們進入正在全球化的道教，從那裡開始，引發我們對現代靈性困境的深思。

本章是全書導言，為我們的故事設定了一個民族志背景，介紹了本研究的關鍵概念問題，主角們也悉數登場。在第二章〈華山〉中，我們將登上該山的山谷和山峰，勾勒出這座山為何是夢道者和全真道士的入迷體驗之源。許多夢道者是在實體自我的框架中，去理解這些體驗的，而另一些人是用獨立於歷史和文化之外的道教宇宙論框架中的無極功（Primordial *Qigong*）去連接和感應山中的能量。然而，對道士而言，天人感應裡的一個重要維度發生在與道教歷史中的仙人和派系建立的連接之中。在第三章〈夢道者〉中，我們參與國際道教能量之旅的路線，將諸如泰國清邁道花園度假村和北卡羅萊納州的道山（Tao Mountain）這樣的靜修中心，與「療癒之道」的開創者謝明德和麥考文的生平聯繫起來。我們將美國道教的出現時間定於20世紀，它與靈性東方主義、中國移民潮、戰後嬰兒潮一代的反主流文化和靈性訴求有關係；還從社會學角度分析了道教在美國宗教場域中的定位。我們展示了美國人對道教的挪用，由此將其轉變為美國靈性個人主義的一種範式表現，自我是最終的靈性權威。在第四章〈雲遊者〉裡，我們進入華山的出家團體，展示其日常活動和派系活力，與其他道教傳統相比較在歷史上和當代的地位。我們討論在中國的社會制度裡華山宗教生活的現狀，介紹陳道長和另兩位道士——胡道長和郝道長的靈性經歷，他們在與西方夢道者、修道學者的相遇中，扮演著關鍵的角色。我們將說明，幾個世紀以來，傳統全真派的權威性和傳承是如何與中國的國家政權深深交織在一起的。在當前的結構下，華山上的道教修煉被封裝進了現代國家和經濟發展裡；只能在一個有限和磨損的剩餘空間裡追求「天人感應」。在第五章〈相遇〉裡，我們追蹤中國的道士和隱士與夢道者在華山的道觀、洞窟和其他道教聖地相遇時開展的交流。他們既懷著期待，又帶有傲慢，互相接近、尋找可以討論道教修煉的體驗和條件的共同語言、對我們談論彼此，我們則複述他們的對話，發現他們之間的滑稽誤解和「跨國體驗」的重要時刻。該章將展示，他們如何成功突破文化和社會定位的障礙，體驗求道的共同感覺——但是，他們對自我、修行、道德、派系、傳統和本真性的理解仍有天壤之別。第六章〈修道學者〉追溯西方的學術研究對美國民間道教的影響，描繪為了深入研究而入道的民族志學者的軌跡。其他學者則將一種個人的靈性修行和學術研究結合起來，其中一些人已經開始在道教於西方的發展中起到了積極的作用，並非在學術領域，而是在修行者團體中。該章聚焦於康思奇的個案，他強烈批評能量企業家的商業化和大部分道教學術研究超然的文本主義。我們追隨著康思奇對「新世紀」道教和道教學術界的鬥爭、他對中國本真道教的尋求，以及他在華山拜陳宇明為師——陳也是接待夢道者的第一位道士。康思奇的例子凸顯了在西方世界，對定義道教本真性和權威性的爭論。最後，在第七章〈困境〉裡，我們討論當道教被重構成一個全球化的現代靈性道路時，它所面臨的兩難境地。強調身體、主體體驗和自我實現的美國道教，也許是西方靈性個人主義長期發展後達到圓滿結果的最近表現，它使宗教活動脱嵌於地點、傳統和集體認同。道教的自我修煉可能是西方靈性個人主義最理想的東方對應物——然而，它在中國歷史上則表現為**嵌入**而不是脱離地方、傳統和中華民族的認同。華山的相遇揭示了在高度現代化的今天，威脅著這兩條軌跡的一個僵局：一方面是自主的靈性自我的脆弱，另一方面則是中國道教的傳統權威性的破碎。對雙方而言，都有一種跨到另一方去尋找本真性的其他來源的誘惑。無論怎樣，主角們面對的是一個不可能的選擇：在一個斷裂的傳承和傳統中避難，或是逃向純粹主體性？在本書的結語部分，我們關心的是故事主角們是如何理解現代靈性困境的解決之道的。麥考文和康思奇各自提出了「第三種文化」，通過不同的方式，克服道教和現代性之間、中美的本源文化和受體文化之間的結構性張力。但是，我們懷疑這些解決方案會不會只不過是複製了他們希望超越的本體論和社會政治環境。在尾聲〈宇宙大歡〉裡，我們講述了麥考文對於道教修煉、性和一夫一妻制婚姻的逐漸展開的觀點，並以對可能是所有夢道之旅的高潮——2012年6月在華山頂峰上舉行的兩場生造的「道教婚禮」，包括麥考文自己的——所做的民族志描述為結尾。在這裡，我們不做理論分析，將定論（或者最後的「療癒之音」）交給夢道者，並且給予您，我們的讀者，解釋這個場景的自由。最後，附錄部分介紹了本書的研究和寫作過程，我們和研究對象、對話者的關係，我們如何影響了故事的展開。出於反思，我們質疑了宗教研究中對局內人和局外人的劃分。最後，我們還談到了三位主要的對話者，麥考文、陳宇明和康思奇在閱讀書稿後的反饋，反省他們所點出的我們因個人和學科背景所引起的偏見。

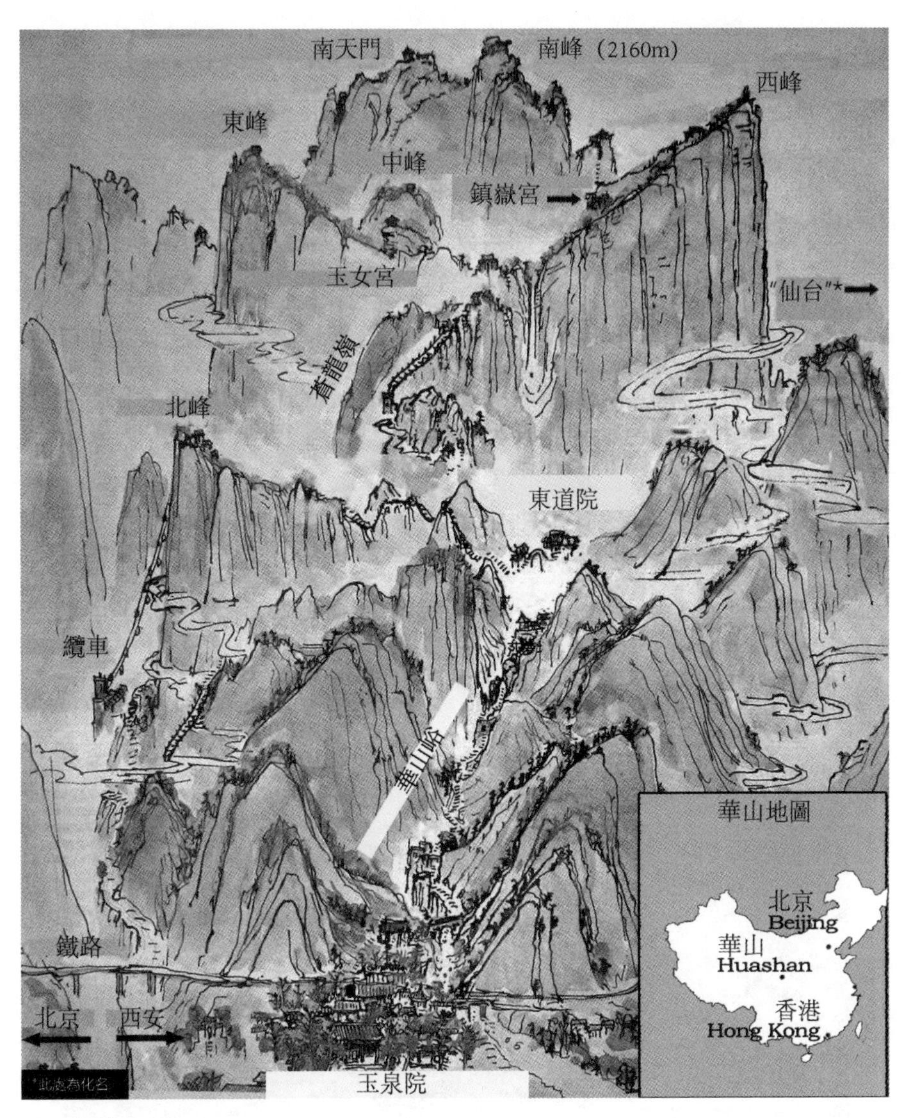
南天門
南峰（2160m）
西峰
東峰
中峰
鎮嶽宮
玉女宮
"仙台"*
蒼龍嶺
北峰
東道院
纜車
華山峪
華山地圖
北京
Beijing
華山
Huashan
香港
Hong Kong
鐵路
北京
西安
*此處為化名
玉泉院

圖 1.1：華山地圖

圖 1.2：在全真龍門派祖師王常月的畫像旁，陳宇明道長正在玉泉院與夢道者交談（圖片提供：宗樹人）

圖 1.3：一位華山道長（圖片提供：宗樹人）

圖 1.4：兩位華山道長（圖片提供：宗樹人）

圖 1.5：薛泰來，陳宇明的師父（圖片提供：波特〔Bill Porter〕）

圖 1.6：在華山上靜坐的麥考文 (圖片提供：麥考文)

圖 1.7：在玉泉院練習無極功的夢道者 (圖片提供：宗樹人)

圖 1.8：正在攀登「青龍背」的旅遊者，從北峰向上往金鎖關（圖片提供：史來家）

圖1.9：兩位夢道者在華山的一個洞窟，並於此過夜（圖片提供：宗樹人）

圖1.10：康思奇，任教於華盛頓州奧林匹亞市青灣道教協會（Green Cove Daoist Association），2007年（圖片提供：唐鄉恩，道教基金會）

二、華山

夢道者乘坐架空纜車，向華山東側迅速上升。幾個世紀以來，道士和朝聖者所走的傳統路線則在山的另一邊，每天仍有成千上萬的遊客在使用——這條路開始沿著蜿蜒的山谷小溪緩緩而上，然後緊鄰陡峭的懸崖，高達7,000英尺——勇敢的遊客拾級而上，爬過懸崖的罅隙，攀上巨大石灰岩上鑿出的幾乎垂直的台階。另一邊的纜車滑過一條較新的上山小路，那是一支紅軍小分隊1949年開闢的，為了從中國西北蔣介石軍隊最後的頑固派手中奪取華山。

旅行者們在北峰湧出纜車，從這裡開始，他們還需要步行數小時，登上「花柄」，在尖銳的山脊頂上一段狹窄的石梯之上，到達華山的另外四座「花」之山峰。夢道者在西峰附近、窪地裡的一個道觀裡停留三天。這座鎮嶽宮是一座已經荒廢的，木材和混凝土結構的建築，被改成了一間旅館。在我們2004年第一次參觀華山時，旅館經營者提供的吵鬧的嘻哈音樂，徹底消除了安靜和寂寞的感覺。十年之後，這裡的壁崖上開鑿了直接通往西峰的新索道終點站，如今不斷地向廟宇吞吐著成百上千的遊客。這座廟宇旅館裡有一個神龕，供奉著西嶽大帝，在峭壁裡有一個石龕，供奉著藥王。第一天，夢道者整天分散在連接山峰的林間小路上。一些人在西峰的多風山頂上打坐，另一些大膽之人去嘗試登上懸在南天門陡坡上危險的木質平台。一位夢道者在回到美國後，記錄下了他在這個荒涼的懸崖上練習無極功——這是麥考文教給參與者們的功法——的體驗：

> 我在華山上的「秘密地點」呆了三天。在練習無極功的時候，我看見雲朵神秘地升起，像天使、龍和匕首的形狀。我能夠感受到雲朵是龍的呼吸。我有一次一絲不掛，平躺在岩石上，脊柱和花崗岩山脊重合。就算我現在已經回到家裡，我還是能感覺到自己的脊柱與山脊是重合的。我乘著雲龍，盤旋上天，馴服自己狂野的心，就像被風徹底洗淨，頑皮而又愉悅。我想：**那些山就是神仙**。我通過龍、蝙蝠和蝴蝶的眼睛看到祂們。我能感受到永遠的變化。即使在家裡，我還在乘龍。

在華山的每一個景點，夢道者向下凝望壯觀的絕壁，望向其他山峰和峭壁，感受從地球內部湧出的陽氣，他們的視線隨著白色岩石的突出、褶皺和險峻陡峭的表面而移動，這些岩石從遙遠的深谷中破繭而出，直指蒼穹。靜坐於岩架之上，一些人保持著蓮花坐姿，底下深淵的落差達7,000英尺，夢道者看著西方地平線的日落，橙色、紅色和深紫色的光芒籠罩著山坡。然後，他們輪流與散發著光芒的太陽合影。回到廟裡，當他們在欣賞照片時，一個二十出頭的美國年輕人在其照片的前景裡，發現了一個亮白色的帶翼生物，看起來怪怪的，像是天使。在另一張照片的前景裡，還出現一個半透明的白色球體。他又驚又喜，興奮地向同伴們展示，引起了一陣轟動。「現在，我真地相信這些事情了，」他驚叫著，發誓將全身心投入剩餘的旅程，他承認在此之前，自己並不十分享受。對他而言，夢道之旅現在成了一段迷人的經歷。而對另一位旅行者來說，照片所捕捉到的不過是剛巧飛入閃光鏡頭的蒼蠅或者灰塵顆粒。但隨團的胡道長認為：「那些是華山的神仙。我一直見到他們。」

(一) 作為主體經驗或天人感應的賦魅

在夢道之旅的行程單中，華山是一連串「充滿能量的熱門地點」之一，這裡有著壯觀的景色、熱情的道長，還有易於抵達的可供打坐的洞穴。越來越多的外國修行者到過的這些地點以及他們對於華山的體驗，都使得中國道教的聖地（sacred topography）銘刻在了美國民間道教的個人和集體記憶、靈性景觀之中。與此同時，每天有成千上萬熙熙攘攘的遊客在華山的山脊、階梯、峭壁和觀景台上上下下，他們在搭坐纜車後，繼續攀登，挑戰高峰，最後得到的獎勵就是在山頂上拍風景照的機會；他們並不知道，有另一群人(無論是中國人還是外國人)相信，華山具有深遠的靈性和個人意義。

在本章裡，我們將展示華山的體驗是如何令夢道者和住在華山的道士賦魅的。不過，我們認為，由於建構和詮釋賦魅體驗的「整合模式」(integrative schema)不同，賦魅的類型也有所不同。在前一章裡，我們比較了實體自我和天人感應這兩種整合模式。在前者，主體的體驗對於個人自我的賦魅至關重要；而在後者，賦魅的體驗證實了身體、地方和歷史的宇宙結構之間的對應性。夢道者是為了追求實體自我去體驗華山，還是也傾向於天人感應的模式？他們在多大程度上實現了這種本體論上的轉變，還是將這兩種整合模式結合起來了？我們還會考察，這些整合模式如何建構朝聖和靈性旅遊的活動和體驗，及其如何將華山打造成為一座聖山。

韋伯(Max Weber)等學者認為，世俗化就是隨著社會進化成一個理性的「鐵籠」而發生的一種「祛魅」過程。[1] 哲學家泰勒在其巨著《世俗時代》中，分析了在世俗世界裡出現的特殊類型的自我和主體性，他稱之為「緩衝的自我」。根據泰勒的研究，在一個祛魅的世界，所有的意義都「在我們自己的頭腦裡」。意義是我們賦予事物的；世上任何事物都沒有內在意義。正是在「我們的頭腦裡」——「思想、感情與靈性熱誠的唯一處所，就是我們稱之為心靈的地方；宇宙之中僅有的心靈(或許我需要向可能存在的火星人或外星人道歉)；而心靈是有界限的，因此這些思想和感情等等，也都處於心靈界限『之內』。」[2] 思想和意義只在人腦裡產生，這都是內部的空間。但是在一個賦魅的世界，不僅世界、宇宙、物體，或者不可見的神或靈都具有內在意義，那些神或靈還可以向我們傳達意義，甚至是一些我們無法預料的意義和觀念。換言之，在一個賦魅的世界，**我們在和周圍可見的、不可見的世界交往**，而在一個祛魅的世界，我們只能與其他人類交往。[3] 但是，這種交往並非在具有固定邊界的實體之間：賦魅的自我是敞開的，在個人、其他生物和力量的影響、非人格的力量之間，並不總是存在一條清晰的界限。另一方面，祛魅世

---

1. 韋伯，《宗教社會學》(*The Sociology of Religion*)，第270頁。
2. 泰勒，《世俗時代》，第30頁。
3. 泰勒，《世俗時代》，第33頁。

界裡緩衝的自我，變成了一個有邊界的實體，擁有自己獨一無二的私人內在空間，它可以成為其中唯一的主人。[4]

在一種世俗的語境下，「返魅」的體驗和過程是靈性主體形成的重要方面。靈性修煉的方法可以產生和加強具身和感知的傾向，提高這種體驗發生的可能性。正如我們在本書中所說明的，通過氣功、道教內丹活動，還有在華山這樣的聖地經歷所產生的體驗，是中國道士和夢道者許多賦魅體驗的源頭，在這個過程中，非物質的實體、力量和巧合，意外地侵入他們的身體、意識或是生命。這些賦魅的體驗質問著作為靈性主體的他們，反省他們的自我定位，成為他們個人轉變故事中的一部分。

賦魅的體驗是被文化形塑、解釋和影響的。人類學家德斯科拉（Philippe Descola）所稱的「整合模式」構建並調整著感知的流動。這些模式選擇性地突出某些知覺的意義，依據標準化的方案，組織思想、感覺和行為，為團體成員提供共同語言和解釋框架。[5]整合模式包括宇宙論或本體論，它們鑒別、分類、連接起世界的基本組成部分。[6]我們並不打算在這裡深入討論或評價德斯科拉的方法；出於我們的研究目的，只保留他所謂的「自然主義的」和「比附的」本體論之間的對比。與認為萬物都具有內在性的萬物有靈的本體論相反，自然主義的本體論認為，人類和非人類共同享有物質的外在性，遵循同樣的物理、化學和生物法則，但只有人類具有內在性（interiority）。然而，每個個體的內在性，或是每個文化群體的集體內在性，又是絕對獨一無二的。主體性和交往只可能存在於人類之中，因此人類與其他生物截然不同。這與泰勒的祛魅而又「緩衝的自我」相一致。自然主義的本體論最初出現在16至17世紀的歐洲，如今構成了全世界現代文化中的論述、社會關係和個人主體性，在很大程度上也包括當代中國。在本書中，當我們談及「實體自我」時，指的就是一個扎根於自然主義本體論中的自我整合模式。

另一方面，在「比附的」本體論中，外在性和內在性並沒有嚴格的區分。萬物都是由流轉中的多樣元素、力量和能量無窮變化組合構成的，相互之間只是在程度上有所不同。不同種類的實體都有類似的結構——即它們被認為在結構上是相似的，都類似於一個基本的本體論或宇宙論的模式。德斯科拉

4.　泰勒，《世俗時代》，第29–41頁。

5.　德斯科拉，《超越自然和文化》（*Beyond Nature and Culture*），第104頁。

6.　德斯科拉，《超越自然和文化》，第107–11頁。

將數個少數族群的宇宙論歸成「比附的」一類，但他以中國思想作為典型案例，引用著名漢學家葛蘭言（Marcel Granet）的研究成果，在古代中國，「社會、人類和世界是一個包羅萬象的知識系統裡的一部分，這個系統是通過比附的唯一方式建構出來的。」[7] 事實上，中國宗教研究者通常將中國宇宙論描繪成「系統對應的宇宙論」或「相互關聯的宇宙論」（correlative cosmology），表達的意思大致相同。宇宙是由陰、陽、五行的互動而形成的。這些力量與基本方位、季節、一天的時間、男女交媾等運轉是相似的。從整個宇宙到個人身體，它們在各個層次運行並且互相呼應。身體是整個宇宙中的一個小宇宙。本書所言的「天人感應」，指的就是這種整合模式。[8]

實體自我論認為，靈性在於更加深入自我，獨特的內在性，了解並表達「真我」。而天人感應論則認為，靈性主體的修煉在於調節身心之間的實體、能量和力量的關係，及其與宇宙相應組成部分的關係，達到根本的統一，超越內在性和外在性、人體和宇宙所有不同元素和力量之間的區分。道教的修煉技術正是旨在改變身體，令它與宇宙相互感應，並能在其中充分體現這個宇宙。

夢道者體現了無極功的宇宙論的修行功夫，卻是在一種受到實體自我論的影響和構建的主體性和文化背景裡，而這種個人主義支撐著美國的關於自我的知識和社會關係。這一點可謂意義重大，因為天人感應並不僅僅是一種理論、信仰系統或主體的體驗：它是一個協調和建立人類和非人類關係，以及社會和政治關係的過程。美國道教修行者能否將道教宇宙論的象徵和體驗融合進實體自我的整合模式呢？或者從另一個角度說，他們的道教修行和夢道之旅的經歷，是否會讓他們擺脱個人主義的框架，引領他們尋求天人感

7. 葛蘭言，《中國人的思想》（*La Pensée chinoise*），第297頁；轉引自德斯科拉，《超越自然和文化》，第206頁。

8. 德斯科拉將中國宇宙論用作比附本體論的例子已被學者批評，後者強調中國宇宙論根本就不是一種本體論；參見王斯福（Stephan Feuchtwang），〈太本體論的〉（"Too Ontological"）；麥考文也同意這個看法，並提供了這篇論文給我們。這種批評是從西方哲學發展而來的本體論的嚴格定義為基礎的。我們並不想在這裡參與這些辯論，也不全盤接受德斯科拉的結構框架或完整的類型學。出於本書的目的，我們使用「本體論」和「宇宙論」這些術語，在意義上或多或少是對等的，廣義上是指宇宙的基本構成及其相互關係，而不是西方哲學的特定分支。

應，在與宇宙中的其他人類、生命和力量的關係中定位自己？又或者，兩者兼而有之？

通過對實體自我和天人感應之間的一個對比分析，我們希望能夠避免評價道教在多大程度上被「西化」或「美國化」，也避免自己去判斷哪種道教是「本真的」或「傳統的」。你可以想像各種不同的靈性，個人主義者的和天人合一的，為自己貼上道教的標籤。你可以想像中國人尋求實體自我和西方人尋求天人感應的路徑。你也可以問，兩種整合模式是否不可通約的，還是可以相互結合的。

(二) 現代靈性旅行者對華山的消費

夢道者是以組團方式來到中國的，這種市場定位對靈性尋求者和氣功修行者很有吸引力。這些旅行的形式——攀登道教名山和打坐夾雜在參觀長城和兵馬俑的行程之中——可能會讓一些人感到不悅，在連續的幾天裡，既有追求在偏僻洞穴裡的神聖、神秘體驗，然後又加入熙熙攘攘的旅遊大隊，在旅遊指南書列出的老掉牙地點拍照、購買紀念品。夢道之旅的在線推廣中，收入了一位參團者在大理小酒館觀看性感舞蹈的經歷，暗示這些旅行的特點遠非超越性的。夢道者究竟是一場神聖旅途上的朝聖者呢，還是風吹而過的觀光客？

「西方的話語世界裡充斥著基督教範型，它對學術討論的影響甚大，其中朝聖和觀光在語義學上是截然對立的，」宗教學者斯朵斯伯格（Michael Stausberg）說到。因此，「朝聖具有積極的價值——是一種心靈蛻變之旅；而觀光則是物質主義者的假期，（而且）是一種消遣。」[9]

宗教歷史學家伊利亞德（Mircea Eliade）或人類學家特納（Victor Turner）等理論家，則將朝聖定義為一場前往自己宗教世界的神聖象徵中心的旅程。[10] 另一方面，觀光的慣例「常常通過商品化遊客的經歷，使這些新奇的地方為人所接受」。[11] 對觀光和朝聖之旅的這些定義可能隱含著將地方看成**他者**、與

---

9. 斯朵斯伯格，《宗教和旅遊》（*Religion and Tourism*），第19–20頁。
10. 伊利亞德，《神聖與世俗》（*The Sacred and the Profane*）；特納和E. 特納（Edith L. B. Turner），《圖像和朝聖》（*Image and Pilgrimage*）。
11. 佈雷默（Thomas S. Bremer），《觀光客的祝福》（*Blessed with Tourists*），第32頁。

遊客是分離的二元理解，結果要麼是通過朝聖帶著敬畏之心到達某地，要麼是通過觀光到達世俗的某地。無論是哪一種方式，都可以與對實體自我的尋求相聯繫，在自我和他者之間劃出一條清晰的界限，根據深淺程度，強調自我的主體的、內在的體驗的品質。

一種更為微妙的觀點不是將觀光與朝聖對立，而是將之看作朝聖的現代或世俗的形態。遊客希望在現代世界的神聖之地，或者至少是富有傳奇色彩的地方，獲得本真的體驗——如蒙娜麗莎、比薩斜塔和美國大峽谷。人類學家格雷本（Nelson Graburn）認為，觀光「能夠更新處在平常世界裡的我們」；他對比了「神聖的／非常的／觀光的和世俗的／平常的／在家的」。[12] 馬康耐（Dean MacCannell）稱遊客的「行程」單——一連串的地點、建築和目標——為「風景的神聖化」。[13] 然而，和傳統的朝聖不同，遊客的探索遠離自己的宗教中心。作為現代性的產物，觀光在文化他者裡（神秘的東方、異域的、原始的、古老的等等）尋找到本真性。但是，因為本真的東西總是在遠離遊客的地方出現和再造，觀光的體驗最終常不能使人滿意。這種不滿意也許就是旅遊業自我否定的原因之一，馬康納稱之為「觀光客對觀光的批評」。換言之，遊客從來都不想被稱作遊客，還鄙視那些過度「旅遊化」（touristy）的地方。麥考文在華山的餐會上就曾説過：「我們不是遊客，我們是修煉者。」

我們在旅途中對夢道者進行了訪談，也在事後通過電郵訪談，詢問他們最喜歡和最不喜歡的行程。最喜歡的顯然是道教山嶽（青城山、華山和雲南巍寶山）。最不喜歡的是北京，因為那裡太擁擠了，太「旅遊化」了。許多回答者也提到，城市裡和山裡的廟宇看上去也都「過度旅遊化」。

在西方，遊客的目的是進行一場本真的旅行體驗，批評「不好的」遊客粗魯、膚淺。在華山，就像在中國的許多「景點」一樣，旅遊基礎設施無法跟上中國國內旅遊業的快速增長。事實上，作為一條纜車線和兩條人行登山道的頂峰終點，華山北峰擠滿了遊人，更像時代廣場，而不是一個道教隱修之地。除了「文明旅遊」的標語和規定之外，中國（還？）沒有這種旅遊行為的規範話語。由於「中國缺乏啟蒙運動後西方才出現的有關觀光的現代的、浪漫的、探索性的、自我改善的話語」，如今中國的著名旅遊勝地（隨著簽證的放開，還有東南亞、歐洲和美國等地）充斥著這樣的中國遊客，他們購物、

12. 格雷本，〈觀光：一場神聖的旅行〉（"Tourism: The Sacred Journey"），第22、26頁。
13. 馬康耐，《觀光客》（*The Tourist*）。

抽煙、吐痰、吃飯、高聲談笑和拍照而毫無違和感。[14] 正如聶保真（Pal Nyiri）所說，中國的「好遊客」不是「識別出它的本真性、以本真的方式找到它（就像西方話語所言），而是了解將要訪問之地的權威描述」；這種價值觀至今還很流行，為了證明這一點，聶保真引用了1988年的一本袖珍旅遊百科：「每處名山大川都有其特色；如泰山之雄，華山之險。」[15]

對於中國的遊客和負責旅遊產業開發的官員來說，華山就是一個「景點」或「名勝」。從清代（1644–1912）開始，這些術語就被用來指稱美麗的風景。有學者早就指出，「景點」的正典化（canonization）反映了國家力量捲入維護帝國及其邊界的計劃。有明一代（1368–1644），觀光成為文人在文化上得到認可的活動，帶有特定「景點」說明的圖錄得以出版。這些圖錄被收入各種《邸報》。[16] 20世紀末，隨著中華人民共和國現代旅遊業的興起，這種「景點」的「正典」（canon）依然重要，還加進了革命聖地，但是國家設置的檢票口和圍牆對景點入口加強了控制。[17]

在如此儀式化、「標準化」的觀光文化裡，目的不再是本真的主體體驗，而是遊客的身體和認知與著名詩人、將軍、先賢、聖人和帝王在「著名景點」的石壁、廟宇和紀念碑上到處題刻的詩句墨寶所喚起的集體記憶相一致。我們在下文還要詳述華山的例子，這經常是通過將這個地點鐫刻到更廣闊的宇宙中，從而建構一種帝國的集體記憶。身體、地方、國體和宇宙的一致，是中國天人感應的歷史過程中的一部分。

跟參與集體記憶和意識建構的普通遊客有所不同，尋求本真性的遊客想知道他們聽到的故事是不是真實的，他們不相信導遊，懷疑友好的當地人，對舞台表演冷嘲熱諷，害怕被服務員欺騙。[18] 避免對遊客體驗的本真性產生疑慮的一種常見方法，是尋求強烈的身體感覺。「由於這是無法抗拒、無法否認、被感覺到的身體現實，這些感覺就逃過了商業化的侵蝕。」[19] 此種使身體

---

14. 聶保真，《景點》（*Scenic Spots*），第58頁。
15. 聶保真，《景點》，第64–65頁。
16. 聶保真，《景點》，第7–9頁。
17. 例子可參見聶保真，《景點》，第18頁。
18. 林霍爾姆（Charles Lindholm），《文化和本真性》（*Culture and Authenticity*），第48頁。他概括了馬康耐的論點。
19. 林霍爾姆，《文化和本真性》，第50頁。

體驗變得本真的做法包括過度飲食、叢林高山探險、高風險運動，如竹筏漂流和皮划艇、跳傘、衝浪、懸掛滑翔和蹦極，甚至是性觀光。

靈性旅遊的目標也是創造本真的體驗；在夢道者的「能量之旅」和前往其他「能量熱點」的旅途中，這些體驗不僅涉及與具有豐富歷史、文化和意義的聖地的連接，也包括對與那些地方的強大能量流的感受——同時避免上文提到的那些高風險活動所產生的危險。雖然西方靈性旅遊的源頭早在浪漫主義時代，那時英國詩人造訪英國湖區和瑞士阿爾卑斯山，但它直接的源頭在於1960年代反主流文化浪潮，「背包旅行」的興起，既是一種觀光方式，也是一種反對團隊遊、郵輪和其他「固定」觀光形式的聲明。嬉皮士們前往印度、尼泊爾和更遠的地方：這些地方充滿異國情調、廉價，更容易得到大麻和靈性啟蒙。以古魯為中心的印度靈性旅遊可追溯到19世紀，當時布拉瓦茨基夫人（Madame Blavatsky）和她的神智學會（Theosophical Society）遷往印度的阿迪亞爾（Adyar）。隨著新世紀運動興起於1970年代，一系列新的「力量地」（power places）或是「能量點」（power spots）粉墨登場，它們與「雷脈」（ley lines）、能量漩渦等等聯繫在一起。[20] 已經出名的旅遊熱點，如英國的巨石陣、埃及的金字塔和秘魯的馬丘比丘，被賦予了一層額外的「靈性」意義。另一些地方僅僅憑藉其靈性本質而走紅，最著名的有美國亞利桑那州的塞多納。秘魯的納斯卡和英國的格拉斯頓堡是旅行者去體驗「大地能量」（earth energy）的兩個地方。[21]「薩滿之旅」（Shaman tourism）帶領探索者在秘魯和西伯利亞接觸本土的巫醫。

就像很多反主流文化一樣，直到1980年代，靈性之旅走的是上層和企業路線。「新世紀」旅行成為靈性旅遊的一個新子集，有其自己的組織。2007年，《紐約時報》（*New York Times*）如此報導：「新世紀風格的神聖旅行，或形而上學之旅（metaphysical touring），正成為旅遊業中逐漸增長的一個分支。」這篇報導將新一代靈性旅遊的開端，放在1987年的和諧匯聚（harmonic convergence），這是新世紀運動的高潮事件，「超自然團體中的諸多成員聚集在世界各地的神聖地點進行祈禱、冥想和儀式。」[22]

---

20. 斯朵斯伯格，《宗教和旅遊》，第98頁。
21. 沙克利（Myra L. Shackley），《管理聖地》（*Managing Sacred Sites*）。
22. 托達斯－懷特希爾（Ethan Todras-Whitehill），〈靈性旅遊〉（“Touring the Spirit World”），《紐約時報》，2007年4月29日。

「能量之旅」的增長解決了馬康耐的旅行難題。對夢道者來說，一次本真的體驗是可能的，因為本真性主要建立在對氣的體驗之上，存在於具身性（embodiment）和主體性的個人現實的深處——和我們所說的全真道不同，傳承、儀式和道德才是全真道的本真性更重要的指標。因此，夢道者可與在其他目的地的新世紀旅行者相對比：他們是「深度觀光客」，「不僅是去看一個地方，躺在沙灘上或是拍照——而是通過冥想、祈禱和其他儀式，參與並成為目的地的一部分。」[23]

慣用語「能量」或氣也為賦魅的觀光體驗提供了一種語言，例如：「我感受到一種與山嶽在氣上的聯繫，很強烈。」另一位夢道者則說，她「體驗到的最強的氣」就是「飯、菜、穀物、交談、友誼」。還有人說：「這個團非常好，有很好的氣，沒有人抱怨，氛圍良好。」[24] 這個慣用語也可以根據「氣」的規範，對觀光體驗進行否定性的評價：參加中國道教聖地之旅的人，不會說一個地方太擁擠了或人太累了，而是說：「上面的氣不好，下面的好點」；面對無禮的賓館工作人員或有問題的房間，他們會評價：「這家賓館的氣太差了。」或者說起一個女按摩師，在中國大多數情況下，這個二十歲的農村女孩只是個在按摩院接受過簡單培訓的學徒：「這個人只有技術，沒有氣。」[25]

華山入選靈性之旅，因其符合「能量點」的若干標準，有許多地方，鮮有人跡，但又方便找到舒適的住宿和交通，這些地方和活動能夠產生獨特的氣的體驗、非凡的風景和宗教本真性的特別氛圍——例如，有「真正的」道士，他們是名副其實的道教修煉者，可以傳授教理給團員。就每一條標準而言，地點的獨一無二性被突出，但又符合一個標準化的、非歷史的框架裡的期待，這使得華山得以入選全球靈性旅行者神聖能量之地的行程單。團員是消費者，在為期三週的中國之旅結束後，他們的關係也許不會維持下去。多數在美國和其他國家營運的西方道教組織和網絡都是商業化運作，推銷退修活動、課程、書籍和逐漸增多的中國之行。

在全球能量點巡迴之旅裡，西藏以外的大部分中國山嶽仍舊不為人所知，但是，麥考文和其他人的中國道教之旅，使得華山和其他道教山嶽「上

---

23. 提摩太（Dallen J. Timothy）和康諾弗（Paul J. Conover），〈自然宗教，自我靈性〉（"Nature Religion, Self-Spirituality"），第144頁。
24. 2012年6月2至4日，華山，宗樹人的田野筆記。
25. 2011年，華山，史來家的田野筆記，「老子的足跡」之旅。

了地圖」。在兩年一次的夢道之旅的間隙，麥考文以能量勘探者的身份，有規律地獨自遊覽中國，就好像一位「鑒賞家」，從不同的山採集著氣。他形容華山特別有氣場：「絕對令人興奮和震驚⋯⋯中國的能量之山。都是陽氣之地、花崗石、火。花開五瓣的風水寶地⋯⋯一座完美的道教山嶽。」[26]

(三) 注定祛魅？關於華山的西方轉義

夢道者的華山之旅始於2000年，只是步一小部分西方作家的後塵而已，自1930年代開始，這些作家就將華山鐫刻在西方對道教的想像中了。英語文學作品在提到中國的五嶽時，華山總是被挑出來大加讚賞。一位美國商人西爾弗斯（Brock Silvers）在中國工作了多年，對道教產生很濃厚的興趣，還出版了一本宗教導覽，推薦在華山呆上「四至五天，探索這座山嶽的寶礦」。[27] 與此同時，一本考察全世界聖山的休閒讀本認為，「在（中國的）五嶽之中，屬華山最妙，」還寫道，「幾個世紀以來，中國的詩人和畫家用異乎尋常的細節，喚起華山深不可測的景色所激發的令人暈眩的空腹感。聖山的風景與那種聖人和天上星宿交流的虛空之地的想像容易吻合。」[28]

英國的靈性修行者和冒險家蒲樂道（John Blofeld, 1913–1987）的作品，是首批將中國佛教和道教引薦給西方主流讀者的著作之一。1935年，他坐在從西安開往北京的火車上，寫下如下的回憶：「沿途大約飛駛兩至三小時後，我突然見到如此壯麗的景象，它衝擊著我的靈魂。那是一座高聳而巨大的山嶽，像一座高塔直沖雲霄。」[29] 這就是華山。蒲樂道迫不急待地下了火車，找到一個當地人幫他把行李扛上山，然後開始登山。他們在雪中登山，無法上

26. 2010年12月22日，北卡羅萊納州阿什維爾，史來家對麥考文的訪談。
27. 西爾弗斯，《道教手冊》（*The Taoist Manual*），第196頁。
28. 伯恩鮑姆（Edwin Bernbaum），《世界的聖山》（*Sacred Mountains of the World*），第29–30頁。
29. 蒲樂道，《我的中國神秘之旅》（*My Journey in Mystic China*），第95頁。

到頂峰，只能在山腰的一個小廟裡停了下來。蒲樂道描寫了道長的好客和他們的樸實智慧。[30]

另一位早期的西方到訪者是莫里遜（1908–1991），她是一位德國攝影師，和蒲樂道一樣，在1935年徒步華山。她的一部影集於1974年出版，其中收錄了令人印象深刻的華山黑白照片，漢學家艾伯華（Wolfram Eberhard）為之作序。[31] 莫里遜如此描述玉泉院：「這是個迷人的地方，道士們禮貌而友好。我感到賓至如歸，和他們相處，頗受啟發，外界的所有麻煩似乎都消失了。」[32]

下一部有關華山的重要英語作品，是《道志：一位道教大師的隱秘生平》（*Chronicles of Tao: The Secret Life of a Taoist Master*），由加州的華裔藝術家和作家鄧明道首次出版於1983年。[33] 這是鄧明道的師父關西洪（Kwan Saihung）的所謂傳記，學者和修行者都批評它是「贗品」。《道志》稱，1920年，關氏出生在陝西省的一個富裕家庭裡。十六歲時，他遇見了「華山大師」並被收為徒弟。三卷本的著作記錄了關氏的各種故事，包括在華山接受高級道教訓練，離山，又回到華山，期間還在抗日戰爭中指揮過一個旅，成為有名的伶人，在上海黑社會做過保鏢，獨自騎遊歐洲，也在燕京大學上過學，擔任過周恩來總理的助理、全國人大代表，最後於1951年移民美國（所有這些都是在三十二歲以前的經歷）。1954年，他被師父召回華山，發現山上只留下極少數的道士，大多數的宮觀都被毀壞了。在該書的結尾處，他的畢生積蓄被騙走了，失望的他準備存想登仙。然後，他在公園裡遇見一個想拜他為師的年輕

---

30. 蒲樂道，《我的中國神秘之旅》，第98–99頁。這段敘述並不廣為人知，因為這是從蒲樂道的中文回憶錄《老蒲遊記》中摘錄出來的，由一家香港出版社於1990年首次出版。里德（Daniel Reid）將它翻譯成了英文，只在2008年出過一版，書名為 *My Journey in Mystic China*（《我的中國神秘之旅》）。
31. 莫里遜和艾伯華，《華山》。可以在哈佛燕京檔案的網上查看這些照片，http://library.harvard.edu（2015年8月27日查閱）。
32. 莫里遜和艾伯華，《華山》，第 viii 頁。
33. 鄧明道，《道志》。該書原版為三卷本：《漂泊的道士》（*The Wandering Taoist*, 1983），《雲笈七籤》（*Seven Bamboo Tablets of the Cloudy Satchel*, 1987），《通向廣闊天地的大門》（*Gateway to a Vast World*, 1989）。

人。「按照傳統，道士都會偶遇一位徒弟，」《道志》告訴我們；[34] 然後我們意識到，所有的敘述都是為了替關氏所開設的「真正的」武術培訓班打廣告。[35]

在台灣的一座佛寺和一處隱修之地先後居住多年後，作家波特（Bill Porter）於1989年春天到中國大陸旅行，尋找終南山的隱士。他的著作——《空谷幽蘭：尋訪當代中國隱士》（*Road to Heaven: Encounters with Chinese Hermits*）——結合了遊記和通俗歷史。波特爬上了華山，遇見了當時七十歲的薛泰來道長，他已在山頂上居住了四十五年。薛是陳道長的師父；在本書的第四章會有他的故事。波特寫道：「華山有一種特殊的力量，引起人的敬意。在眾山之中，它的形態是獨一無二的。攀登華山，需要巨大的勇氣和強大的慾望，不是肉體的，而是精神的渴望。因為它是中國最古老的精神中心之一，薩滿會到這裡來尋求靈感。」[36]

西方人對華山的這些敘述，聚焦在它是一個神秘的、不可思議的傳統之地，在現代世界中消失的靈性的本真性曾經在此出現。但是，華山的這種靈性特質被描述為正迅速成為過去，而在《道志》裡，則被形容為一種商品，現在只能通過消費舊金山商業化的培訓班才能獲得。關於華山的西方轉義，反映了一個祛魅的過程，最後的、年長的東方道士被留在了相機或文本之中：大山活著的精神消失了，它的最後蹤跡被記錄在有待消費的書籍或購買的課程裡面了。

（四）夢道者返魅華山

有了這種西方作品中的華山傳說，我們最初認為華山之所以已經成為夢道之旅的必到之處，是因為麥考文從蒲樂道或莫里遜或波特的著作，或者關西洪真假參半的華山遊歷中，對此山知之甚多。然而，事實上，吸引麥考文來華山的並非這些早先的文字，而是一個老朋友的講述和一系列的巧合。李

34. 鄧明道，《道志》，第463頁。
35. 道教研究學者安保羅（Poul Andersen）稱《道志》是一個「有趣的贗品」（從技術上來說，這不是贗品，而是一種欺詐），指出該書中的華山直接取自莫里遜拍攝於1935年的照片。更糟糕的是，美國氣功導師科恩（Ken Cohen）指出，《道志》第一卷初版收錄了道士臉部的線描圖。其中一些明顯臨摹了莫里遜所攝的肖像照片。
36. 波特，《空谷幽蘭》，第61頁。

胡安（Juan Li, 1946–）是在美國接受教育的華裔古巴人，和麥考文一樣，是謝明德的早期學生，也是其著作封面和海報的插畫師。據麥考文說，李胡安

> 去中國各地朝聖，他不會說中文，也沒有旅遊指南，只有一份聖山的名單。他去了那裡，磕磕絆絆地遊覽了中國，花了幾個月時間，四處遊走、拍照。我見到了他拍攝的華山照片，立刻迷上了它，「我一定要去那裡。」……他攀登山嶽，就像一場朝聖，每一步都像是融入了山中。通過登山，你還會吸收到山的氣。當你真正攀登時，你就將它裝在了自己裡面。那就是他接近山嶽的途徑。對我而言，這是一場愉快的教學和啟發。[37]

夢道者對華山的敘述從不訴諸過去的西方記載，也不曾提到以前的中國遊客。他們所描述的華山完全是一種具身的體驗。他們談論的是與從前在聖山修煉者的氣相連接，他們沒有留下名字，能感受到的只有他們的氣。與早期西方的敘述不同，他們的敘述並不是祛魅敘事。麥考文講述了自己在華山的一個洞窟裡令人震撼而著迷的一段經歷：

> 在我表達自己的感激之情後，一件非同尋常的事情發生了。我的嘴裡突然充滿了一個搏動的氣形成的球，慢慢地滑下喉嚨和食管，進入我的胃。顯然，當我呆在洞穴裡的時候，這個氣球停留在我的腹部，而且，這也解釋了在接下來的五天洞穴禁食期間，我不曾有過一絲一毫的飢餓感！因為這是立刻發生在我打坐致謝洞穴之後，感覺就像和山嶽的清晰交流。……華山裡的一些無形存在，似乎無時無刻、積極地將我推入更深層次的道教修行。[38]

在旅行推廣的資料裡，這樣的描述和夢道者的見證被特別強調，吸引其他參與者也來體驗華山的力量：

> 我在中國體驗到的氣簡直令人興奮。我呆在這些徹底開啟我內在洞察力的新層次的群山中，得到了一種傳承。

---

37. 2010年12月22日，北卡羅萊納州阿什維爾，史來家對麥考文的訪談。
38. 麥考文，〈道教內丹和吐納者〉（"Taoist Alchemy and Breatharians"）。

> 然後，一些瘋狂的攪動發生在下丹田。腦袋裡隆隆作響，地震……爆炸。感受到壓力……嘴巴大張，眼睛緊閉，全身的感覺不可描述……接著轟隆一聲！！我大笑起來，從來沒有這樣笑過，我的全身都在隨著笑聲而抖動，上氣不接下氣，瘋狂地笑出了眼淚……又哭了起來……前所未有地不停哭泣……然後跳舞和旋轉。[39]

這些強烈體驗的見證，刊登在「療癒之道」的網站上，可以激發未來的參與者與之連接。我們在華山上訪談的夢道者也有相似的經歷：

> 這場旅行給了我一個極好的機會，讓我能夠與這片土地和世界上不同地區的人連接，這些地方有強大的冥想修行者亙古長存的存在感。結果，我發展出了和內在自我更為深厚的連接，這是通過一種集體經驗，其中囊括了許多其他人（包括大地本身）的內在自我而達到的。
>
> 這是一種非常柔軟的能量，熱情的、螺旋形的，就好像有人在傳送力量給我。

一位美國年輕人在華山的洞穴裡呆了一週，然後寄了一封富有詩意的電郵給旅行團：

> 在一個半球形的小洞穴裡，我迷失在體內深處的雷聲……三天來，我慢慢進入華山的集體自我；神仙、大地的深厚能量和太初的自我，被拖入玄牝之門的黑暗子宮。我深處的集體內在自我漸漸充滿了透徹電光的閃爍聲音。[40]

顯然，華山被夢道者形容和體驗成為了一個佈滿強大能量的地方，打開了他們的「內在視野」，與「內在自我」相連接。這些經驗突破了一個祛魅世界中的「緩衝的自我」：夢道者發現他們自己在與「無形的存在」、「許多人的內在自我」、「熱情的能量」、「華山的集體自我」進行交流，這些都來自於「強大的冥想修行者亙古長存的存在感」。

---

39. 「療癒之道」網站上兩位參與者的見證，參見麥考文，〈道教內丹和吐納者〉。
40. 「美國療癒之道」論壇，http://forum.healingdao.com/general/message/860%5C（2015年8月19日查閱）。

雖然麥考文承認，一些夢道者是「靈性旅遊者」，他們「感到某種滿足地回家，為他們的西方超主體性的膚淺自我增添了一層新的獨特記憶」，然而，有些人則「轉換成了朝聖者」，他們感受到與道教宇宙的一種聯繫；對於其中一些人而言，生活發生了轉變，他們連續參加夢道之旅，回到中國，甚至搬到中國，[41] 或者將他們的夢道之旅看作靈性追尋之路上的關鍵階段。

> 他們**不是**對氣作「消費主義者」的體驗，頭一天吸一下，後一天就忘記了。他們**讓生活發生改變**，是永久的改變。他們在伴隨他們的靈性身份裡開拓了新的基石。許多夢道者告訴我：「**多年來**，我一直在回味中國之旅。」當你在消化一頓飯、一部電影、一本書，甚或是一夜情時，其中的快樂更為短暫和膚淺，很快就會被遺忘。消費主義在**消耗你的氣**。而深層次的道教修煉會在一個人的核心身份中**營造氣**。[42]

上述評論提出了一個貫穿全書的問題：夢道者的體驗僅僅強化了實體自我，即一種提供更深層次和更「本真的」主體經驗的賦魅，而不是普通的觀光，還是說他們體驗了一種向天人感應的過程和實踐的轉移？

旅行團所要追尋的事物中，當今活生生的道士是次要的，首要的是過去的修煉者所打通的能量：「這才是我們到中國來的原因，」麥考文說。「幾千年來，道士們一直在與這些非人類的能量交通。他們已經打通了交流的管道。這些能量也存在於其他地方，但是在那些地方，它們還沒有被打通出來。在這裡，能量的交流已經存在很長一段時間了。我們只是走在前人走過的路上。」

> 和古人的共鳴就在大地、山嶽裡，你只要去了那裡，就能感受到。即使那裡沒有道士居住，你也要去那裡、去感受它。那裡是仙鄉。是道仙的氣。他們已融入自然，所以那裡會有共鳴。其他國家那些沒有被開發、沒有丹道冥想的山嶽完全不同，山嶽的意識不一樣，還沒有被喚醒，所以，這些道教山嶽的確有一種不同的意識，足夠

41. 2016年3月8日，麥考文給宗樹人的電郵。
42. 2016年4月8日，麥考文給宗樹人的電郵。

> 敏感的人就能夠體驗到它。並非所有人可以體驗或意識到它，但我覺得他們仍然被它強烈地影響著。[43]

換言之，「感受」到和死去的（或登仙的）道士的共鳴，比與活生生的道士接觸更重要。這證實了斯朵斯伯格的觀點，「遊客主要感興趣的並非總是目的地的宗教現狀；很多時候，當代宗教很少或並不讓人感興趣，甚至被看作是一種干擾。」[44] 對大部分夢道者而言，那些過去的道教修煉者是誰——他們的名字、生平和師承——並沒有什麼吸引力。真正重要的是他們打通了現在可以直接通達的能量管道——但由於多年的忽視，該管道已關閉，只能由夢道者通過「馴服」能量，「重啟」管道。麥考文說道：

> 一開始，幾年前，那些能量已經不習慣交流了（由於當今中國修煉者稀少，以及外國人的不期而至），所以這些體驗比較難處理。現在，能量更適應了；現在，這裡有越來越多的外國打坐者；力量也變得更易於接觸……來這兒的首次旅行並不輕鬆。那些洞穴裡的共鳴並不適於外國人。我們稱之為共鳴——祂真的是居住於那裡的意識，即神靈。祂們不習慣外國人，第一年在那些洞穴裡呆過的人還有過一些可怕的經歷——有龍現身，或者感到有星體襲擊並質問他們：「你們在我的洞穴裡幹什麼？」——令人心驚膽顫。之後，祂們（洞穴神明）說：「好吧，你們這些人還行，是認真的；你們來這裡真的是為了打坐。」祂們變得支持我們，那些來這裡的人感受到了幫助。[45]

夢道者由此重啟的力量現在支持著他們，允許他們與集體的星命意識交流。用麥考文的話來描述就是：

> 山嶽就是大自然中的金字塔；它們的軸線充當著下面的地心和上方的星座之間的雙重中心。華山是一朵由堅實的花崗岩構成的巨大的「大地之花」，我對華山的體驗是：對那些可以感應到它內在頻率的人來說，這座山是一個巨大的入門之堂奧。當你把自己身體之軸和

---

43. 2012年6月3日，華山，宗樹人對麥考文的訪談。
44. 斯朵斯伯格，《宗教和旅遊》，第140頁。
45. 2010年12月22日，北卡羅萊納州阿什維爾，史來家對麥考文的訪談。

> 大山之軸對齊，它就變成了一條通道，「山靈」能與什麼溝通，你就能與什麼溝通。因此，華山僅僅是集體星命意識的一條出路，就像其他雷脈或聖地。一個地方越來越習慣於靈性的覺醒，在使用大自然氣場、與人類溝通的方面，就會變得越來越有力量和技巧。這就是那些追尋「道」的人參訪中國聖山的主要原因。[46]

2013年夏天，麥考文前往遠在中國東北地區的長白山，尋找自己的道教傳承源頭。事後，他將這座山和他在埃及大金字塔、夏威夷莫納克亞山和希臘聖托里尼島的能量體驗相比較，並心醉神迷地寫道，他發現了「中國的頂輪」(China's crown chakra)：

> 對氣的轉化而言，長白山是一個極其強大的門戶……我從來沒有經歷過如此舒適的、深度的和有力的坎離（水火）內丹冥想。我身體中的每一個細胞，最深層次的精（骨髓、精液和DNA-RNA）好像在一個宇宙高壓鍋裡，以超高速的頻率在震動……在我和長白山此刻當下的相互感應時，我感到這座火山是如此強大的一個大地之門(Earth Portal)，一條通向地心的大型高速公路……每一座火山都是一個門户。但是我發現長白山獨特的水火能量平衡，為深入大地之母的最核心提供了更大的穩定性。與長白山的感應就好像深入大地之母的命門，我們這個地球的命運之門。[47]

夢道者的賦魅敘事可以說位於我們之前所討論的兩個整合模式之間。一方面，強調對能量的主體體驗和自我發現，與實體自我論相聯繫。另一方面，與「集體的星命意識」和「大地之母的命門」——在下丹田的穴位，意為「命運之門」，身體氣循環的關鍵節點——的連接，似乎又顯示出一種天人感應的傾向，有時又具有一種比附的模式。不過，這些有關感應的話語假設了，在自我和一個頗為模糊的集體意識或宇宙母體之間，存在著一種直接的

46. 麥考文，〈道教內丹和吐納者〉。

47. 麥考文，〈中國的頂輪：長白山——療癒之道的傳承和源頭——照片集〉("China's Crown Chakra: Mt. Changbai—Lineage & Origins of Healing Tao—PHOTOS")，可線上查看：http://www.healingtaousa.com/cgi-bin/articles.pl?rm=mode2&articleid=168（2013年9月23日查閱）。

連接，沒有特定的中介。即便夢道者們感應到以往神仙的氣，這些神仙也依然是無名的。

(五) 道士與華山的感應

當陳道長與夢道者談起華山時，他並沒有提起關於氣或感應的體驗；只是在幾年的交流之後，私下對我們透露了這些體驗。相反地，他為夢道者列出了一系列偉大的道教人物，如黃帝、老子、呂洞賓、郝大通、陳摶、丘處機和王常月，尤其是王常月，據説他曾經在華山的山峰和洞穴裡修煉過。不過，這些人物在道教歷史上本就有名，並非只與華山或任何其他道教聖地有聯繫。在華山，道士可以與這些人物的記憶相連接，通過他們，又可以與更廣意義上的道教神話與宇宙產生相連接。

在「雲遊」的出家修行中，道士從一個宮觀去到另一個宮觀，往往是跨區域的，在開始下一個旅程前，他們在一地停留幾個月或幾年，從其具身的體驗來講，他們正在道教傳統的宇宙輿地中穿行，其軌跡得以與過往幾代「雲遊者」的軌跡相連接。[48] 全真道士正是身處於這一系列的記憶——記載在文本中以及歷史上的名道掌故——中。每次進入華山，他們所感應的這個地方不僅僅是一座物理意義上的山嶽及其能量場；這也是一座充滿了記憶和連接的山嶽，是道教宇宙中的一個特定地方。只有當身體和聖地的體驗有助於修行者進入那個宇宙，並在其中更接近終極的萬物生成「起源」(Origin)，它們才是有意義的。全真道自視為道教傳統最精妙和最完整的表現——幾個世紀以來，它是中國最為高度體制化的道教精英形式。全真道士認為，身體修行的功法產生的體驗，以及在一個強大聖地的停留，只是修煉過程的一**部分**，它將這個人嵌入並體現在一個更宏大的天人感應過程之中。

陳道長所告訴我們他在洞穴和華山的體驗，大體上都與華山和道教的歷史及傳承有關。例如，在一個故事裡，他將自己發現的一個洞穴和一位拒絕了皇帝邀請的道教隱士的故事聯繫了起來：

> 有一回，我在爬山。正在下雪，周遭白茫茫一片。我面朝北方，望著山的西北方向，感覺到那裡一定有個洞穴，如果沒有，我就要在

48. 謝道琳 (Adeline Herrou)，《一個屬於她們自己的世界》(*A World of Their Own*)。

> 那裡開一個出來。過去那些開洞的修煉者一定不會錯過這個地方。所以，我過去看一看。有點兒危險。在爬行的時候，我幾乎要跌下懸崖了。雪越下越大了，在某個地方，我的腳踏空了。我抓住了鐵鍊，但是身體已經掛在了外面。然後，我繼續行走，緊緊抓住鐵鍊。往下走了幾十米，那裡有一個山洞，很大。是方的。部分是自然的，部分是人工開鑿的。它隱藏得太好了，從外面很難看見它。但是從洞裡面往外看，可以飽覽整座山的全景。太美了。回到觀裡，我查閱了一些歷史資料，發現在隋唐，曾經有一位道教祖師在那個洞裡呆過；他發現了這個洞。根據記載，他喜歡吹笛。他製作各種笛子，吹一會兒，然後每次都把笛子從洞裡扔進山裡。這位祖師是位隱士。貞觀年間，唐太宗曾向他發出邀請。皇帝來到這裡，請他出山。但隱士婉拒了。他的道風給我留下了很深的印象。我喜歡他的處世方式，就算我不了解他的修煉。[49]

陳道長還提到了另一個山洞，它在西峰的最高絕壁之上，從外面看不見那個洞。他的師父薛泰來說，解放前，有一個立柱支撐的平台，有梯子可以爬上去。「現在，靠肉眼都找不到路。」峭壁上沒有台階；以前有曬乾的木棍做成的梯子。但這些都沒有了。陳道長並沒有親身去過那個洞穴，但他聲稱曾以一種「不可思議的」方式到過那裡，還遇見了一位神仙，「在我的心裡出現」，他是漢代（前206–公元220）「古華山派」的創始人。儘管我們已經核實了這位神仙在道教史中的存在，陳道長卻認為，他和華山的連接，以及他的華山派大半已經被遺忘；陳道長要我們不要洩露仙人的名字，生怕他會因遊客或華山的文化發展而被工具化。

> 我覺得自己和〔這位祖師〕有著很深的緣分；他對我密切關注。他並不是我去有意搜尋的結果；在基督教或猶太教裡面，這被稱為神召：他吸引我前行，賜予我良多。我崇拜很多神仙，都是無條件的，但我從沒有見過他們。但這位神仙和他的洞穴，我見過；他出現在我面前。他賜予我很多，並召喚我。他對我的影響尤其之大。[50]

---

49. 2013年6月18日，成都，宗樹人對陳宇明的訪談。
50. 2013年6月18日，成都，宗樹人對陳宇明的訪談。

陳道長口中的這位神仙是「古」華山派的祖師，與當代學術研究所定義的「老」「新」華山派不同。「新」華山派屬於全真道；又可以分為兩支：「南」支的祖庭在南峰的南天門，「北」支的祖庭在北斗坪，那是位於面向華山的一座山上的洞穴群。北支由明代的索無叟建立。陳道長詳述了2004年左右的一個雪夜，他和這位神仙在華山頂上的「相遇」：

> 雪很大，我感覺很放鬆，心情特別好。我已經走了大約三公里，然後聽見某人在我後面叫到：「虛—無—！虛—無—！」接著發出了「踏！踏！踏！」的聲音。過了一會兒，這種聲音越來越近；在轉過一座山峰後，一位老人出現了，穿著很舊的衣服，戴著一頂帽子；像是一位道士的打扮。他很高。他的衣服又舊又凌亂，很難分辨他究竟是一個僧人或道士。我說不清他的年紀。他的頭髮花白；我不知道他是怎樣的人。他繼續往前走，朝著一棵樹，然後他再次喊到：「虛無！」似乎他正在尋找虛無。我大聲開玩笑：「這位老人家在尋找虛無！」我斜靠著欄杆，等待著他的反應。接著，這位老人好像注意到我了，向我走來。不知道為什麼，但是突然之間，我的心臟跳得更快了；在那一刻，我想要在那裡向他叩頭。我不清楚這個念頭是哪裡來的，不過，這是一種極其強烈的感受。然而，我沒有動。我僵住了，因為有人走過，我怕他們會笑話我。但我還是想要叩頭，所以我繼續跟著他。他依舊走著，用平靜的聲調喊著：「虛—無—」。奇怪的是，我那時很年輕，跑得也快，卻跟不上他的步伐。當我幾乎追上並試圖叩頭，突然之間，他又遠離了。我變得尷尬，他也意識到了，因此停了一陣，又繼續前行，不過，在他轉進山的另一面時，便失去了蹤影。我感到遺憾，無法判定他是誰。天越來越黑，第二天我還要工作，所以只能下山了。在下山的途中，我回望老人消失的方向，懷著敬意，喊到：「虛—無—！」
>
> 　　那時差不多是中國農曆新年，正月初四。有意思的是，剛好一年後，又是在初四，我遇見了一位姓索的老道士；他已經羽化多日了。我在與他交談時，詢問歷史上是否有與他同姓的道士，他說華山派的第三代中，就有一位祖師姓索；他不清楚他是否是一位神仙，但他的名字是索無叟。我問「索無叟」是什麼意思，他回答，那

> 是「尋找虛無的老人」的意思。我突然記起，恰恰是在一年前，我見過他——正是那位尋找虛無的老人。[51]

通過講述這些體驗，陳道長將他自己與華山靈性傳承的創立者連接起來，無論是古華山派的祖師，或是全真道新華山派北支的創立者索無叟。就古華山派的神仙而言，這些聯繫將他連到主要道教修煉技術的源頭；或者，就「尋找虛無的老人」，或是將自己的笛子丟下懸崖並拒絕帝王邀請的那位神仙而言，這些聯繫傳遞了一些道教教理的精華。雖然這些故事具備超自然的維度和迷人的效果，但最終，其焦點並非那些不尋常的經歷本身，而是與道教派系和傳統之間更深的連接。

對於陳道長而言，我們在這個世界的生活就像被限制在一個小盒子裡一樣，我們無法察覺到自身存在的全部實體。靈性現象僅僅是與盒子之外的實體開始接觸的結果；剛開始可能令人害怕，但之後，你會發現這是完全正常和普通的。我們能看見的華山只是一座山的空間；它還有許多其他空間。因為華山是一個如此不可思議的地方，吸引了許多生物，包括人類、旅行者、動物和神仙，還有鬼和神奇的能量。在這個世界裡，存在很多空間，這些空間之間存在著諸多聯繫和通道；一個人有很多方法和途徑，從一個空間漫遊到另一個空間。

在發音和意義上，中文中的「洞」字與「通」字相近，意為「沒有阻礙地流動、相通或抵達」；因此，一處「洞天」也是一條通道、一道門，直接通向天上的空間。一些地點是特別的「洞穴」，神仙在那裡留下了特別的能量，可能是有益的，也可能是有害的；但是這些能量類似雲氣，很長一段時間之後，就會消散。

陳道長喜歡爬進山裡那些最偏僻的洞穴，經常需要經過危險的小路和懸崖。在這些地方，沒有遊客的喧鬧，打坐時，可以聽見所謂的「天道之聲」，與花栗鼠交流，看著松樹在洞口搖曳。他形容這是一種獲得真正自由、與天地和特定的神仙相交融的感覺。他回憶了曾有一晚在洞穴裡打坐，他是如何感到格外愉快，爆發出一陣陣無法控制的笑聲——然後，他看見一個小人形

51. 2013年6月19日，成都，宗樹人對陳宇明的訪談。

出現在面前，長髮，穿著樹葉做成的衣服。過了一會兒就消失了。陳道長認為他是一位神仙——因此將他的經歷與華山的道教神仙文化傳說聯繫起來。[52]

在一些洞穴的岩石上，有神仙留下的刻字，有些提供了如何修煉的提示和方法。例如，陳道長描述了一個他發現的山洞，又遠又難到達，那裡有一個可以睡覺的平台，還有一個小小的壇場。兩塊石頭上刻著兩行字，提到一種道教打坐的方法：[53]

二六時中息氣
一腔子裡存神

夢道者的賦魅體驗傾向於聚焦在具身體驗本身，而華山道士一般不願討論這種體驗。他們一旦要討論時，這些體驗就被敘述成與華山歷史上某個特定神仙和傳承建立了連接。對全真道士來說，天人感應確實包括對「天道之聲」的直接體驗——但它也涉及與特定人物、事件和地點的感應，它們是華山成為聖山的原因所在，同時也連接起了作為歷史傳統的道教。我們將在下文看到，對華山的神聖化正是天人感應過程的一部分。

(六) 將華山宇宙化

參訪聖地的活動在中國歷史悠久，至少可以追溯到公元前4世紀。[54] 任何中國宗教體制或教義從來都沒有明確界定朝聖是一項強制性要求；它發展出了多種形式，但基本包括登上充滿神力的山峰，在那裡的廟裡燒香，停留並敬拜沿路上的其他靈驗地點。因此，用一個傳統中國詞彙來表示朝聖，那就是「朝山敬香」，意味著「致敬山嶽和上香」。這種表達暗示著這座山或是其中的神靈，是一位活躍著的、有力量的主（Lord），堪比一位國王或帝王，人們帶著敬意和供品接近祂，祈求祂降福和保佑那些通過儀式承認並增加其力量的人。不過，那個地方的神靈和力量也被道教或佛教征服及控制。韓濤（Thomas Hahn）如此描述一座典型的道教山嶽：

52. 2013年6月19日，成都，宗樹人對陳宇明的訪談。

53. 2013年6月18日，成都，宗樹人對陳宇明的訪談。

54. 韓書瑞（Susan Naquin）和于君方（Yü Chün-fang）編，《朝聖和聖地》（*Pilgrims and Sacred Sites*），第12頁。

> 在入口處屋簷下，高高掛著一塊「安山額」，迎接著朝聖者。它似乎預示著山嶽被征服的力量，為朝聖者或其他旅客提供了一種安全感：只消瞥一眼匾額，就本能地意識到開山祖師的力量在不斷保護登山的順利，那是具有靈性敏鋭力的宗教祖師，敢於「開」山。[55]

在華山的地方傳説中，山嶽裡的各種力量，精靈、魔鬼和怪物的洞穴，都已經被作為一種超越地方性宗教體制的道教的聖人和神仙馴服。[56]甚至在今天，道士還害怕那些沒有得到宮觀或神仙洞穴保護的尚未開闢的小路，以及深山幽谷裡的妖魔、鬼怪和幽靈。其中有一個故事説到，一位華山道士走在一條人跡罕至、簇葉叢生的長長小徑上，在一塊石頭上休息的時候，突然晴朗的天空被濃霧掩蓋，兩個穿著古戲服的人出現在他身後，開始跟著他。他盡可能地跑開，直到那兩個人消失；一回頭，看見兩條互相交錯的巨大眼鏡蛇。他盡力逃離那條小路，再也不敢返回。在另一個故事裡，一群道士轉錯了彎，走入了華山山谷盡頭的深處，鑽進了一個山洞。同行者中的一人消失了，其餘的人回到了玉泉院。幾日後，那個失蹤的道士也回來了，但不知道事情已經過去了幾天；他以為還是同一天，還生氣同伴沒有等他。然而，之後沒多久，他就羽化了。這些故事加重了道士和當地人的恐懼，他們不敢冒險進入那些遠離道觀和道教仙人開鑿的山洞的荒野之地。

華山西峰附近有一座「鎮嶽宮」，供奉著本山的守護神，這個名字暗示著對這座山的佔領和征服。道教對山嶽及其神靈的馴服包括修煉者和神仙制服神靈的能量，為他在道教神譜裡安排一個位置和封號——如西嶽大帝——尊敬他的力量，但使他臣服於更高等級的道教神靈。

郁丹（Dan Smyer Yü）在他對中國藏傳佛教的研究中，提供了一些有用的洞見，去理解宗教修行和景觀（landscape）力量之間的聯繫。其觀點的核心是兩種聖地模態的區分：第一種是垂直和超越的，伊利亞德所説的開啟天地之間「大地之軸」（axis mundi）的「神顯」（theophany）就是最有名的表述，這種模態適用於一些最宏偉的西藏聖山，如岡仁波齊峰等。這些山嶽使人類在非凡的、超越的領域面前保持一種敬畏之心。不過，更常見的是一種

55. 韓濤，《標準的道教山嶽》（“The Standard Taoist Mountain”）。

56. 萬志英（Richard von Glahn），《左道》（*The Sinister Way*）；施舟人（Kristofer Schipper），〈如何創造一個聖地〉（“Comment on crée un lieu saint local”），載於《中國的宗教》（*La religion de la Chine*），第305–28頁。

水平的、「互相感知的」神聖性，其中普通人、靈魂、神靈和大地的形式都是活生生的，處於長期共處和互惠的關係，對於現世的關心是首要的。在這種互相感知的形態裡，「心靈世界」(mindscape)和「景觀世界」(landscape)互相形塑彼此，融為一體。山嶽是人類靈魂的居住地，「人類為他們所居住的景觀世界注入靈魂和靈性。」一座聖山可能是一位英雄人物的住處和實體化(materialization)，保護著周邊的社區——但是，人類社區也必須尊敬和保護這座山嶽；如果不這樣做，它的靈性力量就會失去，它所奉祀的靈魂也會被摧毀。通過儀式活動，人類加入與其周圍多種力量之間的互惠關係之中，所有的參與者，人類和非人類都在尋求保護、力量和繁榮。從這個層面來看，不存在一個固定的等級，只有人類、神靈和具有靈氣的特色景觀之間的不斷協商。西藏景觀就典型地嵌入了地方的、前佛教時期的神靈，偉大的轉世活佛使他們皈依了佛教，馴化並賜予了他們較低階的佛教護法地位。在人類與地方靈性力量的關係中，雖然地方神比人類擁有更大的超自然力量，但是人類可以用佛法征服他們。[57]

道士和神仙征服華山，地方神靈被收服並納入到道教神譜和宇宙之中，使用的也是相近的邏輯。天人感應是一個政治過程，在人類和非人類的力量、生物之間的一場協商和互惠關係，通常被描述成暴力的鬥爭。道教修煉者和神仙在這個過程中扮演著至關重要的角色，他們用自己靈性聯盟的力量，去感應人類、神靈、地方和一個更為寬廣、包羅萬象的宇宙——而這也正是帝制中國尋求感應並體現的宇宙。

因此，道教裡的華山故事是一個征服、馴化山嶽的力量，並將之整合進中華帝國的神聖構架和道教宇宙論的過程。由此，華山的神聖性在這種超越地方的宇宙框架裡得以形成，今天，它雖已失去了政治意義，但它強有力地繼續存在於集體記憶之中。

聖地華山的故事可以向前追溯至公元前5世紀。[58] 一部早期的坤輿文獻《山海經》裡的華山居住著無數的神獸和仙人。《尚書·禹貢編》說那是軒轅黃

57. 郁丹，《藏傳佛教的傳播》(*The Spread of Tibetan Buddhism*)。

58. 在撰寫本文時，還未出現重要的華山研究的現代英語學術論著，另外有對峨眉山(何瞻〔James Hargett〕，《通向天國之路》〔*Stairway to Heaven*〕)、武當山(勞格文〔Lagerwey〕，《朝聖武當山》〔*The Pilgrimage to Wu-tang Shan*〕)和衡山(羅柏松〔James Robson〕，《權力之境》〔*Power of Place*〕)的研究。

帝——神話中中國人的祖先，治國和治身之術的先驅者——會群仙之所。傳說在周代（前1046–前256）末期，老子西行前往崑崙山的途中，途經華山，在山上留下了不少與某些景點有關的故事，如「煉丹爐」、「臥牛台」等等。《莊子》裡有一個聖人訪問華山的故事，他在那裡遭到一位道家隱士嘲諷。同時代的其他景點記載了華山道士的神奇技能和能力，證明了這座山在早期以成仙之地而聞名。[59] 後漢初期，華山是西王母崇拜最重要的場所之一，她與已知中國最早的千禧年運動有關。[60]

在漢代，華山融入了中華帝國的官方祭祀體系，成為五嶽之一，它們分別與帝國的五個基本方位相對應：恒山（北嶽）、泰山（東嶽）、衡山（南嶽）、嵩山（中嶽）和西嶽華山。作為天之子的帝王定期巡視境內，在每座山嶽停留並祭祀當地的神靈，宣示控制權，賜予他們封號，贊助他們的活動。這些活動是作為政治過程的天人感應的一部分：華山的山神作為五嶽神之一，由此融入了帝國的文明宇宙，標示著中國的五個基本方位的聖山，使帝國疆域形成了「天下」的統一神聖空間，守衛著四面八方的邊境，防止蠻族和妖魔的入侵。帝王在巡狩途中，在規模龐大的西嶽廟舉行致敬西嶽大帝的儀式，這座廟建在山麓附近的平地上，其佈局與北京紫禁城相近。

事實上，正如中國宗教史學者羅柏松所說，在中國，「聖山僅因為其偉岸而受人崇拜者，相對較少」；相反，這些「山嶽在中國激發出各種感受，從恐懼和敬畏到驚人的奇跡和宗教上的崇拜」，這是以它們在宇宙結構裡的象徵性佈局為基礎的。[61] 實際上，五嶽與傳統中國宇宙觀其他五的組合（quintets）相對應，所有都與木、火、土、金、水五行的宇宙系統相關聯。

在這種比附的宇宙學中，西嶽華山與西方的金有關，每座山嶽分別與五行和五個方位相對應。華山自身所擁有的五座山峰複製了宇宙系統，每座山峰又分別與五行和五方位之一相聯繫；這五座山峰也構成了一個煉丹的身體，每座山峰對應五臟之一：北峰是腎，東峰是肝，南峰是心，中峰是脾，西峰是肺。因此，華山西峰是西嶽西峰，是金嶽的金峰。征服山嶽也意味著要在西峰立一座火神祠，因為在五行「相克」的循環中，火克金；如此，可以通過崇拜火的陽神，矯正和平衡西和金帶來的陰的極端傾向。

---

59. 達白安（Brian R. Dott），《身份的反觀》（*Identity Reflections*）；羅柏松，《權力之境》。
60. 羅柏松，《權力之境》，第185頁。
61. 羅柏松，《權力之境》，第17、20頁。

道教將五峰視為老子的五根手指，是一個豐富而複雜的神聖地理中的一部分，在這個神聖地理中，登山和進入山體就成為了肉身成仙的有形和象徵性的地方。到8世紀，道教文獻將神聖景觀整合為十大洞天、三十六小洞天和七十二福地的神聖地理系統，將它們想像成一個由洞穴和神秘通道構成的網絡，將每一座山相互連接起來，也將天上的神仙宮殿連接起來，這些宮殿都是由清氣流溢出來，而用陳道長的話來說，「人間仙境」則是「由包裹在緻密物質的硬殼裡的清氣構成的」。[62]

正如陳道長所描述的，洞天之一的華山，與道教的宇宙生成論有關：

> 大道是一切的起源。道的原始表現就是氣。有清氣，有濁氣。清氣上升，濁氣下降。所以，清濁有別。清氣完美純淨。它上升，並和天上的氣結合。在天上，沒有石頭，一切都是由氣構成的。
>
> 大道是完美的。然後，物質出現了，各種各樣的氣出現了，並且相互分開，變成了不同的形態。清氣上升至天上，變成了天上的神仙。一些精華之氣被濁質包裹，下降到人間，變成名山裡的山洞。它們成為了名山裡的仙境。然後，人類可以通過山洞，到達天境。在五代的傳說裡，據說一些山洞的入口很小，但是人一旦踏入，就會在裡面發現整個宇宙。所以它們被叫作洞天，因為它們是被包裹起來的天上之氣的「氣泡」。[63]

道教經典記載華山是小洞天之一。胡道長如此描述「大」洞天和「小」洞天的區別：

> 在大洞天，曾經在此修煉的遠古偉大仙人留下了遺跡，如黃帝。他們是等級非常高的神靈，達到的境界也是高的。他們的領悟水平是與生俱來的。而在小洞天，祖師使用自己的身體，通過自己的技術修煉，達到高水平。[64]

62. 陳宇明、孟宏，《華山——洞天福地》。
63. 2004年8月4日，華山，宗樹人對陳道長、胡道長的訪談。
64. 2004年8月4日，華山，宗樹人對陳道長、胡道長的訪談。

（七）作為體驗或社會建構的神聖性

在夢道者和全真道士的敘述中，他們和華山神聖性的關係，與傳統的西方神聖概念並不一樣。山嶽的「力量」至少部分與其他人（過去的修煉者和仙人）有關，而不是來自一個純粹超越的實體；當代修行者的修煉有助於重新賦予「休眠的」山洞以能量。我們要如何理解物理環境、個人修行和體驗、集體記憶和力量之間的反饋環（feedback loops）呢？

與上文所討論的旅行和朝聖理論相同，大部分有關神聖的理論都假定了神聖性主體和客體的二元論——「神聖」或是一種先存的、不同於主體的東西，突然引發了他的體驗，或是一種純粹依賴社會建構的人為事物。第一種二元論觀點將神聖從本質上看作是一個他者（Other），如伊利亞德所言：「事實上，這個地方從來都不是由人來『選擇』的。只是被他發現了而已；換言之，神聖之地以某種方式向他顯現了自己。」[65] 他在其他地方補充道，這「不是一個理論思辨的問題，而是一種基本宗教體驗的問題，它先於對世界的反思」。[66] 在更近和更流行的說法裡，我們可以引用伯恩鮑姆的話，他注意到，「山嶽擁有一種非凡的力量，可以喚起神聖」、「傳統上，人們崇敬山嶽，將它當作是神聖力量之所和靈性成就之地。」因此，聖地與終極存在或實體共享著神秘的統一；接近它們的最好方法，就是讓它們保持原樣，帶著敬畏和虔敬之心接近它們。所以，朝聖應該是一種對神聖實在的直接體驗，讓它保持著原始狀態，不受損壞。或者用萊恩（Belden C. Lane）的話來說：「我們已經說過，神聖之地似乎有著難以言表的身份，與那些途經它們，或是在它們之中移動的人有所不同，而且與他們相互間隔。」

與這種對神聖的本質主義理解形成鮮明對比的社會建構論的觀點則主張，神聖首先是社會和文化力量的產物。涂爾幹（Emile Durkheim）在給宗教下定義時認為，所有的文化都將事物和觀念分類成神聖和世俗，它們被設想為「兩個互相分離的類別，兩個毫無共同之處的世界」。在任何文化中，這兩個世界的邊界是清晰的，接近神聖通常要有特殊的規矩和步驟；進入神聖世

65. 伊利亞德，《比較宗教的範型》（*Patterns of Comparative Religion*），第299頁（譯者注：中譯本，《神聖的存在》，晏可佳、姚蓓琴譯〔桂林：廣西師範大學出版社，2019年〕，第360頁）。

66. 伊利亞德，《神聖與世俗》（*The Sacred and the Profane*），第21頁。

界則包括一系列的蛻變或轉化。然而，神聖的觀念並不來源於神聖物本身；相反，它來自於社會道德力量的體驗，通過強加的行為規範和定期儀式的「集體歡騰」(collective effervescence)，它在個人的身上留下了印記。神聖物只是被轉移到物體上的這種道德力量的心理表徵；由此，神聖物被設想為充滿神聖的力量，其實這就是社會的力量。在涂爾幹的分析裡，神聖體驗的性質完全是社會性的，對神聖物的選擇也純粹是武斷的——神聖就是社會力量作用的結果。在聖地舉行的儀式行為，也不是用來建立和處理人類與本質上有所不同的實體的聯繫，而是建構或再生一個能夠表現社會力量的特定地點或事物。這樣一種建構通常是一種集體挪用該地的行為。用切德斯特（David Chidester）和林塔爾（Edward Linenthal）的話來說，「神聖空間必然成為爭奪的空間，成為對神聖象徵的合法所有權的談判競爭……在任何空間，尤其是神聖空間的產生過程中，權力既得到主張，也遭到抵抗。既然世界上沒有一個神聖空間是『現成的』，它的所有權總是岌岌可危。就此而言，一個神聖空間不只是被發現、或被建立、或被建構；它是由那些推動特定利益的人所宣佈、佔有和運作的。」[67]

我們在華山的研究顯示了本質主義和建構主義這兩種視角的可能性及局限性。一方面，該地甚至對未經訓練的旁觀者都會產生影響；可以並不武斷地說，它給遊客或朝聖者留下了敬畏、力量和美的體驗。而另一方面，在這個地方，隨處可見文化和歷史的痕跡，它被納入多種宇宙和政治圖式中，象徵性地將山嶽與中華帝國或民族的本質及其集體力量聯繫起來。山上的道教景點和修行提供了一個由文化所決定的有關技術、故事和傳承的框架，引起修行者對山嶽神聖力量的高度敏感。作為一個聖地，華山與其歷史、記憶和力量的體驗等多條線索密不可分。今日，正是這個神聖的維度吸引著道士和靈性旅行者；這正是在過去幾個世紀裡，帝國試圖加以利用的；這也正是在幾十年前毛澤東時代的國家意欲消除的一點，我們將在第四章討論這個問題。

夢道者帶來了他們自己的記憶和價值觀，並參與到一種挪用的過程中，常常與其他宗教團體、機構和政治體制附加給華山的多層意義及神聖性發生衝突。確實，這個地方存在著對立，它既是原始的、直接的、有力的體驗之源，但又是引發、重現、記載、詮釋和組織那些經驗的社會文化的建構。

67. 切德斯特和林塔爾，〈引言〉(“Introduction”)。

本質主義和社會建構主義的觀點，都造成了被感知的環境和人類主體性及能動性之間的二元對立。對前者而言，一個地方的神聖性只有在完全外在於人類的能動性，而且未受其影響的情況下才有可能；後者則認為，就賦予環境的意義乃是人類能動性的產物而言，外在的環境本身是沒有意義的，只有環境的文化表現和社會挪用才有意義。這兩種觀點都與實體自我論有關。神聖，無論是真實的抑或僅僅是一種社會的想像，都是完全外在於自我，需要自我的主體去體驗的。

以上兩種觀點，都產生了人類學家英戈爾德在《對環境的感知》一書中所批評的自然主義的本體論。他認為，與其將有機體、對象和環境看作互相作用的獨立實體，不如將人類看作「在一個不斷展開的關係場域裡能夠創造性成長的一個獨特的中心」，人類的特徵就作為「人類通過他們在一定的環境裡面的到場和活動而建立起來的諸關係場域的新屬性」而產生。[68] 從這個角度看，問題就變成如何通過在山上不同地點行走、攀登、吐納、拉伸、打坐，以及進行其他一系列的具身活動，形成一個人藉以成長起來的關係場域。這個場域將修行者的重要成長內容相互聯繫起來，包括植物、樹木、石頭、宮觀、雕像、懸崖、雲彩和其他包圍著修行者的存在所引發的認知領域，其他個人的存在及其言語和行動，以及我們在下文會說到的，由這套機制系統所引發的那些被記住的知識、象徵和故事等。

對英戈爾德來說，一個地點同時也是一個有機過程，一種包括有生命和無生命之間關係和轉變的中心。例如，華山不僅僅是一堆靜止的、空洞的、無差別的物質，人類為其賦予了外在的文化觀念和意義：它是無數循環和節律互相作用的表現，從億萬年來的地質運動和化學變化——形成山嶽向上直沖雲霄的山峰，尖銳的山脊和漫長的熔岩曲線——到棲居、層疊、穴居和來往於山的表面和裂縫之間的土壤、樹木、植物、動物和昆蟲的生命循環，到幾個世紀以來，人類走出的被磨損的路、開鑿出的洞穴、建造的宮觀，以及道士、香客和遊客登山和下山、進山和轉化、打坐、祈福、拍照，有節奏的流動，日以繼夜，冬去夏來。

68. 英戈爾德，《對環境的感知》，第4–5頁。

在中國的宇宙觀裡，由處在永恆的運動、生長、衰落和轉化的萬物所組成的這些關係場域，都可以用氣的循環來解釋。麥考文對本書稿的上述段落作了如下評論：

> 英戈爾德〔的理論〕很複雜，試圖接近道教的關聯性宇宙觀，但欠缺了後者的簡單性和完整性，可以用氣的交換解釋所有提到的關係。
>
> 在腳和腿上的經脈從大地中吸收了氣。氣保存記憶。一個人在地面上行走得越多，他吸收的信息就越多，得到更深的共鳴。從本質上說，接近一個地方的能量體（Energy Body）是可能的……我認為，你的書稿可以強調一下，氣是人類得以輕鬆跨越人的身體與自然的身體邊界的中介。[69]

實際上，數世紀以來，人類的附加物、碑文題字和建築物不斷豐富著中國的聖山。就如史學家韓書瑞和于君方所解釋的：

> 雖然在傳統上，中國朝聖的目標是山頂上的一座廟，但大部分地方更廣闊和複雜，有多處焦點。山嶽通常是指一系列的山峰，但即便一個頂峰也包括許多上山和下山的路徑，各種各樣的名勝和令人感興趣的地方。自然的內在靈氣——山峰、懸崖、遠景、洞穴、泉水和樹木——是基礎，可以在這基礎之上建立起許多東西，無論是具有實體的，還是通過想像的。在一個廣闊的地域內，建造起浮屠、墳墓、碑刻、儀式場所、神殿、雕像、繪畫和亭閣；引進和生產各種聖跡和經典；吸引宗教家在附近定居；記錄並出版史實和神話。一個地方的異質性部分出自其自然的多樣性。部分出自於古今朝聖者兼贊助者的多樣性：禪宗和普通的僧人、專職的道士、隱士、遊客和在家朝聖者。[70]

攀登中國聖山的各色人等，有些是主要信奉山神的在家信徒組成的，他們由各種「香會」組織起來，住的地方遠近不一：從一座廟觀雲遊到另一座廟觀的僧道、在履職途中繞道而來的官員、詩人和文人遊客、隱士、吵鬧的小販、行李搬運工、導遊、乞丐和土匪。事實上，到17世紀，一些最著名的山

---

69. 2016年3月8日，麥考文給宗樹人的電郵。
70. 韓書瑞和于君方，《朝聖和聖地》，第22–23頁。

嶽上，每天都有數千名遊客，有一套旅遊產業服務他們，包括旅行中介、套餐遊，隨處可見的旅店雇用了許多戲班和成百上千的服務員、侍者和妓女，滿足遊客的不同需求。[71]

於是，行走在華山之上，意味著將一個人的生命過程中的關係場域帶入華山現有和歷史的關係場域，兩者互相作用。不過，並非所有遊客與華山建立的關係都具有同樣的深度和強度。對於許多人來說，訪問華山也就是路過而已，既是字面意義上的，也是象徵意義上的，只是接觸到其皮毛而已。而其他人——包括我們的道士和靈性旅行者——更充分投入到這個地方，在沿途的景點、體驗和相遇中尋求和發現深層的意義，在山洞裡逗留，即真正地進入到山的深處。

那麼，一個地方的神聖性誕生於人類生命過程、集體記憶和該地本身構成的關係場域的互相滲透。聖地成為了一個節點，上述這些場域能夠在時間和歷史中繼續互動，並且在聖地本身、記憶鏈，以及那些將自我與聖地聯繫起來的個體生命留下印跡。

要以這樣的方式關注風景並增強個人與該地產生關係的能力，一個人通常需要經歷一種感應的過程，以及實踐和認知方面的培育過程。[72]這種培育消解了世俗的「緩衝的自我」的邊界，有利於賦魅體驗的產生。正是通過這樣的過程，中國道士和國際夢道者進入華山的環境，以一種迥異於大部分遊客的方式，感知和投入該山，將他們與感覺到的華山靈性力量聯繫起來。這個培育過程的部分內容，包括學習道教對身體、呼吸和心靈的訓練，磨練生命體的性情，提高對環境的力量和機制的感知力。

正是從這個角度出發，夢道者學習無極功，在宮觀和「有強大氣場的地點」進行練習。麥考文稱，這種功法

> 使旅行團結合成一個統一的或連貫的氣場，提高他們快速滲入這塊聖地的能力……通過在有氣場的地點集體擺造型，旅行團的能量成熟起來，成為一個氣功修煉者的方陣。經過重複的儀式，他們的氣聚集起來，形成一條充滿力量的集體意志之河，這甚至令旅行團裡

71. 吳百益（Wu Pei-yi），〈一場矛盾的泰山朝聖之旅〉（“An Ambivalent Pilgrim to T’ai Shan”）。

72. 英戈爾德，《對環境的感知》，第5–6頁。

> 的初級修煉者也可以跨越身心的世俗的、有限的主觀泡影和在他們之前的幾代道教修煉者已準備好的神聖場域之間的邊界……無極功接入那種超越普通意識的、更大的宇宙循環的能力，植根於其修煉形式上的設計。修行者從不離開儀式活動空間的中心位置，因為根據儀式，通過象徵性的姿勢和集中的意念，他們與六合相連。[73]

由此，有機體的感知力得到加強，對一個未受訓練的觀察者而言，一處風景主要是視覺感受，就好像在平面螢幕上看到的那樣，只有顏色、質地和視角的不同，而對嫻熟的修行者而言，這處風景就變成了一個正在運動的力量、能量，甚至是意旨的世界。這些都被整個有機體感知和體驗到，有機體自己就是一個流轉能量和互動的場域，有意與環境的力量場域互動，甚至有意改變後者。於是，「神聖的」地方和其他地方的區別之處，就在於如此高強度的感知、力量和互動。在這裡，本質主義和建構主義對神聖的二分法，就被如下的事實克服了：修行者**的確**體驗到了某種外在於他們的、有力量的東西，並且和某個地點相聯繫，但正是通過人類互動和學習的社會過程，有機體才能獲得諸種性情，這諸種性情加強了有機體「感應」某個地點的感受，以及有機體由於進入那個地點而意識到對力量場域整全的感受性和融入性。

然而，這個過程不限於掌握一套具身的訓練方法。有機體在其中運動的環境並不只是自然的，也是象徵的；以華山上的廟觀、摩崖詩句、神龕、神像和其他東西作為標誌的重要地方，都會引發修行者對於以往形成的體驗記憶和符號系統知識的回應及聯想。由感應引起的賦魅，也是一個進入、棲居、體驗和加入集體記憶網絡的過程，而這個網絡本身是通過對這個地方的體驗而產生的。一個賦魅之地的特徵，就是高密度的集體記憶；接近並進入它，就是發自內心地體驗這些記憶並與它們互動；回想、豐富並強化它們。由此，因朝聖及與聖地的相遇而發揮作用的關係場域，連接起了朝聖者、地方，以及與該地和過去的朝聖者有關的符號、記憶。

中外修行者連接到了不同的進出路徑；他們連接並重現的關於華山之旅的集體記憶與之前的敘事也有所不同。因此，我們需要思考，在他們的生活中，這些行為人從何而來，又將去向何方，他們如何穿越山嶽，如何投身其中並體驗它，在更廣闊的敘事、記憶和宇宙論中，他們如何定位華山。我們

---

73. 2016年3月8日，麥考文給宗樹人的電郵。

發現，夢道者的運動是一種文化的、歷史的和社會的脱嵌：這場旅行是個體化的、發現和擴張自我的；與華山相遇既是為了突破自我的「緩衝的」和超主體性（hypersubjective）狀態，也是為了直接體驗和啟動山嶽的力量，使它們從中國的歷史和傳承中脱嵌出來，創造一種與道教宇宙觀本身的直接連接。麥考文非常明確地表達了脱嵌的目標：

> 雖然道教相互關聯的宇宙論最初是以中文表達的，誕生在中國文化裡，但其本質上是一個可以完全脱離中國文化的宇宙論。「氣」並不起源於中國，它來自於宇宙之源，太一或無極或道，它們先於中國文化而存在，不能完全用任何語言來命名。（《道德經》的首句：「道可道，非常道。」）
>
> 所以，任何道教徒**在道教相互關聯的宇宙論語境裡**煉氣時，他們不再將自己嵌入在個人主義超主體性的西方文化中⋯⋯同樣地，一個鏡像過程也發生在真正的中國修煉者身上——從源頭去體驗氣在宇宙中的流動，這種轉變使他們不再局限於或基本上被嵌入中國的文化、歷史及其超集體主義文化裡。[74]

在上一章裡，我們提到，室利尼瓦斯的宗教全球化有一個「可換位的信息」的過程，其中有「脱嵌」和「彙編」的階段。圖2.1就是道教宇宙論的「彙編」，描繪了無極功希望修行者所感應到的宇宙。麥考文強調：「這個宇宙論的所有元素都獨立於當地的中國個人、地方或傳承——這些是所有文化背後的宇宙之法⋯⋯無論你是美國人，或中國人，或德國人，都沒關係——氣場無國籍。」[75]

而全真道士則強調地方和歷史的深層記憶，他們體驗華山，將它看成是進入道教傳承世界的一條通道。他們的活動包括啟動關於從前特定的、有名有姓的道士和神仙的記憶，他們曾途經，或棲居，甚至開鑿過華山；對他們而言，天人感應的路徑需要將自己嵌入到地方、傳承和歷史之中。

對於夢道者和中國道士來説，華山是一座賦魅的山——但從各自的生活道路和靈性出發，他們的賦魅體驗是不同的。對夢道者裡的「靈性旅行者」而言，華山是其個體化和自我發現道路上的一座自然狀態的、可供消費的能量

74. 2016年4月8日，麥考文給宗樹人的電郵。
75. 2016年4月8日，麥考文給宗樹人的電郵。為便於閱讀，文字略為編輯。

之源；對堅定的道教修行的夢道者而言，華山是感應普遍的、脱嵌的道教宇宙觀的一條康莊大道；對山上的道士而言，華山開啟了他們與道教的傳承、名人和全真派歷史，甚至更早的傳統的交流；對歷代帝王而言，華山曾是貫通帝國和宇宙整體的禮儀制度中的西方支柱。

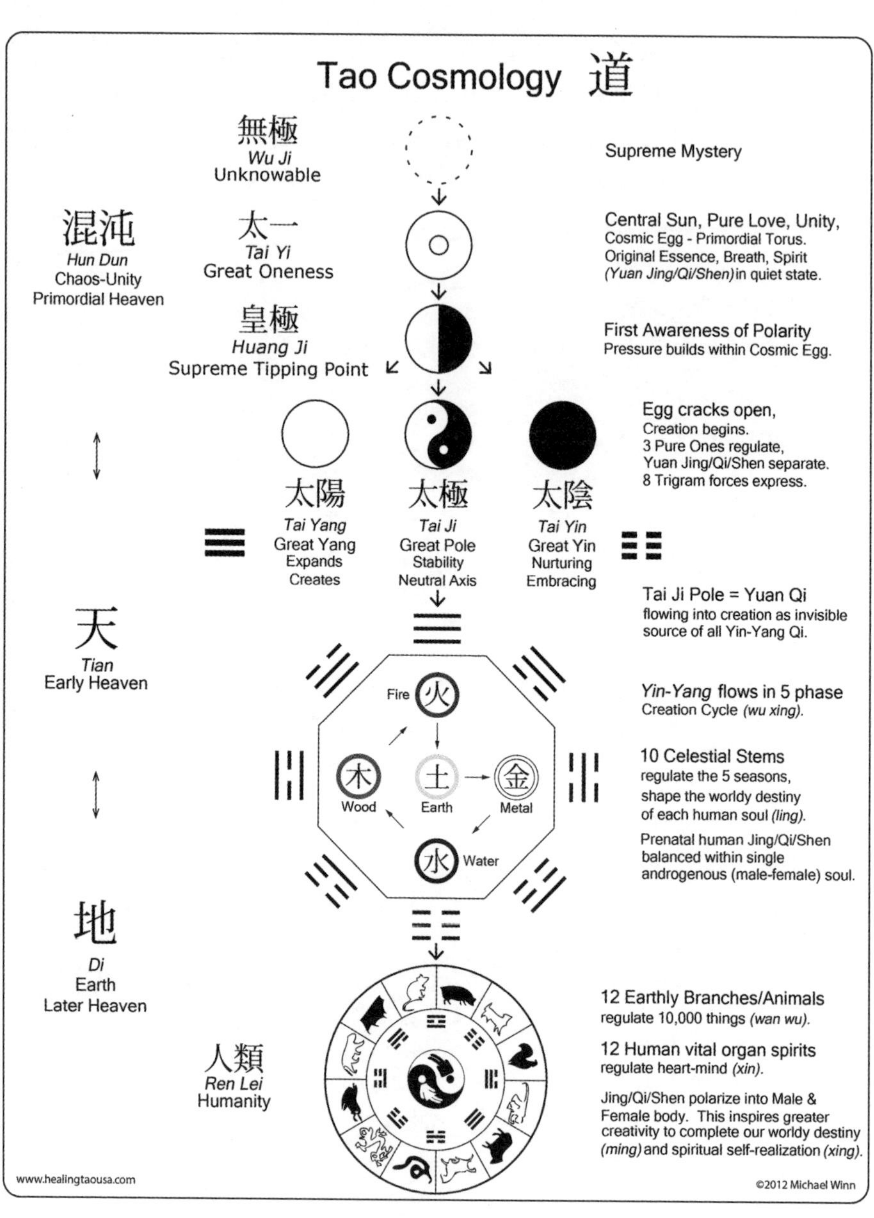

圖 2.1：麥考文描繪的道教宇宙（圖片提供：麥考文）

三、夢道者

破敗骯髒的華陰市位於華山腳下，只有一條街道通往玉泉院，街道兩旁佈滿了昏暗的小旅館、各式雜貨店和一些麵館。2012年，「夢道者」進入了玉泉院的外院——這是一個雅致的傳統中式庭院，內有木質涼亭、石碑，山石上鐫刻著文人墨客造訪時留下的詩文，這些景致不僅令人賞心悅目，而且還頗具鏡頭感。他們快速流覽殿堂、拍照，陸續進內院。那晚道觀裡沒有中國道士與朝拜者，整個道觀的場院獨屬他們。這是一座空曠少人的道觀，所有的殿堂和辦公室都關閉了，偶爾會有道士或路人經過。麥考文站在主殿門前的台階上，背對殿堂，「夢道者」的成員們面對他站在庭院中，開始集體修行無極功。

> 祈求偉大的太乙，以及華山的所有神靈和萬物，請惠助我們找到我們所需的華山之靈命。祈求偉大的太乙和所有曾在此山修煉的修煉者，陳摶老祖、太陽之光和愛、月亮、北斗七星，以及萬物啊，請惠助我們行走在這條道路上。

一行人做了兩套操，每套持續二十分鐘。第二套操，四人一組，和諧流暢地旋轉和變換位置，看起來就像一種慢節拍的方塊舞。兩套操都要集體吟誦「六字療癒訣」，由六個音符組成，創造出一種優美而撫慰人心的曲調，頗似格列高利的聖詠，在庭院中回響。修行結束後，所有人都坐在那裡靜靜打坐幾分鐘。

然後，夢道者走出道觀，來到廣場上。與道觀庭院內的寂靜相比，外面更有生氣。在道觀前面，一座大型的公共廣場敬獻給著名的華山守護神陳摶，他隱居山林多年，開發了各式武術、身體修煉，以及包括睡功在內的打坐。一座巨大的陳摶睡功像位於廣場中央的重要位置。但是雕像四周的當地人對道教的打坐——不管是坐功、站功還是睡功，都顯得無動於衷。在2012年6月的這個傍晚，充斥整個廣場的能量並非宇宙之「氣」，而是數百個扭動著身軀的五、六十歲的胖大媽，大家都合著迪斯科舞曲的巨大聲響和快速節奏，隊形整齊、步調一致地跳舞——一種毛澤東時代的群眾健身運動在後千禧年的變體——在中國城市的一些空間和公共廣場，這種免費的體鍛場景隨處可見。[1]同時，年輕的夫婦在陳摶老祖的眼皮底下扭成一團，媽媽們則追趕著那些在舞者狹長隊列中蹬腳踏車學步的孩童們。一些「夢道者」加入到人群中。皮斯（Peace）[2]就是他們中的一員，這位紅頭髮的神秘家，天使通靈的前佩花嬉皮士，非常喜歡這種場景，驚呼自己是多麼愛中國。她說：「快看，中國人是怎麼彼此通靈的？快看，竟是這樣跳舞的。他們通靈起來了，能看得出來。」

對皮斯而言，與流行音樂的節拍「契合」，就是靈性連接的一種表達，和在清淨的道觀裡靜默的打坐一模一樣。對於一個前嬉皮士而言，搖滾與東方的打坐之間確實有一種連接——對於反文化的一代人來說，兩者都是一種建立連接和表達真我的方法。皮斯被「廣場舞大媽」所感動，而來華山旅遊的中國人，看到她練氣功，也非常好奇：

> 當人們圍過來詢問「你在做什麼？」，特別是在我一個人的時候，這真是太有意思了。因為我經常獨自一人去山上，隨便找一個地方就開始練習。所有的老年人都知道我在幹嘛，但年輕人卻毫無概念。「這是什麼？」他們問。這是氣功〔我告訴他們〕——從你們那兒傳出來的！⋯⋯他們竟然不知道這個，這真讓我震驚，⋯⋯我盡量告訴他們，呃，這就是氣功。對於有些人，我會秀給他們看，他們會和我一起做，這真不錯。但是我會告訴他們這是一種修行，每天的修行。這是一種運動。讓人充滿能量。但是因為語言不通，我不會跟他們講很多。但是我能秀給他們看。我可以和他們一起做——能

1. 馮珠娣（Judith Farquhar），《萬物》（*Ten Thousand Things*）。
2. 假名。其真名可做類似聯想。

> 量球、氣(*qi*)球——秀給他們看。他們可以感受到它。哦，天啊，那真是……此情此景那真是太神奇了。[3]

無論「夢道者」到哪兒進行道教修煉，在洞穴中打坐、在道觀裡練氣功、環抱樹木，甚至在山頂上舉行婚禮，他們是唯一做這些事的人——中國的旁觀者，一旦注意到了，都會對眼前所見感到困惑；有時好奇，有時興奮，但通常是驚訝不已。事實上，對許多中國人來說，不管他們是不是道教徒，他們都覺得外國人是不可能理解道教的。正如麥考文所述，「我曾碰到中國人當面直接地告訴我，『你不懂氣。你不是中國人。你不知道氣是什麼，永遠都不會知道。』我忍不住當著他的面笑了出來，就這樣，『你知道嗎，老兄，有關內丹的事兒，我可能比你知道更多！』」[4]

憑藉他對內丹的了解，麥考文知道該怎麼做才能和華山的神仙交流。2001年秋，在他早期登山之旅中的一次，陳道長帶他來到一個秘密洞穴。麥考文和陳道長道別後，就坐在洞口打坐。後來，他寫道：

> 我首先凝神感謝華山，它是一種何等偉岸的存在。洞穴上方聳立著巨大的華山西峰之四千英尺高的絕壁。為了到達洞穴，我必須背著一個塞滿了野營裝備的背包，緊緊抓住灌木叢的根部，爬上一個佈滿了鬆散落石的兩百英尺懸崖。一旦踩空或者後翻，我就一腳踏進墓穴而非洞穴了。我默默地感謝陳宇明和其他幫我安排行程的道士，感謝過去的道教神仙鑿琢了這個洞穴，並請求他們和我分享他們的秘密。最後，我感謝這個洞穴，那是一個多麼宏大的洞穴啊，還要感謝岩石中願意傾聽我的諸元素。我剛結束我的感謝，一件不可思議的事情就發生了。我的嘴裡突然充滿了一個脈動的能量球，它緩慢地滑過我的喉嚨和食道，最終落到我的胃裡。值得注意的是，我在洞穴期間，這個「氣」球就一直留在我的肚子裡。這肯定能夠解釋一個事實，就是在洞穴禁食的整整五天時間裡，我沒有一絲飢餓感！由於它是在我打坐感謝洞穴後立即發生的，我覺得好像和大山進行了一場確實無疑的交流一樣。[5]

---

3. 2013年11月14日，北卡羅萊納州阿什維爾，宗樹人和史來家對皮斯的訪談。
4. 2013年11月16日，北卡羅萊納州阿什維爾，宗樹人和史來家對麥考文的訪談。
5. 麥考文，〈道家內丹和吐納者〉。

麥考文在通過這種「確實無疑的交流」，從大山那裡得到珍貴的贈禮後，開始了為期五天各式規定的氣功和打坐，用他自己的話説，「開始融入洞穴生活的日夜循環。」在漆黑靜寂的夜裡，他鑽進睡袋，躺在洞穴中間一個廢棄的石壇上，練習「道教睡功」。淩晨四點，他起床打坐。他寫道：「我越來越沉入大山的心靈深處，大自然日夜循環的界限開始模糊。」

就像任何一個標準的戲劇性敘事一樣，意想不到的逆境激發了潛能：

> 在兩天不飲不食後，第二天夜裡醒來時，我發現舌頭腫脹，感覺自己在發燒。自我診斷這種情況是因為腎缺水而導致了心臟過熱。我帶了水，但決定在山洞裡什麼都不喝，以便快速測試我的身體對早期高道體驗過的匱乏的洞穴生活的反應。我想起我的一位西方朋友的道教靈性導師曾教他古代高道如何飲尿煉丹。由於不會為身體系統注入新的水分，並且也是經航海的水手們海上求生而驗證過的方法，我開始喝自己的尿。[6]

為什麼麥考文要在華山一個不起眼的洞穴中打坐呢？一個先後在德克薩斯州軍事基地和加利福尼亞州首府薩克拉門托舒適郊區長大的軍醫之子，怎麼會來華山攝取源自大山的能量球？為什麼在達特茅斯學院學過俄羅斯文學的美國中產階級男子要選擇禁食五天，飲用自己的尿液來追求靈性的覺悟？為了回答這些問題，我們需要提出更多的基本問題：麥考文究竟是如何走上這條道路的？他為什麼將這條道路看作是道教的？這條道路又是如何成為他和其他像他一樣的西方人的靈性選擇的？

在本章中，我們將概述「夢道者」，也就是我們所稱的「美國民間道教」出現的歷史和社會背景。我們將從19世紀末、20世紀初道教在美國人的意識中首次出現開始，當時透過靈性的東方主義的視鏡，道教就被視為一種永恆的智慧，直到今天，這種觀點仍然影響著當代西方道教修行者。隨後，我們將追溯1960、1970年代北美出現的若干道教組織和大師。其中與我們的故事最相關的是謝明德和他的徒弟兼助手麥考文，就是這個在本世紀之初組織夢道之旅的麥考文。在概述他們的軌跡、講述夢道之旅如何組織參與者、他們的體會怎樣之後，我們要對美國道教徒以及他們從美國反文化和另類靈性的

---

6. 麥考文，〈道家內丹和吐納者〉。「飲尿事件」亦刊發在《氣》總第12卷，第1期（2012年）。

世界湧現出來的現象進行社會學分析。我們要解釋，道教是如何被美國的靈性個人主義——自我被神聖化為靈性領域中的唯一權威——所挪用並成為它的一種典範表達的。

(一) 美國初識道教留下的東方主義遺產

相比大多數的亞洲宗教而言，道教是作為一整套觀念而非實修引入西方的。美國人對道教的宗教實修最早的第一手資料來自基督教傳教士，他們認為道教是邪惡的，完全不符合現代西方基督教精神。19世紀晚期，與「宗教學」共同發展起來的漢學新領域重視在古代文獻中發現的中國古典傳統，不過照舊鄙視其現代「退化的」表現形式。20世紀的學者在揭示中國宗教，特別是道教新信息的同時，幫助構建了一幅能醫治現代西方疾病的浪漫化道教圖景。流行作家又繼續炒作這種觀念，他們把道教看作是一種長青哲學(perennial philosophy)，可以在西方世界得到保存並恢復其原初狀態。

整體而言，19世紀歐洲的思想家都不太理會中國，而是放眼印度，將其視作神秘的印歐文化發源地。然而，也是在19世紀，出現了專業的漢學家、翻譯中國經典的法國學者，以及隨著新教差會向中國派出諸多勇敢的男男女女，也首次出現了英美人對中國持續不斷的興趣。

總體來看，道教仍鮮為人知。19世紀對印度教和小乘佛教興趣盎然，正如歷史學家傑克遜(Carl Jackson)所指出的，「20世紀之前，在所有東方宗教中，人們對道教的了解仍然是最少的。」[7] 19世紀美國與亞洲宗教之間有許多重要連接點——超驗主義者對吠檀多的挪用、波士頓婆羅門對佛教的同情、神智學從埃及到亞洲的轉移，以及作為學科出現的東方研究，但道教幾乎無人問津。根據特威德(Thomas A. Tweed)的說法，「道教一直蒙著蓋頭，形象模糊，可能到了19世紀末，這蓋頭才稍稍揭開一點點。」[8] 事實上，道教的學術研究也許比佛教和印度教的學術研究要晚上一百年。[9]

1893年，在伊利諾伊州的芝加哥世界宗教議會上，眾多宗教傳統的代表首次與英美主賓(美國盎格魯人)或多或少有了同等地位的發言權。意味深長

---

7. 傑克遜，《東方宗教》(*The Oriental Religions*)，第96頁。
8. 特威德，〈美國的亞洲宗教〉(“Asian Religions in the United States”)，第216頁。
9. 吉瑞德(Norman J. Girardot)，〈傳授道教〉(“Teaching Taoism”)。

的是，代表道教的，不是一個活生生的對話者，而是一篇匿名文章，悲歎現代道教「已經變質」，希望有人「恢復我們的宗教，把它從謬誤中解救出來」。[10]

在議會上，有個名叫迦耳斯（Paul Carus）的聽眾聯繫上了替一位到訪的禪宗住持做翻譯的日本小夥子，這個名叫鈴木大拙（D. T. Suzuki）的小夥子日後竟成為了禪宗著名推廣者。1898年，二人合作出版了第一部美式英文版的《道德經》。迦耳斯將這本書看作是長青哲學的一個範本，認為在很多方面都堪比基督教；例如，迦耳斯將「道」一詞與《約翰福音》中「邏各斯」相提並論。

迦耳斯的作品是第一部在美國出版的《道德經》譯本，但絕不是最後一個譯本：截止到1950年，已有十種譯本梓行。當時閱讀最廣泛的版本是波士頓詩人領袖陶友白（Witter Bynner, 1881–1968）的1942年「文學」演繹，這是第一本由不懂中文的美國人所做的譯文。它同樣引人注目，因為在其導論中明確表達了西方對道教的二元論觀點：「道教是對道教哲學的濫用」，陶友白寫道。西方公眾對《道德經》的著迷，及其世界譯本穩居第二（僅次於《聖經》）的地位，可以歸因於其簡潔、鮮有專有名詞，特別是其含義的多樣性。這些特點也使《道德經》成為當代美國道教實修的核心。

道教修煉的語言也通過學術翻譯而進入民間話語，例如，榮格（Carl Jung）對衛禮賢（Richard Wilhelm）德文版的中國內丹文獻《金花的秘密》的解讀或默頓之迻譯《莊子》。[11]

後來，民間學術研究認為，中國人對性的態度「更為健康」，用「異國情調的」性行為暗示挑逗讀者。這些觀點主要源自荷蘭外交官高羅佩（Robert van Gulik, 1910–1967）於1961年所著的《中國古代房內考》（*Sexual Life in Ancient China*）一書。[12]

到了1960年代初，一些基本的「道教」詞彙（道、氣、陰陽）在人類潛能運動（the Human Potential Movement）——對基於自我轉型的一系列治療技術的統稱——中佔有一席之地，而事實上，《道德經》、《易經》，以及太極拳的逐漸流行，在歷史上和概念上也與著名的加利福尼亞退修中心伊薩冷

---

10. 希格爾（Richard Hughes Seager）主編，《宗教多元主義的開端》（*The Dawn of Religious Pluralism*），第247頁。
11. 克拉克（J. J. Clarke）是記錄這些文本相遇的最佳編年史家。參見克拉克，《西方的道》（*The Tao of the West*），關於「金花的秘密」，第121–22頁；亦可參見默頓，《莊子的道》（*The Way of Chuang Tzu*），第142–43頁。
12. 高羅佩，《中國古代房內考》（*Sexual Life in Ancient China*）。

(Esalen)聯繫起來了，該中心通常被視為人類潛能運動的發祥地，道教的重要普及者如馮家福(Gia-fu Feng, 1919–1985)和黃忠良(Al Chung-liang, 1937–)首次在這裡傳授太極功夫。[13]

(二)西方民間道教的誕生

與佛教或印度教的全球化軌跡明顯不同，道教從中國傳入，最先既不是通過移民社區，也不是通過傳教士，而是作為一種文學想像活動。西方民間對道教挪用的故事的一部分已經廣為流傳。學術界已經證明，民間道教觀念在很大程度上歸因於維多利亞時代東方學者強調道教的哲學起源和「神秘本質」的偏見，以及施舟人(Kristofer M. Schipper)稱為「儒家原教旨主義者」[14]的晚清文人的雙重作用。因為有了這項研究，我們得以了解為什麼整個西方的書店都在出售各種《道德經》的譯本，而道教實修的歷史和現狀卻通常被忽視、嘲笑，或者被誤解。

但是，關於道教的西方化過程還有另一個故事可以講述，它以西方民間道教團體的創建作為結尾。1970年代，美國自認的道教組織得以誕生和成長，多由中國大師和西方追隨者帶領。此種發展主要歸結於1965年美國和加拿大移民法的改變，為北美帶來了更多中國移民。自1960年代以來，美國華裔以每十年翻一番的速度增長，到2010年，已超過三百萬人。這種增長對中國宗教在西方的消費有幾點影響：首先，由於眾多華裔生活在北美，中國文化——從武術到用筷子——似乎不再像1970年代以前那樣看上去那麼有異國情調了。

其次，一些移民不乏在各種打坐和身法功夫方面很有經驗，並且渴望把這些技能教給那些願意學習的美國人。大約在同時，北美的年輕人在傳統體制之外尋找靈性(通常稱「新宗教意識」)，使得他們接受亞洲來的教師和實修。於是，美國道教大師和組織的創生條件成熟了。

---

13. 參見克里帕爾(Jeffrey John Kripal)，《伊薩冷》(*Esalen*)。

14. 參見科克蘭(Russell Kirkland)，〈西方對道教的想像〉("The Taoism of the Western Imagination")；布拉德伯雷(Steve Bradbury)，〈美國的征服〉("The American Conquest")；吉瑞德，《維多利亞時代的翻譯》(*The Victorian Translation*，譯者注：此書中譯本名《朝覲東方：理雅各評傳》，段懷清、周俐玲譯〔桂林：廣西師範大學出版社，2011年〕)；以及克拉克，《西方的道》。

這些移民從道教的發源地中國帶來了哪些東西用以創造美國的道教呢？就任何正式的體制上的歸屬而言，他們並不是道教徒。他們最重要的共同特徵，是流離失所的背景以及失落感。楊鳳崗就這樣描述了中國移民的經歷：

> 1950年代到1970年代，許多中國移民都是流離失所、漂泊不定的。他們或是在國民黨統治時期出生的大陸人，或是為了逃離戰爭，從共產主義的大陸逃出的中國百姓。來美國之前，他們都曾在台灣、香港或東南亞地區四處遊蕩。許多人對自己在中國大陸的出生地也表現出強烈依戀，對強大統一的中華民族的信念堅定不移。[15]

事實上，美國的道教教師們特別有種「流離失所、漂泊不定」之感，對自己的出生地表現出「強烈依戀」。他們的流離失所感、他們對於一個不再是他們記憶中的國家和文化——不僅是有形的中國，而且是清朝文人的那種社會、教育和文化體系——的歸屬感，乃是在美國道教創造中的一個重要因素。道教大師們對其記憶中的中國之強烈依戀（和懷舊幻想）本身，也體現在美國道教持續至今的烏托邦式的、復原主義的（restorationism）特徵。

1970年，美國加利福尼亞州北好萊塢成立了道院（Taoist Sanctuary）。這是美國第一個自稱為道教的團體，也是官方認可的免賦稅宗教機構。然而，道院的創始人並不是中國人——不過他經常在電視上扮演中國人（最有名的是熱播電視劇《天堂執法人》〔*Hawaii Five-O*〕裡的紅色中國情報人員和發〔Wo Fat〕）。迪（Khigh Dhiegh, 1910–1991），又名迪克爾森（Kenneth Dickerson），是白人和埃及混血後裔，出生於新澤西州。儘管如此，他的道院是北美第一個綜合性民間道教組織，教授太極、武術、《道德經》和《易經》，舉行季節性道教儀式（儘管由凱迪本人發明）。幾位著名的中國移民在道院授課，包括在中國廣東羅浮山的一處道觀接受培訓的劉瀟兒（Share K. Lew, 1917–）。在迪遷居亞利桑那州的坦佩後，道院也搬到了聖地亞哥，由他以前的學生赫爾姆（Bill Helm）帶領。托頓（Carl Totton）是另一位長期受教於迪的學生，他負責經營北好萊塢的道教學院（Taoist Institute）。

約翰遜是道院的一名學生，來自賓夕法尼亞州鄉村，此前，他住在佛羅里達州的一間克里希那（Hare Krishna）靜修所。後來，他搬到加利福尼亞州

15. 楊鳳崗（Yang Fenggang），《美國的華人基督徒》（*Chinese Christians in America*），第40頁。

擔任瓦茨（Alan Watts）的助手，瓦茨是一位以演講和著書推廣佛教、道教的名家。[16] 瓦茨在1973年過早離世後，約翰遜就在道堂全職上培訓課了。

1976年，約翰遜和另外兩名道院的學生赴台灣學習中醫。在那裡，他們遇到了一位具有豐富道教知識的中國醫生，就邀請他去美國。倪清和（Hua-Ching Ni, 1916–）定居在加利福尼亞州的馬里布，開了一家聖壇，名為「道之永恆呼吸」，並開始在一個他稱為道學院（College of Tao）的場所私下教課。多年來，由倪清和贊助的組織成倍增長。他的私人針灸診所被稱為「道人合一」。他還在1989年創辦了一所有學位授予權的友三（Yo San）傳統中醫藥大學。現在，倪大師處在半隱居的狀態，他的兒子倪懋興（Mao-Shing）和倪道興（Dao-Shing）執掌診所和大學的工作。

約翰遜是倪清和最親密的徒弟，與他一起住了幾年，直到1981年，倪清和派約翰遜去紐約創辦一個東海岸教學中心。約翰遜在那兒遇到了另一位類似倪清和傳授道法的中國移民。此人比倪清和年輕，對約翰遜非常友好，邀請約翰遜到他家吃晚飯，讓約翰遜免費使用他在唐人街租用的工作室。

此人就是謝明德。約翰遜覺得，謝明德希望他安排自己與倪清和會面，謝明德讀了倪清和寫的中文書，約翰遜就安排倪清和與謝明德見面。對他們會談的結果有不同說法，有說倪清和稱謝明德只是一個「小師父」、要謝明德解釋《莊子》的一個段落以檢驗他的哲學底子，還要謝明德別再從事教學了。這些故事的準確性無從驗證。

倪清和與謝明德來到美國的目的，顯然都是傳授「神秘的」道教實修。兩人都採取了商業化的手段，以向大眾「揭示古老的、口頭的、秘密的教導」推銷自己。實際上，謝明德自豪地宣稱，要通過公開傳授並以淺顯的、非神話的語言出版方式揭示道教的「秘密」。「謝大師認為，當公眾需要並且值得獲取這種療癒力量的明確教導時，道教的時代就已經到來了，這種療癒力量在中國就像煉金術在中世紀歐洲一樣曾經秘而不宣，」麥考文寫道。[17] 麥考文將這種公開性歸功於謝明德的歐美徒弟：「我和其他學長與謝明德一起合作編輯，把這種在中國一對一的『口授』傳播方式，轉變成一種公開的、詳細的進階課程，西方人只要樂意，就可以付費聽課。」[18]

---

16. 參見瓦茨，《道：水道》（*Tao: The Watercourse Way*）。
17. 麥考文，〈前言〉，載於謝明德，《以道喚醒療癒的能量》，第 viii 頁。
18. 2001年5月12日，華盛頓州瓦遜島，史來家對麥考文的訪談。

(三) 謝明德和療癒之道

謝明德 (1944–) 是一名生於泰國的華人，曾在香港接受培訓，具有東西方醫學以及傳統道教修行的背景。據其自傳所述，他拜的許多師父中，對他最有影響的顯然是一位住在九龍一座廟後面大山裡的道教隱士。這位名叫一雲的師父指示謝明德用「修仙九訣」從事教學和治療。一雲曾在滿洲長白山地區的全真道觀受訓三十年，一位「大師」白雲傳給他「修仙九訣」。學成以後，由於日本入侵、內戰，一雲顛沛流離，在香港落腳，而謝明德正是那裡的培正中文寄宿學校高中生。謝明德是個武俠小說迷，有一次，高年級同學邀請他去九龍北面的山裡看一位武術大師，也是一位有名的治療師。正如謝明德所述，還有幾位朋友說好一起去看這位大師的，但除了這位同學外，最後只有謝明德在約定時間來到大師家裡。

> 他用手指指著我的丹田，我感到了很多「氣」。然後他說：「好了，回家練習吧，你有什麼感覺再過來告訴我。」但那天晚上我睡不著，有太多能量在奔湧。第二天，我感覺到能量還在運行。晚上去看望大師，他說，「哦，你領悟得很快！」他接著說：「好吧，這只是你需要做的第一步。」[19]

據他所言，他從這位大師那裡學到了「九訣」，還在香港遇到了另一位大師。

謝明德把他接受的各種教導進行了系統化的整理，並於1974年在曼谷開設了一間名為自然療癒中心的診所，在那裡，「只需幾個便士，人們就可以坐在一個大平台上，上面的負離子電流強到足夠解除慢性疾病的毒素。」[20] 1978年，謝明德移居到了紐約市。他發佈廣告宣稱：「打開你的小周天——無效退款！」唐人街上一家整全康復中心的負責人來調查他的說法，認可了他的能力，願意在中心為他提供免費食宿。「我不用付租金、找徒弟了。他們會為我介紹病人，我給他們打開小周天，他們就都治癒了。」[21] 後來，他在唐人街開

19. 2005年7月22日，泰國清邁，史來家和宗樹人對謝明德的訪談。
20. 麥考文，〈探索靈性大歡〉(“The Quest for Spiritual Orgasm”)。
21. 2005年7月22日，泰國清邁，史來家和宗樹人對謝明德的訪談。

了一家療癒針灸中心，命名為「道教神秘瑜伽中心」。到1981年，謝明德的中心，現稱療癒之道中心，已經吸引了一群歐美徒弟。

療癒之道成為西方民間道教傳播最廣的機構形式，[22] 向所有人開放，以道教的內丹功夫傳授吐納、觀想、打坐和身勢的通俗易懂的練習體系。入門課程與任何進一步學習的先決條件稱為「道教初階」，由觀想人體「五臟」和經絡的簡單功法組成。包括小周天（導引體內的氣流）、內在微笑（放鬆器官）和六字訣（針對每個臟腑的特別聲響）。其他入門課程包括簡易太極拳和「鐵布衫」氣功。療癒之道的中級課程向徒弟介紹內丹功法和象徵。據一位參與者的觀察，在名為「融合」的課中，「修行者從打通能量入手，再學習將各種能量合為一體的功法，以達到產生高級的、純粹能量的目的。」[23] 高級階段的功法，一般不透露給未入道門的人，它們是「道教內丹最高階段……只有經過多年初級和中級修行的才能達到」。[24] 然而，實際上，一個求學心切的徒弟也可以在一個夏季講習班或者通過錄音帶和錄影帶，就從道教初階入手，過渡到天地交會的高級階段。

1983年，謝明德的第一本書出版，名為《以道喚醒療癒的能量：道教關於周流內力的秘密》（*Awaken Healing Energy through the Tao: The Taoist Secret of Circulating Internal Power*）。他的第二本書《道教的性愛秘密：男人性能量的修煉方法》（*Taoist Secrets of Love: Cultivating Male Sexual Energy*）一年後出版，因結合了實操建議和挑逗性的期許，這才「讓他大曝其名，在幾乎沒有廣告宣傳下就賣出了數十萬冊」。[25] 美國宗教歷史學家梅爾頓（J. Gordon Melton）認為，《道教的性愛秘密》一書幾乎同其他一系列「有關譚崔瑜伽、性魔術（追隨克勞利〔Aleister Crowley〕）、新世紀性教義……的新書同時出現。因此，謝明德的書突然流行，可能與美國對道教的挪用毫無關係，而是謝明德不經意地進入了另一個受歡迎的美國亞文化群。」[26] 與早期「西方民間道教」書籍不同，謝明德的書並沒有聚焦老子或《易經》的那種長青神秘主義。

22. 在美國今稱美國療癒之道，在其他國家則稱宇宙之道，為方便計，本書稱療癒之道。
23. 貝拉米德（Paulino Belamide），〈北美的道教和療癒〉（"Taoism and Healing in North America"），第263頁。
24. 貝拉米德，〈北美的道教和療癒〉，第270頁。
25. 麥考文，〈探索靈性大歡〉。
26. 2003年7月28日，梅爾頓與史來家的個人交流。關於1970年代的社會環境（不過從未提及道教），參見烏爾班（Hugh B. Urban），《性巫術》（*Magia Sexualis*）。

與此同時，在伊薩冷研究所長期從事人類潛能運動和超個人心理學研究的魏爾（Gunther Weil）為《道教的性愛秘密》撰寫前言。他在文中以生理學和心理學史為例，引用弗洛伊德（Sigmund Freud）、榮格和萊希（Wilhelm Reich）對性的態度，來支持謝明德的說法。此外，魏爾的前言為謝明德完全實用性和技術性的文本增加了一種新的維度。[27] 麥考文認為，他本人、魏爾和其他幾個人構成了謝明德的「智囊」，這些人教他如何開美式的培訓班，如何「像個大師」那樣著裝。在他的圖書出版之前，他們還會幫他編輯、簡化、標準化。[28]

從1980年代中葉開始，謝明德的歐美徒弟幫助他組織全國巡迴培訓班，其療癒之道成長為西方最大的一個道教團體——也是一個商業上極為成功的國際組織——如今，在許多國家還擁有認證導師數千餘人。1994年，謝明德回到泰國，在清邁建立道花園（Tao Garden），一所國際療癒之道中心，歐美人在那裡培訓導師，而他本人則繼續定期往來北美和歐洲。

道花園是一座精心打造的熱帶天堂，兼具分時度假屋、培訓中心、豪華健康水療中心三種功能。謝明德建造道花園可謂白手起家，而今在國際豪華健康溫泉市場中已頗具競爭力。[29] 其營銷口號是「好風、好水、好食、好氣、好心、好靈」。遊客和徒弟都可以親身體驗泰式按摩、印式按摩、結腸清洗、穴位穿刺，以及大量替代療法的醫學診斷和治療技術，還有美容美髮服務等。一位澳洲旅行作家（也是一位整全健康修行者）如此描繪道花園，「那裡有八十英畝有機花園，散發著熱帶果樹的馥郁芬芳，花團錦簇的小屋和潺潺流淌的溪流。」[30]

道花園位於泰國北部的清邁市郊，泰國「傳統文化」產業的中心地帶，該地區以旅遊業為基礎，致力於傳統泰國舞蹈、藝術、建築、烹飪、按摩和佛教打坐。其道教的淵源可由八仙修行堂和老子打坐屋等建築物的名稱（這些

27. 1994年，他創辦了有組織的顧問團體阿斯本顧問協會（Aspen Consulting Association）。威爾的簡歷來自該網站 http://www.aspen-consult.com/ACAGuther/htm（2008年1月1日查閱）。

28. 2001年5月12日，華盛頓州瓦遜島，史來家對麥考文的訪談。

29. 由於謝明德的堅持，道花園刻意保持了一個競爭短板：只在食堂供應餐點，整個道花園禁止香煙、酒精飲料、鮮肉和白糖。

30. 參見旅行作家C.羅伯森（Caroline Robertson）對美麗道花園的描繪，http://www.getwellgetaways.com/taogardon-thailand.php（2015年8月25日查閱）。

和其他道教名人畫像無處不在）體現出來。位於度假村中心的一座小型戶外神祠供奉著道教至高神三清。

到了1980年代末，療癒之道已經成為一場全球性的運動。謝明德一半時間花在道花園，另一半基本都在路上：例如2008年春天，他分別在德國、波蘭、法國、比利時、羅馬尼亞和俄羅斯傳法。道花園有一個泰籍輔助團隊，但整體氛圍表現為一個國際人士的退修處。謝明德每年舉辦的導師培訓工作坊，便是一種典型的全球化道教：他在泰國的中心大約有二十名法國人、意大利人、德國人和巴西人傳授中國內丹，由德國人管理，還提供意大利、瑞士、泰國的另類養生服務。英語是所有這些人的通用語，但不是他們的母語。

漢學家道威爾（Douglas Wile）認為，謝明德是「跨文化影響下的產物，並通過廣泛使用西方科學理論來支持自己，甚至借用這些理論來表述其傳授的東西」。[31] 威爾舉了一個例子：謝明德將穴位和內分泌腺系統合為一體。最近，謝明德的講座還引用了胚胎幹細胞的研究，他認為療癒之道有效啟動了下丹田胚胎細胞的再生能力。

謝明德的講座還力挺邊緣科學，比如與江本勝（Masaru Emoto）博士有爭議的理論，認為只要加以控制，水可以吸收人的情感負荷。最後，謝明德使用了像「營養－能量養生系統」和「情感流的整合」等另類健康營銷術語。

與其講座內容一樣，謝明德的個人傳記揭示了其折衷主義。謝明德的培訓和觀點並非傳統的道教。傳記中提到他精通泰拳、合氣道（日式近身格鬥）、昆達里尼瑜伽以及稱為「如來神掌」的武術；值得玩味的是，附在他前兩本書中的小傳提到：「作者謝明德本人是一名基督徒，但用傳統的道教方法幫助成千上萬的人治癒疾病或完善自我。」[32] 謝明德基督教身份的透露在以後的傳記文字中都消失了。

雖然謝明德是華裔，他在中國的第一次逗留並不成功。1980年代，北京最知名的道教場所白雲觀邀請他去講課，「但條件是無講課費、機票自理、所有開銷自付」，他拒絕了。他同意付錢給白雲觀，讓他見一些大師，但是他並沒有結識什麼重要人物。他到樓觀台找到未來的中國道教協會會長任法融，但他深感失望：「我們詢問在山洞裡的大師，他們說從來沒有見到過，就算

31. 威爾，《房中術》（*Art of the Bedchamber*），第64頁。
32. 謝明德，《以道喚醒療癒的能量》，第 vii 頁。

有，政府也不會允許（我們）去那裡。所以，我從未見過他們，不知道他們在哪裡。」多年以後，他去了華山，遇到了一位道士，他有一本關於內丹的書。

> 書裡有關於房中術的內容，坎和離卦，但是太詩性化了，很難理解。我問道長，你能給我解釋一下你的理解嗎？……我說，如果你解釋給我聽你所理解的書中的內容，我可以給你很多錢……我說我願意給他600元（約合75美元）讓他解釋書中的內容，他說，「好，稍等。」但是拖了很久，他才說：「沒有人想談這事。」我氣得暴跳如雷。於是他承認他不知道（書中的意思）。最後，我問了他非常明確的問題，他也無法回答。於是我告訴李胡安給他300元，請他走人。

謝明德又請華山另一位據說發現陳摶如何練睡功的道長教他練功方法，但他只是提議要當謝明德投資中藥製造的商業夥伴。[33]

直到21世紀初，謝明德與中國的聯繫才開始日益增加。他邀請成都的李道長定期在道花園舉辦工作坊。他寫的書被翻譯成中文並在台灣出版。在大陸的中國人開始於道花園接受培訓和認證，然後回國開工作坊。[34]

（四）麥考文

雖然如此，正是謝明德的徒弟麥考文同時定期組織到中國的夢道之旅活動。麥考文改編了北美療癒之道方案；謝明德的成名作《道教的性愛秘密：男人性能量的修煉方法》是和「麥考文一起寫的」，麥考文還寫了一篇導論。麥考文說他撰寫了全部手稿，因為他當過職業記者，精於地道的、引人入勝的句子。在渲染《道教的性愛秘密》一書如何成功時，麥考文寫道：「這本書

---

33. 2005年7月22日，泰國清邁，史來家和宗樹人對謝明德的訪談。

34. 除開辦各類工作坊之外，謝明德的若干著作近年亦在國內翻譯出版：《導引：新生、健康和長壽的鑄煉》（北京：中醫古籍出版社，2014年）、《情緒智慧養成法》（北京：華夏出版社，2017年）。後者共三本，分別供5至7歲（一冊）及8至13歲（上、下冊）讀者。謝明德本人曾在2015年3月29日至4月1日，在南京諾康養生科普樂園舉辦講座，聽眾每人收費13,800元（http://www.paiguzx.cn/a/120704/37227568.html，2018年7月9日查閱）。——譯者注。

是我用嫻熟的西方文學筆觸，融入我多年的譚崔修行心得，以謝明德的口吻傳揚其口傳的道教。」[35]

在遇到謝明德之前，麥考文首次接觸道教是讀《道德經》原著，當時他還是達特茅斯學院的一名學生，不過那時他認為《道德經》只是「美妙的詩歌」，並無實修的維度。他的靈修始於為減壓而改良的超驗冥想（Transcendental Meditation），但是這讓他開始探索其他靈修方法。他投入大量精力於昆達里尼瑜伽和西方化的譚崔。作為新聞工作者，他曾在非洲擔任戰地記者，搞了最初幾次組團遊，協助以色列人將法拉沙（Falasha）猶太人空運出埃塞俄比亞。他回顧道，就是在那裡，1981年3月，他與一位道教仙人首次相遇。幾個月前，他遇到謝明德，開始用他的方法修煉。一天晚上，在亞的斯亞貝巴的希爾頓酒店，他完成一個關於黑人猶太人的故事後，準備去完成下一個任務，「在大金字塔裡面過一夜」時，他突然覺得噁心並伴有腹瀉，整整三天沒吃東西。

> 到第三天下午，我躺在床上精疲力竭，但意識清醒。突然旅館房間開始慢慢旋轉。傢俱和牆壁開始變軟，逐漸在我周圍形成大渦流。一個穿著長袍的中國古代男子憑空出現了，懸浮在我上方，好像駕著祥雲。他白鬚飄飄，那雙眼睛似乎令人驚奇地向內看著他自己。他的皮膚皺紋多得讓我不由想他應該有二千歲了！
>
> 我驚得說不出話來，看到一束密集的白光從他的肚臍射出來，進入我的肚臍。那束光能量超高，觸感就像固體。我不禁想到光怎麼能是固體呢？瞬間，我的身體立即爆炸。能量衝擊著我的核心，並從我頭頂沖了出去，就像原子彈上方的蘑菇雲一樣。
>
> 我覺得自己像小水滴般回落，形成床上的身體。這名中國男子沒了蹤影。我躺在床上，感受到巨大的喜悅，在神聖之愛的池中漂浮了幾個小時。我所有的疾病症狀都消失了。[36]

用謝明德的方法，他找到了《道德經》失落的「具體細節」。幾年來，他用這些功法成功地消除了昆達里尼瑜伽的破壞性影響：「我在修行中的轉變

35. 麥考文，〈探索靈性大歡〉。

36. 麥考文，〈西方的道教內丹〉（"Daoist Internal Alchemy in the West"）。引文參見，http://www.healingtaousa.com/blk7.html（2016年7月25日查閱）。

讓我動手與謝明德合作寫書，時過境遷居然完成了七本關於氣功和內功的書籍。謝明德教我他知道的功法，我親自檢驗，然後通常用他的名義行諸文字。」[37] 麥考文還尋訪其他老師，「搜尋每一位能現身講些氣功的中國人。」[38] 他從他們那裡學習功法，將其中的若干功法整合到自己的體系裡。

麥考文教謝明德如何開美式培訓班，如何打扮得像一個「大師」。實際上，隨著時間的推移，謝明德的形象已經發生了變化。前兩部出版書中的作者像顯示，看得出謝明德戴著厚厚的眼鏡，紮著一根領帶，穿一件細條紋西裝，面露微笑（在作者小傳中稱自己為基督徒）。最近，在網站和公開出版物的照片中，謝明德穿著一件絲綢夾克，表情平靜地注視相機，非常符合人們對東方僧侶模式化的想像。[39]

謝明德搬到泰國時，麥考文和療癒之道的其他資深導師組建了一個信託機構，稱為療癒之道導師協會（Healing Tao Instructor's Association, HTIA），該協會具有北美療癒之道培訓師認證資格。迄今為止，麥考文和他的「美國療癒之道」組織和網站是這些培訓師中最活躍，也是最引人注目的，經常邀請謝明德指導靜修。但在2014年，謝明德試圖從療癒之道導師協會手中奪回療癒之道認證資格失敗後，麥考文與謝明德的合作關係空前緊張。2016年6月，謝明德決定支持療癒之道導師協會的獨立性。[40]

每年，麥考文在北卡羅萊納州阿什維爾家中度過大約一半的時間，其餘時間則花在歐洲和墨西哥舉辦工作坊以及組織前往中國的旅行。阿什維爾是許多另類靈性的共同家園，很多人慕名而來——只為一睹東海岸版本的亞利桑那州的塞多納（Sedona）或科羅拉多州的博爾德（Boulder）。當然，麥考文的民間道教功法，勢必要與起源於蘇菲、美國土著、凱爾特人、佛教，以及各種其他傳統技術開展競爭，而這些技術在阿什維爾的每個週末都會一展身手。

37. 麥考文，〈探索靈性大歡〉。
38. 2010年12月22日，北卡羅萊納州阿什維爾，史來家對麥考文的訪談。
39. 道花園：道花園健康度假勝地的網址：www.tao-garden.com（2015年8月25日查閱）。
40. 2016年4月8日和2016年7月24日，麥考文給宗樹人的電郵。在麥考文看來，在一次會員選舉中，96%的HTIA的會員支持「民主之道」的競選，以保留HTIA的獨立性。

自1995年起，麥考文一直負責管理療癒之道大學，每年夏天都在紐約州北部開班並且號稱是「世界上最大規模的道術與道學暑期課程」[41]（2007年在北卡羅萊納開班）。麥考文認為他的使命就是「全方位教授道術與道學，其核心課程就是性修煉和丹道」。

麥考文修改了療癒之道的課程，有音頻和視頻教材，與謝明德的課程在形式和思路上略有不同。事實上，麥考文添加了幾項新的功法，並強調他與謝明德的重點完全不同。更新的內容主要是他在1997年從中國氣功大師朱輝（音）那裡學到的無極功。他表示無極功一脈相傳八百年，可追溯到太極祖師、據傳首創十三式太極拳的張三豐；並表示在修行之前祈求道教神仙後，他得到了點化，在方法上有所改進。他在即將出版的書中寫道：

> 請想像一下（對你有好處）本派無極功是一位仙長親傳張三豐後開始立派流傳的，而這種跨時空的世系就擺在了所有潛心練習此功的人面前。只要照著招式做，你就可以融入無形的眾仙世系。[42]

總的來說，謝明德的道花園和麥考文的療癒之道都是通過商品銷售和吸引新徒弟得以生存的。謝明德宇宙之道的線上商品目錄中大量書籍、小冊子、精油和乳霜、CD和DVD都清楚地表明了這一點。[43] 麥考文的在線營運顯然更加商業化。麥考文修訂的療癒之道方案當然有音頻CD和DVD。麥考文是這樣渲染這些產品的：「每一種氣功視頻、書籍或音頻課程，都會助你本真的自我去實現人間的需求和關係；有一個容光煥發的、健康的身體去感受性的樂趣；展現你獨一無二的美德；完成你的靈命；獲得平安——體驗到那流動在人體內的永恆生命。百分百無風險。」[44]

麥考文每年的暑期課程，也使用了高度商業化的語言來描述修煉活動的好處。根據宣傳手冊的介紹，徒弟可以「學習房中術，使自己獲得『通體快

41. 療癒之道大學和天堂山退修所一覽表，參見 www.healingtaoretreats.com（2008年1月1日查閱）。
42. 2016年3月6日，麥考文給宗樹人的電郵。
43. 參見 http://www.healing-tao.com/tao-garden/university/en（2008年5月6日查閱）。
44. 參見 http://www.healing-tao.com/index.html（2008年5月6日查閱）。

樂』之感」，「減肥氣功，週週『吐納』，永久減脂，六至十磅」，「感覺更年輕、更健康、更聰慧」。[45]

（五）讓夢道之旅夢想成真

1960年代到1980年代，由於外國遊客大多無法進入中國大陸道教的核心地帶，美國道教與中國道教的連接只是想像中的，完全通過迷失和無根的移民師父的個人體驗傳授。1990年代前往中國旅行變得容易起來。西方和中國大陸的氣功組織和網絡不斷發展，為增進雙方進一步交流提供了可能——前文提到的麥考文第一次旅行便是一例。21世紀，道教的「能量之旅」變得日益普遍，而且實際上已成為西方修行者風行的「修行」。這些旅行本身聚焦道教的修行和體驗，而非泛泛的中國文化或風景，不過它們也吸引了那些對道教沒什麼體驗和知識的消費者。

麥考文於1985年首次訪問中國，是和中國攝影師組團旅行的。據麥考文本人回憶，團裡有「毛澤東的私人攝影師、宣傳部長的女兒，以及負責整修白雲觀的頂級建築師的兒子」。正是通過後者引薦，他見到了時任官方道教協會的白雲觀住持。在那裡，住持向他展示了文革期間被埋在地下的一部經籍，其中包括：

> 一幅火水交媾圖，就是我們在療癒之道中修行的坎和離之象，我獲得這種巨大的傳承——它直接進入我的體內，「砰」地一聲從經籍裡直接進來了——就像「好吧，我們一直在等著看到你——嗖地一下子！」整個觀念就在我身體裡面翻騰開了，我實實在在地感到了，可以說，從某位登仙的道士強有力地傳給了我。[46]

1998年，在美國的全國氣功協會安排下，麥考文首次組團來華，主要考察北京的幾家醫療氣功醫院。在北京待了兩週後，麥考文獨自前往西安，在那裡他遇到一些道士；其中一位帶他去了華山，把他介紹給陳宇明。麥考文和陳宇明成了朋友。陳宇明把麥考文帶到了華山的山洞裡，在得到陳宇明的

45. 療癒之道大學和療癒之道和天堂山勝地一覽表，參見 www.healingtaoretreats.com（2008年1月1日查閱）。

46. 2010年12月22日，北卡羅萊納州阿什維爾，史來家對麥考文的訪談。

師父薛泰來許可後，他們一起打坐。陳宇明答應將這些山洞清理出來，接待麥考文帶過來的團隊，教他們一些修行方法。這對麥考文來說，意義非同尋常：

> 你知道中國人咋回事，他們的每座山頭都是秘不外傳的，「我們想讓你進入華山傳統中嗎？你是武當來的嗎？溜達一會兒吧，我們要了解你，看我們能教你多少。」他們就是這樣深藏不露。所以我覺得這真是一個巨變，就像在牆上開了一道裂縫，那可是中國的牆……
>
> 當然，陳宇明本人對我們問他內丹的那些問題也感到非常震驚。這些個西方人怎麼知道呢？他們是從哪裡得到這些知識的呢？他們怎麼會問這麼有水平的問題呢，很多中國人都問不出來，因為這對他們也是秘不外傳的。
>
> 這就是我們的信任狀：「這是我們想知道的——」「哇！如果你想知道這個，那麼你知道的不少，可以要求知道更多。」[47]

麥考文把華山之行加到他下次組織去北京的氣功之旅；於是，2002年10月的旅行，他增加了一週的洞穴之旅，作為一種額外的體驗，另收795美元。他在簡訊中寫道：

> 一週的可選行程是具有歷史意義的首創之舉——為高階的打坐者提供在華山已被高道使用數百年的山洞中進行道教修行。即使這些洞穴預訂完了，我還會在附近道觀預約更舒適、能量很強的地方（不對遊客開放）。[48]

夢道之旅不僅有麥考文和三十五或四十名團員，還有一名團長助理，他以前參加過夢道之旅，現在回來協助負責此團，以換取較低的參團費用。同樣，隨行的還有一位中國的導遊。

> 如果一個團隊一起練習氣功，集中意識，這個能量絕對是驚人的……我對那些在旅行中產生強有力的改變人生體驗的人感到極大振奮。這些正是我做這件事的主要原因。這不僅僅是一次有趣的、

47. 2010年12月22日，北卡羅萊納州阿什維爾，史來家對麥考文的訪談。
48. 2001年12月30日，麥考文群發電郵。

> 豐富多彩的偉大旅行，更是一場與我的靈性使命相一致的旅行：我們用氣功和道教來讓自己煥然一新。若不是基於這一點，我想我一定會失去興趣的……這對我來説是關鍵之所在。這正是我滿意之處。使他人發生顯而易見的靈性轉變。[49]

夢道之旅的成員主要來自美國，但最近幾年墨西哥人越來越多了。每次旅行的參團者都會有所不同。例如，2004年，一名在比利時接受教育的土耳其女性、一名住在荷蘭的日本女性和一名移民加拿大的羅馬尼亞人參加了夢道之旅。2012年夢道之旅的成員來自美國、加拿大、愛爾蘭、荷蘭、比利時和危地馬拉。夢道之旅的絕大多數成員都是白人，偶爾也會有亞洲人——在美國長大的年輕中國女人、定居在日內瓦的越南夫婦——以及非裔，比如麥考文的老朋友——埃塞俄比亞裔的美國人。在夢道之旅中，還有許多退休人員，有的已經七十多歲，還有一些中年夫婦，以及一些二十幾歲或三十出頭的年輕團員。

當然，他們的宗教或靈性背景也是多種多樣的。雖然不是所有人，但其中一些成員都練過氣功或有其他受道教啟發的「功法」；誰也沒有傳統道教的修煉經驗。相反，折衷主義是他們的共同之處。他們的靈性體驗包括：新世紀能量療癒、瑜伽提斯（yogalates）、蘇菲舞蹈和薩滿鼓。

麥考文用下面的話來推廣他的夢道之旅：

> 體驗中國的靈性內涵：與最具靈性力量的道士見面和研習，在最神聖、最美麗的山水中習練氣功和打坐，深入體味中國的古文化和民眾，在豐盛的宴會上品嚐當地美食。我要和你們分享先後七次中國之旅中發現的在中國瘋狂衝向現代化而忘卻自己的豐富歷史過程中還沒有消失的最棒的秘密。總之，如果我只能去一次中國，那麼我會把中國夢道之旅留給自己……這些旅行不僅為西方和亞洲的高道敞開溝通之門，而且也鞏固了我們個人修行的根基。氣功修行讓我們和中國聖山流動的獨特而強大的氣流息息相通。如果你的心靈感

49. 2010年12月22日，北卡羅萊納州阿什維爾，史來家對麥考文的訪談。

到中國的神秘的吸引，我建議你相信你們靈魂的指引，相信「道」會為你提供前去的時間和資源。[50]

以此為開場白，麥考文向他的數千個郵寄清單中的地址發送了一封電郵，並把它張貼在網站上，麥考文盛邀你參加一次神秘的、快要消失的中國之行。

夢道之旅的團費在2014年大約人均5,800美元，安排十分緊湊。例如，2004年那個團隊為期兩週，開始在北京住兩天，然後直飛拉薩，住三天，隨後在成都稍事停留，包括兩天在青城山的一座道觀。接下來，該團飛往西安，呆在華山的道觀或洞穴裡。行程包括購物、觀光和在機場、寺廟、洞穴修煉氣功。團員有堅定的道教內丹修行者，以及其他相關傳統如風水、武術或太極拳的導師，也有一些通過麥考文無極功法的 DVD 首次接觸道教的人，這些資料放在旅遊套餐中提前幾週發給團員。

(六) 到中國去的其他道教旅行

麥考文並不是第一個帶這類團來中國的人。還有兩位美國道教導師，道教研究所所長莫承華（Harrison Moretz）和美國正統道教領袖劉明（曾用名貝耶亞〔Charles Beyea〕），都曾不定期地帶自己的徒弟和家人組團。兩位導師主要是去青城山，也都沒有公開做廣告。

其他兩種定期舉辦的西方道教旅行由參加過麥考文夢道之旅的成員帶領，走類似的線路（包括北京、華山和青城山）。一次旅行由陶樂（Solala Towler）負責，他是流行美國道教雜誌《道沖》（*The Empty Vessel*）的編輯，該雜誌於1993年起按季度發行。2017年他在網站上以其行程不像夢道之旅那麼商業化的口吻，推出了道沖道教研習之旅的行程。「我們全程『在道言道』，享用美食，拜見氣功大師、藝術家、音樂家、茶藝大師，還有一個在洞穴居住的隱士，」陶樂寫道。[51]

---

50. 2001年12月30日，麥考文群發電郵；〈中國夢道之旅——60張奇妙照片，2010年5月16日 至6月3日〉，參 見：http://www.healingtao.cong/chinatrip2010.html（2010年11月9日查閱）。

51. 留住永恆之道，〈道沖中國之旅〉，參見 http://abodetao/com/china-tour（2017年3月2日查閱）。

約翰遜和迦梨（Rebecca Kali）也是麥考文夢道之旅的早期團員。現在他們自己組團了，規模比夢道之旅稍小，但更頻繁。每年兩次，每團十人。和夢道之旅一樣，約翰遜和迦梨的行程從北京開始，但只呆一天。約翰遜跟我們說「因為那裡污染嚴重」。然後他們去成都和青城山，最近又把雲南省加到行程裡面，包括麗江、政府稱之為「香格里拉」的藏區，觀賞那裡一座嶄新的包金佛寺，然後在拉薩呆四天，行程結束。因此，整個旅行已不是嚴格的道教之旅，只不過兩位組織者和道教有淵源罷了。

還有其他各類西方道教的中國之旅。其中包括皈依某個道教派系而專門定制的旅行（最著名的有由 J. 約翰遜〔Jerry Alan Johnson〕和香農〔Bernard Shannon〕組織的旅行）。另外，還有最近來到美國並成為道教導師的華人組織的旅行。這些旅行讓西方徒弟們住在他們師父所在的廟宇，拜見師父的師父。雖然這些旅行超出了本研究的範圍，但它們表明：目前幾乎所有美國民間道教的組織其實都在組織前往中國的旅行。

（七）對夢道之旅的反饋

長期跟隨麥考文學習的徒弟通過電子簡訊得知夢道之旅的信息（麥考文告訴我們，大約一半的夢道之旅成員都閱讀他的簡訊，其中許多是他自己的徒弟）。對他們來說，這種旅行是一種修行、一場追尋靈性覺醒的旅行。

當被問及他們為什麼要選擇這次旅行時，那些以前不認識麥考文的人或沒聽過他課的受訪者說純屬巧合——有些人只是在出發前幾週通過互聯網搜索「中國道教旅行」，發現了麥考文的夢道之旅的連結，然後當場決定註冊。一位加拿大籍公務員和風水師在書店看到《道沖》上的廣告前，從來沒有聽說過麥考文或療癒之道，只是憑直覺註冊的。另一名團員告訴我們，「內心指引我前來。」一位來自夏威夷的五十九歲男子說，有一個中國通靈體告訴他參加這次旅行，他告訴我們：「你還沒離開，旅行就開始了。從註冊時起，一切就發生了。」另一位女士說這次旅行「呼召她」，而且「旅行中有能量波出來」。

麥考文精心設計的策略是不插手夢道者——讓團員擁有自己的靈性體驗，直接連接道觀和大山的能量，並且相互連接。實施這一戰略，旨在盡可能地擴大團組規模。正像麥考文說的那樣，「我發現中國夢道之旅的規模越大越容易管理。因為這些旅行團傾向於自己照顧自己。大家都會找到自己的小團體。如果你(一個團員)找到你自己喜歡的小團體,跟組內的人交往很開心,那麼你就能處理好任何事情。」[52]

2004和2006年的旅行團也產生過一些矛盾。一位2004年的團員,七十一歲的老先生這樣寫道:

> 根據我對這個旅行團組織此次旅行目的的理解,我認為此團進行的是一次追尋靈境的靈性之旅。當然,我觀察到的並不支持我的這種描述。有好幾次,我認為旅行團的個別成員對中國文化根本漠不關心,扭著屁股跳著舞,手裡還拿著一個轉經輪,從一處佛教最神聖的大殿(指在西藏大昭寺)走出來,據我所見似乎很不得體。購物安排得太多,麥考文的行程也方便這樣做。

他的抱怨是最激烈和公開的;但是其他人也有一些問題。麥考文在多年的帶團經驗中學到了如何岔開這些抱怨:「當很多人開始抱怨的時候,我就舉起擋箭牌,『好吧,那是你的問題。』你知道,這在旅行中是難以避免的——還是忍著點吧。微笑〔……〕我有旅行代理人的素質、我有導遊的素質,你得學會岔開這些抱怨、繼續幹你的事、讓他們把關注的焦點放到更有價值的東西上。『是的,在中國並不是一切都完美,真不幸。』」[53]

2006年,這種張力似乎更多地針對其他團員(不懂無極功,不和其他人同修,或者對酒店毛巾和其他物質享受過於挑剔)。但總體來看,旅行的滿意度似乎還是很高的。「我對道觀了解越來越多了。我在那裡感受到了能量。我們遇到的道士和道姑都是以誠懇開放的姿態與我們相處,非常有益。」這是我們收到的有代表性的反饋。總體來說,夢道之旅的成員對中國人頗為讚賞,認為他們「知足」、「善良」、「友善」。他們並沒有抱怨中國人;沒有抱怨他們妨礙了對大山靈性能量的欣賞;也沒有抱怨華山的住宿條件差。儘管一些小組間的關係緊張,但部分夢道之旅的團員確實建立了情誼——至少在一個案例中,如我們在附錄中所述,他們墜入愛河並在華山之巔舉行婚禮。正如麥考文所說:「絕對已經形成了一個社區。這種連接會一直保持,他們在這裡(美國)保持朋友關係,讓他們更堅定走自己的路。」[54]

---

52. 2010年12月22日,北卡羅萊納州阿什維爾,史來家對麥考文的訪談。
53. 2010年12月22日,北卡羅萊納州阿什維爾,史來家對麥考文的訪談。
54. 2010年12月22日,北卡羅萊納州阿什維爾,史來家對麥考文的訪談。

也許更加有趣的是，夢道之旅成了夢道者靈性探索的個人敘事的一部分。它跟團員與道教相關的身份建構融為一體，成為其靈性成長敘事的一部分。這一建構過程不是團員在旅行——當然這是一種神聖時空，和日常生活判然有別——期間的評論，而是在其旅行前後的反思中，能夠最為清楚地看出來。

關於旅行後發生變化的敘事，主要是那些深度修行和難以重返正常生活的故事。一位夢道之旅的團員給我們寫了一封電郵：「我最有價值的體驗來自青城山，我感受到了一種『滋養力量』，它接納一切、提升那最自然的事物。從中國回來後，我可以經常在打坐和練氣時與那種微妙的力量息息相通——它已經成為我修行中一個非常真實的維度。」另一位團員在旅行結束後幾週寫道：「一切活力充滿，日夜貫穿我心。」

麥考文在旅遊推廣書中特別強調這些旅行深度體驗的一面：「為什麼中國夢道之旅如此特別，這與典型的到此一遊有何不同？我們要吸引一群了不起的充滿道教精神的靈性冒險家。不只是充滿好奇的探索者或疲憊的遊客，而是那些真正為了追隨老子的足跡、在中國最高的靈性能量場舉行強大氣功儀式而躍躍欲試的迷人的人」。[55]

不難想像，這樣一種旅行肯定會向團員介紹大量關於中國地理、歷史、文化和宗教的特徵。但是，在推廣此次旅行的時候，麥考文強調中國不是作為外部事實，而是作為主體的以身體為中心的空間的理念。正如人們對高端定制旅行的領隊所期待的那樣，麥考文向三十七位「中國夢道者」(其中大多數人從未去過亞洲) 發出一系列電郵進行推介和前期準備。每封郵件都和氣功有關。例如，麥考文在題為「中國夢道之旅的健康旅行小貼士」的電郵中寫道：

> 在中國保持健康的秘訣是什麼？每天〔……〕做氣功。如果你真的很忙，至少要會做第一個動作——海洋呼吸，打開你的丹田力量。氣就從那裡流向你身體的經絡，這是你抵禦所有疾病最好的防線。每日練習打坐也有助於增強你的免疫系統……登機前在機場做氣

55. 麥考文，〈中國夢道之旅——60張奇妙照片，2010年5月16日至6月3日〉，參見 http://www.healingtao.cong/chinatrip2010.html（2010年11月9日查閱）」。

功。這樣可以改善氣血循環，打開那些待會兒因為久坐而變僵硬的關節。我通常也會在飛機上做一些動作不大的氣功。[56]

他還建議用打坐預防時差，然後他總結道，「最後，不要事先憂慮太多！憂慮傷脾。」

(八) 美國道教中的靈性東方學

現在我們已經清楚，美國道教並不基於北美的中國移民有過的生活經歷，與其日常儀式和祈禱的關係也不大。它毋寧説是從文本研究和流散中國文人的記憶發展而來的。因此，美國道教顯然有其東方學的特徵，非常接近於文學理論家薩義德（Edward Said）的開創性定義。薩義德最初的假設是：作為學術事業的東方學構建了東西方的兩極對立。東方學家繪製出一條想像的邊界，創建一個「他者」。這種構建可以有多種形式，但總的來説，薩義德寫道：「東方是非理性的、墮落的（沉淪的）、幼稚的、『不正常的』；而歐洲則是理性的、貞潔的、成熟的、『正常的。』」[57] 美國道教顯示了一種類似的二元分立的話語，但是積極和消極的評價是顛倒過來的，不妨稱之為一種具有浪漫主義情調的東方學。例如，以神話般的哲學和丹道的道教為其典範的東方是靈性的、神秘的、古老的、永恆的、直覺的、非理性的，將人性和自然視為一體。以科學唯物主義和一神教主流為代表的西方，則是評判性的、教條的、有時限的，認為人性是反自然的。

在薩義德的分析中，東方學家承認他的研究對象有積極的一面，但任何這樣的特質都被置於那種被建構起來的東方的遙遠過去。如薩義德所指出的：「『好的』東方永遠只屬於像昔日印度那樣遙遠的古代，而『壞的』東方則四處遊蕩在當今的亞洲。」[58] 在東方學的最後階段，西方不僅發現了東方失落的真正古典精髓，而且保留了它。西方通過「古文物學或博物學知識的蓋棺定論」統治東方。[59]

56. 2001年12月30日，麥考文群發電郵。
57. 薩義德，《東方學》（*Orientalism*），第40頁。
58. 薩義德，《東方學》，第99頁。
59. 薩義德，〈東方學再思考〉（“Orientalism Reconsidered”），第104頁。

薩義德所稱的「如今傳統的東方學家能夠重建和重述東方，因為東方自己沒有能力這樣做了」，在有關亞洲宗教的流行話語中比比皆是，似乎都不能引起人們的關注了。[60] 實際上，所有這些階段：二元分立、歷史主義化和博物學化，在療癒之道和夢道之旅成員的話語中都出現了。

復原論的話語要求美國道教忽視道教根植於中國文化的特殊路徑，強調道教的普遍性（即使自相矛盾的是：美國道教大師往往利用中國的異國情調開展教學：如倪清和、陶樂、黃忠良、劉明、穆勒〔Carl Muller〕等演奏竹笛、穿著中國傳統服飾，或兩者兼而有之）。當我們問及受訪者，道教的中國起源是否重要，大多數人都強調道教起源的普遍性，只有一兩個人表示有興趣通過深入了解漢語、文化或歷史來更好地理解道教。如果美國道教徒不重視道教的中國特質，那麼他們就不會重視中國人的道教品質。有一項調查反饋還說：「我見過的大多數中國人**從未聽説過**道教或老子。」對此觀點，黃忠良也是附和的：

> 毫無疑問，東方一定會有更多的高速公路和霧霾污染，與此同時，東方大師正陸續移居西方的山區和成長中心的退修場所。我常常告訴我的朋友和徒弟，不要為發現他們遇到的下一個中國人感到震驚，他們可能精通科技術語，但對太極或道一無所知。大多數已經分享我的東方研究的志趣相投的朋友都是西方人。[61]

美國的道教大師對於教導美籍華人顯然不感興趣。倪懋興告訴我們，他的父親倪清和從未嘗試在加利福尼亞州的華人中間立足，因為在洛杉磯西部的非華裔反而有更多「靈性上的預備」。[62] 就算那些在美國的中國道教徒被注意到了，往往也會受到貶低。例如，陶樂説起他有一次訪問過舊金山唐人街一座華人移民的道觀，他告訴我們，他們最關注的是「義賣」和「葬禮」。陶樂説，這也許反映了他對自己沒有被他們接納為靈性上的兄弟而感到失望。「如果不會講粵語，你就很難接近這些美籍華人道教徒，他們甚至不跟你講話。」[63]

---

60. 薩義德，《東方學》，第282頁。
61. 黃忠良，〈往復：一個新的起點〉（“Once Again: A New Beginning”）。
62. 2001年5月4日，加利福尼亞州聖莫尼卡，史來家對倪懋興的訪談。
63. 2001年5月10日，華盛頓州瓦遜島，史來家對陶樂的訪談。

但是，最近麥考文的立場有所鬆動，可能是因為他參加了許多學術會議，接觸到了學者對西方道教東方學的一些批評，以及關於道教儀式和道觀機構新的研究成果：

> 我很重視那些傳統的守護那個空間並守護道觀的人們，即使他們每天就坐在那裡敲鐘，這都沒關係，他們依然在那裡佔有一個空間。他們為傳統保留了一個空間，我特別尊重他們，全身心地愛他們。只是我們在美國沒有這樣的基礎設施，沒有可以守護的道觀，沒有道教的名山大川。我們必須創造出新的東西。[64]

(九) 美國修行者對道的認同

雖然美國道教大師經常用中國的異國情調開展教學，但他們通常忽略了道教植根於中國文化的特殊路徑，而強調道教的普遍性。這種強調説明很少有美國道教徒願意通過加深他們對中國語言、文化或歷史的了解，作為接近道教的方式。

道教的概念變動不居，每個人都可以宣稱得道而不用害怕自相矛盾，因為它指向一種神秘的總體態度，而非任何特定的知識。對那些以道教為生活基本方向但又發現「道教徒」這個詞過於局限的人來説，寧願稱「惟道是從」。

例如，對道教有足夠好奇心而購買有關道教書籍或雜誌的美國人，可能很快就會知道陶樂的名字，他通過主編的《道沖》雜誌和許多其他書籍，比其他任何人都更多地給北美人普及了美國民間道教。看過介紹的美國人很快就會知道，如果不是變動不居，道教就根本什麼都不是。例如，《啟程：西方道教指南》(*Embarking on the Way*) 中，陶樂寫道：

> (道教) 極其適宜崇尚高度個性化的西方人，不管他是十足的初學者還是投入的追求者。不用參加什麼、不用發誓、不用取特別的名字、穿特別的衣服，以及吃特別的飲食。想要遵循哪部分道教的傳統完全取決於個人。[65]

---

64. 2010年12月22日，北卡羅萊納州阿什維爾，史來家對麥考文的訪談。
65. 陶樂，《啟程》，第 xi–xii 頁。

事實上，縱覽中國歷史，成為一個道教徒通常意味著就是要參加什麼、要發誓、要取個特別的名字、要穿特別的衣服，還要吃特別的飲食。這段文字的重要性，不在於它有悖歷史事實，而在於它簡潔表達了美國道教的基本原理（恰好和普遍的民間歐美靈性相對應）：變動不居、普遍性和個人主義。

在美國和加拿大各地，有一到三萬自認的北美道教徒。他們通常是受過良好教育的中產階級白人。大多數人是在大學或者高中階段的課堂上首次聽說道教，通過朋友或家人借給他們一本書（《道德經》或《小熊維尼的道》〔*The Tao of Pooh*〕），或是通過太極拳或武術了解道教的。

我們對美國道教徒的調查顯示：在參加特定組織之前，他們一般通過受道教啟發的身體練習或打坐、生病去看中醫、閱讀道教文章或三者兼而有之來了解道教。陶樂就是一個典型的例子，現在他是美國道教界一位傑出而多產的成員。十二年來，他一直飽受慢性疲勞綜合症之苦，持續疼痛，無法出行，並最終臥床六個月之久。最後，他通過服用中草藥和閱讀兩部最著名的道教經典《道德經》和《莊子》治好了自己的病痛。[66]

調查問卷的答覆表明：大多數美國道教徒是在大學或高中時首次聽說道教的，或者朋友、家人借給他們一本書看。[67] 我們發現，另一種獲得道教徒身份的切入點，是對從前不成熟的體驗的事後命名。道教可以為說不上名字的各種靈性體驗提供一個方便的標籤。例如，一位四十歲的針灸師在一處退修處被問及她首次聽說道教的時候，她寫道：「十六歲時我就不信基督教了，

---

66. 2001年5月10日，華盛頓州瓦遜島，史來家對陶樂的訪談。

67. 史來家在三個美國道教退修所進行過問卷調查。第一次是在倪清組織的2000年度退修，由倪懋興帶領，從9月28日至10月1日，在箭頭湖的長老會會議中心舉辦。一年以後，他調查了2001年11月9至18日由黃忠良帶領的在加利福尼亞州莫羅灣（Morro Bay）舉辦的生活之道的退修活動。最後一次，他參與了2001年11月30日至12月3日由劉明帶領的在加利福尼亞州門多西諾（Mendocino）縣的申諾阿泉（Shennoa Springs）舉辦的美國正統道教（Orthodox Daoism of America）冬季退修，他還在2000年通過USIW的電郵群組發放了一份問卷。

問卷是匿名的，但是要填寫年齡和性別。共有八條問題：1. 你是怎樣第一次聽說道教的？2. 你是怎樣第一次聽說本組織的？3. 你認為自己是道教徒嗎？4. 你參加那些道教活動？5. 你參加非道教的活動（如彌撒、坐禪等等）嗎？6. 起源於中國的道教，這一點對你有多重要？7. 你能推薦其他北美道教徒，以便我去聯繫他們嗎？8. 你對本項目的總體評價如何？

在USIW，大約35位參與者提交了15份問卷；在生活之道，48位參與者提交了20份問卷；在美國正統道教，大約55位參與者中有23位提交了問卷。

幾個月後在背包旅途中有了一種『宗教的』體驗，形成了個人的靈性哲學。十年後，我去了針灸學校，在那裡我了解到『我的』哲學其實就是道教。」倪清和的一位二十九歲徒弟也提供了類似敘述：

> 我十七歲讀高中時，通過迷幻劑和搖頭丸體驗了很多東西。在與道教正式接觸之前，有一次我服用了大劑量搖頭丸，對生命太初起源有了一次重大體驗。那次體驗之後的九年中，我查找了各種宗教和靈性的文獻和傳統，尋找知識來詮釋我親身經歷的事情。我對遇到的傳統的多樣性感到越來越困惑，時間一長，就漸漸失去了找尋真相的希望。後來，當我發現倪大師的作品時，那種有希望的感覺回到了我的生活中來。

同樣，有個三十六歲的人寫道：「我發現道教的宇宙觀相當充滿活力且具包容性。非常適合我的體驗。」正如這些答案所證實的那樣，對於某些美國道教徒來說，心血來潮的體驗產生了其道教認同，而體驗和認同是相互強化對方的。

隨著越來越多的道教經文翻譯成英文，美國道教徒從中獲益良多，其中大部分內容既提供了有關獲得特定宗教體驗功法的具體說明，也提供了對這種體驗的描述，儘管採用了隱喻性語言。[68] 顯然，這樣一種具有可視的、身體的性質的體驗，即使不屬科儀框架的架構，也可以成為道教認同的強大基礎。因此，一些美國人認為自己是不依附任何機構的道教徒。其中包括那些在上課或自學時讀過《道德經》和對道教進行通俗化詮釋的《小熊維尼的道》(1982年) 的人，儘管對道教的歷史、修行，或者真正的道教徒一無所知，但他們足夠喜歡那些概念，就私下或者公開表明自己是個道教徒。[69]

---

68. 例如參見孔麗維，《道教體驗》(*The Taoist Experience*) 與賀碧來 (Isabelle Robinet)，《道教冥想》(*Taoist Meditation*)，相關細節分析可參閱上清派的經卷。吉瑞德在其為賀碧來著作所寫的導論中稱，「這些經卷既指導如何登山，又描述了在山頂看到的景致。」更多和更加知名的道教經卷譯者是克萊瑞 (Thomas Cleary)。

69. 吉瑞德，在其未刊文章〈我的道：三十年教授道教的反思〉中指出，在過去幾年裡，聽她道教課的許多學生的情況就是這樣。關於佛教中的相似情況，參見那體慧 (Jan Nattier)，〈誰是佛教徒？〉(“Who Is a Buddhist?”)。那體慧問道：「如果一個大學二年級學生購買了一本瓦茲 (Alan Watts) 論禪宗的書，讀了，喜歡它，然後認為自己就是一個佛教徒了——但是除了讀過幾頁文字，完全沒有遇到任何形式的『佛教』——他可以被納入美國佛教研究的範圍裡嗎？」

那些認為道教是一種折衷主義的、個人主義的宗教身份的人，可能會在折衷主義和個人主義氾濫的網絡空間中找到天然的家園。許多美國道教網站都可以通過若干網站聯盟，其中包括互聯網上最大、最活躍的道教網絡環「游方道士」(Wandering Taoists) 登錄訪問，游方道士有一個易識別的品牌標識：一個中國聖人，面向左上方，好像要從流覽者眼前走開。[70] 這些網站大多拒絕任何有關道教的歷史或文化的定義，以便傳播一種令人滿足和得到認可的福音，它們連結到其他關於養生、風水、易經、《道德經》以及靈氣 (*reiki*) 或能量療癒方法的網站。偶爾也有網站顯示為「一個真正的道教組織」，接受會員，鼓勵更主動的道教認同，但用的還是最具個人主義的用語。其中最著名的是道教歸正會 (Reform Taoist Congregation，2006年改名為西方歸正道教〔Western Reform Taoism〕)，成立於1998年，到2009年，已經有312名在線會員。[71] 其創始人宣稱他「創造了道教一種新的宗教形式」，他希望「能把那些有志於投身道教的人召集在一起。當然，眼下『召集在一起』就是指本網站所推動的『網絡空間』。」[72] 不過，大多數道教網站純屬個人性質。這裡有個典型例子：「我是一個道教徒，這可以描述為一個關於道教的網站，但真正的道教不在言辭，而在存在和行動。」[73]

甚至那些在經濟上或人身上委身於美國道教大師及其組織的人，也有意識地提到了這種不歸屬任何特定文化或傳統的特性。例如，我們調查了黃忠良的生命之道基金會 (Living Tao Foundation) 退修活動的參與者，他們每年花上千美元和幾週的時間學習太極舞蹈和草書。有一個問題是問，「你認為自己是道教徒嗎？」該問題收到了20個有效答覆，只有兩個是肯定答覆。有11個是否定答覆，其中還包括一個自稱為佛教–聖公會的男性和一個說她是「不活躍的唯一神論者」(Nonactive Unitarian) 的女性的回應。另外兩個人覺得他們「只是自認為」是道教徒，一個人回答「有那麼一點」，四個人認為「道教徒」

70. 游方道士的網站聯盟建於1998年1月4日，不過最近只剩80來個了。有段時間它有121個網址，到1999年谷歌令網址搜索簡單到點擊一下滑鼠時，這個網站聯盟是聯結類似主題的一種流行的、頗為有用的方式。該網址是：http://M.webring.com/hub?ring=tao&id=1&hub (2009年3月3日查閱)。

71. http://reformtaoism.org (2009年12月15日查閱)。

72. http://www.reformtaoism.org/introduction.php (2009年12月15日查閱)。

73. http://members.tripod.com/~the_hermitage/index.htm (2009年3月3日查閱)。

一詞限定性過強。後面這組人中的一位六十二歲男性的回答比較有代表性：「我不喜歡『道教徒』這個詞——我覺得它太狹隘了，我會用『我惟道是從』。」

同樣，我們還詢問了生命之道退修活動的參與者是否還參加其他非道教的宗教活動。大多數受訪者提到了各種「另類修行」，從通靈到瑜伽、從藏傳佛教到泰澤歌唱（Taize singing）。一位女士寫道：「是的，我兼收並蓄……我會用薩滿教和多神教的修行、念印度教和佛教傳統的咒語，以及無聲冥想，我也還修行產生於印尼的蘇布（Subud）團體的拉提汗（latihan）。」

對某些人而言，美國道教所發揮的作用不是一種靈性追求的元素，而是那種追求的終結。我們訪談的大多數美國道教徒都不是從猶太教或基督教環境裡直接改信道教的。例如，我們發現倪清和的資深徒弟，在遇到倪之前參與了各種另類的靈性活動，包括吠檀多、內觀禪修和受葛吉夫（Gurdjieff）啟發的阿里卡（Arica）組織。如果我們以陶樂為例，他的宗教之旅似乎是一種切切實實的靈性追求。他從小在新英格蘭一個工人階級的天主教大家庭長大，雖然從未上過大學，但在1960年代，他通過在哈佛廣場「廝混」和參與哈佛大學教授阿爾珀特（Richard Alpert）（後稱達斯〔Ram Dass〕）的迷幻實驗而接受教育。後來，他又練上了瑜伽，加入了自我實現團契（Self-Realization Fellowship），還試過禪宗打坐，但「發現太造作了」。[74] 其他受訪者提到他們在「找到道教」之前進行的其他各種修行。我們列出其中的一部分，讀上去就像是一本美國另類靈性百科全書：超覺靜坐會、諾斯替教會、昆達里尼瑜伽、長壽法（macrobiotics）、迷幻劑服食、國際克里希納知覺協會（也被稱為益世康〔ISKCON〕或克里希那〔Hare Krishna〕）、健康、快樂、神聖組織（又稱3HO，現在有時被稱為錫克法）和美國薩滿教。

雖然這條通往道教的路蜿蜒曲折，似乎正好有助於論證美國道教認同的那種折衷主義，但是它在某些方面證明情況正好相反。根據我們的調查和訪談，有些人一旦找到道教，就會放棄其他修行。他們完全接受了道教（他們所定義的道教），它提供了一種通向傳統和本真的連結，這是他們之前的折衷主義提供不了的。或許進行追蹤研究，可以揭示許多受訪者會在幾年之內轉向其他修行。但這似乎不太可能，因為他們中許多人接受良好道教訓練長達

74. 2001年5月10日，華盛頓州瓦遜島，史來家對陶樂的訪談。

二十五年了。對於一些美國道教徒來說，他們的修行不再是靈性追求的一部分，他們也不再認為自己是追尋者了。

美國道教通過提供一系列模組化的、自主的修行方式，推動自我提升和身心靈的健康，由此產生了一種總體「道教」世界觀，同時這種總體「道教」世界觀又產生了這些模式化的、自主的修行方式，並且提供當下的益處（例如，增加身體耐力及幸福感）和更長期的回報（例如，覺得與自然和宇宙重新連接起來了）。這些修行來自中國，但是它們在市場上推廣、概念化和切入日常生活的方式卻是北美的。實際上，這些道教修行的吸引力部分在於它們的功用性。它們可以通過結合週課、季課、年課，以退修會或培訓班的方式，按具體的單元進行教學；可以因時制宜、因地制宜，單獨或集體教學。在美國的社會條件下，這些或許都是不可避免的。

雖然美國道教徒參與許多修行，但在整體上種類有限並且始終如一。最常提到的修行是氣功、打坐（包括導引觀想）、太極拳，以及《易經》研習。接下來常見的一組修行包括經文學習、飲食調理（包括辟穀）和中醫（既是患者也是治療者）。較少提及的修行包括求神、清醒夢（lucid dreaming）、風水和書法。

許多美國道教徒在信奉道教之前，曾廣泛涉獵各種其他靈性功法。因此，另一種描述美國道教徒經歷的方法，是從追尋到找到一種修行方法。美國道教體現了一系列修行，這種說法不會引起什麼爭議，因為所有的宗教和世界觀都是靠修行維繫的。正如宗教社會學家羅夫（Wade Clark Roof）寫道，「個人和集體的修行嵌入在一種傳統的歷史之中，並有助於令那種歷史『保持活力』，這些修行也是一個人學習、分享和參與其象徵世界的工具。事實上，一個象徵世界就『建立』在一整套明確的、具身的修行基礎之上。」[75]

美國道教與其他傳統的區別在於，修行的重要性蓋過歷史、價值觀，甚至社群。自認的美國道教徒很少將其「道教」定義為一種傳統甚至是一種哲學，更多將其視為一系列修行。調查中的例子表明：大多數美國道教徒不是因為他們是道教徒而進行修行，而是因為他們參與某種修行而成為道教徒。我們這樣說並不想暗示美國道教徒對道教哲學沒興趣。正如前面所看到的，

75. 羅夫，《靈性市場》（*Spiritual Marketplace*），第175頁。

《道德經》中的神秘哲學是許多北美人進入道教的切入點。但有證據表明，正是由於進行日常修行，使他們實現了道教徒身份認同。

對夢道者的訪談表明，那些最熟悉受道教啟發的能量修煉，並將密集修行訓練方式帶回北美的夢道者，對道教歷史、儀式或神話是最不感興趣的。對於西方夢道者而言，一個人身體裡面的主觀體驗，是以前存在的（死去了的）身體所傳導的能量記號之本真性的唯一來源。

從我們對那些在泰國謝明德的道花園度假村工作坊參與者的訪談和後續電郵中可以看出，主觀體驗的核心地位是顯而易見的。我們對他們在作為一個地方——作為豪華水療中心、傳統泰國文化中心，以及作為道教神仙之家的道花園的體驗甚感興趣。這三種對地方的體驗中，哪一種最吸引參加教學培訓工作坊上的徒弟？受訪者在道花園和我們談論他們的體驗時，完全沒有提到任何有關這方面的問題。徒弟們似乎並不關心奢華的環境。工作人員也沒有嘗試讓徒弟接觸泰國文化。我們從未見過任何人進入道教神祠，也沒有聽他們提及道教神祠，或者評論諸多建築牆壁上的道教圖像。

相反，徒弟們提到道花園對其身體主體空間的影響。例如，一位法國女性給我們寫道：

> 假期給我帶來了什麼：只有好的體驗，這毫無疑問，每一天都有進步，都有新的寶藏積攢到我的能量體裡面。什麼是最豐富的？始終將能量集中於丹田，只有一個目標：打開心胸，打開，再打開……這讓我變得和宇宙一樣大，並一直保持這種狀態。這個退修處加強了我與宇宙之間的連接。[76]

其他參與者提到了他們的同修徒弟或謝明德的能量，將其視為重要的體驗（一位法國男子說：「當謝大師指導我們打坐時，他的能量非常活躍並且幫到了我們所有人。」）。其他人則指出，他們的身體如何感到更有活力、更平衡或更純淨了。至於傳統、經籍、社區或道德則從未提及。追求主體的體驗僅是來到道花園的原因，而且是判斷參訪成功與否的標準。在第二章中，我們詳細討論了華山夢道者如何同樣把注意力集中於山脈力量的主體體驗上。

76. 2005年9月7日，個人電郵通訊，史來家翻譯。

夢道者的華山體驗，明確地將山脈描繪並感知為在主觀上可以體驗到的一個充滿強大能量的地方。回到麥考文有關「秘密洞穴」的敘述，我們記得，那個星期大約是在2001年9月11日恐怖襲擊之後一個月。這些事件影響了麥考文的內在修行：

> 我在華山洞穴裡對全球局勢的冥想非常深刻。我將自己兩極化的大腦半球和身體內部深層能量通道，跟華山強大的花崗岩的經絡連接起來。這些把我同那將人類連接成為一個集體心靈的地球大腦的核心連接在一起。〔……〕通過這種方法，華山的「春華洞」就在內心層面成為人類的希望和重生之鼎。後來，離開華山後，我仍然可以感受到華山花崗岩中的氣深入我身體內部管道中流淌，人類之心臟在我心中跳動得更加明顯有力。[77]

最後，麥考文的華山之夢並非關於華山、道教或中國的，而是關於他自己、宇宙，以及意識到它們乃為一體的夢。

(十) 作為美國靈性個人主義的道教

在第一章中，我們提到了福柯有關「關注自我」的概念，本身來源於古希臘「生存的藝術」的修行，並斷言道教徒的身體修行，可以視為構成這類「關於自我的技術」的生活規則。漢語道教文獻一般將這些修行稱為「修煉」的功法。然而，在這些習以為常的字眼中，「自我」一詞的使用掩蓋了在相關性宇宙論的語境下，道教關於身體的理解和轉型，以及美國靈性個人主義藉以產生的西方自我觀念之間根本性的、本體論上的區別。在希臘和西方傳統中，「自我」作為「關注」和「技能」的對象，是一種不可分割的本體論實在。因此，從希臘人的「我是誰？」的思考，到哈姆雷特的「生存還是毀滅」，再到笛卡兒的「我思故我在」，西方的學術傳統一再假定自我是一種獨特的、有界限的、與其本身同一的存在。在基督教語境中，靈性主體是在與至高無上的主體即上帝的關係中形成的，上帝作為絕對的他者，定義了個人主體的潛在性和局限性。[78]隨著世俗化的興起，這種靈性主體就成為德斯科拉分析的

77. 麥考文，〈道教內丹和吐納者〉。
78. 阿爾都塞，〈意識形態和意識形態國家機器〉。

自然主義本體論中面對非人格化宇宙的那個自我——亦即泰勒討論的在祛魅的、世俗世界裡面的「受限的自我」。[79] 現代美國的靈性追求對世界的返魅體驗——但只是局限在那個「受限的自我」範圍內;賦魅常常通過深入自我而實現,只能主觀體驗,可以通過率性的、本真的個體性加以表達。

儘管本體論上的個人主義可以追溯到古希臘和基督教的漫長譜系,但正是在始於文藝復興、宗教改革和啟蒙運動的近代,一個獨立、自主、自由之自我在哲學、經濟、法律、政治,以及文化上的意義才剛剛形成,並在文化和社會的各個維度發揮作用,構成了基於祛魅的、自然主義本體論的西方現代性的鮮明特徵和基礎。這種自主個體的觀念勢必給社會生活、政治秩序和宗教信仰帶來問題——因為社會、國家和宗教組織都限制個人自由,與本真的自我完全無拘無束的表達背道而馳。西方的現代性和進步的宏大敘事總是抵制、反對甚至限制權威,不管它是傳統的、宗教的還是政治的。世俗權威是自由協商的「社會契約」產物,或表達自主個體集合自由選擇的「市場看不見的手」產物。啟蒙運動哲學家顛覆性的自由思想,導致最早的人權宣言中公開聲明個人良知自由和宗教自由,並且將世俗主義作為一種意識形態和制度框架加以鞏固。在這種情況下,宗教場域受到嚴格約束,世俗和宗教的事物之間的嚴格邊界成為整個近代協商的主題。

西方的宗教場域在結構上受到羅馬天主教的歷史和遺產所界定,在中世紀,它控制並壟斷著社會和個人與神的聯繫。其他教義和活動被教會邊緣化並作為異端而遭到譴責,形成了被稱為「玄秘主義」(esotericism)傳統的潮流,與文藝復興、現代科學以及世俗主義的學術齊頭並進,並經常相互交集。由於這一系列的觀念、運動和活動,是從那些在中世紀和歐洲文藝復興時期被視為異教的各種古老傳統中發展起來的,它們總是反對宗教領域裡佔主導地位的制度,經常拒絕將自己歸類為「宗教」。包括啟蒙運動的自然神論和共濟會、斯威登堡(Emmanuel Swedenborg)和梅斯梅爾(Mesmer)的催眠術、歌德(Goethe)和布萊克(Blake)的神秘浪漫主義,以及19世紀中後期的招魂術和神秘主義。緊接這些運動之後的,就是神智學會,以及玄秘主義者、東方學家、亞洲宗教大師和運動之間越來越多的互動和流轉。它們對弗洛伊德的「無意識」[80] 概念產生了影響——儘管他本人幾乎不承認這

79. 德斯科拉,《超越自然和文化》;泰勒,《世俗時代》。

80. 克里帕爾,《伊薩冷》,第 vi、139、141 和 316 頁。

一點——並且成為榮格精神分析學派的核心。在美國，這個傳統至少可以追溯到19世紀初的唯心靈論者運動（Spiritualist movement），追溯到像愛默生（Emerson）、梭羅（Thoreau）、惠特曼（Walt Whitman）和詹姆斯（William James）等作家——形成了阿爾巴尼斯（Catherine L. Albanese）所稱的美國式「形而上學宗教」的豐富文化。[81]

此種玄秘主義領域於是演變成了現代靈性和異域宗教的世界，它們挪用並吸收著各種亞洲傳統。這種「另類」靈性世界將自己定義為反對教會型「宗教」的「教條」、「儀式」和「制度」；因此它參與世俗主義對宗教的拒斥。根據布迪厄的說法，宗教場域由教職制度——他指的是教會——壟斷，導致平信徒的被剝奪，他們被禁止掌控直接通往神聖的道路。[82] 另類靈性的世界表達了平信徒通過掌握宗教制度的邊界和控制之外的靈性技術，直接獲得靈性體驗的願望。這種環境也拒斥激進的世俗性祛魅，而去尋求「另類」的技術，在現代社會的語境下進行自我、身體和宇宙的返魅。在1960、1970年代，由於移民政策不斷放寬，玄秘的、異域的靈性領域吸收了大量來自亞洲的印度教、佛教，以及道教的靈性大師的思想。與此同時，隨著1960年代反文化運動的興起，這種環境就成為大眾文化反對主流宗教和傳統世俗現代化的主要組成部分。這種「新世紀」是反權威的、個人主義的、以身體為中心的，而且是性解放的。其烏托邦的、共有的衝動，又逐漸被吸收到日益增長的商業化的企業家和養生顧問治療和靈性的市場裡面去了。

這正是斯皮爾伯格（Frederic Spiegelberg）所稱的「非宗教的宗教」，[83] 或者希拉斯（Paul Heelas）所稱的新世紀運動的「自我靈性」。雖然在其起源、神學和修行方面千差萬別，但這些靈性都拒絕教會的權威、教條主義和宗派主義，為個體打開空間，去自由探索其內在靈性、跨越傳統之間的界限，並且用「科學」的方法和理性的話語，體驗各種神秘的經歷和狀態。它們正是法國宗教社會學家愛爾維優－雷傑所稱的「現代性的宗教生產」，[84] 即一種新的通向

81. 卡羅爾（Bret E. Carroll），《靈性主義》（*Spiritualism*）；阿爾巴尼斯，《心靈與靈性的共和國》（*A Republic of Mind and Spirit*）。
82. 布迪厄，〈起源和結構〉，第9頁。
83. 斯皮爾伯格，《非宗教的宗教》（*The Religion of No Religion*）。
84. 愛爾維優－雷傑，《作為記憶鏈的宗教》。

宗教的道路，它至少自19世紀以來甚至更早，產生了各種宗教傳統中的改革運動和靈性。

這些團體雖然在結構和教義上大不相同，但都不約而同地運用一種科學的、反儀式主義的話語，顯示出對現代化意識形態的非正式的認可。療癒之道就是這種「現代」靈性的一個完美例子。它自豪地宣稱，要通過公開傳授並以淺顯的、非神話的語言出版方式揭示道教的「秘密」。「謝大師認為，當公眾需要並且值得獲取這種療癒力量的明確教導時，道教的時代就已經到來了，這種療癒力量在中國就像煉金術在中世紀歐洲一樣曾經秘而不宣，」麥考文寫道。[85] 麥考文將這種開放性歸功於謝明德的歐美徒弟：「我和其他學長與謝明德一起合作編輯，把這種在中國一對一的『口授』傳播方式轉變成一種公開的、詳細的進階課程，西方人只要樂意，就可以付費聽課。」[86]

> (美國)的道教與中國採取的形式不同，不需要一種宗教形式，包括道觀和道袍，以及國教之類的東西，那些都是歷史了。在西方，道教更多採用對「道」與「道」的結構的個體信仰和認同，有點像回歸這些都還沒有存在的早期道教。[87]

療癒之道的現代化傾向還包括對迷信和儀式的蔑視。療癒之道建立其道教的認同，不是作為宗教，而是與宗教相對立的玄秘主義。正如謝明德所說：

> 本書所指道教徒是道教秘傳修行大師，謝明德師父研究了他們傳統的秘密方法。不應與道教混為一談，那些道士通常把佛教、秘傳道教和中國文化(民間信仰，儒家)的元素結合起來，以維護其民間基礎。[88]

---

85. 麥考文，〈前言〉，載於謝明德，《以道喚醒療癒的能量》，第 viii 頁。
86. 2001年5月12日，華盛頓州瓦遜島，史來家對麥考文的訪談。
87. 2004年11月6日，北卡羅萊納州阿什維爾，史來家對麥考文的訪談。療癒之道主張道教傳統的儀式和「民間信仰」方面無關緊要，以及道教的核心在於其秘傳教義和神秘哲學的立場，令人想起20世紀著名宗教學家肖勒姆(Gershom Sholem)、伊利亞德和科賓(Henry Corbin)，他們分別對猶太教、基督教和伊斯蘭教提出了同樣的論證。參見瓦瑟斯托羅姆(Steven M. Wasserstrom)，《宗教以後的宗教》(*Religion after Religion*)。
88. 謝明德，《以道喚醒療癒的能量》，第141頁。

另一方面，療癒之道不僅僅是一個從反傳統主義眼裡的「現代」道教。它超越了約定俗成的現代性，極好地體現了文化評論家所稱的「晚現代性」、「後現代性」、「超現代性」(supermodermity)，或者「超極現代性」(ultramodernity)。這些術語在不同學者的著作中具有不同的含義、不同的微妙之處，以及不同的爭論，但是，就我們當前的目的而言，意識到它們是如何試圖表達從古典的現代性，即把自身定義為對傳統的批判和自我反思，到現代性針對自身進行批判性和自我反思的新階段的這樣一種過渡，就足夠了。因此，後現代這個術語儘管在過去幾十年非常流行，但我們目睹的並不是現代性的終結或超越，而是現代的加強和激進。

古典現代性建立在堅信永遠進步、理性、科學發展的基礎上，明確反對宗教及傳統的故弄玄虛，但維拉姆(Jean-Paul Willaime)指出，超極現代性使對現代文明的不斷進步的信仰失去了神聖性——世俗化，在古典現代性時期曾使傳統宗教的權威變得相對化，如今則在削弱世俗的現代性本身的核心信仰和制度。[89] 這些核心信仰之一，就是客觀性和普遍理性的力量，現在被至高無上的主體性所取代。[90] 古典現代性賦予宗教等「傳統」制度一個被封裝起來的空間，而超極現代性的特徵就是拜耶(Peter Beyer)所稱的「宗教的『主體化』，即宗教性越來越少地處在權威性的、『外在』的宗教制度，越來越多地處在個體『內在的』控制和意識裡面」。[91] 新世紀靈性，特別「強調個體就是宗教權威和本真性的場所(locus)」。[92]

一個將本真性和權威性定位在個人的慾望、偏好和體驗中的靈性主體，就相當於一個消費者。後現代主義理論家鮑曼(Zygmunt Bauman)將「培養我們消費能力的自我提升運動」視為後現代的一個標誌；這些運動包裝並銷售「高峰體驗」，它們「曾經是少數人的特權」，但現在卻「人人唾手可得〔……〕重新定位成一種致力於消費者自我放縱之道的產物」。[93] 還有一些人認為，對

89. 維拉姆，〈超極現代性中的宗教〉(“Religion in Ultramodernity”)。
90. 參見希拉斯、馬丁(David Martin)和莫里斯(Paul Morris)，《宗教，現代性和後現代性》(*Religion, Modernity and Postmodernity*)，第4–5頁。
91. 拜耶，《全球化社會中的宗教》(*Religions in Global Society*)，第283頁。
92. 拜耶，《全球化社會中的宗教》，第280頁。關於新世紀運動——療癒之道可以視為其中的一部分——如何將自我視為本真性的源泉因而是一種典型的現代性的長篇解釋，參見希拉斯，《新世紀運動》，第18–27頁。
93. 鮑曼，《後現代性及其不滿》(*Postmodernity and Its Discontents*)，第70頁。

於這些後現代靈性而言，消費主義本身偽裝成「新世紀的靈性」，已成為「新的玄秘知識」了。[94]

因此，這些運動既不是反對現代性，也不是維持正在迅速消失的賦魅世界觀的最後努力。在西方，療癒之道是現代靈性與1960年代反文化相結合的成果。根據希拉斯的觀點，現代靈性實際上成為了反文化的三大取向之一：第一種取向旨在通過越戰激發的政治活動來改變主流社會；第二種取向是通過性自由、吸食毒品和搖滾樂，拒絕主流價值、過著享樂主義的生活；第三種取向則是試圖通過探索亞洲靈性、去印度旅行，尋找滋養本真的自我的方法。[95] 這三個方面彼此連接、相互強化。例如，加利福尼亞州大蘇爾的伊薩冷研究所就是一個製造美式融合的中心，它從事迷幻藥實驗、開發以身體為中心的心理療法，以及將印度和道教修行改造為克里帕爾所稱的「美式譚崔」的色情靈性。[96] 到1980年代，反文化的靈性部分演變成為所謂的新世紀運動。

希拉斯描述了作為「自我靈性」的新世紀運動的「通用語」，如「你們的生命失靈了」，「你們的男女諸神被放逐」，以及讓你的那個人為的自我「走開」等慣用語。其他的核心用語還包含了直截了當的個人主義（unmediated individualism）：「我是自己的權威」、「聽從自己內心的聲音」、「你只對自己負責」。[97]

大致而言，夢道者和大多數美國道教徒都可以與宗教社會學家羅夫在其有關美國「靈性市場」的研究中所稱的「形而上學的信仰者和尋求者」聯繫起來，不同於那些具有宗教認同的人——這群人與「世俗主義者」有許多共同之處，可以被看作所有群體中最具現代化特徵的群體，或者現代性的先驅。[98] 他們是最非傳統化的，他們的民族和宗教認同是最易改變或不明確的，而與表現型的個人主義和治療文化最一致。商業企業和商品化服務的消費是該群體的社會關係最常見的表現方式。[99]

「自我靈性」的道德觀將美國文化中普遍存在的個人主義神聖化了。貝拉（Robert Neelly Bellah）和他的同事對美國文化和價值觀的研究甚為著名，他

---

94. 卡雷特和金，《兜售靈性》，第23–24頁。
95. 希拉斯，《新世紀運動》。
96. 克里帕爾，《伊薩冷》。
97. 希拉斯，《新世紀運動》，第28–29頁。
98. 羅夫，《靈性市場》，第178頁。
99. 羅夫，《靈性市場》，第203–12頁。

們在《心靈的習性》(*Habits of the Heart*)一書中斷言:美國共同的道德詞彙是一種激進的個人主義詞彙,雖然每個人都主張善的價值觀並試圖根據它們去生活,但對個人和社會而言什麼是善,個人才是最終的唯一仲裁者。[100] 貝拉等人認為,在20世紀下半葉,功利型和表現型的個人主義變得越來越無孔不入,這個時期的特點就表現為「緊張地探索真正的自我」,「那個一切判斷所從出的、脱離了社會的自我」。[101]

事實上,在這種文化中並沒有超越自我的價值來源。「一個人的特質上的偏好就是它們自己的理由,因為它們定義了真正的自我。」[102] 自我及其感受成為其唯一的道德指南;每個個體在其內在私人空間,都可自由地追隨和表達自己的內心感受,以及更深層的真理。但是,這種自由最終會產生靈性的焦慮:如果我的自我就是我的終極權威,那麼什麼是本真的自我?因此,自我的發現成為一種當務之急:做一個充分認識自我的美國人,你要了解你是誰,並表現出來。這個「你是誰」是需要自我發現和自我建構的。因此,美國人的靈性就成了一種「自我神聖化」的過程,提供各種個體在自我神聖化過程中可以使用的各種知識、技術和符號的體系。但是,在這一過程中本真性的基礎又是一個人自身的體驗,其結果必然與他人有所不同:「我自己就是一個教派」,傑斐遜(Thomas Jefferson)説,而潘恩(Thomas Payne)寫道:「我心即我教」,[103] 貝拉等引用其受訪者之一希拉(Sheila)的話説,那就是她把自己的宗教定義成「希拉教」。[104]

然而,儘管西方現代性將自主的自我提升至本體論的首要位置,但它卻通過機械論的、物質主義的,以及功能分化的生活制度,吊詭地使自我出現**異化**。二元論的思維模式和制度設計嚴重限制了這個自我的空間,將其同自身的身體、環境,以及生活在一個分隔的、理性化的、功能分化的工作組織上所花費的大量時間割離開來。因此,現代的自我在不同方面都是分裂的、受傷的、遭受挫折的。正是這種典型的現代苦難,激發了貝拉等人所稱的「治療文化」,其中包括心理學家、心理治療師、健美治療師、替代藥物、整

100. 貝拉等,《心靈的習性》,第20–21頁。
101. 貝拉等,《心靈的習性》,第55頁。
102. 貝拉等,《心靈的習性》,第71頁。
103. 貝拉等,《心靈的習性》,第233頁。
104. 貝拉等,《心靈的習性》,第221頁。

全治療師、生活導師和自助大師。這種治療文化與新世紀和「自我靈性」頗多重合：都為異化的現代個人的疾病提供一種治療。這種治療是要幫助人們構建自我的整體性和本真性，從而找到自我自身的基礎，由此成功地將其與社會需求聯繫起來、獲得滿足感。恢復自我的整體性，將自我、身體及其療癒連接起來，這是與表現型的個人主義密切相關的治療和靈性文化的核心關注點。這種常見的治療文化，解釋了為什麼儘管另類療癒和靈性的修行者有著明顯兼收並蓄的傾向——他們經常通過從靈氣、薩滿教、太極到喀巴拉等一系列不同的技術取得進步——但在各種待價而沽的靈性中，實際上卻有著驚人的統一性和標準性。正如阿爾特格拉斯所言，去處境化的異域宗教資源被格式化為人類潛能運動的心理學化的治療文化。他們提出，自我實現的旅程，

> 包含對思想和情緒的自我檢查和控制，建立自信、自立和適應性技能等。為了實現這一目標，宗教教導就要呈現為工作坊、培訓班、書籍和音頻，以及在線資源等人們可以學習並且帶走的各種有效技術手段。因此，異域的宗教資源往往容易成為比較類似於個人成長的實用工具，但在尋求實用的自助式的便利性時，它們各自的宗教特殊性就失去了意義。這種同質化⋯⋯允許個人試驗並結合許多宗教的、治療的方法，但卻不關注它們之間的矛盾。[105]

在治療文化中，不同起源的宗教資源尤其會被賦予一種相對統一的格式，作為簡單實用的自助方法，取代教義、儀式和經典的研究，以直接的靈性體驗為入口、以實用性為導向，並且包裝成系列課程和工作坊，去迎合不同層級受眾的口味。[106]

夢道之旅正是社會學家阿爾特格拉斯所稱的「宗教的異域情調」的一個完美例子。西方中產階級按照自己的願望，去處境化、建構和挪用其他文化的宗教信仰和實踐，使之與自己而不是原生文化的意願和期許相一致。「雖說異域情調凸顯各種差異，使人為之癡迷，但吊詭的是，這些差異在歸化（domestication）過程中被抵消掉了⋯⋯這個歸化過程又產生了一個宗教同質化過程：喀巴拉、印度教、蘇菲派、佛教等等的教義、實踐和傳播模式被歐

105. 阿爾特格拉斯，《從瑜伽到喀巴拉》，第238頁。
106. 阿爾特格拉斯，《從瑜伽到喀巴拉》，第226–35頁。

美治療文化極大地加以改造」。[107] 阿爾特格拉斯認為，雖然修行者在其自我建構中堅持維護他們的個人自由和權威，但事實上，

> 這個自我已經成為規訓和遵守集體規範的場所。實現自我就需要改造自我；評估和控制自我的思想、情緒和行為；學習適當的技巧(瑜伽、冥想等)來做到這一點；培養倫理道德。事實上，「靈性」——作為自我實現的追求，將自身表現為一個個人成為自身規範的積極的、自主的行為體的過程。最終，自我實現(以及想要實現什麼樣的自我)對於每個個體的主體性而言並不是「自然的」、乃至獨一無二的；毋寧說，它是當代歐美社會政治和經濟結構的反映。[108]

在此語境下，道教修煉就儼然成為了實現實體自我的完美功法：植根於身體，以一系列功法為基底，將許多領域整合進對自我的關注。實際上，道教傳統儲藏著豐富的修行方法，均以整全觀的宇宙論為基礎，個體可以修行而無需信仰或依附於某種特定的教條，也不需成為集體組織的一員。這些方法囊括了養生和療癒、武術強身、提高性的愉悦和意義、觀察和反思身體、自然界和宇宙的終極本質，以及推動靈性的超越等領域的修行。分別來看，所有這些範疇儼然與美國的治療的、自我靈性文化所深感興趣和極為關注的領域若合符節。更妙的是：在數百年的道教歷史中，所有這些功能，藉著心靈、身體和吐納的共同訓練、關於身體的共同宇宙觀，以及養氣、運氣和易氣的共同基礎，圍繞著一個核心基礎逐步得到了整合和系統化。從這個角度看，道教的修煉儼然是恢復和創造一個整全的、本真的美國自我的完美治療手段。它與美國靈性個人主義的「契合」度儼然比其他另類靈修更強：非譚崔派的佛教拒絕性和身體；而印度教和藏傳佛教的譚崔傳統又過分強調對大師的委身、禮儀和崇拜的組織。正如麥考文所説，「這太古魯瑜伽了、太崇拜師

---

107. 阿爾特格拉斯，《從瑜伽到喀巴拉》，第327–28頁。

108. 阿爾特格拉斯，《從瑜伽到喀巴拉》，第241頁。此概念和福柯的「治理術」有關，其中主體通過將特定的行為模式內在化，以及通過各種規制活動對這些行為規範的自我控制，因而也是以非強制的方式對整體權力的經綸，而變成「自治」。參見周越，〈宗教的主體化〉，第76–77頁。亦可參見福柯，《福柯言述集》(*Dits et écrits*)第四卷，第237頁，在 https://foucautblog.wordpress.com/2007/05/15/key-term-conduct-of-conduct/ (2015年8月26日查閱)。

父了。我有自己的對權威的質疑，我真的不適合這個。道教思想更獨立、更腳踏實地、更具身、更注重醫學導向。」[109]

實際上，這些問題成了西方採納其他尤其是與印度教、藏傳佛教有關的亞洲身體修煉和打坐功法時引發爭議的根源。[110] 在接受佛教雜誌《三輪》（*Tricycle*）採訪時，從前當過藏傳佛教僧侶，現為專研教授的華萊士（Alan Wallace）譴責說，將佛教教義脫嵌，打包成幾天或一週裡的一次性退修會：

> 在絕大多數情況下，喪失掉了深層次的語境：理論的語境、信仰的語境、成熟的靈性社區的語境。教義本身雖然還是非常傳統的，但卻是在極其非傳統的語境中傳授的。我認為，這已經無數次導致了可怕的誤解和大量不必要的衝突。[111]

華萊士認為，美國人對持戒、出家和培養慈悲等佛教基本教理缺乏興趣；只參加那些有客座喇嘛升座灌頂的退修會。因此，許多西藏喇嘛認為西方的修行者「心性浮躁、膚淺，並且多變」。在本研究中，我們發現，中國道士也提出了同樣的批評，對此我們將在第五章裡進行討論——與之對應，在第六章裡我們探討了修道學者康思奇對「夢道者」的拒絕，以及在美國建立一種聚焦、委身並固守於派系、傳統和嚴謹學風的道教修行。他寫道，「堅守道教就是一條虔誠之路，一條包含真正的委身和責任的道路。」[112]

但是，一位失望的美國前藏傳佛教徒在反駁華萊士的時候，鮮明地指出藏傳佛教和道教的情況有所不同。卡瑞恩（Tara Carreon）在網上發帖攻擊西藏喇嘛傲慢自大，他們「坐在寶座上，吃好吃的東西，讓人伺候。好像許多西方的藏傳佛教徒都非常願意學做家僕人和雜工似的」。[113] 卡瑞恩強烈反對把藏傳佛教及其封建的社會關係、強調大師的皈依和建立信仰（faith-building）

---

109. 2010年12月22日，北卡羅萊納州阿什維爾，史來家對麥考文的訪談。

110. 參見阿爾特格拉斯，《從瑜伽到喀巴拉》；歐巴迪亞（Lionel Obadia），《佛教和西方》（*Bouddhisme et Occident*）；室利尼瓦斯，《帶翼的信仰》；阿爾特格拉斯，《西方的新印度教》（*Le nouvel hindouisme occidental*）；科曼（John Coleman），《新佛教》（*The New Buddhism*）；勒努瓦（Frédéric Lenoir），《佛教在法國》（*Le bouddhisme en France*）。

111. 何德爾（Brian Hodel），〈西方的藏傳佛教：在這裡起作用嗎？對艾倫・華萊士的訪談〉，http://alanwallace.org/Tricycle%20Interview.pdf（2016年7月29日查閱）。

112. 康思奇，〈對《夢道華山》的回覆〉。

113. 卡瑞恩，〈對藏傳佛教的另一種觀點〉（"Another View on Tibetan Buddhism"），參見 http://www.iivs.de/~iivs01311/EN/deba05.html（2013年9月16日查閱）。

的儀式全盤引進西方——這種文化與西方價值觀相悖。相反，她主張藏傳佛教應該採用「西方佛法」，堅持平等、公平、正義、言論和信仰自由、樂觀主義、創造性和科學方法。

就夢道者和美國道教整體而言，卡瑞恩所呼籲的西化也許已經完全實現了。我們遇到的夢道者並沒有將中國浪漫化；麥考文和夢道者之間、麥考文和他自己的導師謝明德之間，亦或夢道者和中國道士之間，絲毫沒有「皈依大師」或有魅力的（charismatic）關係。夢道者是信心十足的個人主義者，視自身為平等個體、珍視自由，並能毫不猶豫地選擇其所需之靈性修行。

在道教中，你可以完全不依附任何大師而享受狂喜的性愛！至於其他新世紀和整全的靈性，它們雖然提供了一系列觀念和技巧，但卻沒有提供涵蓋從入口的美食到按摩和靈性啟蒙的一切事物的綜合的、實用的體系。而且最重要的是，美國的支持者——因著對歷史或文化語境的快樂無知——主張真正的道教是沒有儀式和教條的：「玄秘的道教在移植到本土文化的時候，從來沒有披上那件曾經讓譚崔看上去變得奇怪、不合時宜的秘傳儀式和祈求神助的外衣。」[114] 道是為所有人的，無處不在。「道不是一種宗教，因為它不需要任何灌頂或儀式，而是一切宗教的結果，它擺脱的是教條，求得的是真理。」[115]

114. 麥考文，〈道教的「雙修」〉（"Taoist 'Dual Cultivation'"），第 vi 頁。
115. 謝明德和謝麗芳（Maneewan Chia），《喚醒療癒的道之光》（*Awaken Healing Light of the Tao*），第 1 頁。

四、雲遊者

胡道長帶領著2004年夢道者團隊行進在玉泉院背後通往華山的小徑上。大多數的遊客選擇乘坐山脈東側的纜車，但是夢道者卻願意追隨故道。他們先是沿著一條多石的潺潺溪流，緩步走過一個山谷。然後，在途經數個道觀之後，舒緩的坡路開始變得崎嶇不平，溪流也越來越狹窄，台階則變得更長且陡峭起來。終於，在徒步三個小時之後，他們抵達了山谷盡頭的一塊草坪——「青柯坪」。在此往後，上北峰的路幾乎是垂直的，那些陡峭的階梯常常被鑿入懸崖峭壁之中。

團隊在此停歇，被安排入住東道院。團隊成員在道觀中四散開去，在迴廊或亭子中練習氣功。他們去探索草坪以及後面的樹林。有些人打算在數百米外的靜思洞中待上幾夜。黃昏時分，成員們聚攏在胡道長的周圍，他為他們講述九天玄女的故事，她是這個道觀的主供女神。

在山間昏暗的暮色中，大家坐在道觀的瞭望台上，胡道長講述著毛女的故事。據說，這些仙女們曾經翩然飛入這些洞穴中，又從那裡飛向天空。在數小時的攀登，以及在談論了洞穴、修煉和華山的特殊力量之後，華陰城市的嘈雜聲已經被遠遠地拋在下面塵土飛揚的平地中。所有在場者的靈魂，似乎被那在松樹與道觀廊柱間穿行的微風抬升起來，掠過崖壁，注入那些洞穴之中，並在夜晚的虛空中散佈開來。所有人都變成了聆聽睡前故事的好奇孩童。自我防衛與懷疑的壁壘消失了，聆聽者細細地品味著胡道長的一字一言，好像在服食一種靈丹妙藥一般。胡道長自己也被帶入這個想像的世界當中，栩栩如生地講述著仙人的世界，彷彿他正身處其中。實際上，當胡道長莊重地講述與吟唱時，在場的一些人開始感到一股氣在他們的腹部與脊椎中流動，甚至感到他們從內在已經進入了這個奇妙的世界中，而且好像從來不曾知曉其他世界的存在。在這一刻，胡道長、夢道者以及那位神秘的九天玄女混融於同一個神聖的空間、時間與體驗當中。這一次，胡道長說，「氣場非常強大。」

夢道者帶著這次交流的深刻記憶離開了。而我們發現，當我們數週後去玉泉院再次拜訪胡道長時，這次經歷似乎也給他留下了深刻的印象。他那時顯然已經回到了塵世之中，遠離了那神秘玄女的世界。甚至，他似乎不像我們在山間的那個夜晚那麼地「相信」毛女的存在，不過他還是欣然嚮往著再次被華山的風兒所帶離。

當2006年夢道者團隊再次拜訪胡道長時，他穿上了他最好的道袍，顏色潔白且熨燙過。顯然，他現在非常願意與團員們在一起。他解釋說，在與2004年夢道者的互動中，氣場已經變得極好了。他一直陪伴著團隊登上華山之巔。在鎮嶽宮內供奉著西嶽之神的殿中，他開始教夢道者「光明心」的存想方法。當他剛剛講解完一些預備動作，即將進入問答環節時，他的手機鈴聲突然響了起來。他走出去接電話，沒有再回來。夢道者繼續在山頂徒步，或者在石頭上、樹林中以及觀景台上練習氣功，於空靈中全然忘卻了山腳下世俗力量的種種較量。

在本章中，我們要分析全真派出家道士——華山的「雲遊者」之間的關係、張力與活力。我們將概述晚清以來，華山在建構中國的民族與國家中發揮的具有歷史轉折性的作用，接著將展現一幅當代玉泉院出家道士生活的畫面。我們將分析那些張力，它們產生於傳統的道觀權威和傳承，與國家強加的工作單位式管理之間的相互作用；也來源於華山道眾與旅遊局之間，就華山道教場所的管理權問題所產生的衝突。我們將追隨著胡道長、郝道長，以及陳道長的生活經歷與故事，因為他們都在複雜的政治環境中追求著他們的道教修煉之路。最後，我們將我們的敘事置於一個更廣闊的歷史背景中，揭示全真派出家制度如何一直是道教社團與國家協商的成果。在當代語境之下，華山的全真派出家制度呈現了一種固化的傳統。它被封裝在現代國家與經濟的結構中，這種結構為了自己的工具性目的而定義與使用著傳統的本真性。

(一) 華山對中華民族的聖化

在第二章中，我們討論了中華帝國將華山納入其宇宙圖式的過程。而到了現代，隨著帝制的消亡與中國民族主義的興起，華山與作為現代國家的中國之間，建立了一種更為深刻和神聖的聯繫。華，意味著「花」或者「繁華」，正是中國的名稱之一。同時，華山還與道教的神秘歷史聯繫在了一起，而道教是中華文明的精神根源。因此，對一些人來說，華山就是中國的精神中心。在清朝滅亡之後，伴隨著現代民族主義興起，以及在內戰和日本侵略時對共和國家的建構，對於華山的這種國家與精神的雙重聖化，在20世紀上半葉逐漸湧現。絡繹不絕的軍閥、主張民族主義的將軍以及知識分子登上華山，祈求中國獲得救贖，在沿途的岩石上留下了許多鐫刻的詩文墨寶。

他們中的許多人都去拜訪過李玉階，一名前國民黨政府官員，在當時已經成為天德聖教的重要門徒。這個新興宗教鼓動大眾練習存想、吐納調息，以及通過發氣治病。1930年代，作為一名隱士，李玉階在華山的一處僻靜之地修行了八年。他聲稱自己與道教神仙呂洞賓、陳摶、雲龍至聖，以及許多其他的「地仙」或者不同時期加入其中的隱居修煉者，有過靈性上的交流。這些啟示構成了天帝教新修煉方法的基礎。1980年代以後，這個教派成為了一種新興宗教運動以及台灣的主要氣功派別之一。許多軍官去華山拜訪李玉階。據他的徒弟說，李玉階向這些官員提供了領導抗日戰爭的戰略性建議，並且運用他自己與神靈之間的聯繫來遏制日軍的進犯。因此，華山被體驗和描述為一個保衛與拯救中華民族的物質與靈性的堡壘。[1]

1949年中國內戰爭接近尾聲時，華山作為戰敗的國民黨軍隊最後的大本營之一而獲得了新的意義。由於控制著上山的唯一道路並佔據著山上的道觀，國民黨軍隊似乎處於一種堅不可摧的位置——直到紅軍得到一位當地居民的指點，發現了另一條上山密道，控制了華山。這一壯舉也因為1950年代拍攝的一部革命電影《智取華山》而永垂不朽，這部電影歌頌了人民解放軍克服艱難險阻登上華山、趕走帝國主義和資本主義殘餘力量的英勇戰爭。[2]

---

1. 參見宗樹人，〈道與國家〉（“Dao and Nation”）。
2. 《智取華山》拍攝於1953年。影片網址為：https://youtu.be/kNLqG0pkIfQ（2015年8月26日查閱）。

無論是將華山納入其宇宙圖式的帝國工程，還是以李玉階為代表的將華山置於中華民族的靈性中心的民族主義工程，都隨著社會主義新政權的建立而終結了。從此以後，華山的故事，就成為一個現代國家建設與聖地及其出家團體之間的張力和協商的故事。

在接下來的三十年中，作為舊社會「封建」文化的一個象徵，華山受到了忽視。山上的道觀被毀壞、道士（據傳言，許多尋求自保的前軍閥和國民黨官員隱姓埋名於其中）被迫還俗與成家。始於1979年的後毛時代，華山的宗教生活終於被允許重新恢復。一些老道士回來了，新一代的道士也加入到出家團體（monastic order）中，道觀重新開放，儘管一些道觀的建築仍然殘缺不全。[3]

（二）當代華山出家道士的生活

玉泉院小巧玲瓏，更像是舊日鄉紳的一座小四合院，而不像是一位神靈的宏大宮殿。[4] 四十名夢道者只是站立在院子裡，就幾乎將它整個的佔滿了。四圍的建築象徵著在中國當代出家制道教的社會形式中匯合的各種力量：南面是進行宗教崇拜的場所——供奉著陳摶的大殿，他背靠大山；北面是商業場所——山門的大廳裡是擺放雜亂的紀念品商店，鋪滿灰塵的玻璃櫃裡是一些待售的護身符和道教書籍，朝向山腳下的華陰集鎮；在南北兩個建築之間，位於陳摶主殿兩側的建築，屬於國家的管理部門。在這個簡易的行政辦公室裡，擺放著兩套木頭桌椅和一個黑色的塑料電話機，以及一塊告示牌，上面寫著山上各個道觀道士的職責分工。牆上掛著一張一米寬的黑白集體照，照片中是道教協會成員與中國共產黨高層領導人李瑞環的合影。此外，牆上還掛著各種證書，例如道觀作為政府認定的宗教活動場所的證書以及合法登記的證明。院子的對面是道教協會的接待室，協會領導人在那裡正式接待一些來訪的貴賓，以茶待客。

2004年8月，玉泉院的一天早晨，[5] 我們去陳道長的住處拜訪他。他的住處在院子外面的道士宿舍區裡，由一個辦公室和一個臥室組成。房間的桌子

3. 安保羅，〈華山之旅〉（“A Visit to Huashan”）。
4. 關於當代的全真道院制度，參見謝道琳，《一個屬於他們自己的世界》。
5. 2004年8月，宗樹人的田野筆記。

上擺放著文房四寶和一套傳統的功夫茶茶具。在彩電的旁邊，是幾張豪華的中式木椅和沙發。陳道長正坐在那裡與另一位道士下圍棋，他們悠閒自得、忘卻他事。

我們一直看著他們下完棋，一起在辦公室裡吃著從食堂送來的簡單飯菜：土豆、包菜、湯以及豆腐。之後，我們走到室外，在園子裡轉悠。一些在殿裡值日的道士正在吹著笛子；有一個道士在彈奏古琴。在宿舍區外面的院子裡，住著一些前來掛單的道士，他們是從其他道觀來的雲遊道士，被允許在這個道觀住上一段時間。他們中的兩位正在吹奏一種管樂器。這種樂器外形看起來像個海螺，名字叫「塤」。一位年長的道士在教另一位年輕的道士如何吹奏。其他人則在下中國象棋。這是一種修煉，一位道士告訴我們，通過各種樂器和遊戲來調節氣與情緒。晚餐後，我們回到宿舍區。道士們都在等著看電視劇，那是一部歷史題材的古裝劇，裡面盡是一些穿著長袍和將長髮挽成髮髻的英雄人物，與他們自己的穿著相仿。這些英雄人物大多是道教術士和功夫高手，而這正是許多道士渴望成為的人物。實際上，一些道士告訴我們，正是年少時看過的那些武俠小說（最有名的莫過於金庸的小說）和功夫電影，讓他們想要成為一名全真派道士。而現在，在玉泉院裡，他們正在努力實現他們少年時代的夢想，消解曾經看過的古裝連續劇與他們自己在道觀中的生活之間的差距。當被問到為什麼要做一名全真道士時，他們大多數人的回答是「緣分」。

玉泉院的生活似乎是帝國時代貴族式的優雅閒適生活方式的重現：太極拳、圍棋、古箏、詩詞、書法、閒暇……給人一種紀律鬆弛的印象，道士們更像是在玩耍的少年。不過，這是一種精緻的玩耍：與外面世界中的年輕人不同，在這些道士的公共生活中，他們並不是在忙著打牌、抽煙、喝酒，或者與女孩約會、踢足球。完全不是這樣。他們梳理著自己的長髮、閱讀、看電視劇、下棋、吹笛子。道士們都很安靜，少言寡語。道觀的作息時間很簡單：早上6:45吃早餐，7:30早課，午餐在11:45，下午5:00晚課，5:45晚餐。不像其他的道觀，[6] 這裡並不強制要求每個道士都參加儀式活動，除了四到六個負責祭祀唱讚的道士之外，其他人很少出現。伙食包括米飯、饅頭和一些簡單的蔬菜。道士們排隊打飯，然後在食堂或者回自己房間用餐。所以，

6. 參見康思奇，〈與道士一起生活〉（“Living among Daoists”），第9頁。

幾乎沒有什麼需要所有道士共同參與的集體活動。他們分散於各處，並沒有一種很強的團體生活感覺。但是他們過的也並非獨居生活：人際紐帶仍然存在，只是比較鬆散。許多道士被安排在道觀裡或者周邊的各個神殿中值殿：當遊客焚香跪拜時，他們會敲擊大磬。他們也回答問題，忙著為遊客們算卦解籤。在他們與信眾的關係當中，這些道士的主要工作是提供道德支持與指導。他們讓信眾多做好事，並贈送給他們例如《太上感應篇》之類的道教經典，以及那些講解因果輪迴之道、告誡人們不要做壞事的善書。

由於要為一場大眾參與的公眾儀式做準備與安排，陳道長隨後幾天的閒暇生活被打斷了。吳先生，一位目前定居於美國的華人氣功師，來華山為他三年前去世的太極拳和內丹師父立一塊碑，並舉辦一場追思會。吳先生本是溫州人，在西安的氣功與武術圈子裡活躍了十幾年，後來於2001年移居美國俄勒岡州的波特蘭市。他個子矮小壯實，外形兼具美國的邋遢風（綁著一個馬尾辮，並穿著一條髒兮兮的牛仔褲）與中國市井之人的粗俗，而且還帶著一種飄忽不定的、渙散的眼神，這正是一些氣功練得癡迷不正的典型特徵。他看起來像是一位江湖俠客。他的師父以前住在西安，對華山有著深厚的感情，經常去華山教道士們打太極拳，並且希望晚年能在華山道觀出家——這個計劃因為家庭的阻撓而沒有實現。

大約有二十名來自西安武術、氣功和太極拳圈子的人士出席了這次儀式活動。首先由華山道教協會會長以及西安各個武術與太極拳協會的代表們致辭。緊接著，在放完禮炮之後，覆蓋在石碑上的紅布被揭去，主賓們在碑前站成一排，向紀念碑鞠躬。

對於陳道長來說，這個儀式活動不過是一項他希望盡快脱身的日常工作。他對於吳先生的「氣功師兼太極拳師」的身份很不以為然，而且說，他聽別人講在美國沒有一技之長的中國人只能幹兩種工作：洗碗或教太極拳。在去美國之前，吳先生並不是一位出色的氣功師，也沒看出來他對於道教有多少興趣。只是去了美國之後，吳先生突然自稱是一名「全真派道士」。儘管對吳先生不屑，但是陳道長還是為這次立碑活動做了周全的安排。正是這次活動，在華山、吳先生的師父，以及吳先生自己的氣功流派之間確立了一種象徵性的（同時也是合法性的）聯繫。而對於陳道長來說，這也是宣傳道教的一項工作，即承認所有的修行之路都通向那個共同的「道」。即便是那些最初級的修行者，也以他們自己的方式追逐著同一個「大道」——特別是，如果他們還能像吳先生這樣給道觀帶來豐厚的捐助的話。

(三) 出家的紀律

道教協會和道觀管理委員會只是負責日常的工作安排和物資分配，並不在靈性上作任何的指導。在他們的工作職責範圍內，道士們可以按照自己的想法生活，出家的紀律十分鬆懈。儘管玉泉院食堂供應的是素餐，但是道士們還是會抓住機會請客人們到當地的餐廳飲酒吃肉。所以，流傳著很多關於道士的謠言，說他們去道觀外面與妻子、情人密會，或者找小姐。

道士們的許多談話，其內容都是關於道士圈子裡的人和他們聲稱的道術。例如，晚餐後，有一場對話是關於一位成都來的氣功師。有一位道士似乎很仰慕他，而其他兩位道士則瞧不起他，說他根本就沒有什麼修煉。第一位道士爭辯說，這個氣功師已經活了八十幾歲了，儘管他有糖尿病、又一直抽煙，這就是他修煉有成的證明。但是另外兩位道士反駁說，他的評價建立在底層的表面「氣功」技術的理解上。那就是，可以看得見的技術力量。沒有一位真正的修煉者會吸煙。真正的功夫能夠從言談中的力量，有說服力的力量，以及它所帶有的氣和它產生的氣場看出來。這兩個道士還瞧不起一位北京的風水師，說：「他就知道怎麼使用羅盤，根本不懂風水。」這些閒談揭示了各種大師之間的競爭關係——特別是在這種情況下，功夫是一種很難準確把握的能力，不可能客觀地證明它。像武術師一樣，全真道士們在一起閒聊時會比較各自的技巧——但是不同的是，武術師可以通過擊敗對手的身體格鬥來客觀地展示他們的功夫，而全真道士的功夫是不可見的，而且是靈性層面的，主要通過吹牛與抹黑對方來一較高下。

「很多道士不穿道服，」陳道長說，「他們大部分時間都很懶散，不打坐、也不做其他的修煉。但是一看到有信徒或者外國遊客過來，他們就趕緊穿上最好的道服，擺出一副打坐的樣子。他們開始大談道教的教義，而且房間裡的燈很晚都亮著，想給人一種修煉到深夜的印象。」他也說：「道觀裡的『廟混子』太多了。如果你和他們談論靈性修煉的話，他們會嘲笑你的，告訴你要現實一點，所以我不讓道觀的人知道我在修煉。」

所有這些抱怨都反映出一種普遍存在於中國全真道士中的不滿情緒。出家紀律被普遍地認為變得越來越鬆散了，除了一些坤道院之外。出家的獨身制度在理論上和實踐上都受到了越來越多的質疑，特別是認為，這種制度是全真派在創立之初借用於佛教的，它與道教的教義是否相符存在著爭議：道教另一個主要的教派「正一派」，其歷史據説要比全真派久遠得多，但是正一派道士既不獨身也不需要出家，甚至也不吃素，但是他們通過提供儀式服務而生活得很好。越來越多的全真道士被正一派的模式所吸引。有幾個道士則痛心於道教的現狀，渴望能出現一位像全真派創立者王重陽那樣的有威望的人物。

在陳道長看來（2004年與麥考文的團隊待在一起時，他雖然表現得像是一名正統的出家戒律的踐行者，但是實際上已經打算要還俗了），道教修煉界與道教宗教界很不同，它們與道教學術界一起，形成了三個既重疊又不同的圈子。他對於自己和其他道士被西方旅遊團隊追捧的事情感到可笑，這些遊客這麼做僅僅是因為他們是住在名山裡、穿著傳統道服的「道教師父」。他説道：

> 一些人看到有人過著摒棄了慾望的出世生活就感到很安心，儘管他們自己並不想過這樣的生活。光知道有這類人存在，穿著特別的服裝，就足以讓這些人感到舒心和安寧：所以他們甚至要求這類人一定要注意著裝……人們以為真正的修煉，就應該待在一座山上或者是躲進一個山洞裡。實際上並不是這樣的。修煉在城市之中。真正的修煉者不是一個在某個聖地、穿著特殊服裝的人，而可能是在某個飯館裡坐在你旁邊的人，他看上去和常人無異。這才是隱修的真意。實際上，當人們看到一位全真道士與一位普通人一起練習太極拳時，大多數人都會認為這個普通人正在向這個道士學習，但實際情況很可能是，這個道士正在向這個普通人學習。[7]

7. 2005年6月20日，成都，宗樹人對陳道長的訪談。

(四) 派系與出家組織

華山的道教團體由全真派的出家道士組成。人類學家謝道琳注意到「出家」與年輕女子「出嫁」一詞發音相似。出嫁意味著離開自己原有的血親系統、加入到一個新的譜系之中；而出家制度則以類比血親的形式來規範全真道士之間的關係。但是與婚姻制度不同的是，出家制度並不會建立一種以交換為目的的聯盟關係。道士切斷了與他們原生家庭的所有聯繫以後，原生家庭與出家團體之間並沒有形成一種新的紐帶。[8] 成為一個道士，的確意味著加入一個新的家庭：道士之間的關係正是對家庭成員關係的模仿，道士們甚至借用了親屬關係的稱謂來互相稱呼、確立不同的代際之間以及宗教傳統之間的關係。因此道士們形成了一個模擬的血親團體。謝道琳在離華山不遠的一個道觀中考察時發現，儘管道觀同時接收乾道與坤道，但是在性別角色上卻沒有嚴格的區分，而且使用的完全是男性和父系的親屬稱謂：例如，一位出家時間晚的坤道，稱呼另一位比她早出家的坤道為「師兄」，並不考慮對方的生理年齡。這種模擬家庭團體抹去了所有的性別差異。但是在華山，乾道和坤道是分開居住的：玉泉院裡只住著乾道，坤道則住在華山其他區域的一些更小的道觀中。

玉泉院和華山的其他道觀，由全真道華山派的道士以世代相傳的方式進行管理，他們接收新皈依者為徒弟。同時，華山還有大量的道士屬於「掛單道士」，他們出家於其他子孫廟性質的道觀，因此不能在華山收徒。就中國的出家制度而言，華山的情況兼有子孫廟與全真叢林的性質。但是自1950年代以來，華山已經被改造成了中國社會主義社會組織的一個「工作單位」。[9] 在當代的單位制度中，這種雙重組織表現在兩類道士擁有不同的政治權利：華山道教協會選舉時，所有的道士都有投票權，但只有華山派道士才能當選。

那些想要在華山出家的年輕人，需要遵循全真派的出家程序。當他們初次向道觀提出請求時，大多數人會被勸告回家、放棄出家的打算。「我們與佛教不一樣，佛教鼓勵人們出家，但道教並不鼓勵出家。」[10] 道觀通過考察申請者對於道教的信仰是否堅定、他們的教育程度，以及道德品質來決定是否接

8. 謝道琳，《一個屬於他們自己的世界》。
9. 參見宗樹人，〈中國的宗教單位〉(“China’s Religious *Danwei*”)。
10. 2004年8月11日，華山，宗樹人對陳道長和胡道長的訪談。

受其申請。申請者應該身體健康，「從他們的眼睛，我們就能判斷他們的精神是否健康。」申請者還需要提供一份公安局出具的無犯罪記錄證明，以及一份其居住地居民委員會的推薦信。最重要的是公安的證明，有了它，其他材料可以免除。

通過申請的道士學徒，要經歷兩年的考察期，在此期間他不能正式拜師。道教協會將根據他的總體表現、對環境的適應程度，以及總體素質，對其做出評估。只要行為端正並能與他人和睦相處，到達這個階段，幾乎所有學徒都能被道觀接納。

兩年的考察期之後，這些新晉道士就可以拜師了，他們會得到一個道名，以及在他加入的道教派系中獲得一個身份。他們並不會被要求掌握特別的知識與法術。正如一位道士所說的，「我們不像正一派那樣注重儀式與法術。正一道士**必須**要會念經和做法事，不然他們無法生存。全真派以道觀為基礎，道士可以做的事情很多。即使他不會念經和做法事，他還可以做其他事情。」大多數道士的教育程度不高（初中或高中畢業），而且健康情況也不太理想——正如康思奇指出的，正是這些小病痛「常常導致道士出家或者是把道觀當作一個療養所」。[11]

據一名道觀的領導說，許多道士實際上對道教並不真地感興趣，他們做道士出於各種原因：有的人是為了迴避家庭問題，有些人是因為在社會上找不到一份好工作，還有的人只是想混日子。這些道士被稱為「廟混子」。但是他們並不會因此而受到懲罰和驅逐。他們仍然被分配了一些力所能及的工作。只要完成自己份內的工作，他們還是可以待在道觀裡。「還有一些高級廟混子，他們擅長搞關係和懂政治，最後混成了道教協會的領導。」

道觀中大約有三十名道士，大部分人都是二十幾歲或者三十幾歲的年紀。道觀領導們的年紀大概在三十五歲左右。還有幾個老道士平時幾乎看不見。差不多所有的道士都是在過去的十年或二十年間入道的，屬於後毛時代成長起來的那一代人，以及改革開放時期宗教體制的產物。這種情況在中國各宗教中普遍存在。這種代溝源於毛澤東時代的限制和文化大革命（1966–1976），這段時期幾乎所有道士都被迫還俗。當1980年代初期宗教生活開始慢慢正常化時，那些至少是四十年前入道的華山道士們都垂垂老矣。

---

11. 康思奇，〈與道士一起生活〉。

與此同時，一群新的年輕道士加入了道觀，但是，他們不願意拜這些老道士為師。除了兩代人年齡帶來的巨大差異使交流變得困難之外，這些年輕道士還對老道士們的宗教資歷存疑：在民國時期，華山處於中日戰爭和內戰的前線（1936年西安事變，張學良拘禁蔣介石便是發生在離華山不遠的一處療養地），山上到處是軍閥與國民黨軍隊的士兵與軍官。[12] 有謠言說，在國民黨政權即將滅亡時，他們中的一些人混入了道士隊伍，企圖掩蓋自己過去的經歷，並在新政權下以宗教場所作為自己的避難所。由於年輕人拒絕拜這些老道士為師，新成立的華山道教協會不得不強制他們拜師。於是，一些年輕人轉而選擇拜一些去世的道士為師，並在這些道士的墳墓前舉行了拜師儀式，從而使自己在一個派系中獲得身份。陳道長說：「道教的傳承被中斷了。當我剛做道士時，還有一些老道士在，我們可以向他們學習。雖然這些老道士並不個個都是修煉者，但是我們還是可以從他們身上看到一些傳統的東西。現在這些人大部分都去世了。今天年輕一代的道士沒有可以學習的榜樣了。」[13]

因此，1949年之前的道士與後毛新一代的道士之間的道教傳承完全斷裂了。一些道士依然延續了以前的稱謂來描述自己靈性追求的軌跡：他們把從華山派拜的第一個師父稱為「師父」，而稱呼前來掛單的道士師父為「先生」；還有其他類型的師父，例如「引師」（引導的師父）、「恩師」（景仰的師父）、「度師」（造詣深厚的師父）——但是，誰也不清楚這種體系是否仍在運作，或者只是個形式而已。有一個道士聽到他的同伴正在和我們解釋這些術語時譏笑道：「這盡是一些書本上的東西，他們對於自己眼皮底下正在發生的事情卻一無所知。」

道士從他所拜的第一位師父那裡獲得自己在某個道士派系中的身份；在這之後，他們可以自由地再拜其他派系的道士為師。小道士從師父那裡得到一個道名，意味著他被這個派系所「接納」。小道士道名的第一個字，取決於他在所屬派系的「字輩詩」中的輩分：同一個輩分的道士，他們道名的第一個字相同。按輩分排序的每個字，組成了一首詩，據說是由這個派系的祖師創制的。道教的這種做法，遵循了中國世俗家庭生活中奉行字輩詩的傳統習俗。

大多數的華山道士分屬於兩個派系：龍門派和華山派。龍門派是中國全真道的主要派別。憑藉著創派祖師王常月的影響力，這個派別對於17世紀清

12. 宗樹人，〈道與國家〉。
13. 2009年8月28日，成都，宗樹人對陳道長和胡道長的訪談。

朝全真道的制度化起到了至關重要的作用，後文中將會進一步論述。王常月強化了道教的戒律，並將之系統化；在全真道的傳戒制度方面，龍門派獲得了官方的權威。在清代，道士的傳戒要經過長達十二年的培訓；而現代的傳戒週期只需要三十六天，由國家支持的中國道教協會負責。傳戒與正式受戒活動不定期地在北京白雲觀舉行。華山道士，包括陳道長、胡道長和郝道長在內，很少有人參加過這種正式的受戒活動。

胡道長和郝道長屬於龍門派徒弟，而陳道長屬於華山派第二十五代弟子。華山派的祖師是郝大通，他是全真派創始人王重陽的第一批弟子「全真七子」之一。這個派別產生了許多支派，遍佈中國各地。因此陳道長說：「華山派這個名字與華山這個地方沒有什麼關係，與輩分也沒什麼關係。一些支派發展得非常快，所以傳了很多代。我這個支派發展慢，所以到現在只有二十五代。華山道教協會會長鄒道長是第三十三代。所以，雖然他年紀比我大，但是我在派裡的輩分卻比他要高八代！」

正如世俗社會中的姓氏，這些派系身份並不需要與這個派系的特別信仰與修行相關聯。派系身份主要還是一種社會身份，道士用來說明他們來自一個本真的派系傳承，並且確立彼此在這個傳承譜系中的位置，就像在一個家族譜系中的親屬關係一樣。道士們根據這種派系知識來判斷一名道士是不是個真道士。正如陳道長所說：「如果有人走進廟裡自稱是個道士，那麼他們就必須說明自己的派系傳承。你要說明你的師父是誰，師父的師父是誰，等等。所以這是一種身份象徵⋯⋯這些派系身份只不過是宗教身份在世俗社會中採取的形式，以便告訴世人他們的身份、職位和角色。」[14]

(五) 道教單位的政治學

附加於傳統的道士傳承方式之上的，是現代的、由國家支持的、以課堂學習為基礎的道士培訓系統。[15] 在冬季的幾個月裡，當山上道觀裡的大多數道士下到玉泉院來時，為所有道士開辦的道教文化培訓班就開始了。一些有文化的道士、學者，以及官員，會到這個班裡來給道士們上課。一位道觀的領導人向我們強調，他在這個課堂上並沒有教過什麼實質性的東西，也不教

14. 2004年8月12日，華山，宗樹人對陳道長和胡道長的訪談。

15. 楊德睿 (Yang Der-ruey)，〈時間革命〉(“Revolution of Temporality”)。

真正的修煉。但是這些培訓課程是一種選拔培訓制度的基礎，通過申請與推薦，道士可以申請參加在西安舉辦的為期兩年的初級培訓班，以及為期兩年的高級培訓班。最後，如果能通過入學考試，可以去北京的中國道教學院讀一個學制三年的培訓班，這個培訓班每次在全國範圍內招收五十名學生。一位畢業於這個培訓班的道士說，整個學習與道士的修煉沒有任何關係。這類課程的主要結果就是培訓道士官員，即那些可能在道教協會裡擔任管理職位的道士。接受過這種現代式的培訓，他們就可能根據科層制規範來管理道觀，並適應這種官僚體系的單位文化，這種文化正是他們與其他相關單位，例如地方政府、宗教事務局、旅遊局等共享的文化。

道觀的領導權名義上是按照華山派的派系傳承來分配，但實際上是以統戰的方法來決定的，[16] 那些被認為同時具有宗教上和政治上的資歷的宗教人士被委以領導職位。華山的道眾團體由大約六十名道士組成，他們居住在玉泉院和山裡的其他道觀中，接受由七名委員組成的華山道觀管理委員會的管理，管理委員會與華山道教協會一樣實行會員制。這些組織大概每四年左右選舉一次。當要舉行換屆選舉時，代表著統戰部門和宗教局的特派官員，就會去華山成立一個由他們信任的道士組成的「換屆工作組」。該工作組成員私下協商，就合適人選達成一致意見。宗教局在任命當選成員時，會努力平衡不同的利益和各方面力量。選舉當天，工作組對每個職位提一名候選人，請同意的與會者鼓掌通過。儘管重要成員的選舉是預定的，但是，由於派系鬥爭，仍然可能存在對於其他一些職位的競爭。正如一位道士說的：「就像中國任何一個單位一樣，華山也有很多複雜的鬥爭和關係，成天爭名奪利。但是因為關係複雜，所以會達成一個平衡，沒有人會故意去侵害別人。」

(六) 靈性的軌跡

正是在這樣的環境之下，華山的全真道士追逐著自己的人生軌跡。道士們選擇出家可能出於不同的原因與動機，他們對於今後的道士生活也有諸多的目標與打算。對於那些被道教強烈吸引並有著道教修煉願望的道士來說，

16. 統一戰線，是中國共產黨中央委員會屬下的一個機構，其吸收了許多願意合作的非黨精英人士，如海外華人、少數民族、宗教團體、商會，以及其他民主黨派中的領導或傑出人物。

不免要經歷許多深刻的考驗與失望。我們接下來要討論的主角是胡道長、郝道長和陳道長，當他們的生活被呈現出來時，以及當他們與夢道者相遇時，在他們個人的發展軌跡中，我們發現了存在的一些問題與困境。

1. 胡道長

胡道長有著一張寬臉和大鬍子，體味較重，身材壯實，給人一種質樸的寧靜感，以及想要通過道教修行而成為一個非凡人物的強烈願望。他將自己完全塑造成了一幅道教聖人的模樣。他走路時如玄思般遊走的步伐、向神靈跪拜時虔誠的模樣，以及優雅自然的太極拳招式，都使他看起來稟賦非凡，好像是純粹意識與動作的流動，散發出一種莊重與自然的感覺。他的每個動作、姿勢、步伐、言詞，以及呼吸，都是他修煉活動的一種有意識的表達。

胡道長1965年出生於一個農民家庭。據他說，他從六歲就開始打坐，雖然並沒有人告訴過他應該怎麼做。當他還在母親懷抱中時，他的母親給他講述過八仙的故事，這給他留下了深刻的印象。那個時候是文化大革命時期，沒有宗教活動。他曾經很努力的學習，成績也不錯。他刻苦地準備著高考，但是他生病了，於是沒有考上。在那之後，他病得更嚴重了。於是，他開始學習針灸與中醫。

有一次參加家鄉的廟會活動時，他看見了神仙呂洞賓，於是他決定出家，在當地的一個道觀裡做了道士，這個道觀是個子孫廟。之後，他去北京中國道教學院深造。他在宿舍裡再一次看見了呂洞賓。學習結束後，他回到了原來的道觀。他的師父去世了，於是他成為了這個道觀的當家。他成天忙著道觀的修建工作。「曾經有一位高道想收我為徒，可是由於我當時忙著道觀的修建工作，沒有意識到它的重要性，所以我拒絕了。後來我一直很後悔，錯失了這次良機。從此，我的生活過得很坎坷。」1990年代末來華山之前，胡道長還曾經一度擔任過老家的道教協會會長。

他練習一種特別的拳法，他稱為「白猿通臂拳」。「我學習這種拳的過程很自然，它是由白猿真人直接傳授給我的。當我開始練拳時，他就進入我的身體，我自然而然地就會打拳了。以後也許我會把它編成一套教程，這樣就可以傳授給別人。白猿真人第一次將這種拳法傳授給人類的時間是春秋時代（前770–前476），但是由於拳法的繼承者道德品質不好，所以失傳了。現在，白猿真人將它直接傳給了我。」

白猿真人不過是胡道長遇到的眾多神仙師父中的一位。胡道長還告訴我，當他待在鎮嶽宮的時候，他遇見過一位「如來佛」。他說：「當我走進房間的時候，他就在那裡。他來自西方佛界。他九十幾歲了，來華山尋找一位修煉者，他手裡拿著鐵鍬和耙子。我能感覺出來他很厲害：我當時很冷，房間裡也很冷，但是當他進入來時，房間就變得很熱，我也開始出汗。我們整個晚上一起打坐，直到凌晨五點鐘，我一點也不覺得累。」

儘管胡道長在道教「單位」複雜關係中生活，但是他選擇繼續留在這種道教體制中追求他的夢想。

2. 郝道長

「仙台」，是坐落在一塊大石頭上面的洞穴群，正對著華山山谷，將華山的景色盡收眼底。這裡曾是香客和修煉者經常來的地方，後來在七百多年前的元代（1271–1368）修建了一條上華山的便道。現在，這個地方只剩下了幾個佈滿青藤的石柱，以及半隱在濃密樹葉之中的破舊拱門，呈現出一個過去時代曾有過的輝煌精神的浪漫剪影。這個地方不對遊客開放，它專屬於一個隱修道士——郝道長。郝道長在那裡照料著一個小菜園，並看管著幾個鑿在岩石裡面的、用來修行的洞穴。當郝道長帶領著2004年夢道者穿過茂密森林，走在通向仙台洞穴群的路上時，他一直哈哈地笑著，在老樹根和岩石上蹦蹦跳跳，一點也看不出現今時代的痕跡——他到底是一個當代道士呢，還是一名漢代方士呢？——直到他將我們的聯繫方式存入他的手機裡。他的洞穴群沒有通電。每隔幾天他就從山上下來，將手機充好電再上山去。儘管這樣，我們從來沒有聽到他的電話響起過，我們在一起時，他也從來沒有打過一個電話。他經常自稱為「山林野人」，並且玩笑般地鼓勵夢道者成員要刻苦修行，努力地成為一個「真正的野人」。他親切地稱呼麥考文是「一隻得道的狡猾的老狐狸」。

我們一直很享受與郝道長待在一起的時光。因為他幽默與不虛偽，也因為他在山坡陡峭巨石上敏捷跑動的樣子、他那一小撮稀拉的鬍子，以及他熱情和狂放的性格。2004年我們第一次遇到郝道長時，他大概四十出頭。他原本是這附近鎮裡的一個農民，從1990年代初期開始做了一名道士。作為一個年輕人，他一直夢想著在山裡過一種簡單的生活。「這就是我的動機。我對道教並不真的感興趣，也並不是想當一名道士。有一次我來華山遊玩，在一個廟裡遇到了一位坤道，她原來是我們村子裡的人。她鼓勵我當一名道士，所以，我就在玉泉院出家了。」——那麼，誰是你的師父呢？——「我不認為誰擔得起這個頭銜。」

郝道長對全真道沒有很強的認同感。他曾經説過，他把自己定位在正一天師道和全真道之間。「全真道沒有自己的經書，也不教怎麼畫符，它是在天師道的基礎上建立起來的，產生於天師道衰弱之後。」

位於仙台上的老紫微觀幾乎沒有剩下什麼東西，除了一道爬滿藤蔓的破舊拱門。郝道長在道觀的廟基上開發了一塊菜地，就在岩壁上的第五和第六個洞穴前面的位置。他自己住在其中的一個洞穴。這些洞穴內部大概有八個平方，在進門處的左右兩邊各擺了一張木床。靠著後牆，在正中間設置了一個神龕。神龕鑿在岩石裡面，裡面供奉著兩個紙製的神位：靠後的是陳摶的神位，他是華山的主神；靠前的是太上老君的神位，他是老子的神格化。在老君神位的前面，擺放著三冊《太上感應篇》，這是一部廣為流傳的道教善書，宣揚善惡報應。供桌上還擺放著一些雜物。床上的被子和衣服雜亂地堆放著。地上和角落裡有一些垃圾。門邊挨著床的位置，擺放著一張小木桌。桌上有一個杯子，裡面有一支牙刷和一支牙膏。天花板上，精美的裝飾鑿刻在一個完美的圓圈裡。

每個月的初一、十五，郝道長都會做早課，時間大概持續九十分鐘。儀式開始時，先是在主洞的神壇邊上誦經；然後，在某一個時刻，郝道長和他的徒弟一起走出洞穴，一邊唱一邊敲擊著三角鐵，走到三十步之外洞穴群的拱門處，然後再回到主洞裡。晚上，他們念誦《北斗經》。

2008年夏天，我們去拜訪郝道長，在那天的午後，就到達了位於華山山谷盡頭的最後一個休息點。我們撥打了郝道長的手機，他正在鎮上辦事，告訴我們等幾分鐘，他馬上就到，並陪我們一起去他山上的洞穴裡。大概八個小時以後，他終於來了。他的長髮纏結成了一個個的髮綹，用一條黑色的綢帶綁著。他穿著一件白色寬鬆的長衣，和一條黑色的闊腿褲。他帶來一位徒弟，是一位從黑龍江來的年輕人。我們坐了一會兒，他發出長長的開懷大笑聲，然後在晚上十點左右，我們就在黑暗中出發了，我們要攀爬那條通向洞穴群的森林小路。大概每走二十分鐘，我們就停下來休息一陣。他的徒弟一直在問他關於植物的問題。路上，郝道長看見了一棵核桃樹，於是我們就在漆黑的夜裡停下來，打著手電筒，開始摘核桃。到達下一個休息點時，我們就坐下來剝核桃。大概三個小時以後，我們到達了他的洞穴群。

郝道長的另一名徒弟是一個從重慶來的二十歲高中畢業生。我們到達時，他正在洞裡面。他穿著黑色的褲子和一件飄逸的白色上衣，有點像是全真派道服。郝道長的兩個徒弟都說他們是在旅遊時偶然遇到他們的師父的，覺得有緣分，所以就拜郝道長為師。他們看起來對道教並不是很感興趣，只是幫忙料理一些雜事。其中一個徒弟很勤快，另一個徒弟則四處閒逛，只是偶爾幫幫忙。當我們2013年再次去拜訪郝道長時，他的兩個徒弟都走了。

我們到達的前幾天，有一口古井被發現了，這口井據說有八百至一千年的歷史，當時工作人員正在清理洞穴群拱門旁邊的泥土。關於這口井有很多的傳說，有的人說這口井裡的水是「仙水」，可以用來煉丹，還說可以強身健體和長壽。有一些老人知道這口井的存在，但是沒有人知道它在哪裡。郝道長把這口井的發現視為一種吉兆，表明他這處的洞穴群將充滿活力和大有發展。

3. 陳道長

相較於胡道長的莊重與郝道長的熱情，陳道長的特點是知識淵博。[17] 當我們2004年第一次遇到他的時候，他表現得就像是全真出家制度正統性的一個代表，無論是從他作為一名華山道教協會的官員來說，還是作為一名口齒伶俐的道教教義宣講者來說。他將自己的靈性傳統追溯到全真派創立者王重陽的徒弟、全真七子之一郝大通。談到陳道長時，麥考文這樣說：「他無法在西方宣揚『道』，因為他謹守著道院傳統，他不能擺脱這種傳統對他的影響。」

但我們完全沒有想到，不到一年的時間，他就會離開華山和道眾團體，去四川成都做了一名城市中的隱士，那是一個以休閒生活聞名的地方。在那裡，陳道長以一種不同的方式追逐著他的靈性之路，並以一種批判的眼光來

17. 除了作者本人的訪談之外，關於陳道長的人物故事部分參考網絡資料：http://blog.sina.com.cn/s/blog_4b96867501000ajv.html（2016年7月29日查閱）；http://blog.sina.com.cn/s/blog_4b96867501000ald.html（2016年7月29日查閱）。

看待當代全真道的現狀，以及西方人對於道教越來越濃厚的興趣。他是一位狂熱的電視足球迷，經常驕傲地談起休閒文化，喜歡中國人的散漫。他非常推崇唐朝，因為那個時代的人都盡可能過一種優雅閒適的生活，在酒樓裡喝喝酒或作作詩，身上佩戴著玉墜或其他精美的裝飾，以彰顯他高尚的情操。他還很欣賞美國，認為美國在很多方面可以與中國的唐朝媲美，比如說它在文化上的開放性。

陳道長1965年出生於山東濟南，小時候是一個很頑皮的孩子，喜歡打架和爬屋頂。他很晚才學會說話，這讓他的父母很擔心。直到最近他才發現，原來他的小學就設在一個老道觀裡面，道觀的一個建築仍然保存著。[18] 陳道長是這樣描述他如何被道教所吸引的：當他還是個孩子時，他打開了一本古代思想家的書，上面寫著「道教」，他對這兩個字很著迷，給他留下了深刻的印象。但是他並不滿足於這本書裡對於道教哲學的描述，而且還抨擊道教是一種封建的階級壓迫工具，儘管說它蘊含著一些樸素的辯證唯物主義要素。當時中國正處在後毛時代的氣功和武術熱潮中，[19] 作為一個青少年，陳道長也開始練習。他特別擅長李小龍式的踢腿，並且喜歡爬牆和在房子屋頂上跳來跳去。據他的一位高中同學說，他的體育成績很好，老師給了他使用訓練室的特權。[20] 他開始讀道教的書，跟著一本手冊，在家裡練習打坐。一個晚上他正在打坐時，他聽到了一個聲音對他說：「出家！」他笑了，但是他沒有辦法擺脫這個聲音，他無法睡覺。第二天，這個聲音仍然在跟他說「出家！」過了一個星期，這個聲音仍然在折磨著他。當時，他正在一所大專院校學習中醫。大概有六個月的時間，他嘗試了各種方法來調整思索以擺脫這個聲音，但是都沒有用。所以，他放棄了。有一天他在一本雜誌中看到，武當山上有道觀和道士，這是一座以武術聞名的山。他給武當山道教協會會長寫信，告訴對方他想要學習真正的道教教義，並且在信的最後問他們是否願意接收他為道士。道教協會在回信中鼓勵他對於道的追求，但是關於出家的問題，「這並不重要，關鍵是對於道的信仰。」儘管如此，陳道長還是決定去武當山。

18. 2015年10月23日，成都，宗樹人對陳道長的訪談。

19. 參見宗樹人，《氣功熱》。

20. 參考一則網絡評論：http://blog.sina.com.cn/s/blog_4b96867501000ajv.html（2016年7月29日查閱）。

陳道長的父母都是老師，他們堅決反對他的決定。他向他們保證他不會出家，他只是想去體驗一下出家的生活，一年以後就回來。於是陳道長背著一個背包出發了，他當時是二十二歲。

到了武當山以後，他非常吃驚地發現，大多數的道士很少談論道，而喜歡講鬼故事和神奇的事情，而他對這些都不感興趣。不過，他被許多老道士們的質樸和每天早上念誦的經文所深深地感動。一年結束以後，陳道長決定將畢生獻給道，成為一名道士。他的哥哥是第一個接受他的決定的人，但是他的母親很絕望。不過，一段時間以後，她感到他變得不那麼桀驁不馴了，更「沉默」也更聰明了，而且覺得他更懂事了，還能夠對如何處理家庭事務發表自己的建議。

陳道長在山東沿海嶗山的一個道觀住了下來，他在那裡待了大概四年。正是在那裡，他遇到了他的師父薛泰來。當時他剛剛做了一個夢，夢見一位從華山來的老道士，他將要拜他為師。在這個夢不久以後，他就遇到了他的師父。波特1980年代後期去過終南山和華山旅行，在那裡，他遇到了許多隱士。根據這段經歷，他寫了一本書《空谷幽蘭》。他在書中有一段描寫薛道長的話，說薛道長七十歲，已經當了四十五年的道士，現在居住華山西峰上的玉雲觀。波特還親切地將薛道長描述為一位讓人喜愛的道士，「他說話直截了當而又優雅柔和。」[21] 波特的書裡面有一張薛道長的照片。照片裡，薛道長是一位眼窩深陷的老人，寬闊的額頭，長長的稀拉的鬍子，穿著一件黑色長袍，並戴著一頂帽子。

陳道長是這樣描述他與師父薛泰來道長相遇的經過的：

> 當時我正在尋找一位師父，我並不想要找一位知識淵博、功法高超的道士做我的師父，因為這些我可以通過自己學習。但是，我想找一位品德高尚的道士做我的師父，他可以引領我走上正確的道路。
>
> 第一次看到薛泰來時，我當時正在嶗山。我看見他一瘸一拐地走進道觀，於是我走過去幫助他，並且安排其他人照顧他。我知道他正是我在尋找的老師。我請他當我的老師，但是他說，他沒有什麼用。我堅持著。他告訴我，我應該拜現在嶗山道教協會會長為師

21. 波特，《空谷幽蘭》，第82頁（譯者注：中譯本，《空谷幽蘭》，明潔譯〔海口：南海出版公司，2010〕，第111頁）。

> 父。我仍然堅持要拜他為師。於是他說，我應該首先得到會長的同意。
>
> 我去找會長，並向他問起這位老道長。會長馬上說，任何人第一眼就能看出來，這是一位修煉水平很高的道士。於是我問會長，我是否可以拜這位老道長為師。他說，薛道長不會收我為徒的。我說，如果他同意呢？他說，那你就去試試吧。於是我告訴他，薛道長已經同意了。會長很生氣地說，你不能拜華山的道士為師父，只能拜嶗山的道士為師父。

於是，陳道長帶著薛道長一起去找會長說明情況，但是會長仍然拒絕。於是薛道長說：「我是一個沒什麼用的人，而且什麼也不懂。我只是喜歡學習。我去過的每一座山，我都會拜一個師父。那麼就請讓我當你的徒弟吧，讓小陳也當你的徒弟，同時也是我的徒弟。這樣，他就是我們兩人共同的徒弟。」會長仍然拒絕。於是，薛道長向他磕頭，並且讓陳道長跟著一起磕頭。他們一起向會長磕頭，會長同意了。薛道長給陳道長取了一個道名「宇明」，但是說的時候不是很清楚，所以陳道長不太確定這是哪兩個字。後來，其他道士告訴了他。

陳道長既高興又興奮，他想要尋找一位老師的夢想實現了。因為當時是晚上，所以他對薛道長說：「師父，我明天早上一起床就來看望您！」但是到了第二天早上，薛道長已經走了。陳道長感到很失望，他覺得他的師父可能已經把他給忘了。

陳道長曾經被人指責有貪污行為，受到了其他道士的猜疑。結果半年後，發現是財務弄錯了，消除了對他的懷疑。於是，其他道士向他道歉。這是陳道長在道觀政治鬥爭中第一次的痛苦經歷。第二天陳道長收拾包袱離開嶗山，開始了他的「雲遊」。他去了寶雞的金台觀，那裡是傳奇人物張三豐遁入道門的地方。此外，他還去了湖北的長春觀、河南的函谷關，以及北京的白雲觀。所到之處，看到的景象都讓他感到很失望。因為，相對於佛教的興盛，道教的宗教靈性呈現出衰落的勢頭。在煙台時，他去了全真七子之一的馬丹陽的墓地，在他墓前哭泣，痛惜全真教的衰弱之勢。

最後，他抵達華山，立刻去找他的師父薛道長，但他並不確定師父是否還記得他。他把行李放在薛道長房間門外，喊了一聲：「師父，我來了！」然後他聽到薛道長回答的聲音：「宇明，你來了！」陳道長非常地感動和興奮，因為他的師父還記得他。

陳道長和他的師父感情非常地深厚，他和我們分享了幾個薛道長的故事：

> 我有過很多的師父，但是薛道長是對我影響最深的一位。他的修行功夫並不高，而且幾乎不識字。但是，他非常的虔誠，是一位純粹、質樸和謙虛的人。儘管他不認識幾個字，但是他非常好學。當他碰到一個不認識的字時，就拿著一本字典坐在路邊，謙虛地向路人請教，問他們是否願意好心地花上一分鐘，為他解釋這個字，或者幫他在字典裡找到這個字。經常有這樣的情況。當我的腦子特別亂的時候，我就會去師父的房間裡找他，有時候他在睡覺，有時候他在閱讀。他就會說：「小陳，坐吧。」然後，他接著閱讀。我的煩惱就煙消雲散了。
>
> 薛道長年輕的時候，他想追溯祖師丘處機走過的路，於是他去了磻溪。那個地方有一座橋塌了，他決定像丘祖師一樣，背行人過河。他這樣背人背了六年。當地的人都認為他是一個大好人（當然也有一些人覺得他是不是瘋了）。聽到這個消息以後，軍隊給了他一件大衣和一些錢。他把所有的錢都捐了出去，用來修橋。後來，他離開了那個地方，去了華山。
>
> 過了一段時間，從磻溪到華山來的人認出了薛道長，才知道他是一個道士，人們很吃驚。但是薛道長告訴他們，他們認錯人了。
>
> 當我問他為什麼要否認時，他回答說：「因為我是一個修煉者，我必須做善事。我還能說什麼呢？」他總是堅持說自己很無知，一無是處。
>
> 1949年以後，他曾經有一段時間擔任過華山的道教官員。之後，在文化大革命中，所有的道士都被集中起來，他們被告知必須還俗。他們有三個選擇：一是回到他們的家鄉；二是在當地定居下來，地方政府會設法給他們安排一個姑娘，組成家庭；三是如果他們堅持保持獨身的話，他們將被送去強制勞動。薛泰來選擇了服從強制勞動。一名道姑為他感到難過，憐惜他不幸的命運，想要嫁給

他，但是他以自己有病（暗示自己性無能）為由婉拒了她。他參與了十年的強制勞動，主要工作是在路邊碎石頭。

文革以後，他是第一個重新穿上道服的道士。其他人都不敢這麼做，直到他們最後聽到政策有了變化，宗教生活被再度允許了。薛泰來被平反了，並且給他補發了過去十年勞動的工資。他用這些錢修了一間小棚屋，方便攀爬華山的人可以歇歇腳。[22]

漸漸地，華山的老道士們都一個一個地去世了，這讓年輕小道士們沒有師父可以拜。所以，薛泰來同意收其中的一些道士為徒，但是他仍然堅持說自己一無所知。他同意收徒只不過是為了延續道脈，否則的話，道脈就可能會中斷。2003年，薛道長去世了，道眾為這位深受愛戴的老道長舉行了隆重的葬禮。

在華山時，陳道長最初想要努力做一名正直的道士。但是過了一段時間之後，他開始過上了一種放縱的生活。他說：「自從我做道士以來，我遇到過許許多多出色的道士。但是當我觀察他們的所作所為，特別是他們在禁慾這個方面的表現時，我大吃一驚。我深深地醒悟過來。那個時候，我並沒有真正地懂得自己的修行，只是想著如何去拯救人。就在這個時候，我開始過上了一種墮落的生活。」他加入了爭端和貪污，並且一天兩頓地跑去外面的餐館裡吃飯，還將肉食帶回道觀裡。

他也曾經捲入過派系鬥爭。在華山道教協會的一次選舉中，他本來應該支持他的一位師兄，他們同為薛泰來道長的學生，但是他認為這位師兄沒有能力。他說：「實際上，我認為華山沒有一位合格的人選。無論我做什麼，或者不做什麼，其他人都會把我視為他們的敵人。人們會過來問我說，你是誰的人？我就會生氣地回答他們說，我只是祖師的人！」[23]

陳道長對於自己在靈性追求上的懈怠已經感到極度厭倦，而地方性的派系鬥爭則成為讓他想要逃離華山的最後一根稻草。據他說：

我過得很不開心。我決定停止這樣的生活。離開是我唯一的出路。所以我離開華山，去雲南待了幾個月，並且對自己作了反思。我發現自己兩個最主要的缺點就是：傲慢與慾望。我決定克服它們。我

22. 2015年10月23日，成都，宗樹人對陳道長的訪談。
23. 2013年6月19日，成都，宗樹人對陳道長的訪談。

嘗試過各種各樣的方法，想要克服慾望，但是都沒有用。當慾望來臨時，我會罵自己，甚至打自己，但是還是沒有用。後來，一位雲南的師父教了我一種打坐的方法，這種方法簡單有效。我不能自控的原因只是缺乏技術。我需要提高自己的「功夫」。這個方法非常有效，大概不到三個月的時間，我就能夠控制住自己的慾望了。雖然中間有過幾次反覆，但是我的性衝動慢慢地被完全抑制住了。道士作為禁慾的一種典範，身負重任。如果普通人生活放縱，沒有什麼關係。但是如果他是一個道士，那麼影響就很壞。

當他回到華山以後，陳道長開始更嚴格地遵守戒律，而他的能力也讓他在道眾團體裡面獲得了一個領導的職位。但是，派系政治仍然在繼續。為了避免所有的派系鬥爭，陳道長採取了「三不」策略，即不參與任何團體或派系、不評論他人、不解釋和證明自己。[24] 陳道長變得越來越受到大家的尊敬，他注定要被提拔到一個領導的崗位上。為了避免被選拔為領導，他的舉止變得瘋狂而古怪，比如在院子裡面裸奔。但是，他仍然無法避免地被任命為道教協會副會長和辦公室主任。[25]

對於修煉，陳道長決定採取一種低調的方式，假裝自己在這個方面沒有什麼成就。儘管他勤於練功，但是他從不對外張揚，而且行事不露鋒芒，行為舉止合群即可。「否則的話，別人會認為你有距離感。他們會尊重你的修煉，但是他們自己不會這麼做，因為他們會覺得這種修煉和他們太不一樣了，」他說。他也從來不和道觀裡的同伴們說起自己的修煉，因為「首先，他們會測試你，嘗試打敗你。其次，一旦他們覺得你有能力，他們就會來找你，把你當成一個楷模，讓你教他們，不停打擾你。」

也許是因為他自己經歷過這種內心的掙扎，所以當他談到修煉時，很少講一些抽象的原理，而是把「人品」放在第一位。「沒有人品，技術沒有任何作用，甚至像是一顆隱形的炸彈，」他說。但與此同時，他遠不是一位苦行的禁慾主義者。他喜歡和客人一起去道觀外面的鎮上吃飯，既吃肉也喝酒。他非常擅於社交。他有文化，會聊天，時不時開些自嘲的玩笑；他懂得社交禮節，又能海闊天空地無所不談，而且在酒席上總有說不完的段子。實際

24. 2009年8月28日，成都，宗樹人對陳道長的訪談。
25. 2010年6月17日，成都，宗樹人對陳道長的訪談。

上，他就是那種在中國的任何一個行業中都能取得成功的人，例如從商或從政。

擁有這樣的才能與知識，又這樣地年輕，陳道長是道教官員職位的理想人選。但是，儘管他看上去在華山道教協會辦公室主任的位子上如魚得水，而且他的家人也鼓勵他朝這個方向發展，但是他自己卻一直有著不同的想法。他說：

> 我對於成為一名道士官員沒有興趣。其他人喜歡談論「弘道」或者諸如此類的話題。這些建議的確讓人很難反對，因為人都有一種責任感。但是我已經看穿了，不會再為此感到迷惑。我的夢想就是有一天能夠歸隱山林。現在我仍然需要這個集體來學習和生活，但是當我不再需要時，我就會離開，去山裡砍柴。當然，也許不是砍柴，但是要回歸山林中生活。沒有我，這個集體將繼續存在。它不需要我，總會有許多其他的道士官員出現的。我想要的就是更好的去修煉。老子是最有影響的人物，然而他卻沒有走出去「創教」。呂洞賓也是一樣。所有那些最有影響的道士都與道教組織沒有交涉。這樣的人物極少，他們生活在相隔數世紀的不同時代中，但是他們的影響力遠遠超越了數量眾多的道觀住持或教派創立者。即便是今天，你通過創立一個教派又能得到些什麼呢？你仍然只能以呂洞賓為師，因為你教不了任何新的東西。所以，那樣有什麼意思呢？

在談話的當下，我們很難判斷這是他的真心話呢，還是只是為了要顯得自己很謙虛，聰明地掩蓋他想成為一名道士官員的企圖，特別是當他說出只有在不得已時才會接受這種任命的時候。但是，當他離開道觀開始獨居修煉時，這些聽起來就像是一些設想的話，不到一年就變成了現實。不過他並不是在山林裡修煉。「到山林去只適合初級修煉。真正的修煉只能在城市中。然後，當你到了一個很高的階段時，就可以回到山林裡了，」他說。

陳道長說他之所以選擇成都這個大城市，是因為這裡是早期天師道運動的二十四治之一，而且，作為四川盆地的中心，成都屬於中國的「丹田」，是一個很好的修煉之地。他說：「成都有休閒的文化，那裡的人整天都在想著怎麼玩。他們總是在玩耍。如果我什麼也不做，沒有人會注意到我。在我老家，人們總是東問西問的，或者是擔心我，想要幫我找份工作。」當他決定離開道觀時，他的母親剛開始很高興，但是她馬上又失望了，因為發現他並不想回歸正常的生活中，而且還放棄了一份有前途的當道士官員的工作。「但是我從來不會解釋和證明自己，」他說。最初，每次他回家時，他的父母都會為他開一場家庭會議。「但是後來，他們看到我已經改變了，所以他們接受了我的選擇。」

他的父母生活富足，沒有經濟負擔，所以他們在經濟上支援他，並且為他在都江堰買了一套房子，那裡離成都不遠，在青城山附近。但是他住在成都，那裡物價不高，而且他也偶爾教些課，比如古琴、繪畫以及太極拳。

當我2005年在成都看到他時，他剪掉了他做道士時蓄的長髮，穿著一件T恤和一條廉價的褲子，樣子看起來就像是一個收入不高的普通中國人。和上次在華山遇到他時相比，以前的他帶著一種官員的世故，聊著國際政治、中國歷史以及道教；而他現在的談話則變得嚴肅起來，並且集中在靈性修煉的主題上。他說，他的目標是加緊修煉，以便將來能夠拯救別人。「在現在這個階段我還不能出去救人，」他說。當我們問到將來他打算如何救人時，他沒有明確回答，但是他強調「不會公開地去救人，不會建立一種宗教」。他說：「比起中國其他的宗教來說，道教要弱得多，發展也不夠。以前我為此感到擔心，但是現在我明白了這正是道教的力量。如果你想要嘗試去改變它，去『弘揚道教』，沒有人會跟著你，因為道教的經典裡面沒有這種基礎。但是，在佛教和基督教的經典裡面，這方面就有一個很清楚的依據，就是要走出去傳教。」[26]

為了使自己的住所和身份保密，他在成都郊區租了一間簡陋的小房間。2009年，他告訴我，他很高興過上了一種全然放鬆的生活，每天練練太極拳，生活簡單。他也練習打坐，或者偶爾練習一些更複雜的功法，大多數來自於上清和靈寶傳統。[27]

他的靈性體驗也完全改變了。他能體會到的，遠不是過去曾支撐著他進行靈性修行的華山的外部環境，而是道的力量作為一種完全內在於自己的東西，「當我在華山時，我總是感到道炁是一種外在於我的東西。這種道炁與一千多年前祖師時代的道炁一樣，就好像我與他們生活在同一個時代裡。它就在那裡，外在於我，而且要進入到我的身體裡面來。但是現在，當我打坐

26. 2007年7月10日，成都，宗樹人對陳道長的訪談。
27. 2009年8月28日，成都，宗樹人對陳道長的訪談。

時，我有一種全然不同的感受，好像道炁就在我身上，就在我的心裡面，它就是我的心本身。」[28]

他決心保持絕對的低調：他願意接受邀請，去給外國人講課，但是不願意創立一個組織。儘管他在中國道士的圈子裡面很有名氣，但是他從來沒有在公開場合出席過或者是給中國觀眾公開授課——「因為這樣的話，很多人就會知道，那樣會帶來麻煩。當我給外國人講課時，中國人不會知道，」他說。他有些後悔曾出席過的一次公開活動。那是為了見他的古琴老師；他當時被介紹給很多人，但是他並不喜歡這種應酬，而且厭惡那些熱衷於這種社交活動的道士。「這些人這麼沉迷於這些活動，是因為他們沒有別的世界。如果他們能活在另一個靈性的世界裡，他們就不會對眼下這個世界這麼感興趣。」

陳道長對於收徒這件事很嚴格，所以他正式的徒弟只有幾個，數量上一半是男性一半是女性。這些徒弟有一些人是火居道士，有一些是商人；有一個人是導遊，有一位老年女性，還有幾個外國人，其中包括康思奇。他大多數的徒弟都是他在華山當道士時收的。其中的一些徒弟是由其他道士向他強烈推薦的，其他的則是直接請求拜他為師。陳道長說：

> 我不會出去尋找徒弟，我只收那些信仰堅定和想要修煉的徒弟。我不像其他道士那樣，去教一些只是對道教好奇或者只想把道教當成是一種愛好的人。其中有一些人來找過我，只是因為他們想要談論不同的傳統和功法，並且作一個比較，以顯示他們淵博的知識，我不會收他們為徒的。我也不收道士為徒，他們太麻煩了。我有一些徒弟，他們偏重於信仰和解決日常生活中的問題，那麼我就會傳授給他們全真道的方法。另外兩個徒弟對於修煉感興趣，我不會傳授一種特別的形式給他們；我不談論不同的教派。[29]

他說他並不擔心失去他的徒弟。他會毫不猶豫地切斷與他們的聯繫，當他為了懲罰他們態度不端正、慾望和情感過於強烈，或者不做基本功時。他說：「例如我的一個女徒弟，她說想要學習修煉功法，但是她甚至對燒香拜神都嫌煩。那麼她怎麼可能有進步呢？」為了給他的徒弟們未來的進步打下一

---

28. 2011年8月30日，成都，宗樹人對陳道長的訪談。
29. 2006年7月18日，成都，宗樹人對陳道長的訪談。

個好的基礎，他傾向於從人的心性和品質開始訓練，而不是技術。他說：「如果你想要學習一種動功，我會教你鞠躬；如果你想學習道教的理論，那就每天念誦道教的經典。」[30] 總之，他對於他的許多徒弟在修行中毫無進步感到沮喪，他說：「一些人太懶了，他們不勤於練習。其他一些人很勤快，而且能夠遵守嚴格的打坐訓練。但是無論怎麼樣，他們的結果是一樣的，都沒有太大的進步。」他對此總結的原因是，這些徒弟都沒有努力地去「行善」。[31]

他也同樣批評自己：「我以前忽視了這個方面。我以前以為，人只要有一顆善良的心就足夠了，實際上做不做好事並不重要。我曾經看到道教經書中談到善行的重要性，但是我並沒有真正理解它。我以為最重要的是陰德，而不是外在可見的行為。」據陳道長說，祖師丘處機不允許他的徒弟們做一個脫離社會的隱士，認為他們應該自我奉獻，去拯救所有的有情眾生。但是陳道長發現他自己就像一個隱士。他說：「我把自己封閉起來了。現在我終於明白，修煉的進步來自於你已經取得的德性。在這種情況下，為了完善自己，去隱修一段時間，可能是有用的，這可以鞏固已經取得的成就，但這是為了鞏固已有的德性。如果一個人還沒有取得任何的德性就跑去隱修，那麼就可能會使自己喪失進步的可能性。如果你做好事的話，上天和神靈將會有所感應，並且提升你。但是如果你不做好事情，那麼他們為什麼要來幫助你呢？」意識到這一點以後，陳道長感到自己獲得了新生；他感到一種全新的能量在引領著他去幫助別人。「以前，就像是一個死人。現在我明白了『行屍走肉』這個詞的含義。這正是目前許多人的狀態。他們每天起床，睡覺，日復一日，活著與死去沒有什麼區別。然後當他們死了，他們轉世進入另一個身體中，又開始這樣的生活，那麼，這樣的生與死有什麼區別呢？這就是輪迴的含義。」[32] 因此，儘管陳道長之前的談話中強調的是人的德性，但是到了2009年，他漸漸重視的是人的善行——即便如此，他秉持道法自然的精神，不倡導有計劃的慈善或社會活動，或者是「執著於某個特別的計劃」；但是他盡可能抓住機會去幫助有需要的人。例如有一次他幫助一位耳聾的婦女撿起地上的菜，因為她的購物袋破了，菜灑了一地。在陳道長對於道教修煉的理解過程中，這些世俗生活中的助人行為，具有至關重要的意義。

30. 2015年10月23日，成都，宗樹人對陳道長的訪談。
31. 2009年8月28日，成都，宗樹人對陳道長的訪談。
32. 2009年8月28日，成都，宗樹人對陳道長的訪談。

這種傾向也反映在陳道長從事的許多可以稱為「驅邪」的治療活動中，但實際上他把這個稱為做善事。例如，他的一個徒弟背痛，試了很多治療方法都沒有用，就請陳道長幫忙。陳道長的腦子裡閃現出了一個動物的形象，所以他問他的徒弟是否曾經傷害或者殺死過一個動物。他的徒弟想來想去也想不出來。最後，他想起不久前他不小心弄壞了一個鳥窩，弄死了一隻小鳥。「我讓他燒點香和紙錢給這隻小鳥。他照著做了，他的背痛消失了，」陳道長說。另一個例子是，有一個男孩病得很重，經過各種治療也不見好轉。他的父母請了一位和尚看病，對方說這個孩子被一個鬼附身了，所以他們就請陳道長幫忙驅鬼。「但是我對他們說，我看到的是你們家附近有一個動物的靈魂，祂受傷了，一瘸一拐的，很痛苦。所以不能用法術去傷害祂。在我說的地方，你們去燒點香和紙錢，另外再供上一些止痛的藥品。」據陳道長說，孩子的父母這麼做了以後，孩子的病就好多了。因此，陳道長認為自己的行為與驅邪完全不同：不是像其他道士一樣，使用暴力去驅趕或消滅那些惡鬼和精靈，而是通過一種「善行」，即幫助那些受傷和痛苦的惡鬼與精靈。[33]

每個夏天，當我們與陳道長在成都的飯館、咖啡店以及茶樓裡談天時，他表現出對於全真道的制度有了更多的批判。2007年，他曾經直接表示：「我對於道教這個宗教越來越沒有了興趣，我只對道有興趣。」[34]

儘管他聲稱自己不關心道教的組織，但是他對於這個組織中的道士的態度卻不是中立的。當我們問起他如何看待樓觀台「道教溫泉」開發商的道教商業化行為，這位開發商曾經邀請陳道長去給他們的員工講課，陳道長說：

> 他們利用道教來達到他們自己的目的。但這不正是道士在做的事嗎？他們穿上道服來實現自己的目的。如果他們不希望別人這麼做，那麼他們自己就不應該做。最近我的一個徒弟告訴我，他遇到一個道士，自稱是某某的學生，在哪個大廟，是哪個派系哪一代的徒弟等等。這些都只是一些外在的裝飾而已。我們唯一需要的是觀照自己的內心。道士、和尚是所有人當中最可鄙的。在戰爭中，最壞的人是叛徒。而在宗教中，它沒有外在的敵人，叛徒就是道士和僧人們自己，因為他們完完全全地背叛了宗教的精神。[35]

33. 2010年6月17日，成都，宗樹人對陳道長的訪談。
34. 2007年7月10日，成都，宗樹人對陳道長的訪談。
35. 2007年7月10日，成都，宗樹人對陳道長的訪談。

對於陳道長來說，去道觀裡朝拜的人是被他們自己的信仰需要所驅使的，以及出於對一些偉大人物如呂洞賓和張三豐的真切的崇敬之情——這與道觀裡或宗教組織裡的道士沒有什麼關係，這些道士和宗教組織並不能很好地影響民眾。他認為：「現在的道教和佛教都不在乎善行，它們只在乎自己。他們只考慮自己的利益，而不是社會的，以及全人類乃至眾生的利益。他們整天抱怨沒有錢，條件薄弱，什麼也做不了。這些都是藉口。和尚很會賺錢，但是我不認為這是一種發展的跡象。」[36]

陳道長的觀點似乎與麥考文夢道者團隊成員的想法相近：只關注於「道」和內心的靈性，對作為一個宗教組織的道教完全沒有興趣。既然他已經離開了全真道，他當然可以與這些志趣相投的外國人自由往來：當夢道者團隊訪問青城山時，陳道長為他們講課；他還為一個俄羅斯的道教旅遊團充當導遊。而且，大概在2010年，他開始每年在比利時的一個道教退修活動進行為期兩週的授課活動。他是2002年在華山接待夢道者團隊時，遇到這個道教中心的領導人的。這個比利時人也是謝明德的一個學生，練習八卦掌，並且傳授道教修行。「他是我遇到的外國人裡面成就最高的。當他來華山時，我注意到他非常優秀。於是我問他，他的師父是不是中國人，然後我很吃驚地得知不是。」陳道長覺得他與這個人有很深的緣分。正是在那個時候，這個人邀請陳道長去比利時講課，但是由於各種原因，這個計劃幾年後才實現。[37]對比利時的訪問慢慢影響了陳道長的宗教世界觀。他在教堂的體驗改變了他對於基督教的看法，並因此改變了他每天崇拜的神靈譜系的結構。這個譜系最上一層崇拜的仍然是三清，他們是道教裡面最高的三位神靈和道的化身；譜系的第二層，是道教的星宿之神和北斗星君；但是，在譜系的第三層，他現在崇拜的是「一切神明」，而不是之前的「一切神佛」——因為「歐洲之行讓我的使命發生了變化，從此以後，我決定將所有的神都容納進來，包括基督教的神，而不是只給予佛教的神特別的待遇」。[38]

給外國人授課以及與其進行互動，漸漸成為了陳道長修煉和宗教使命的重要部分。他解釋說，這些活動擴大了他的視野，並且讓他可以驗證道教義理的普世性，以及糾正他自己對於道教的一些觀念。與此同時，考慮到道教

36. 2009年8月28日，成都，宗樹人對陳道長的訪談。
37. 2010年6月17日，成都，宗樹人對陳道長的訪談。
38. 2013年6月20日，成都，宗樹人對陳道長的訪談。

不可避免地在不同國家被廣泛傳播，確保對於道的一種正確的理解得到傳承是非常重要的，因為，一旦錯誤的理解與實踐被固定下來，將變得幾乎不可能再糾正過來。[39]

當反思自己過去幾十年的靈性之路時，陳道長回憶起他當初到嶗山出家時，一位師父曾經問過他：「你是真的想修煉，還是只是對道士的生活感興趣呢？你認真考慮一下，一週以後回答我。」陳道長認真地思考了之後，最後告訴這位師父，他很嚮往道士的生活：穿著道服，在儀式中莊嚴地來回走動……後來，儘管他還沒有過多少道教修煉的體驗，當他看到全真道的發展出現了危機時，他很想做一些了不起的大事，去創立一個新的教派。再到後來，當這種衝動過去以後，他進入了一個喜歡坐而論道的階段，懂得了許多的理論，但是卻沒有絲毫出於直覺的知識。2000年的一天，一位師父建議他只帶著一本書進入山洞中，思考這本書的內容。因此，他進入了華山頂上的一個山洞中，只帶了一本《老子河上公注》。他在那個洞裡待了兩個星期，閱讀和打坐，直到他被叫下山參加玉泉院的一個會議。正是在洞穴中的這段時間，讓他第一次感到「我的注意力開始慢慢下降到我的腹部，然後我感到了一種全然的踏實感，感到與世界完全合為一體」。正是從那個時候開始，陳道長的興趣不再是坐而論道，而是轉向了修道，然後他決定離開道觀。[40]

(七) 全真道與國家

儘管今天中國大多數的道觀都由全真道士管理，[41] 但是全真道並不是中國唯一制度化的道教派別，它所代表的僅僅是中國道教可見的冰山一角。在當前的社會主義時期，五大宗教（佛教、道教、基督教、天主教、伊斯蘭教）的合法的宗教活動、財產和人事，都由國家支持的各級協會（全國的、省級

39. 2015年10月23日，成都，宗樹人對陳道長的訪談。
40. 2016年5月26日，成都，宗樹人對陳道長的訪談。
41. 關於全真道，參見高萬桑和劉迅主編，《全真道士》(*Quanzhen Daoists*)；高萬桑，〈現代道教的形成〉("La création du taoïsme moderne")；馬頌仁 (Pierre Marsone)，《王重陽》(*Wang Chongyang*)；康思奇，《修真》與《全真之道》；蘇德樸 (Steve Eskildsen)，《早期全真道士的教義與實踐》(*The Teachings and Practices of the Early Quanzhen Taoist Masters*)；謝道琳，《一個屬於他們自己的世界》。

的、地方的）負責管理，而全真道士實際上幾乎壟斷了道教協會，並且掌控著其中的道觀。

儘管全真道普遍地遵守著借自佛教的獨身、素食以及出家制度，但是道教另一個主要的傳統教派「正一道」的道士，通常是生活在民眾中的儀式專家，滿足個人、家庭及社區的儀式需求。正一道士可以結婚，同時兼有其他的工作，吃葷，等等。除了正一道之外，還有許多地方性的道教派別，例如閭山派、梅山派、元皇派，在不同的地方發展得很興盛，例如福建、台灣、湖南、廣東。像正一道一樣，這些派別的道士都是當地儀式服務的提供者。不屬於道觀的道士一般不能合法從業，儘管1990年代以來，正一道獲得了官方某種程度的認可，正一道士的儀式活動在一些省份已經得到了官方許可。這個類型的道士從外表很難辨別出來；他們單獨行動，生活在民間，他們為民眾提供有償的儀式和驅邪服務，而不是對民眾進行道德規勸——他們模糊了世俗與神聖的邊界，因此很容易被世俗政府貼上從事非法「迷信活動」的標籤。

除了這些職業化的道士和儀式專家，道教的觀念和實踐還廣泛地存在於數量眾多的職業當中，包括治療師、藥劑師、戲劇演員、武術師、占卜者、風水師、身體修煉的大師，以及存在於俗眾的宗教運動中。這些不同的派系、宗派和修行者，從未被統一於一個單一的組織當中。儘管一個人可能成為某位老師的徒弟或者某個宗派的弟子，但是作為一個統一宗教的道教，從來就不存在一個統一化的「成員資格」的概念。將中國的身體修煉功法，從其所處的特殊的、傳統的社會背景中脱嵌出來，重新植入一個新的環境、組織和傳統中——這個過程在中國已經持續了上千年。作為便捷的修行方法，中國的吐納和導引術、打坐，以及存思方法，一直在神秘主義者、知識分子、治療師、儀式專家、士兵、宗教信徒以及民間道門之間傳播。它們被用於各種目的，被植入不同的社會網絡和組織中，並且被記錄於不同的譜系當中。[42] 這一套身體修煉和打坐的技術被稱為「內丹」，夢道者和全真道士都稱自己為

---

42. 孔麗維，《中國的治療術》（*Chinese Healing Excercises*）；夏維明（Meir Shahar），《少林寺》（*The Shaolin Monastery*）；丁荷生，《三一教》（*Lord of the Three in One*）。

其繼承者。而早在全真道創立之前，在唐代時，內丹就已經發展出了一種穩定的形式。[43]

全真道出現於12世紀，採用了一種主要借自佛教獨身制的出家制度，作為其內丹修行的組織性條件。[44]它成為了最有影響和負有聲望的組織化道教的一種形式，並一直保持到今天。[45]明、清兩代（1363–1911）出現了一系列標準化和革新的身體修行功法，包括有名的武術功法（太極拳、八卦掌等），以及一些內丹修行技術。這些技術和方法，散佈於各種公開出版的手冊中，在當時文化水平逐漸提高以及城市化、商業化的中國社會中得到快速的傳播。這使個人可以不用加入某個正式的派系或組織，就可以學習和練習這些功法，儘管他們共享一個共同的傳統社會結構和宇宙觀。20世紀上半葉，一些俗家的師父、作家以及組織都試圖修正傳統，以應對西方現代性在中國肆虐帶來的變化與挑戰。一些人試圖簡化這些技術，去除其中深奧難懂的象徵與概念，以便吸引受過現代教育的新一代知識分子。[46]其他人則使用科學術語，用民族主義的論調將內丹重新詮釋為一種中國特有的科學。[47]那些學者稱為救世團體的新興宗教運動，在尋找以新的普世主義形式來復興中國的靈性傳統時，將這些功法與道德話語、扶乩以及千禧年主義結合成一種新的綜合體。[48] 1950年代，新的共產主義政權顯然試圖從「封建」和「迷信」的傳統背景中，提取出中國的身體修煉功法，以「氣功」的新名字將其世俗化並整合進現代醫療制度。1980和1990年代初期，在後毛時期的「氣功熱」中，氣功被官方推廣為一種大眾可以在公園和公共場所練習的健身方式；它還被詮釋為一場新的科學革命，能夠釋放出心靈的力量與形而上的氣；它為卡里斯瑪

43. 玄英（Fabrizio Pregadio），《金丹道》（*The Way of the Golden Elixir*）；賀碧來，《顛倒的世界》（*The World Upside Down*）。
44. 高萬桑，〈一個教派的發明〉（"The Invention of an Order"）。
45. 參見高萬桑，《北京的道士》（*The Taoists of Peking*）。
46. 孔麗維，〈靜坐〉（"Quiet Sitting"）。
47. 劉迅，《摩登道》（*Daoist Modern*）。
48. 宗樹人，〈中國救世團體〉（"Chinese Redemptive Societies"）。

式大師們提供了一個空間，讓他們創建了自己越來越宗教化的組織和運動。[49]在台灣，一些新興宗教運動也在新的背景下傳播這些技術。[50]

因此，道教的身體技術在西方的傳播，只不過是道教的靈性修煉在新的社會、政治和文化背景之下進行重塑的一個例子。實際上，在反文化、新紀元運動，以及替代性健康與靈性的時代背景之下，那些最初移民到西方的中國師父們，於傳授身體技術時，在不同程度上都受到了這些現代中國的身體修煉變革的影響。

大多數的變革與創新，都是在全真道之外的俗眾運動中發生的。而全真道在它的出家組織和儀式方面仍然非常保守，一直到20世紀，如果真的還有道士打坐和內丹修行的話，全真道讓每個人隨意按照各自的「緣分」，在這方面各行其是。[51]然而，儘管相對於中國其他數量眾多的靈性與宗教服務的提供者來說，全真道士在數量上可謂微不足道，但是他們卻享有很高的威望與合法性，這正是其他的組織與個人，例如武術師、救世團體、鸞堂、在家修煉團體，一直想要獲得的，即使他們拒絕採用全真道的道士制度和組織形式。[52]在精英的全真道士與活躍的民間修行者之間，存在著一種模糊的關係——這種範型一直延續至今，例如，存在於出家團體與中國氣功團體之間，就更大範圍而言，存在於全真道士與夢道者這樣的國際修行者之間。我們在這本書中所描繪的那些相遇與其中的動態關係，並不能簡單地看作是「東方遇見西方」的例子：更準確地說，應該將這些相遇視為同一個連續體的兩個極端，即俗家修行者與全真派出家人的相遇；這個連續體長期存在於中國的道教徒當中，修行者就在這個連續體中不斷地流轉——從平信徒轉到出家，或者相反——質疑並探討道教修煉的理想標準。

中國歷史上不少的帝王和朝代，都曾經對正一道或全真道給予過扶持，影響了它們的組織化和在歷史中的興衰。全真道的出家制度本身就是一種政治結構與宗教苦行主義技術相結合的產物。全真道的創立者王重陽（1113–1170）並沒有創立一個正式的組織，他只有七個徒弟「全真七子」，他

49. 宗樹人，《氣功熱》。

50. 李豐楙（Lee Fongmao），〈傳承與創新〉（“Transmission and Innovation”）；宗樹人，〈道與國家〉。

51. 高萬桑，《北京的道士》。

52. 高萬桑，《北京的道士》與〈現代中國修煉市場中的道士〉（“Daoists in the Modern Chinese Self-Cultivation Market”）。

們在王重陽死後各行其是。獨身的出家制度在當時的道士中很少見。王重陽的一個徒弟丘處機（1148–1227）在元太祖成吉思汗的支持下，實現了全真道的組織化，成吉思汗將中國北方一切宗教的寺廟宮觀都交由丘處機來掌管。成吉思汗免除了全真道的賦稅和勞役，使全真道得到了快速的發展。後來到了明代，全真道失去了帝國的支持，不再以強有力的組織而聞名。清初時，北京白雲觀住持王常月在朝廷的支持下，模仿禪宗的戒律，建立了全真出家制度的規範與形式，紀律和戒律，以及道派。由於得到官方的支持，王常月得以將他的標準化全真道組織形式推行於北方的大多數道觀，將其全部置於龍門派的監管之下。正是這些組織形式，將全真道的傳統規範一直保留到今天。學者們仍然在研究與討論明、清兩代道教組織的建構。[53]

在陳道長看來，王常月對於全真道組織的重建，其政治方面的意涵證明了他對於全真道的批判是有道理的，即全真道的組織形式不純正，是民族的恥辱。由於害怕清朝滿族統治者可能要求道士剃掉長長的鬍子或者部分頭髮，王常月覲見皇帝，向其説明道教如何能夠幫助政府安撫民心。道教因此獲得了合法地位，同時王常月得到了帝國的授權，通過強制推行標準化和嚴格的戒律及派系，將分散各地的道觀和道士統一起來。儘管這些之前就存在，但是它們的正式傳戒，現在變得比道教修煉功法的傳承更為重要了。

> 派系的重組大多具有政治的意義……最有意思的是道士的服裝。全真道士必須留長髮。但是王常月發明了一種帽子，他稱為混元巾。這種帽子是清朝官員的帽子，稱為馬蹄帽。滿族人是騎馬的民族。他們的帽子像是馬蹄的形狀。王常月設計的混元巾看起來與滿族官員的帽子一模一樣。當道士戴著這種帽子時，地方官員就不會羞辱他們或者砍他們的頭，因為他們的帽子象徵著政治的權力……所以，帽子傳遞出一種信號，那就是道士與官方的關係……從此以後，道士被稱為道爺，反映了他們的官方地位。現在道士們經常互稱為「爺」，但這是從清代才開始的，而不是來自於古老的時代。這是保護宗教的一種方式，道士出門必須戴上這種帽子，就像官員也必須這樣做……這保護了道士的生命並且給了他們保存自己文化

53. 莫妮卡（Monica Esposito），《清代道教概論》（*Facets of Qing Daoism*）；高萬桑和劉迅主編，《全真道士》。

> 的空間。但是現在，道士們不知道他們的帽子歷史由來，他們戴著它只是出於傳統，並沒有意識到要求戴這種帽子的歷史條件已經不存在了。清朝已經滅亡很久了，他們卻還在戴著這種帽子！但是有一些道士知道這種帽子實際上是一種民族屈辱的象徵。當我明白以後，我就不再戴混元巾了。我拒絕戴它……既然清朝已經滅亡了，我們可以回到真正的道教文化中去……在我心裡，混元巾沒有地位……而且我認為混元巾很難看。戴上它看起來就像是個和尚，而不像是個道士。[54]

在陳道長看來，全真道的組織制度採用了過多的佛教形式，過於強調心靈，而忽視了道教的其他修行方式，例如音樂、外丹、武術、太極拳，以及八卦掌等。「因此，他們變得封閉起來，不擅長於這些修煉技藝，他們忘記了可以在一切事物中發現道……這只會使全真道進一步地遠離真正的道。」[55]同樣，麥考文說：

> 全真道在中國內部長達一千年的跨越時間和文化的挪用，與現代「美國療癒之道」的修行者跨越太平洋，將一雲師父的內丹修煉術從現代中國挪用到現代美國，兩者並沒有什麼差別。[56]

全真道的出家制度一直是實現靈性與政治雙重目標的一個工具。一方面，全真道的創立為修行者提供了進行內丹修煉的一個空間，使他們可以追求天人合一。另一方面，全真道被設計成一種制度工具，以便在國家管理的框架內，更好地組織、規範以及約束這些修行的道士——將宗教團體封裝在一個清晰的邊界之內，將它與社會相分離，同時將它作為一種治理的工具。在帝國晚期，全真道的獨身出家制度複製了儒家的規範，創造了一種類比的親屬制度與派系關係，它與國家所支持的父系宗族社會組織相協調，並同時為道士的靈性修煉提供了一個獨特的空間。

現代的、世俗的社會主義國家也更多地支持全真道，而不是正一道和其他派系，因為全真道非常符合「宗教」這樣一個現代概念，即宗教是一種明確的區別於世俗領域的活動與組織：出家生活、獨身制、素食以及聖山，都指

54. 2004年8月4日，成都，宗樹人對陳道長和胡道長的訪談。
55. 2013年6月17日，成都，宗樹人對陳道長的訪談。
56. 2016年2月22日，麥考文寫給宗樹人的電郵。

向一個神聖與道德的宗教觀念——宗教不同於並且外在於主流世俗社會的顧慮，同時卻可以被辨別與管理。用陳道長諷喻的話來說就是，正是由於全真道士穿著特殊的服裝，喚起了一種大多數人「自己並不想過這樣的」、「摒棄了慾望的出世生活」，而國家可以用「宗教信仰自由」、「保護文化遺產」，以及「發展旅遊」的名義來識別、管理、控制，乃至支持全真道。

不過，當前的工作單位管理方式，削弱了傳統的道觀權威和傳承結構的政治基礎。結果是造成了其靈性修行方面的崩塌，以及出家制度的危機。工作單位的文化不能用來實現道士的靈性追求；它把道教當一種管理和使用人力、文化，以及物質的方法與資源。從外部來看，與世俗世界有所不同的出家型道教封裝狀態，則使情況進一步極端化，在物質上進步的世俗世界與停留在過去的「宗教」場所之間劃了一條分界線。

從內部來看，其在戒律和靈性權威方面的崩塌，掏空了出家團體靈性上的神聖性，促使道士們跨越神聖與世俗的邊界，返回到「塵世」中去修行。在這種情況下，許多道士自己開始質疑全真道的宗教制度。

我們在本書中講述的這些相遇，也許看起來像是一場現代靈性與深植於傳統、甚至反現代性的組織制度之間的碰面。不過，不可能存在著一種純粹的傳統：我們將夢道者的靈性追求稱為「超現代的」，而全真道士可以被稱為過著傳統生活的人，這種傳統被封裝在現代的組織框架之中。他們宗教生活的結構與合法地位，都是由傳統賦予的，然而，這種傳統在過去這個動盪世紀中大部分已經發生了變化。全真道士沒有參與現代文化的意識，他們唯一能做的就是「出家」，去過一種出家生活或隱修生活，以便「擺脱」現代人的種種社會關係與生活方式。但是，這並不是一種「反現代」的姿態。當他們有條件時，道士們毫不猶豫地使用現代的技術與裝備。將全真道固化為一種嚴格的傳統形式，本身就是中國現代國家意識形態與組織實踐的一個產物，將道教作為一種獨特的信仰體系和文化，封裝在一個完全世俗的政治結構中。

在意識形態上，**宗教**這個範疇在中國被定義為世俗現代性的對立面，作為一種傳統，其本真性只能在過往中找到。而這，就其定義來說，意味著脱離世俗的事務。但事實上，在1949年後的規範建立以前，道觀和道士都是深深扎根於地方社會中的，甚至道觀常常兼為集市。而新政權將全真道觀限定為純粹的宗教與超越性的追求，並且禁止正一道士提供有償的儀式服務。從制度上來說，這種由國家支持的道觀管理與宗教人事管理體系過於嚴格與保守，不利於創新與改良運動，而創新和改良本來可以推動宗教在當代社會中的作用。相反，道觀只是被市場化為一個旅遊勝地，現代的消費者可以在那裡淺嘗輒止地體驗一種前現代的傳統。當我們將當代全真道的出家制度稱為封裝式的時候，我們基於的是這樣一種狀況：現代國家為了意識形態的、政治的以及經濟的原因，將道教「固化」為一種外在於現代性並與之平行的存在。在此背景之下，大多數的全真道士穿著他們獨特的道服在道觀裡值殿，而有一些道士則追求著他們的道教修煉，沿著一條離開但並不反對現代性的路徑：他們追求與道合一，想超越世俗的隱憂。但是，他們超越性的可見特徵：獨特而神聖的生活方式、道觀以及聖山，卻被極其現代的物質文化思維視為「商品」。

五、相遇

2004年夢道者團隊一抵達玉泉院，就有一名道士出來迎接他們。這名道士穿著道袍，身材修長，將長髮在腦後挽成一個髮髻。這位就是陳道長，他是玉泉院副住持以及華山道教協會辦公室主任，他負責六十名道士及分佈在華山各處的十幾處道觀的日常管理工作。他當時三十四歲，看起來就像是一名大學生，但是他卻因為在靈性修煉上的出色成就而受到中國各地許多道士的深深尊敬。他領著團隊成員去玉泉院的會議室，這個會議室位於道觀後面的一棟樓裡面。團隊成員圍著一張長長的橢圓形桌子坐下，每個人的面前已經準備好了一杯茶。陳道長站立在桌首位置，在他身後牆上掛著一幅17世紀全真道龍門派祖師王常月的畫像。陳道長給大家簡要介紹了華山的歷史，列舉了華山一些著名修行者的名字，重點講述了華山派道士。然後，他開始給大家傳授道教的「光明心」功法：

> 在起勢動作之後，存想光線位於胸腔中部的膻中穴：光線首先在中央，是黃色的；然後在左邊，是綠色的；然後在後面，是紫色的；然後在右邊，是白色的；然後在前面，是紅色的。想像所有的光線都匯集於中央，照徹整個身體，每一個器官，甚至每一根骨頭。然後，想像有一朵白色的蓮花，一個孩子坐在花的中央。然後將孩子與蓮花送走，返回於匯集的亮光之中。每練習一遍要重複這種存想49次；每天可以重複練習數遍，但需要是奇數，例如1，3，5……

當陳道長講解時，一些夢道者跟隨著他的指導，開始進入冥想狀態。在問答環節中，一位體態豐滿的金髮中年女士説，她覺得有一種想哭的感覺，而且心跳得厲害。「非常好，」胡道長回答說，「信息正在慢慢滲入你的內心當中。」

之後，胡道長向我們解釋剛才發生了什麼，他說：

> 這叫做「身受」。你用你的身體去傾聽。即便你的思想並沒有聽見，但是你的靈卻有感知。我以前授課時，曾經有一位女士哭了起來。我當然不想讓她哭，因為作為一名中國人，我不想讓她丟臉。但是站在修煉的角度，我們不會考慮面子的問題。如果在你的靈魂深處，你想要哭，你心裡想要哭，那麼就可以通過哭泣，通過接受「神炁」，即先天之炁，將內心深處的東西排解掉，淨化自己。在那個時候，對面子的顧慮就會被放在一邊。因為如果顧慮面子的話，這種循環就會受到阻礙。[1]

胡道長的話暗示，那位美國女士已經將自己打開，接收到了胡道長和陳道長傳給她的先天之炁。後來麥考文在他的網站中記錄了這次傳氣經歷，他稱之為「史無前例的」。不過，他將這次的傳氣說成是陳道長向他開啟的，因為他，那位美國女士才獲得了甚至大多數道士都不曾知曉的道教內丹秘術：

> 即便到了今天，大多數的中國學徒，甚至傳授氣功和打坐功法的老師們，都不了解這些內丹方法（謝明德傳授的七訣）。我最近去華山旅遊，華山是中國最神聖的道教聖山，在那裡，我對我的好朋友副住持陳道長描述了這些內丹的幾個口訣。在以前的訪問中，我們已經多次就道教這個話題進行過長談，但是我一直很小心，不去打聽陳道長個人修行的情況，或者討論我自己的修行。
>
> 但是這位住持終於敞開了胸懷，為我的一群西方學生傳授了華山內丹的一個修行方法（即上面提到的「光明心」打坐方法），這在華山有史以來還是第一次。因此，我也與他分享了我的修行，以及內丹七訣的結構。他吃驚地喘了口氣，幾乎說不出話來。「這些是非常秘密的方法，」他說，「甚至在中國都很少有道士知道你剛才說了些什麼。」[2]

---

1. 2004年8月13日，華山，宗樹人對陳道長和胡道長的訪談。
2. 網址：http://www.healingtaousa.com/tao_alchemy_formulas.html（2015年8月31日查閱）。感謝范恩克沃特（P. G. G. van Enckevort）讓我們了解到這部分內容。

在前面幾章裡，我們比較了夢道者與雲遊者個人和集體的軌跡，探討了實體自我與天人合一兩種綜合模式。通過這種模式，他們各自體會並詮釋著他們對於聖山的經驗。在這一章裡，我們要進一步考察這兩個團體之間的互動。我們思考著他們對於彼此的態度，他們在道教修煉上的各持己見，以及他們交流中涉及的經濟方面。所有這些將會顯示出，在對於道的追求這個問題上，這類的接觸與交流可以造成多大程度的誤解與誤傳。不過，交流中也存在著一些「奇妙」的時刻。道士與夢道者之間的氣場呈現出正向能量，創造出一個我們稱為「跨國公共域」的重要時刻。對於參與其中的一些成員來說，正是這些使生活發生改變的體驗，給了他們一種未曾預料到的全新感受，讓他們與華山、山中的道士以及華山的神聖歷史有了個人的聯繫。

夢道者行程的重點是拜訪道教的聖山，與全真道士進行互動——這是一種朝聖的方式。在這個過程中，這些旅行者將自己與這些發源地和道教傳統的鮮活化身聯繫在了一起。[3] 在世界其他地方，靈性旅行已經造成了旅行者與當地民眾的緊張關係。比如那些想要攀爬澳洲烏盧魯巨石（Uluru Rock）的旅行者們與原住民阿南古人（Anangu）發生了衝突，這些原住民認為這種攀爬行為是對聖山的不尊重。這些新世紀的旅行者們已經將烏盧魯融入到了他們自己的宇宙圖式中，他們演練著自創的儀式，在山岩上紮營過夜，全然不顧阿南古人的反對。[4] 同樣，夢道者在華山舉辦著自己的氣功班以及道教婚禮，而這些與當地道士的修行毫無關聯，這些我們在本書的尾聲部分將會提到。這些本地民眾，例如美國的達科他人和澳洲的原住民，在面對外來壓力時感受到了一種文化滅絕的真正危險，因此經常反對那些追求靈性的旅行者和新世紀修行者對於他們的儀式、宇宙觀以及聖地的挪用。然而，全真道的道士組織以及我們訪談過的道士，並沒有感到自己受到了這種趨勢的威脅，即便他們經常瞧不起這些夢道者。在中國不斷增強的民族主義，以及中國在世界舞台上影響力不斷增長的背景下，對於道士來說，這些人只是代表了那些意識到道教文化優越性的外國人，這些人的到來為道觀和華山帶來了經濟上的收益。他們只是漫長的朝聖歷史中的一朵浪花，就像過去數世紀中湧入華山的其他旅行者一樣。

---

3. 韓書瑞和于君方，《朝聖和聖地》；傅飛嵐（Franciscus Verellen），〈聖地崇拜〉（"Cultes des sites"）。
4. 斯朵斯伯格，《宗教和旅遊》，第102頁。

表面上，道觀領導歡迎夢道者——作為向世界傳播道教的方式，這件事不需要費什麼力氣就能完成。不需要費什麼力氣就能完成的事情。以其中一個領導的話來説，就是「只是因為它可以吸引人」。而另一個人則説，這可以帶來「四十至五十年之後道教在全世界的繁榮發展」。招待旅行團的道士們也看到了這對於中國道教的好處：「這可以刺激中國道士更努力地學習，給予他們信心，並且喚醒他們，讓他們看到外國人行為的價值所在。」此外，「它能激發中國人對於道教的興趣，當他們看到外國人在這麼做的時候，這將激發起他們自己的興趣。」[5]

實際上，比起西方人從事所謂道教修煉的景象更讓人感到驚訝的是，幾乎看不到什麼中國人進行道教修煉。一群西方人湧入一個安靜的中國道觀中時，就已經顯得很不尋常了——而當這群人在中國旁觀者困惑不解的目光注視之下，開始整齊劃一地練習起氣功時，就更加不同尋常了！在中國，甚至道士們都從來不在道觀的院子裡練習氣功，更不用説在機場了。他們更不會去抱著樹！那麼，出現這種亂糟糟的不協調感的原因，應該有以下幾種可能：一是夢道者完全曲解了道教，他們追求的不過是他們自己想像中的道教。二是如果夢道者所做的是符合於道教的，那麼，為什麼大多數的中國人對於這種傳統如此忽視呢，為什麼很少有道士去從事這種道教的修行呢，又為什麼比起大多數的中國人來説，這些「外國人」更有這種意識，至少是更熱切地想要修道呢？三是，或許這確實是中國文化的一個方面，但是中國人認為它是一種愚昧的迷信，從而正確地丟棄了它、抑制它？四是，或許夢道者所做的確實是符合道教的，不過卻是以一種全新的、創造性的方式展開的？出於各自智識上與文化上的偏好，讀者們將會在本書以及本章我們描述的那些相遇中，分別找到支持以上四種假設的依據。

(一) 平等的相遇？

一般有文化的中國人，除了從中國的文學、哲學以及詩詞中獲得一些關於道教泛泛的觀念和感受之外，都沒有什麼特別的道教知識。儘管如此，他們通常認為一個外國人是不可能理解道教的。這種態度在全真道士中更加常

5.　2004年7月，宗樹人的華山田野筆記。

見。郝道長曾經告訴夢道者團隊成員説，中國道教經文的意涵極其豐富，「如果你不懂得中文，就很難到達修煉的高級階段，因為你怎麼能夠從這些中國經書中體悟出道的深刻含義呢？」[6] 對道教的體悟只有中國人、或者懂得中國語言的人才行。如果不具備這些條件，無法想像如何能對道教有任何真正的體悟。當西方人對於道教的理解和態度讓全真道士感到吃驚時，這些道士通常會將這種情況歸結於他們前世或來世。比如，胡道長告訴我們，我們現在能夠與道溝通，歸因於我們過去曾經生活於宋代或明代。[7] 另一個道觀的道士則堅定地對一位夢道者説，她下輩子將會轉世為中國人，這樣她就可以增進她的修煉。[8]

陳道長和胡道長個人非常樂意與這些美國道教旅行組織者做朋友，但是他們對於這些人的道教修煉水平並不如何看好。在談到約翰遜時，陳道長説：「我真的很喜歡他。他非常可愛。但是他盲目地追隨著他師父的錯誤教導。他在很多方面都是錯的，但是他不聽勸告，有的時候他甚至為此生氣。」[9] 陳道長對於麥考文在婚姻上的忠誠印象深刻，他説：「麥考文就像一個孩子一樣單純。他認為自己很聰明，雖然並非如此。但是我對於他滿懷敬意，因為他對自己的妻子一直保持著忠誠。儘管她不能為他生育一個孩子，但是他對她一直保持忠誠，直到他的妻子離世。」[10] 但是，另外有一次，陳道長又説：「他完全錯了。他到處旅行，甚至去了印度，但是，他完全沒有抓住重點。這就是為什麼我告訴他，最重要的是道教的思想。」[11] 説起麥考文向其描述謝明德的「一雲七訣」時，胡道長説：「這種方法很複雜，但是還不錯。當你向我描述第一階段時候，我的感受很強烈。但是當你説到其他階段時，我毫無感覺。」胡道長暗示著麥考文尚未超出第一階段。[12]

然而，麥考文並不這麼認為。他感到很自豪，因為他被中國卓有成就的道士視作為數不多的通曉道教最高修煉機密的人之一：

---

6. 2012年6月2至4日，宗樹人的華山田野筆記。
7. 2004年8月13日，華山，宗樹人對陳道長和胡道長的訪談。
8. 2012年6月2至4日，宗樹人的華山田野筆記。
9. 2009年8月28日，成都，宗樹人對陳道長的訪談。
10. 2009年8月28日，成都，宗樹人對陳道長的訪談。
11. 2004年8月，宗樹人的華山田野筆記。
12. 2004年8月，宗樹人的華山田野筆記。

當西方修行者開始提出關於內丹比較高級的問題時，中國人的表情是：「什麼？這些西方人怎麼能懂得這些事情呢？他們竟然懂得這些術語，中文的術語。他們怎麼能問出這些問題呢？」我想說的是，這裡面存在著一種抗拒，一種真正的吃驚成分。這就好像在說：「等等，這可是我們的秘密啊，這是我們的東西。你們怎麼會知道的？」甚至當陳道長說：「我們一起打坐吧。」……然後他給他的師父打電話問道：「我可以和這個人一起打坐嗎？我們已經認識七年了。」……他的師父說：「哦，可以吧，聽起來他還不錯，他應該不會太辱沒你。」然後，當我們開始打坐時，陳道長感到很吃驚。他說：「哇，這太厲害了。」然後我告訴他我正在研習的口訣，他又說：「你知道吧，這些是中國最高等級的秘密，甚至中國都沒人知道這些。」中國存在著一種文化上的假設，即一個外國人不可能懂得這些事情……中國的道士會說：「你們這些人怎麼會……是誰教給你們這些東西的？你們是怎麼知道所有這些事情的呢？」他們不得不讓自己從驚訝中平復下來。當然，之後，過了一會兒，他們開始慢慢了解我了，他們說：「就是這個人，是他把那些學習內丹的人帶來的。」這就像是說，「這是真的。」[13]

回憶起這件事情時，陳道長承認他的確很吃驚，當他發現這些外國人已經將內丹修煉的方法系統化了，這說明他們在這方面掌握了相當程度的知識。但是他又說：「我表示吃驚，一部分是出於客氣——我從來沒有說過中國沒有人懂這些！」[14]

對於夢道者的組織者來說，喚醒中國人對於他們自己道教遺產的重視，並不僅僅是夢道者旅行一個有益的副產品，而是一個有意識的目標。旅行的目的，也是為了啟動與培育之前數代修煉者與仙人所遺留下來的「氣」，正如我們在第二章中看到的。夢道者團隊成員被賦予了「道的使者」的角色。他們對存在於全真派出家制度中道教的宗教性表達沒有多少興趣，並且將自己視為一種在現代中國已失落的「真」道的修行者。這是一種無聲的傳道形式。以這種方式，這些夢道者通過他們的氣，向他們經過的地方注入一種遺失了的本真性；通過在公共場所一起練習氣功，他們有意識地要讓旁觀的中國人

13. 2013年11月13日，北卡羅萊納州阿什維爾，宗樹人與史來家對麥考文的訪談。
14. 2016年5月25日，成都，宗樹人對陳道長的訪談。

感到驚奇，從而讓這些中國人反思他們自己的靈性傳統。「當四十名外國人開始在青柯坪進行修煉時，」麥考文說，「其數量是華山山谷人口的兩倍，這使中國的道士非常吃驚，讓他們明白這些外國人正在做的事情的價值所在。」[15] 這種態度的極端形式，被表達為一種極度東方主義和沙文主義的話語：「中國人比美國人更迷失，」一位夢道者說。而另一位則認為：「這些中國道士，除了在華山的，大部分都遠比我們這些西方修行者的水平要落後，而且他們似乎並不在意……這些中國人對於我們參訪的聖地沒有任何敬意。我們去到那裡就是要展示給他們看，他們可以再次成為的樣子。」[16] 又或者，以另一位成員的話來說：「是我們這些美國人想要保存它……我們似乎變成了歷史學家……也許我們能夠激發起某些事情。」[17]

因此，這些美國團隊的態度並不純粹是為了觀光，也不是大老遠跑來從真正的道士師父那裡尋求智慧。這些旅行並不是關於中國或中國道教的，而是關於如何與一種被中國人甚至大多數道士所忽視的「能量」進行連接。「這才是關鍵所在，『道』是普遍的。行走在這些山裡的中國人可能會、也可能不會與這種氣連接，但這並不是我所關心的，」麥考文說。這些團隊所追尋的，並不是今天這些活生生的道士，而是過去時代中修煉者們所開啟的「能量」。「這就是我們為什麼來中國。以前的那些道士與這些非人的能量已經交流了數千年了。交流的管道已經被他們打開了。這些氣在其他地方也存在，但是沒有被連接過。在這兒，它們已經被交流了很長的時間。我們沿著一條前人已經走過的道路在行進著。」

這些美國人跑去山裡與那裡的氣連接，但是卻不學習全真道士的方法。不僅如此，他們還聲稱自己擁有著更優越的西方科學方法。聽聽麥考文是如何說的：

> 西方優越性的原因在於，科學開啟了所有的秘密，並將信息共享，這導致了科學的進步。而中國的保密文化喜歡秘而不宣。內丹將在西方發揚光大，因為它不會被歷史的重負所扼殺；它與西方的文化無關。因此，在西方，秘密將被公開，將會被共享，而這將刺激內

15. 2004年7月，宗樹人的華山田野筆記。
16. 2004年7月，華山，史來家與宗樹人對夢道者團隊成員的訪談。
17. 2004年8月17日，史來家與一位夢道者團隊成員通訊的電郵。

丹在中國的發展。這就像指南針、火藥以及造紙術一樣。不是中國人，而是西方人將它們發揚光大。[18]

麥考文表述得很清楚，這與我們自己在觀察中留意到的一樣，他說：「對於中國制度性道教的正統性最沒有興趣的，是那些嚴肅的夢道者，他們在氣功和內丹方面已經修煉了五年、十年或者十五年——我自己則已經是三十五年了。」[19] 他們越是專注於自己的修煉，就越是沒有興趣向中國道士們學習。「我不想學習念誦漢語經文，或者演奏他們的儀式音樂。這些都是許多道士主要的日常活動。我很高興能了解到他們正在做些什麼，也很高興他們願意將這些與夢道者分享——但是我知道，沒有任何一位夢道者會有興趣去學習這些。」[20] 雖然康思奇已經發表了有關早期全真內丹文獻的詳細研究，但是麥考文說：「我發現，沒有任何證據能證明這些內丹方法在華山仍然有人知道或者還在被人使用。這種情況在道教的其他名山同樣存在，我曾經就內丹問題訪問過許多那裡的道士。陳宇明是第一個承認他從來沒有學習過全真道『金關玉鎖二十四訣』內丹術的人。他在意的只是他師父謙遜的品德，而**不是**關注內丹的修行方法。」[21] 正是基於這個緣故，麥考文宣稱，就對於一雲七訣內丹術的掌握和對無極功的傳播來說，他在道教修煉方面比大多數的全真道士要高很多。

麥考文作為一位氣功專家去華山拜訪，他很高興能與華山道士建立**一種平等的**友誼關係。旅行團的行程安排包括華山道士講述與傳授打坐功法，麥考文更多地將這些活動視為一種專家同行之間的「意見交流」，而不是道士們所認為的師徒之間的傳授。當談到山上其他某些道士對於他對華山的熟知感到吃驚時，麥考文說：「這是全球性互動的一部分」，在中國人與西方內丹修行者之間，「學會以一種平等主體的身份進行交談」。[22] 而在另一個場合中，他從技術上批評了道士傳授的光明心打坐方法，他說：「西方人的基礎還不牢固，因此他們應該從丹田而不是從心開始。授課應該針對西方人的情況進行調整。光明心方法適合於那些獨居於山中的修行者，這種情況下，沒有複雜

18. 2006年6月5日，華山，宗樹人對麥考文的訪談。
19. 2016年2月22日，麥考文給宗樹人的電郵。
20. 2016年3月8日，麥考文給宗樹人的電郵。
21. 2016年3月8日，麥考文給宗樹人的電郵。
22. 2012年6月2至4日，宗樹人的華山田野筆記。

的方法，修行者保持著獨身的狀態。而在現代都市社會中，必須先把基礎打好，因此，修煉應該從下丹田這個部位開始。」

另一方面，全真道士的態度遠非麥考文所主張的平等主義，他們強調師徒關係是修煉的基礎。道士的態度與夢道者的態度形成了鮮明對照。例如，團隊成員之一、從阿什維爾來的一位針灸師告訴我們：「我能理解有時候一位師父能帶給你靈感，促使你進步，但是更多的情況下，你是依靠自己來領悟的，體會自己身體經絡中的氣流。你開始變得對於不同的氣很敏感，並學會如何與它們打交道。這些都是可以通過你自己來完成的，並不需要一位師父。」[23]

但是對於胡道長來說，夢道者提到的那些反應，即當他們在練習光明心冥想術或者聽他講述故事時出現的那些具身感受與能量的流動，並不僅僅是因為這個地方所具有的力量以及冥想術的運用，而是他與夢道者團隊之間形成了一種師徒關係。「這並不僅僅是一個技術傳授的問題：**最重要的是師父的力量**。如果沒有師父的力量，沒有一個傳承譜系，所有這些技術都毫無用處。」[24] 儘管在交流中，胡道長對於他與團隊之間產生的能量流動感到滿意，但是他就西方人對於修煉的一般態度提出了批評。首先西方人總是喜歡對師父說過的任何話提出疑問，他說：「一般來說，中國的徒弟總是深信不疑，因為他們知道沒有師父會傳授錯誤的教導，如果師父那樣做的話是很危險的，將遭受天譴。而西方人喜歡問一些客觀性的問題，總表示出許多懷疑，這干擾了正在被傳授的信息中的力量。」「中國與美國的修行者之間最主要的不同，就是中國人不問問題，他們只是去做。但是美國人總有問不完的問題，他們總想知道為什麼是這樣、又為什麼是那樣。他們只有把事情搞清楚了，才願意去做。」夢道者不停地問問題，讓道士們覺得他們沒有學生或徒弟該有的樣子、沒有把他們作為師父來尊敬。他們還發現，這種在等級上的不尊重，還表現在其他行為方面。陳道長講述了在幾年前他如何陪同五名美國氣功師上華山的情形——「據說他們五人都名列美國最頂尖的六名氣功師之榜」，當爬到一半時，由於健康不佳，他感到爬不動了。這幾個美國人提出要合氣對他進行治療。「當然，他們是出於好意，這是一種文化上的不同。但是在中國，在傳統的師徒關係中，學醫的學生絕不會提出他們可以治療自己的

23. 2012年6月2至4日，宗樹人的華山田野筆記。

24. 2006年6月2日，宗樹人的華山田野筆記。

老師，同樣，學武術的學生也絕不會提議教老師幾個招式。」即便之前從來沒有遇到過這些美國氣功師，與他們也沒有正式的關係，而且比他們年輕，陳道長認為僅僅憑藉著這樣一種事實，即他是一個中國人並且是一名出家的全真道士，他就自然而然的應該作為師父而受到尊重，並且認為徒弟是沒有能力去治療師父的。

但是，這還不僅僅是一個等級上尊重的問題。對於胡道長來說，任何一絲絲的懷疑都會干擾氣從師父流向學生，因此破壞因相遇而產生的「氣場」。他提到一個例子，一個來華山的外國團隊裡面，有一個喜歡懷疑的翻譯，這個人破壞了現場的氛圍，「氣場壞了」，因此他不想再說任何的話了。

一種潛藏的動機與態度，給夢道者與招待他們的道觀東道主之間製造了可能的誤解與緊張關係。這正是我們在開始此項研究時所提出的假設。考慮到這些美國人的自以為是也許是荒唐的，我們假設他們很快就會被全真道士們拒絕，而且這兩種人群的任何交流都將是建立在誤解的基礎上。他們最初的接觸印證了我們的假設——儘管道士們慷慨地招待並且樂意迎合夢道者，但是在他們與我們私下的談話中，他們對夢道者持有一種強烈的批評態度，不過他們也保持著一種屈尊俯就的寬容態度，以及一種樂觀主義，認為隨著時間的推移，這些西方人將會對真正的道教有更好的理解。

當談到氣功以及修煉道教技術的其他俗家師父時，無論他們是中國人還是外國人，這些全真道士總是一開口就強調萬法歸一，說其中一些人的確有些功夫和傳授了真道，以及這些修行實踐包含了「一些非常基本的道教要素」。有一個道士說：「這個世界上並不存在與其他事物相分離的純粹道體。氣功、太極拳，甚至瑜伽，都是通向『道』的途徑。許多人通過這些修行接近道。儘管，一旦你接近了道，你就會發現這些事物其實並不重要。」他們看待這些美國夢道者的眼光，就如同他們看待中國的氣功修行者以及那些世俗的靈性導師的門徒一樣——這些人罪加一等，對師父缺乏敬意、喜歡把許多事情混為一談：過於關心功法，而忽略了德性以及修煉的真正目的；他們只對道教的一小部分感興趣；以及，相較於作為完整的道教傳統代表的全真道士來說，這些人一般來說水平都太低。

(二) 道士是如何看待修道的

全真道士對於中國的氣功運動或者美國的道教並不認同。華山的全真道並不打算把自己變成一種現代的靈性資源；在現代政治與經濟結構中、在其歸屬的一個封裝起來的空間裡，它堅守著傳統和一個永恆的「道」，而這個道，只能通過傳統、派系傳承、師父、儀軌，以及過去的制度來認知與把握。在全真道的制度中，中國氣功和商業化道教養生被認為是旁門左道，不符合道教正統的形式——出於這個緣故，道士批評夢道者的動機與態度：他們將道教的技術脱離於其土壤，即將其與道教的信仰、宇宙觀、倫理、儀式以及派系傳承剝離開來，將技術工具化，使其服務於健康或個人力量的世俗目的。

陳道長認為，那些在美國流行的「道教」修煉方法，不過是「運用了一些道教術語和神秘性的簡單健身方法」。陳道長認為它們不過是一些「小術」和「旁門左道」，也是20世紀初動盪時期，一些「騙子大師」所傳授的東西。這些東西現在於台灣遍地都是，並且因為聲稱自己屬於道教而獲得了合法性。「現在這些東西又傳到了美國，」陳道長説，「我喜歡與西方人討論以及給他們講課，就是為了糾正這些被歪曲的知識，防止因為它們是最先被傳播到美國的，就獨佔這個領域。」[25]

實際上，這些全真道士以一種微妙的方式，在他們與夢道者進行談話的時候，以及他們在私下裡與我們更開誠佈公的討論中，強調道教的修煉不能被簡化為那些吸引西方人內丹修煉以及氣循環運行的功法。在不同的背景與對話當中，他們都反覆地提到，如果缺失了道教的信仰和思想、道德品質、派系與師承，以及宗教儀式的操演，那麼「所有的這些修煉術都是沒有用的」。對這些道士來説，術的操練，只能在「修煉」的意義上來理解。這個詞包含著這樣一個概念：修，意味著逐漸獲得秩序和完善；煉，意味著通過鍛造來提煉，正如元素在煉金爐裡發生的變化。身體就是進行修煉的主要丹爐，將其中未經提煉的物質轉化成輕盈長生之體。高級的修煉被稱作「功夫」。「功」同時兼具品德與技術的觀念，表現為道德上的無私、非凡的智慧、治癒的能力，以及慈悲心。

---

25. 2009年8月28日，成都，宗樹人對陳道長的訪談。

從身體和聖地獲得的體驗之所以重要，僅僅在於它可以吸引修行者，使其關注道教的宇宙觀。遵循著這個宇宙模式，修行者可以向著那個終極的生化之源努力地靠近。但是，這個宇宙模式並不僅僅是一個抽象的象徵體系，通過智識上的努力即可以學習到。它只能通過一條複雜的修煉路徑來領會，首先就是對神仙的信仰——「一種對於超自然存在的信仰，它是德性的基礎，因為這個世界上的所有行為都與一個更廣闊的世界相聯繫——否則的話，功法毫無價值。」對於全真道士來說，除了身體的修行功法之外，這條路徑首先需要一個引導，通過他們稱為「信仰」或「思想」的東西，通往終極目標並且要循序漸進；需要儀式的操演；需要具備高尚的德行；最後，還需要與一個派系和師徒關係建立連接。

通過這種修煉的話語，全真道士將自己與俗家師父以及普通修行者完全區分開來，無論這些人是中國人還是外國人，他們掌握了何種道教技術，例如氣功、內丹、武術、中醫，甚至是房中術。儘管全真道士並不反對這些技術本身，但是他們反對以工具性去運用這些功法，使技術的修煉只是為了實現一個具體的目標。正是這個特點，使這些功法能夠輕易地適應於現代的、甚至是科學的工具理性，因此已經在現代文化中變得廣受歡迎——無論是在中國還是西方——而這正是全真道士所拒絕的。對於他們來說，真正的修煉源於內在動機或者靈性本質；但是，它可以通過不同的修行和功法來表達、培育以及完善。「道教修煉的主要問題就是心性，即道與德。這正是它與氣功的區別，」陳道長說。沒有任何技術可以天然達到或者提高修煉，而為了工具性的目的修行技術，並不會自然而然使一個人的修煉水平獲得進步。這需要將內在動機不斷純化，因此，信仰的培養、對道教思想的理解、道德品質的增強、跟隨一位師父學習，以及進行儀式的操演，都是至關重要的。對於想在氣功練習中追求快速成就的現象，道士們也進行了批評。郝道長講述了一位年輕氣功高手的故事。在1990年代初期，這個高手想要在華山的一個山洞裡待上六個月，修習辟穀——一種齋戒技術，進行辟穀的人完全或者部分停止進食，只是通過服食「氣」來獲得養分。「我試圖勸他進食，但是他非常頑固。他想通過幾個月的修煉就達到需要一生才能達到的水平。你覺得你可以只讀兩本書就變成一個高階的修煉者嗎？他太急於求成了。最後，這個男孩只能放棄辟穀，開始吃東西。」

從這個觀點來看，身體與冥想的修行，只是一種遠為廣闊和深邃的道教修煉過程的一個小小部分。「有些人拿了道教的一點皮毛或者功法，用來謀取自己的利益。但是道教是一個整體，就像中醫一樣：你不能孤立地看待腳或者身體的某個部分。氣功就像是西醫，它只能暫時改善一些症狀，但是它治不了本，」胡道長說。談到人們在練習氣功時熱衷於感受到氣的流動，陳道長說：

> 我不想多談論氣的體驗，這是一個非常狹隘的事情。這就好像當你聽見一首新的歌曲，你的靈魂就會被它觸動一樣，這是一種情感的反應。許多人覺得……這種氣的體驗是一種了不起的事情。我覺得，那是你忘記了還有最美好的事情；這種氣的體驗就像是一首表達悲傷情感的歌曲。你如此的陶醉於這種氣的體驗當中，但是這恰恰説明你沒有站在一個人的視角來看問題，你甚至沒有達到一個普通動物的水平——就連植物也有感覺。你只知道説這是「氣」，這也太簡單了！我們有一種説法是：「在意則活，在氣則止。」你需要去領會「意」的含義，而不是整天圍著氣打轉。[26]

從這個觀點來看，陳道長認為，道教當中最重要的事情就是道教的思想；功法則是第二位的。思想應該統御功法，而不是相反。然而，麥考文對此並不認同：「西方人的思維方式非常地結構化，因此呈現給他們的東西需要是一種結構化的體系。如果你一上來就給他們講『道』和『無為』，他們是無法接受的。但是，如果你先給他們一個功法體系，他們就可能會接受它，然後再對道產生興趣。」[27] 對此，陳道長表示同意，在中國歷史上，情況是一樣的。但是他堅持認為，「如果不關注於道教的思想，一個人修煉的結果，僅僅是變成一個稍微健康一點點的普通人。無論在中國還是在西方都存在一種傾向，那就是只關注於道教的功法方面，而忽視了它的思想內核，但這樣是毫無用處的。」

與此同時，道士還強調宗教性的修煉，不僅是身體和打坐的功法，還延伸到崇拜行為上。「那些認為儀式與修煉無關的人完全錯了，」胡道長説。他使用了1980和1990年代氣功運動中常用的術語，繼續説道：「儀式是修煉的

26. 2016年5月25日，成都，宗樹人對陳道長的訪談。
27. 2006年6月5日，華山，宗樹人對麥考文的訪談。

一種形式。在拜斗儀式中，我就在輸送給你們團隊成員的能量當中添加了信息。」陳道長指出，近幾個世紀以來，道教已經失去了它大部分的靈性，而過度地關注外在形式。他說：「在早期的道教中，真正的道教很少強調外在形式。但是近幾個世紀以來，外在形式越來越多。到了明清時期，道教走向衰落，開始越來越像佛教了。」然而，他同時也強調外在形式是非常重要的：「這個問題在中國也很常見，人們總是想學習修煉的功法，而忽視了宗教的方面。他們試圖區分道家與道教。因此，當我強調外在形式並不重要時，人們感到很吃驚。但是同時，我也說過，一些習俗，例如燒香，以及一些流行的崇拜形式，也是非常重要的。甚至許多道士也說這些事情不重要，但是如果真的如此，為什麼它們能夠流傳這麼多個世紀呢？這些行為中一定蘊含著某種深刻的意義。」

同樣，道教傳統的有機統一必須得到尊重。陳道長談到一位他認識的美國人，這個美國人同時對氣功、太極、道教、藏傳佛教、印度教以及基督教感興趣，陳道長這樣說道：

> 這是一個趨勢，而且隨著人們的交流越來越多，不可避免。人們這裡學一點，那裡學一點，一下喜歡這個，一下又喜歡那個，然後將所有東西拼湊在一起。儘管現在這個時代，這樣做是無法避免的，但是這仍然是危險的。雖然說，所有宗教的本質都是相同的這一點是對的，但是大多數人並沒有做出正確判斷的能力。在一個非常粗淺的層次上，他們沒有問題，比如說，武術家們互相展示他們不同的功夫，但是，如果想要把這些功夫混為一體，就不行了。只有那些層次很高的師父們能夠做到，因為他們站在一個更高的位置、有著更開闊的視野，所以能夠分辨什麼是好的以及什麼是不好的。他們知道最高的原理是什麼，所以他們知道什麼是符合那個原理的。但是普通人不知道什麼才是重要的，所以他們無法明智地從不同的傳統當中去進行擇選。新興宗教的創立者，就是那些在現存宗教傳統中已經取得了大成就的人，他們超越了那個傳統，不再受到任何宗教的束縛。這樣的新興宗教的生命力將是很長久的。但是這樣的

> 創教者，當然不會是那些對不同的傳統只是一知半解的人，更不可能是那些以不同的修煉功法開班授課的人！[28]

全真道士的這些評論，表明他們在兩種強調之間不斷反覆：一方面他們強調超然，強調道的無形本質，強調修煉的不可見本質，以及外在形式在本質上的無用；另一方面，他們又強調，作為道教修煉的表達途徑，這些外在形式具有重要的作用。

同樣，當談到德時，陳道長說明並強調了修德的重要性，它是進行道教修煉的前提條件：「沒有這個基礎，功法的修煉是沒有用的。」胡道長則提到，許多的道家派系、氣功以及武術，都是假的，只是外在形式而已，因為它們缺乏修德的基礎。

從夢道者提出的問題，以及我們對他們的訪談當中，我們了解到德性並不是他們明確關注的東西，他們也不關注師承和派系。他們主要的興趣就是體驗山中的「氣」，其次就是學習打坐技術。陳道長講述了一件趣事，當時他被一個俄羅斯道教旅遊團聘請，帶他們去參觀一些著名的道教場所，他說：「他們很高興學習修煉功法和咒語，但是只要我談到德性與思想時，他們就露出一幅傻笑的樣子，皺著眉頭。我告訴他們，這些有多麼重要，如果不修煉心性，其他的一切都沒有用處。但是他們還是皺著眉頭。後來，他們直接告訴我不要再談什麼德性了！我為他們感到難過。」

麥考文團隊倒是沒有那麼生硬。麥考文說，他的無極功也強調「德」，例如心德、肝德、脾德、肺德，以及腎德。但是他所說的「德」，是指五個功能系統所具有的力量，以及通過修煉技術對這些力量的掌控。在中國的人體宇宙觀中，這五個系統與人的五臟相聯繫。不過，陳道長談話中說到的「德」，則是指一種道德行為，表現為：總是為他人著想，行善事，以及堅持符合德性的行為、公正、尊重他人、孝順、服務他人、給予，以及慷慨。對他們來說，修煉活動不僅是使修行者注意到一種更高層次的感受，即生命體與它的環境相關聯，同時也是為了讓他們感受到，在生命的每一個瞬間，這個生命體的行為與其他人相關聯。這些評述，反映了主流的全真道對於道教古老性命之爭的觀點，在關於如何平衡「性」(修煉一個人的靈性純潔) 與「命」(修煉並延長身體的壽命) 的爭論中，性被認為比命更重要。

---

28. 2006年7月17日，成都，宗樹人對陳道長的訪談。

麥考文同意「如果缺乏一種使命或者道德感，煉氣是沒有意義的」。但是他強調「道教意義上的『德』來自於內在，而不是由外在或者社會的宗教權威所賦予的」，因此他認為，通過教導修行者關於何謂「道德」來「對自我施加一種外在的權威」，是不合適的。[29]

關於德在修煉中的中心地位，可以從一些道士對於道教房中術的觀點中看出來。麥考文在談到陳道長時說，陳道長給許多美國旅遊團成員留下了深刻的印象，他的成就得益於他居住在大山裡，吸收了山中之「氣」；如果他是住在一個大城市裡的話，他不會獲得相同的成就。此外，麥考文評論了持守獨身戒律的道士在性方面的困境，他是從一個對性沒有顧慮的西方人的視角來看這個問題的。不同於持守戒律的全真道士，他的職業是一名道教推廣者，而且是從教授房中術課程開始的。在謝明德和麥考文最初出版的書裡面，都將房中術置於修行的起步階段。他們已經出版了一些非常暢銷的書籍，告訴人們如何去掌控性能量以及獲得更高品質的性高潮。他們為這些書取的名字都相當誘人，例如《道教的性愛秘密：男人性能量的修煉方法》、《多重性高潮的男人》（*The Multi-Orgasmic Man*），以及《多重性高潮的女人》（*The Multi-Orgasmic Woman*）。[30] 相對於麥考文等西方人的觀點，胡道長則強調，房中術通常只傳授給一小部分修行者，而在中國社會中，由於房中術似乎帶有淫穢色彩，所以傳授的人就更少了。陳道長則認為：「許多人傳授雙修（房中術），將其作為修煉的一種方法。實際上，這只是他們增添性樂趣的一個藉口。這些房中術對於血氣方剛的年輕人來說，根本就不需要，它們只對那些性能力衰退的老年人來說才有需要。而在修煉當中，雙修功法只在最高階段才會被傳授，並且只傳授給那些**已經能夠掌控**自己性樂趣的人。」

在道教隱秘的修煉世界中，西方人與道士可能都一直認為自己是對的。但是，如果存在著一個可以讓道士們證明自己優越性的領域，那麼一定是在武術方面。2012年夢道者訪問華山期間的一個傍晚，位於西峰的翠雲宮中正在進行著一場掰手腕比賽。參賽的一方是美國團隊的一名成員，他個子不高，但身材勻稱結實；另一方是道觀的幾個當地工作人員，和那個美國人比起來，他們的個子普遍顯得小巧。他們的比賽大多數是平局，但是那個美國

29. 2016年4月8日，麥考文給宗樹人的電郵。

30. 謝明德，《道教的性愛秘密》；謝明德等（Chia, Chia, Abrams, and Abrams），《多重高潮的情侶》（*The Multi-Orgasmic Couple*）。

人有幾次贏了中國人。長時間的比賽吸引了許多圍觀者，他們一些是遊客，一些是道觀工作人員。圍觀者們開始為這場比賽的勝負打賭。道士們從窗子裡注視著這場活動。這個時候，有一個道士走了出來，展示了一套有些誇張的武術動作之後，向這位美國人提出挑戰。他用不到一秒鐘的時間就擊敗了對手，接著又展示了一套功夫，然後就走回了他的住處。這個意思很明顯：道士的高超技藝挽救了中國的聲譽。

(三) 錢的問題

基於自己的優越地位以及作為主人的身份，道士們願意接受夢道者給予的經濟資助，但是他們對於這種交換的本質有著不同的理解。麥考文則是個生意人，他願意支付費用，但是也想要和對方講講價。對於道士來說，這種支付應該以「佈施」的形式進行，不應該討價還價，也不應該被看作是一種賺錢機會。陳道長解釋說，他曾經告訴麥考文，其他道觀聽到謠言，說華山的道觀免費招待外國團體，他們擔心夢道者團隊也會期待著獲得免費招待。其他道觀認為，華山有能力免費招待外國團體，但是他們沒有這個條件這麼做。因此，陳道長告訴麥考文，當夢道者團隊來華山參訪時，需要做一個「佈施」。2004年，夢道者團隊支付的「佈施」金額總共大概為1,600美元，包括團隊在道觀中的食宿費用，以及請工人打掃洞穴和為打坐者預先鋪設好木床的費用。不過，當下一次夢道者團隊拜訪華山時，道士們認為他們只需要支付1,000元人民幣，比之前的費用要少得多，因為這一次山上的洞穴不需要再次整理了。可是，麥考文只是送了一些茶葉給管理玉泉院的道士。因此，當夢道者團隊到達東道院，打算在此過夜時，道士們要求他們支付2,000元人民幣。麥考文拒絕支付這筆錢，於是道士不讓他走。這場僵局持續了一段時間後，麥考文妥協了，同意支付這筆錢。陳道長說：「如果他能早點佈施1,000元給玉泉院的話，他根本不需要在青柯坪支付2,000元！」

作為一名生意人，麥考文不會讓自己上當受騙。有一次，他聲稱自己被一個道士騙了5,000元人民幣。他為此寫了一封投訴信給中國道教協會會長。

協會進行了調查，證明這個道士是清白的。「所有的道士都很團結，」麥考文說，「這會讓每個人都丟臉，所以他們努力地掩蓋這件事情。」[31]

還俗了以後，陳道長收取麥考文每天1,000元，作為指導夢道者的費用。有一次，麥考文向陳道長建議，他們可以一起合作開一家公司，就像中國著名的道家氣功師王立平一樣——在法輪功被取締以後，王立平也許是在中國仍然活躍且最有名的氣功師——為期一週的課程，他收取每人每天800元人民幣的授課費用，而對外國人，則收取每人每天800美元。「麥考文說，如果是那樣的話，我和他就可以賺一大筆錢。他對於錢太癡迷了。我告訴他，我可以和他一起工作，繼續以現在的方式工作，無論他的團隊有多大，我還是收取每天1,000元的費用。我不想像王立平那樣做……麥考文曾說：『我是個生意人。』一個聲稱從事道教修煉的人，怎麼可能說出這種話呢？」[32]正是由於麥考文追逐金錢的態度，讓陳道長最後決定不再繼續與他的合作；也是出於同樣的原因，他結束了與比利時人的合作，對方曾經邀請他去歐洲授課。

2012年，麥考文本來打算去拜訪王立平，直到對方表示要收取每小時1,600美元的聊天費用，這終結了麥考文想要聯絡中國企業家合作者的打算。於是，夢道者團隊繼續與全真派道士會面。這些道士穿戴著具有異域風情的長袍和帽子，他們不會對旅行團行程中的「靈性商品」收取任何費用，不過，他們對於期待中的「佈施」卻很在意。

(四)跨國公共域(Transnational Communitas)

從華山道士對於美國夢道者的看法與態度中，我們也許會得出這樣一個結論：這些道士將這些美國人當作遊客接待數日，收取他們的佈施；等他們離開以後，道士們鬆了一口氣，繼續回去吹他們的笛子，下下棋，或者是看看電視劇。華山作為一個全真道士社區以及一個社會主義工作單位，其在**組織方面**的態度的確如此。但是，對於道士**個人**來說，他們與這些美國人有過親密的接觸，在時間中慢慢地建立了一種人和人之間的，以及精神上的紐帶，使他們放下冷漠的傲慢態度，嘗試著與這些外國人進行更深入的交流。當他們對於自己的傳統採取一種更加批判的立場時，一些全真道士的確就與

31. 2010年12月22日，北卡羅萊納州阿什維爾，史來家對麥考文的訪談。
32. 2011年8月30日，成都，宗樹人對陳道長的訪談。

西方人的想法很接近了。這種逐漸增強的吸引力，部分是來自於道士們與多次遠道而來造訪的朋友們之間產生的一種自然而然的情感。但是，這種情感在我們稱為「公共域」的重要時刻被極大的強化了。在這種時刻，雙方的交談不僅打破了他們由於各自的文化和不同的期待造成的壁壘，甚至還製造出了一種幻覺，打破了日常世界的邊界，進入到一個真實的神靈幻境之中。

人類學家特納（Victor Turner）描述過一種社會形態，它產生於人們處於一種閾限狀態的時刻，這讓人們得以暫時地脱離於規範了他們角色與身份的社會結構。在此種情境中，由文化所設定的那些區分，例如身份、名望、階層、等級、或者性別，統統不再起作用，人們體驗到一種無差別的、平等的，以及直接的互動，特納稱之為「公共域」。[33]

當我們開始此項研究時，我們最初的目的是想要觀察與分析這些交流與相遇，我們本來設想的是，這些交流與相遇只會建立在彼此誤解的基礎上。這也是大多數中國道士的態度，即便他們對這些美國遊客很友好、歡迎他們來旅遊，並且給他們一些簡單的指導。而這也是許多學者深以為然的。但是，隨著研究的深入，我們開始質疑這種預設：當我們見證了一些「跨國公共域」的重要時刻之後，似乎表明，在基於體驗獲得相同理解的層面上，真正的交流是可能的。這種令人心醉神迷的交流顯示，儘管在文化背景與期待方面存在著巨大的差異，當夢道者與全真道士相遇時，在一個基本層次上，**可能存在著**一種真正的交流。這是由於，儘管道教的身體修煉所產生出的體驗，對於每個個體而言是主觀的和獨特的，但是其中的相似性，足以使得無論是西方人還是中國道士都可以談論它，並且理解彼此在談論的東西。關於人類的身體、關於創造一種身體體驗的可能性，還有創造這種體驗的技術，都存在著一些普遍性的東西，儘管人們來自於不同的社會和文化環境。

不過，除此之外，一些中國道士開始嚮往著與這些西方人進行更多的互動。這些夢道者，由於對道教傳統的天真與無知，當他們與道士相遇時，帶著一種純真感。這種純真，恰恰是因為他們與許多的中國人不同，他們沒有背負著中國歷史、文化與政治的包袱；這些包袱使得中國人，無論是道士還是普通人，在彼此交往時，受到互相猜疑和面子比拼的影響，這些我們在前一章裡已經描述過了。這些讓人驚訝的相遇所具有的新鮮、質樸，以及無劇

33. 特納，《戲劇、場景與隱喻》（*Dramas, Fields and Metaphors*）。

本可循的感受，給雙方人員都帶來了一種對於超越的全新體驗。人類學家夏德斯（Thomas Csordas）提出，跨越邊界能帶來一種超越的體驗。因此，「**跨國的**」和「**超越的**」是彼此強化與建構的。[34] 我們在這裡講述的「相遇」，除了那些發生在道教修行者中的互動與技術交流的事例之外，還具有一種「跨國性超越」的性質——即閾限性質的互動，儘管它是暫時性的，卻使參與者擺脱了他們狹隘的舊習與陳規，產生出一種全新的不曾預料到的關於「超越」的靈感，而這正是他們在靈性修煉中所追尋的。

為了理解這些跨國公共域的重要時刻是如何產生的，我們可以思考一下，在兩個或更多的個體之間的對話，是如何不斷地創造出一個他們之間的意識世界的。我們可以思考一下一群鳥兒唱歌的比喻，陳道長曾用它來描述他與其他道士進行溝通時的情況：

> 有一次，一些道士來和我討論道教的經典。我拒絕了。他們問我為什麼？我説，在一棵樹上，有許多的鳥兒，其中一些唱的旋律很優美，其他的唱的旋律則很平庸。但是，所有的鳥兒都可以在那棵樹上自由地歌唱。如果現在有一隻鳳凰飛來棲息在這棵樹上，人們能夠將鳳凰的歌聲與那些小鳥的歌聲相比較嗎？牠們能夠在一起歌唱嗎？如果鳳凰開始高歌了，所有其他的鳥兒都應該安靜地傾聽。但是鳳凰不會唱的，因為牠只是在這棵樹上棲息片刻，然後接著再飛向別處。[35]

在這個例子中，講述者暗示他自己在靈性方面的成就太高了，就像一隻鳳凰，以至於他不會放下自己的身段去和那些普通的鳥兒一起唱歌。我們可以思考一下這種觀念，即當在樹上唱歌的不同的鳥兒之間關係和諧且彼此相容的時候，其結果便是一部美麗的交響樂；但是，當缺乏這種和諧時，最好的辦法就是保持沉默並走開。在我們下面將要描述的那些屬於公共域的重要時刻中，那些全真道士——可以説他們是將自己視作為一隻鳳凰——加入到那些美國人當中，與他們「一起歌唱」，並且出乎意料地被這種旋律迷住了。

對於胡道長來説，徒弟與師父的關係應該是一種絕對的信仰，沒有絲毫的懷疑。任何一點懷疑都會干擾氣從師父傳導給徒弟，因此會破壞通過雙方

---

34. 羅賓斯，〈跨國的是否真的跨了？〉。

35. 2004年8月13日，華山，宗樹人對陳道長的訪談。

交流所產生的「氣場」。與希臘以及西方用質疑方式來追問真相的傳統不同，胡道長堅持無條件的信仰，其目的並不是為了盲目地灌輸一些教義，而是為了打開一個界域，從而共同創造出另一個世界，而這是通過想像、感覺，甚至通過氣感、身體能量無拘束的交流來實現的：這種完全的混融，是由師父來把握和主導的。在此過程中，他與他的徒弟被帶入那個由他們共同編織的世界——一個世間法則與限制不再起作用的世界。

沒有師徒之間的彼此強化是無法創造出這樣一個世界的。那些表示接受的反應——例如流淚或者氣感之類的身體反應——作為一種進展的符號與標識，得到了積極的強化。那些反應強烈的人被視作具有極大的潛能。對於徒弟來說，這些反應是師父力量的一種表示；而對於師父來說，這些反應表明徒弟接受了他傳送出去的能量。對於雙方來說，這些反應表明他們所嚮往的另外一個世界是真實存在的。實際上，這些都是表明雙方關係的有效標識。當這些標識很強烈時，雙方可以推動彼此前進，從而增強了這些反應及它們的重要性。這些經驗讓胡道長看到，美國人也具有這種接受能力，他們也可以被算作他在另一個世界中追求靈性之旅的「共同創造者」。

(五) 自由女神

一個由大約八名夢道者組成的小團隊出發了。這些人是一些深度冥想與冒險的愛好者，他們參加了夢道者行程安排中一個為期數天的自選項目。當其他成員待在華山山頂上享受美景時，這個小團隊把時間用於洞穴中的打坐練習。這些洞穴位於另一座山上的隱蔽之處，與華山相對。他們從華山西側徒步下來，走了兩個小時的下山台階，有時候他們經過的那些台階被鑿入垂直的崖壁之中。他們到達華山山谷的谷口後，再折回相鄰一座山的山坡上，然後沿著一條泥濘的林間小路，到達由郝道長看管的仙台洞穴群。

郝道長留著一撮小鬍子，眼睛一眨一眨的，穿著飄逸的道袍在岩石間跳來跳去，像極了一隻山羊。他時不時地發出一陣大笑，顯然，這些遠道而來的客人讓他很開心。他將這些打坐愛好者帶去洞穴，他們將自己的睡袋在紫微洞、三元洞以及斗母洞中鋪開。他們當中的一些人在為期三天的深度打坐中持守不語戒和齋戒，幾乎足不出洞；其他的人則只是想在那裡獲得一種新的體驗。到了飯點，郝道長熱心地給大家分發看起來不太新鮮的饅頭和搭配著土豆片的米粥。帶著好奇與幽默感，他詢問這些修行者，關於他們蘇菲式的禁慾神秘主義、他們薩滿式的通神體驗、他們的武術，以及他們的性解放，他還饒有興致地談論起了他們的自由女神（the Statue of Liberty）。

在中文裡，紐約的 Statue of Liberty（自由的雕像）一般被翻譯成「自由女神」。儘管「女神」這個詞在這裡只能算是一種比喻性的理解，但是許多道士似乎認定她就是一位活著的女神。胡道長有一次說：「西方只有少數一些人，比如自由女神和耶穌，達到了一個很高的水平，他們都是神仙。但是他們沒有達到道的最高境界。」[36] 郝道長熱情地解釋說，自由女神是斗母的一個化身，斗母是道教中最高的女神之一。他說：「斗母有著四頭八臂，象徵著她的多重功能。她能夠將自己分身，複製自己。這就好像是用一棵桃樹，我能夠種植出很多的桃樹一樣。同樣的原理，自由女神也是斗母的一個化身。她向世界播灑著自由的精神。正是多虧了她，我們在這裡的這些人，無論來自美國、中國、加拿大和墨西哥，都可以一起來談論道。」[37]

(六) 薩滿與木魚

一個下午，郝道長正在與拉里（Larry）閒聊。拉里是一位個子高高，留著長髮，皮膚黝黑的男人，四十幾歲，來自美國科羅拉多。從他的外貌與舉止來看，他是反文化運動的支持者，也是一位富有經驗的冥想者，專注於美洲印第安人的薩滿教。

拉里有一個禮物想要送給郝道長，那是一個金屬碗，以及一根敲擊它的棍子。他對郝道長說：「在這裡度過的這些日子讓我收穫很多，我想要送給您這個禮物。」

「哦，謝謝你，謝謝！」郝道長大聲的回答著。他一邊敲擊著這個碗，聽著它的聲響，一邊說：「你平常都念誦一些什麼經呢？」

拉里想了一會兒，回答說：「我向山提出問題，然後它會將它的秘密告訴我。」

「哦，很好，不錯！」郝道長變得更加興奮了，繼續說道：「東北農村有個地方，那裡的人信仰薩滿教，不誦經。」（有意思的是，郝道長和拉里之前

---

36. 2004年8月13日，華山，宗樹人對胡道長的訪談。
37. 2006年6月3日，宗樹人的華山田野筆記。

並沒有聊過天，他不知道拉里就是一個「薩滿」。）他開始敲擊這個碗，敲著敲著，呈現出一種節奏感，他看起來似乎進入一種不一樣的精神狀態中。然後他走進他的小屋裡，回來時手裡拿著一個破舊的木魚。在佛教寺廟和道觀中，當僧侶和道士們誦經時，他們常常敲擊木魚來定節奏。他將木魚遞給拉里。

「這個我用了很久了，它已經有了靈氣了。」

「我在薩滿的儀式中也經常用這個碗。您這個是什麼？它為什麼叫木魚呀？」

「從前有個人在河邊修煉，」郝道長回答道，「河裡也有一條魚正在修煉，這個人旁邊的一棵樹也在修煉。這條魚和這棵樹打擾了這個人的修煉。一位神仙告訴這個人砍掉這棵樹，再用這棵樹殺死這條魚。於是這個人就這麼做了，所以就有了木魚。現在，他的修煉不會再受到任何干擾了。」

就在這個時候，出現了一隻巨大的飛蟲，牠看起來就像是一隻四英寸長的超大蜜蜂，嗡嗡地飛了過去。

「你知道這是什麼嗎？」郝道長驚叫道，「牠是一隻螞蟻！」

當我們一臉詫異狀——表明我們沒有完全進入郝道長的世界中——他非常嚴肅地看著我們，說：「你們不會理解的！這是一隻已經修煉了十年的螞蟻。自從牠來到這裡以後，我就一直在關注牠。」然後他指著拉里說：「他能明白！」

圍繞著一隻薩滿的碗，一個木魚，以及一隻會飛的巨大螞蟻，在郝道長和拉里之間形成了一種「共謀」，這是一個他們能夠理解和進行溝通的世界，也是一個讓局外人感到迷惑的神秘世界。[38]

（七）武術家

在另外一場交流中，夢道者與全真道士之間的這種親密關係，則通過武術動作演示時的身體接觸而得到建立。這發生在郝道長和尼古拉（Nicolo）之間。尼古拉是一名來自墨西哥城的武術指導，一個帶著太陽眼鏡的矮壯中年男子。他毫不掩飾自己對於道教房中術的熱愛，甚至很樂於向大家談論他在

38. 2006年6月3日，宗樹人的華山田野筆記。

運用這種技術方面的經驗。尼古拉練習武術已經超過二十年，現在是一名武術指導。他研究過許多種類的武術，目前專注於詠春拳。這種拳法傳自於香港，是李小龍打過的拳法之一。據尼古拉說，詠春拳是由一位尼姑創立的。當少林寺被滿族人破壞之後，這位尼姑是倖存者之一。她發明了一種更柔和的武術形式，以抵抗壓迫者。她傳的前四代徒弟都是女性。這個拳法包含了一種技術，通過用手指點壓敵人身體上的一個穴位，就能將對手一招斃命。這是一種秘密技術，不能傳授給外國人。據說，尼古拉的師父的師父就是由於向外國學生洩露了這個秘密，而被三合會殺死了。

「你能演示一下嗎？」郝道長問道，他似乎想要挑戰尼古拉。

這個墨西哥人演示了一下他的武術拳法，打了三套不同的拳。第一套只是手掌和腕部的動作，其他兩套則是更完整的動作。接著，他與他的學生以撒（Isaac）演示了幾個搏擊動作。以撒是一名三十二歲的猶太裔墨西哥人、電影導演。他經常談論起自己過去的髒辮髮型和參加過的狂歡派對，但現在的他，外形看上去非常地清爽和中規中矩。當他們在演示時，郝道長也加入其中，嬉鬧似地用手輕輕回擊尼古拉。

郝道長為他們的武術喝彩，說他們很不錯。「你是一個好老師，」他對尼古拉說。然後他又轉向以撒說：「你是一個好學生。」在這一個小時的交流中，郝道長和這兩位墨西哥人共同進行了功夫的演練，通過這種視覺與身體的接觸，產生了一種彼此關聯感。[39]

（八）西洋丹藥

另一種連接，則是通過討論共同感興趣的草藥來建立的。馬克（Mark）居住在美國北卡羅萊納州阿什維爾市，別人喜歡叫他「黑羽」。他是一個矮胖的紅頭髮年輕人，大概二三十歲的樣子。他是位於阿什維爾的道教傳統中醫學院的一名學生。他的父母經營著一家公司，將南美的草藥進口到美國。從十二歲開始，他就生活在草藥文化中，從孩童時代開始就參加了許多關於草藥的會議和展覽。

---

39. 2006年6月3日，宗樹人的華山田野筆記。

「西方也有草藥這種東西嗎？」郝道長問。「是的，」黑羽回答道，接著他解釋說，西方草藥缺乏傳統的中醫理論系統，他正在試圖將西方草藥與中醫理論結合起來。他繼續解釋道，在西方草藥學中，草藥的應用對象從本質上來說，是生物醫學視角下人的精神與身體。但是，在歷史上有過好幾次，這些草藥知識的傳承幾乎消失了。首先是天主教，接著是生物醫學，都試圖要消滅這些知識，因為它們想要控制權。黑羽指出，這些所謂的「社會精英」，總是想要禁止草藥學。他又說，但是現在出現了西方草藥的復興，因為現在所有人都知道，製藥公司努力想要禁用草藥，只是為了他們自己的專利能夠賺錢。

「下次你來的時候，給我帶一種西方的草藥吧！」郝道長說。

黑羽從他的錢包裡面抽出了一種草藥，說：「你看這個，這叫做貓鬚草（Osha），它可以治療丘疹、皮疹和腳癬。」

郝道長顯得很興奮，他說：「下次你再來的時候，我們可以一起研究一下，看看怎麼將中國草藥與西方草藥整合起來！」又聊了一會兒之後，郝道長問：「你們有丹藥嗎？」

「有的，」黑羽回答說，「它幾乎已經失傳了，但是在南美印第安人當中依然存在。中國的仙丹現在怎麼樣呀？」

「也失傳了。在古代道教文獻中，提到過一種『西洋丹藥』，但是沒有人知道它是什麼東西……還提到過『西洋仙人』……下次，你把你的草藥帶過來，我們一起研究西洋丹藥吧！我覺得通過你，西洋仙人就要來了！」郝道長說著，興奮得哈哈大笑。

他走進他的洞裡，拿來一包叫做「松柏皮」的草藥，將它遞給黑羽，說：「這是一種非常稀少的松柏樹的皮，是我自己採集的。」

郝道長和黑羽繼續著他們愉快的談話，這是一場兩個草藥師之間的「對談」。黑羽受到了鼓勵，計劃著和他的一些草藥學同學第二年再來這裡。屆時，他們可以和郝道長一起談論草藥，幫助他料理園圃，並且為他修建一間外屋。黑羽甚至想讓郝道長嘗試一下致幻藥物（LSD），他身上正備著一片這種藥物。「他看起來正在尋找這種東西，他一直在談論著西洋丹藥……LSD的調製就是一個煉丹過程。」在黑羽看來，郝道長提到的西洋丹藥無疑就是LSD了。但是，考慮到沒法與他進行溝通、引領他開啟奇幻的「旅程」，黑羽猶豫不決是否要將這種藥物給郝道長。

夢道者行程結束，以及大多數團隊成員返回美國的數天後，原本計劃在中國多待一個星期的黑羽，獨自回到了郝道長的洞穴群。但是這一次，郝道長沒有了往常的好心情。不知是因為什麼原因，他看起來很難過。所以，這一次沒有出現之前那樣的「公共域」重要時刻。帶著疑惑，黑羽離開了郝道長。他沒有再回到華山。[40]

(九)洞穴之夢

另一名夢道者卡羅琳(Caroline)是一名按摩治療師和三個男孩的母親，她從自然世界中獲得了深刻的靈性啟示。當我們走在通向仙台的山路上時，我們看見一隻蜥蜴正趴在一塊石頭上曬太陽。「你們看，牠正在冥想！牠在教育我們！這是一個多麼珍貴的禮物啊！」卡羅琳驚呼道。到了晚上時，卡羅琳又說她看見了一隻蟬，她把牠當成一位老師。在這隻蟬的鳴叫聲中，傳達出一種節奏，三聲短一聲長，這正是冥想的一種形式。

卡羅琳與她的丈夫住進一個正對著華山的山洞裡。第一天晚上，她做了一個很神奇的夢，第二天早上，她循著這個夢，在靠近洞穴入口的地方，發現了一塊倚靠著崖壁的舊碑。她說：

> 在山洞裡的第一個晚上，我們睡在祭壇上面。洞裡面沒有任何塑像或神仙，什麼也沒有。所以在頭一天晚上，我們就在洞裡做了一次祭祀儀式。在洞裡過夜的每個人，在洞中漫步，徜徉在洞裡的氣之中，或者是與這種氣進行對話，並且我們一起舉行了屬於我們自己的小儀式。這些對於我來說非常重要。我將三個兒子的照片放在祭壇上面。還有周易八卦圖，這個對我很重要，這是我最喜歡的八仙圖案。這就是我。這就是我們。哦，我找到了一個蟬衣，我把它放在那裡。我還發現了其他東西，可能是一個松果或者一些松針，或者是一個大自然的禮物，一些自然元素。我把它們都放在祭壇上。然後，在那個晚上，我夢見了那個洞裡的氣。在洞裡面，有一位美麗的神靈坐在祭壇上面。在這個夢裡面，我看到有人正在創製這個洞的譜系傳承，就是關於這個洞是什麼，這個洞屬於誰，以及它代

40. 2012年6月2至4日，宗樹人的華山田野筆記。

表著什麼。我記得我感受到了當初創建這個山洞的人的氣，這個洞對於他們的意義，以及他們如何想要讓這個洞再度輝煌，他們如何希望將其呈現出來，他們希望有人能回到這個洞裡做一名廟祝，並且在這個洞裡祭祀神靈。啊，我的天啊，這太棒了！我不能留下成為一名廟祝，但是我真的希望有人能來到這裡做一名廟祝。這就是我發現的氣。我耳朵裡能聽到的只有這樣一種噪音，就好像是敲打著石頭的聲音。於是我想，是有人正在敲擊石頭吧。另外一件讓我明白我醒在夢裡的事情是，我看見有一個人坐在洞裡，他正在製作一塊石碑，敲打著石頭……他告訴我，這個洞是獻給某位神靈的，它有著自己的歷史與傳承。於是我就想，它的碑在哪裡呢？他告訴我，碑就在洞的外面……那天早上我醒來以後，我看見了洞外面的那塊碑，它被分成了兩半，斜靠在崖壁上。它就豎在那裡，經受著侵蝕。它們曾經歷過什麼呢？它們為什麼不再被放置在洞裡了呢？為什麼洞裡不再有神靈了呢？[41]

在第二個晚上所做的另一個夢裡，卡羅琳看見她自己正坐在道觀旁的一個院子裡，穿著中國傳統服裝，與神仙們喝著茶。她還看見了一顆明亮的北極星——道教裡面最重要的北斗星。

卡羅琳向郝道長問起她的這些夢的意義，他告訴她說：

你看到的那顆星代表著祝福，這是福星高照的意思。你和這個地方很有緣分。你太厲害了！在道教裡面，我們經常能夠讀懂關於未來的夢，但是不應該將這些夢向世人洩露。夢是神靈傳達的訊號，就像天氣的變化一樣，但是普通人不應該知道這些……當我們修煉到一定的高度以後，我們就能夠讀懂自己的夢，並且通過它們，我們突然理解了神靈的旨意，於是我們將其付諸實施，但是不會告訴別人。[42]

41. 2013年11月14日，北卡羅萊納州阿什維爾，宗樹人與史來家對卡羅琳的訪談。
42. 2012年6月2至4日，宗樹人的華山田野筆記。

卡羅琳告訴我，在她的一生當中，直到現在為止，還沒有人能理解她的夢。她從來沒有與別人分享過她的夢並被人理解過。但是，她說「郝道長能夠理解我，」當她說出這句話時，淚水充滿了她的眼眶。[43]

(十)「穆罕默德先生」

道士與這些西方人之間產生的這種彼此連接的時刻，通常都發生在他們對彼此沒有什麼期待的時候。然而有些時候，當雙方刻意想要建立一種更加持久的關係時，他們卻失敗了。魯賓斯坦(Marvin Rubinstein)就是這方面的一個例子。他是一位禿頂的小個子猶太人，戴著一副眼鏡，五十出頭，外表與談吐都顯得非常的誠懇。他除了是一名氣功老師之外，還在西雅圖開辦了一所蘇菲道堂。他將他導師的畫像放在紫微洞裡的祭壇上。他告訴郝道長說，他的學生給了他一些錢，希望將其用於慈善。而他已經決定了，將這筆錢捐獻給郝道長，用於他談到的未來將在仙台上修建的多宗教冥想中心，關於這個我們下面還會談到。魯賓斯坦說：「我已經練了三十年的氣功了，教學也已經有二十年了。我知道許多的氣功招式，也有內在的體驗，但是我缺少的是派系傳承。我來華山的一個目的就是尋找一個派系傳承。你能幫助我嗎？」「沒問題！」郝道長回答道，「我們將會舉行一個儀式，你作為捐贈人將會被邀請出席。所有的人都會穿上特別的道袍。在儀式之後，你會被授予一個證書，就像大學頒發的文憑一樣。」「那有什麼要求嗎？要學習多長的時間呢？」魯賓斯坦問道。郝道長沒有回答他的這個問題，只是強調說這將會是一項集體工作，所有的人一起來決定應該怎麼舉辦它。他說：「所有的重要捐款人都可以參加這個儀式活動。」

接著，魯賓斯坦向郝道長講述起了他的蘇菲修行。

「就在上個星期，我感覺到穆罕默德要來了，」郝道長驚呼道，「當我看見你的時候，我看到穆罕默德的影子就在你周圍。這不是真的嗎？是我搞錯了嗎？你就是穆罕默德的傳人！」

「也對也不對吧。我傳承的並不是大多數穆斯林修習的那種伊斯蘭教。」魯賓斯坦說。

---

43. 2012年6月2至4日，宗樹人的華山田野筆記。

「你是穆罕默德唯一的真正傳人，」郝道長說。

「不是的，還有許多其他的人，」魯賓斯坦說。

「但是你是唯一真正的那個。願你將穆罕默德的教導傳播到每一個地方！穆罕默德先生，我們可以一起修建這處冥想中心，這將使宗教文化傳遍全世界，」郝道長說。接著，他們兩人談論起了蘇菲派，郝道長一直稱呼魯賓斯坦為「穆罕默德先生」。然後，郝道長又談論了他修建冥想中心的計劃。他對著在場的五六名夢道者說：「在這個宗教退修中心，並不需要人人都成為一個道士。只要成為一個信徒就可以了。你們想成為信徒嗎？」這些外國人頓時陷入到沉默當中。魯賓斯坦有點猶豫地說：「呃，也許吧……」

郝道長，這個仙台上孤獨的隱修者，一直懷揣著一種夢想。他想要建立一個國際性的多宗教冥想中心，這樣世界各地各個宗教的信徒就可以聚集到一起，一起舉行宗教崇拜活動，一起修煉。他說：「不是給所有人，只給修煉者。」他努力地將夢道者的注意力吸引到他的夢想中來，當魯賓斯坦提出的慈善計劃與他的想法相符合時，他變得很興奮。但是最後，魯賓斯坦告訴我們，他決定不捐款了，原因是，他覺得這樣一種派系傳承並不是他之前所想像的。[44]

郝道長說，他在深圳和台灣的朋友以及追隨者正在為他的項目而籌款。這將會是一個特別的冥想中心，這個組織的創立將使世界上各種宗教聯合起來，因為所有的神靈，包括老子、穆罕默德、陳摶，以及自由女神，他們都致力於傳播「自由人」的理想。郝道長的計劃聽起來很宏大，當我們問到計劃的細節時，他談論的則是重修他的屋頂（已經完成）、修理前牆（也許明年）、建一個飯廳，以及在紫微洞裡鋪一層水泥地和挖一個排水渠，因為那裡太潮濕了。簡單地改善一下條件，可以讓他更好地招待他的外國客人和台灣客人。他的所有計劃都圍繞著對於海外遊客的期待，包括夢道者。

實際上，去仙台的遊客寥寥無幾。因此，當八、九名成員組成的麥考文團隊登上仙台，在此進行為期數天的洞穴打坐修行時，這可真是郝道長一年之中最興奮的時刻了。當他到我們的洞裡來看望我們的時候，有一次他告訴我們說：

---

44. 2006年6月3日，宗樹人的華山田野筆記。

> 在過去的幾年裡，曾經有一些外國遊客來過仙台，但是幾乎沒有中國人來過。中國人來到這裡時，他們總是帶著他們工作上的問題，或者家庭的問題，還有就是經濟上的問題。他們只是想要將自己的問題甩給別人。在這樣的情況下，我們怎麼可能進行修煉呢？對我們來說，最重要的就是要避開這些世俗的問題！中國人的思維能力非常地有限。他們的態度很封建：只要有辦法，他們就想著偷懶。他們總想不勞而獲。他們總想獲得即刻的啟示，或者開天眼等等，自己不做任何的修煉。如果想要在修煉中有所得的話，你就必須經受住巨大的艱難困苦。有一次一個道士到這裡來，他說想要待在其中一個洞裡修行，但是馬上他就明白了這將會是多麼艱苦。他不理解，我的健談和幽默感正是源於我的孤獨。你們外國人就不一樣。外國人到世界各地去修煉，他們不關心世俗的事物。和你們這些外國人在一起，我們可以論道！和中國人，甚至和其他道士，都不可能這樣。他們只對舒適安逸的生活有興趣。當我下山進城時，我從來不去道觀。全真道正處於一種衰落的狀態，因為他們總是對外界封鎖自己。我們現在就像是一個小家庭一樣，互相因為太了解而變得厭惡對方。我們必須走出去，去面對不同國家的人和不同宗教的信眾。[45]

對於郝道長來說，中國人已經到達了一種極端物質主義的狀態。他們熱衷於體育運動，開始慢慢意識到，他們在靈性的修煉層面缺失了某種東西。他說：「現在你們美國人已經意識到了這一點，不遠萬里地來到中國尋找它。這正是中國人還沒有意識到的某種東西。他們還不知道自由女神。」

有趣的是，郝道長的話語現在與一些夢道者互相呼應了起來。這些夢道者認為，「道」在中國已經遺失了，只能在美國自由的環境中尋找回來。不過，郝道長通過將自由女神挪用為道教女神斗母的化身，從而將整個美國的自由文化納入到中國道教的靈性之中。

的確，當我們2007年8月來的時候，我們發現他正在他屋子外面的一塊石頭上認真地清理松子。我們猜想他大概要製作藥物或者將此作為內丹修煉的食材，但是他告訴我們說，他正打算把它們串成項鍊，將其作為禮物送給

45. 2006年6月3日，宗樹人的華山田野筆記。

他的外國訪客。當我們2008年7月再來的時候，到達仙台時已經半夜了。第二天早上，我們被一些男人大聲說話的聲音吵醒了。這些聲音非常地嘈雜，一點也不像我們之前印象中的那個僻靜之所。有十幾名工人正在忙著挖土、鋸木頭，以及剪裁石塊。在其後不遠處，就像是一個採石場，石塊已經被切割好了。這種連挖帶鑿的聲音響了一整天。郝道長也加入到挖土的工作當中，用陝西方言與工人們開著玩笑。這裡整個地方完全變成了一個繁忙嘈雜的建築工地。郝道長忙著監工以及對工人們發號施令，他幾乎沒有時間像上次一樣和我們坐而論道。這些工人並沒有多少興趣和我們談論道教，他們更願意談論在華山周邊鄉村裡快速發展的基督教。紫微洞裡的祭台剛剛被重新油漆過，整個洞裡都是油漆的味道。此外，神像旁邊空空蕩蕩的，看得出來這裡有一陣子沒人住過了。所有的其他洞穴現在被用於工人的宿舍，裡面已經搭建好了木頭架子，上面鋪上了工人睡覺用的被子。在洞穴的周圍，有明顯燃燒過的痕跡和便溺。所有這些建築工程的目的，就是為了建造一個能容納更多訪客的房子。工程需要六萬元人民幣，這筆費用由郝道長的台灣徒弟們捐助。[46]

郝道長本來計劃在夏天之前完成這個新建築工程。但是在2012年7月，即四年以後，我們再回到那裡時，那個地方看起來和以前並沒有什麼不同。郝道長對於沒有能夠完成這個工程感到很失望，他解釋說：由於政府在華山腳下開展大規模旅遊再發展項目，所以建築材料價格漲了三倍，人工費用也是一樣。這個他夢想中的退修中心，現在的建造已經超出了他的能力範圍。

(十一) 玉女與竹笛之夢

2012年夢道者訪問華山期間的一天，在華山中峰上的一塊巨石平台上，肯特（Kent）與黛西（Daisy）剛舉辦完他們的婚禮儀式。來自阿什維爾的皮斯，是參加此次婚禮的人員之一。她坐在緊臨著巨石平台的玉女宮外面，吹奏著一支笛子，這支笛子是用有竹節的竹子根部製作的。悠揚而夢幻般的笛聲吸引了道觀中的一名道士——濮道長。他邀請她進入道觀中演奏，並且用

46. 2008年8月，宗樹人的華山田野筆記。

手機將演奏錄製下來。皮斯的笛聲讓他很是入迷，他一邊聽著樂曲，一邊將手放置於丹田位置，進入一種打坐的狀態中。

夢道者在華山的行程期間，皮斯一直希望能有機會在道觀中吹奏笛子。現在她的夢想實現了。對皮斯來說，能夠在玉女祠中吹奏笛子，讓這種時刻變得很特別，並且有了重要的意義。在道觀大殿的壁畫中，描繪的是關於玉女的故事。故事中，笛子演奏佔有非常重要的地位。我們接下來還會繼續講述，這個故事以及玉女祠道觀，對於其他一些夢道者團隊成員同樣具有未曾料想到的重要意義。關於玉女的故事是這樣的：

> 春秋時期的秦穆公有一個女兒，這個孩子一出生就喜歡上了漂亮的玉石，因此秦穆公為她取了一個名字，叫做「弄玉」。弄玉從小就對音樂有著特別的天賦，喜歡吹笙。她長大以後變成了一位美麗迷人的姑娘。秦穆公想為女兒訂一門親事。弄玉受到各地王公貴族公子們的愛慕，但是她拒絕了所有人的求婚。有一天，弄玉做了一個夢，夢見一位風度翩翩的少年，他住在懸崖峭壁之上，擅長吹簫。他們一起吹奏，笙簫和鳴，兩情相悅。倆人互生愛意，相約永久。弄玉醒來之後，將這個夢告訴了她的父親。於是，秦穆公派人去各處山中尋找這位少年，到處向人打聽，問他們是否知道一位擅長吹簫的神秘英俊少年。最後，在華山，有人指向一個山洞。在那裡，他們找到了一名吹簫的少年，他的名字叫做蕭史。秦穆公邀請這名少年到宮中與弄玉會面。兩個年輕人立即陷入到愛戀之中。於是，秦穆公打算為他們舉辦一場盛大的婚禮。但是這對戀人並不想住在宮中，他們不喜歡那裡的繁文縟節。在婚禮前夕，當蕭史和弄玉正在宮殿後面的花園中吹奏笙簫時，一隻巨大的鳳凰飛了過來，帶著他們飛向了華山頂上。那天晚上，他們就在西峰下面的一個山洞裡面安頓下來，結為夫婦。他們一起過上了幸福的生活，以服氣為生。[47]

濮道長告訴皮斯說：「玉女是你的祖先。」於是，皮斯開始感到自己與華山的這個道觀有了一種深刻的連接。這一次的互動就發生在夢道者剛剛在道觀外面舉辦完他們的婚禮之後。這對新人，肯特與黛西，進入廟中，濮道長

47. 陳宇明、孟宏，《華山——洞天福地》。

為他們在神龕前舉行了一個簡短的婚禮儀式，讓他們互相鞠躬，然後對著玉女的神像行禮。肯特和黛西初次相識於2006年的夢道之旅，他們為了舉辦婚禮，現在又參加了2012年的夢道者行程，我們在本書的結尾部分還會再作描述。當黛西聽到我們對於道長講述玉女故事的翻譯之後，她立刻將玉女的夢與她自己做過的夢聯繫了起來：她曾經做過一個夢，夢見她的母親告訴她去參加2006年的夢道者之旅，並且告訴她，在這次旅行中，她將會遇到超人（漫畫英雄 Superman，原名為克拉克・肯特〔Clark Kent〕）。事情就像夢中那樣發生了，她在那次旅行中遇到了肯特。而這一次，她將要嫁給她的「超人」，就在這個特別的道觀中。這個道觀紀念著一個愛情故事，而故事的開端就是玉女的超人夢，一個關於玉女真命天子的夢。

正在這個時候，卡羅琳走進了道觀，我們曾經在仙台上遇見過她。她對於道觀壁畫中的故事一無所知。但是，玉女的壁畫立刻就吸引了她的目光，她驚呼道：「就是她！她就是我的老師！」卡羅琳是一名擅長在夢中進行冥想的修行者，她在參加這次旅行之前就做過一些夢。在夢中，她看到自己正在中國的一座山上協助舉辦一個婚禮；她還看到自己遇到了一些神仙，他們向她展示一些中文書寫的卷軸。卡羅琳經常夢到一個人物，她稱之為「某個玉女」。在卡羅琳的夢裡面，這位玉女教給她呼吸和打坐功法。她認為，道觀裡的這位「玉女」就是她「在夢中修煉的老師」。在這次夢道之旅中，她一直在四處尋找和辨認這位玉女。她說：

> 我知道那是她的名字。在我們整個的旅行中，我都在尋找她，整個的旅行。我在想，她在哪兒呀？這位玉女到底在哪兒呢？每一次我將要見到一位女神，以及當我看到我們將要去的地方有這個名字的時候，我都會試圖去尋找她。然後，當婚禮舉行時，我知道了這將與一個婚禮有關……接著，我走進道觀，看到了那些美麗的壁畫。我看到了她做的關於情郎的夢……我就想，這就是我的夢。這對我來說都已經發生過了。這正是我一直在追尋的。這正是我感覺到的。這正是我在過去五年中一直在尋找的。[48]

---

48. 2013年11月18日，北卡羅萊納州阿什維爾，宗樹人與史來家對卡羅琳及其丈夫的訪談。

對於皮斯來說，所有連接的巧合，是「如此不平凡，如此震撼人心……將三位西方女性帶入其中，每個人擁有著這個整體的一個片段，共同組成了這個神話故事」：黛西曾經夢見過這場婚禮，玉女曾是卡羅琳的老師，以及皮斯演奏著竹笛。之前她們都不知道玉女的故事。就在婚禮之後，濮道長招呼她們進入道觀中，將她們的注意力吸引到壁畫上，正是這幅壁畫描繪了一個與她們三個人都有著深切聯繫的故事。[49]

* * *

在特納的概念中，那些產生出無結構和無中介的「公共域」的互動，蘊含著產生出一種新社會結構的潛能。我們這裡描述過的那些互動，在何種程度上產生出了新結構呢？在上面講述的所有故事中，夢道者與華山道士和道觀建立了一種特別的連接，使他們掙脫了夢道之旅的夢幻泡沫，這種旅行的行程是被預先安排好的，僅僅提供對於華山現有道教文化的一個粗淺了解。我們應當注意的是，前面描述的絕大部分的那些「公共域」的重要時刻，都與郝道長有關，他是華山最被邊緣化的道士，與他交往的那些夢道者寧願花上額外的三個小時、徒步去往仙台——這是一些致力於不同靈性修行方式的人。從這些經歷可以看到，夢道者以一種個人化的重要方式與現在的中國道士進行交流，有時候，這些經歷將他們與道教的歷史、故事，以及華山某個特定地點的某位神靈連接起來。一般來說，夢道者都想再獨自回到華山、在郝道長那裡待上一段日子。但是極少有人真的這麼做，即便有人這樣做了，故地重遊也不會帶來一種更深入和持久的關係。如果非要尋找原因的話，那就是因為他們不會說中文。在其他一些例子中，則是通過夢和一些未曾預料到的情境，產生了非常個人化以及靈性上的關聯。一位神靈出現在卡羅琳的夢中，向她傳達了自己的意願，希望她能在她住的那個山洞裡恢復這位神靈的香火。卡羅琳還把玉女當作自己的老師，她在美國做的那些夢，夢裡這位女神一直指導著她。皮斯吹奏著竹笛進行冥想練習，地點就在玉女吹簫的那個道觀；濮道長向她講述玉女就是她的祖先，從而將她與這位女神聯繫在一起。肯特和黛西在同一個道觀中舉行婚禮，在做了一個與玉女的夢相似的夢之後。那些個體賦予這些未曾料想到的經歷一種特別的靈性上的重要性。在

49. 2013年11月17日，北卡羅萊納州阿什維爾，宗樹人與史來家對皮斯的訪談。

他們回家之後，這些經歷就變成了他們自己靈性道路上重要的、甚至是「改變人生」的一個部分。

2012年夢道者中的幾位——包括卡羅琳、黑羽，以及麥考文的新娘簡・麥諾爾（Jem Minor），他們都是道教傳統中醫學院的學生。這個學院位於阿什維爾，由阮英俊（Jeffrey Yuen）創立。阮英俊是美國一名傑出的道家醫學與針灸方面的老師，也是一位接受過道士訓練的中醫，從香港移民到美國。他的師父在1949年紅色政權勝利之後逃往香港，並在那裡收養了阮英俊，當時阮氏只是一個四歲的小男孩。之後，阮氏和師父一起移居美國，在美國的中醫和太極拳圈子裡很活躍，並最終成為了美國太極拳協會主席。在1949年之前，阮英俊的師父及師公曾經生活在華山，就住在位於華山山谷盡頭的紫雲觀。正是在那裡，阮氏的師父學習了道教的修煉術，並且成為了一名全真龍門派的弟子，而且據他說，還成為了道教上清宗玉清派第八十八代弟子。因此，這幾位夢道者如果認為自己有一種派系身份的話，那麼通過他們在華山的這些重要個人經歷，他們本來多了一個條件來重建自己的派系與華山的聯繫，但是，他們並不認為自己與華山之間具有這樣一種派系歸屬關係。

儘管這些經歷對他們來說是非常寶貴的，但是他們中沒有任何人再回到過華山；就在本書寫作期間，在回美國以後，他們也沒有任何人與中國道教或者道士保持著一種持續的接觸。也許這麼說還為時過早，因為所有人都表達出一種想要這麼做的意願。如果靈感來了——一種「道教的」靈感，卡羅琳說，「我不會刻意尋求，我會讓它自然地發生，我覺得我能對此有所反應。如果我收到一個召喚，讓我回到那裡，讓我在那裡待上一段時間，或者讓我就待在那裡，那我一定會立刻回到那裡去的。」[50] 但就目前來說，這個「跨國公共域」只是一時的；它在那些夢道者與華山道士之間建立了一種重要的關係，但仍然主要是一種虛擬的關係。

與其他夢道者比較起來，皮斯也許不太一樣。她認為在華山獲得的那些經驗和互動改變了自己的生活。皮斯不僅練習道教打坐，而且還是一名昆達里尼瑜伽和通靈術的修行者，她經常接收到來自「大天使亞列」（the archangel Ariel）的信息。在中國旅行途中，她在不同的地方與中國「神仙」進行了「通靈」，這些神仙交給她一個任務，讓她溝通東方與西方。返回美國以後，受

---

50. 2013年11月18日，北卡羅萊納州阿什維爾，宗樹人與史來家對卡羅琳及其丈夫的訪談。

到她在中國獲得的靈性體驗啟發，她開創了一項新事業，即通過振動彩色水晶碗來演奏音樂，在美國各地進行巡演，開啟了國際「愛之水項目」(Beloved Water Project)。正如她的網站中所描述的：「這是一個由聲音療癒師、網格工作者 (Grid Workers)，以及靈界行走人 (Realm Walkers) 組成的全球性網絡。它運用水晶樂器，並結合我們誦甘露咒時的聲音頻率，當聖水在我們大地母親美麗的身軀中以及在我們自己美麗而活生生的身體之廟宇中流淌時，便會強化和統一這個聖水網絡 (the Sacred Water Grid)。」[51]

當我們2013年訪問皮斯時，這差不多是她結束夢道之旅兩年之後，她拿出自己的日記，並且開始談論和大聲朗讀起她離開華山時的體會來：

> 當我出來時……我在道觀裡多待了一天。我不想去城裡面……我知道我獲得了重生。我知道我的生命將從此改變。我只是不知道那將是什麼……因為當我下山時，我一路走走停停，全程都在做著祝水儀式，我們有一個自己用的甘露咒……脱胎換骨，我懂得了生命將從此不同，懂得了那些我尚未準備好讓其離開我的東西，終將會離開我的生命，懂得了這只是旅程的一部分……噢，我的神啊，我正在最低微處。我正站在檢票口。〔然後，皮斯從她的日記中選讀了下面這一段：〕「華山真是太了不起了！我獨自一人在早上五點半時離開了道觀。我似乎需要獨自走出來。我還是沒有準備好離開她。我在路上停了下來，只因為剛經歷了一段美好的修行，也是為了表達我的感恩之情，同時還為了給所有來到這個神聖美麗之地的人們祈福。我被這次修行的體驗深深觸動。我不能完全明白過去五天中發生的所有事情，但是我知道，我就像一隻破繭而出的壯麗蝴蝶。我知道我從這座山中出來，帶著重生的光輝，一種轉變正在發生。關於這一點，我非常確定。這是以什麼樣的方式呢，我還不知道。至今為止，我生命中最大的轉變，通過我的寶石球……而現在，我將最後吹響我的竹笛，將笛聲獻給這座聖山，願它能表達我最深厚的謝意。我已經作了祭獻——以我優美的笛聲……這是一個美妙的洗滌人心的旅程。我已經準備好了從自己的內心深處重生嗎？我已經準備好了讓自己重返人類群體嗎？當我走過那道門的時候，我將會

---

51. 網址：http://www.belovedwaters.com (2015年8月27日查閱)。

離開……深呼吸。我請求給我一個訊息——我需要它。」〔皮斯開始朗讀「通靈」獲得的訊息：〕「你是一。你是全部。你是神聖的存在。去體會它。了解它。擁有它。你現在已經體驗到了神聖本質的另外一個面相。你是神聖的——一個等待被品味的聖器。品味過，你就是她。打開它。讓甘露在你的每一個毛孔中流淌吧。祝福你觸及的一切。用你的眼睛祝福。用你的聽覺祝福。用你的言語祝福。你是一個祝福的容器。慷慨地施與祝福吧。」我流淚了，因為對於我來說，那是最可畏的事情。那是最可畏、最最可畏的事情——卑微而可畏，因為那是一個巨大的約定。一件大事。〔大笑〕當我出來以後——（你知道，村子在山下面）——有一個道士，正在演奏一個樂器。我停了下來。這是一個長長的絃樂器……這個道士邀請我坐下，並且拿出了一張樂譜。於是我們兩個就坐在一起唱歌，大概有一個小時……就是，你知道的，生命改變了……於是我們演奏起樂器。我吹起笛子。我們一起唱著歌兒。[52]

52. 2013年11月17日，北卡羅萊納州阿什維爾，宗樹人與史來家對皮斯的訪談。

六、修道學者

「道教完了，」康思奇哀歎道。康思奇是一名從事道教研究的教授，同時也是一名道教修行者以及道教基金會（Daoist Foundation）創始人。道教基金會是美國的一個非營利組織，致力於推進本真的道教研究與實踐，以及保存和傳承傳統的道教文化。儘管他這番話是特別針對於參加2010年那場學術會議的「新世紀」修行者，但也同樣適用於我們剛剛討論過的發生在華山上的那些相遇。正如我們在本書第一章開篇部分所述，2004年6月，在康思奇刻意迴避夢道者的數天之後，他在華山遇到了陳道長和胡道長；正是這次改變生命的相遇，讓他成了陳道長的徒弟，並且尋求正式成為一名全真道華山派道士。當時，康思奇已經在美國研究道教逾十年，同時具備了修行者和學術的背景，他對於美國道教界的景況產生了一種「幻滅感和厭倦感」，不知道接下來的路該怎麼走。這就是我們與夢道者一起在樓觀台遇到他時，他真實的思想狀況，我們當時建議他去華山找陳道長和胡道長。他去了，並深受觸動。康思奇詢問道長，就道士的身份和歸屬而言，派系和受籙的重要性。陳道長強調，儘管這些作為「外在形式」是重要的，但是真正的道士身份取決於個人的修行與獲得的成就，包括正確的「方向」。康思奇這樣描述自己的經歷：「我問他們說，『我如何才能知道我與道教建立了一種真實的連接呢？』他們告訴我，『因為你現在與我們坐在一起』，這個答案掃除了我所有的疑慮與不安。」[1]

1. 2010年6月4日，加州洛杉磯，宗樹人與史來家對康思奇的訪談。

對康思奇來說，華山是一個重要的道教聖地，也是他個人入道之路上的關鍵一站。這既是他個人歸屬的道教派系和傳承上的重要一環，也是在一個本真的中國傳統與他自己遠在美國想創建的道教之間，建立了一種珍貴、同時也是不確定的連接。康思奇強烈批判那些新世紀靈性企業家與能量旅行者「自創的混雜的靈性」，他致力於在美國創建一種本真的、「基於傳統的」道教修行與社團。此外，對於他來說，華山與美國西部的一些地方存在著一種內在的連接與外在的相似性。在那些地方，例如加利福尼亞州的優勝美地國家公園，他曾經獲得過最早的靈性體驗。

在本章中，通過修道學者康思奇的例子，我們將展現不同於美國療癒之道的另一種對於美國道教的構建。這種「基於傳統」的美國道教，通過具備一種雙重的權威，即正式的派系傳承與嚴格的學術研究，並結合個人的修煉，對夢道者聲稱的道教本真性提出了挑戰。

康思奇2013年出版了一本關於道教的書，該書最後一章的題目是〈現代世界中的道教〉。這一章的開篇是兩句引言：一句來自於德波（Guy Debord）的《景觀社會》（*La Société du spectacle*），另一句來自於鮑德里亞（Jean Baudrillard）的《擬像與模擬》（*Simulacra and Simulation*），都是關於「用真實的符號來代替真實」。[2] 康思奇沒有將「美國民間道教」當作是他在書中前三百頁中所描述的那種歷史傳統的延續，而是將其視為取代了真正道教的一種錯覺與贗品。他在該章的第2頁中談到：「在西方，大多數聲稱自己為『道教』的，特別是充斥於網絡與大眾讀物當中的，都不過是一些挪用與編造。它們的源頭是殖民主義的、傳教士的，以及東方主義的遺產。」[3] 對康思奇來說，這存在著一個對傳統的「連接」、「延續」以及「翻譯」的問題。與大多數存在於歐洲、且被他認為更加「基於傳統」的西方道教協會相比，[4] 他是這樣描述麥考文的「療癒之道」的：

> 療癒之道，也稱為「道瑜伽」以及「宇宙之道」，於1979年由謝明德（1943–）在美國創建。謝明德是一名泰國籍華人，在療癒之道的形成時期，他正居住於美國……「療癒之道」包括一個等級制的認證

2. 康思奇，《道教傳統》，第303頁。
3. 康思奇，《道教傳統》，第305頁。
4. 康思奇，《道教傳統》，第315頁。

> 體系，以及提供不同類型的去中國的「夢道之旅」活動，相當於一種靈性之旅。它對於將西方的道教構建簡化為一些功法，發揮了重要作用。這些技術，特別是那些性愛技術，它們與作為一種仍然在中國活著的，以及現在已經成為全球性的道教之間，並沒有任何的聯繫。[5]

對於療癒之道、夢道之旅，以及他們在華山的那些遭遇，康思奇似乎最有資格做出評價：這不僅僅因為他是一名道教修行者、與華山及山上的道士有著靈性上的關係，而且，他還是一名宗教學研究的教授，曾經受過道教文獻的漢學研究方面的訓練。在強調全球道教研究的重要性，特別是「美國的道教」，包括「任何被標識為道教的事物」方面，康思奇是其中一個重要的聲音；而且，他還是首批從事這類研究的學者之一。在一份公開的自述中，康思奇還稱自己「是一名道教修道學者，對於打坐修習與神秘的體驗有著特別的興趣」。作為一名學者，他在波士頓大學獲得了博士學位，指導老師是孔麗維，研究方向為早期全真道的歷史，並致力於其文獻的翻譯。他出版過一本關於全真道的權威著作，[6]同時是許多全真道重要經文及文獻的首位翻譯者。[7]他也在比較宗教研究的方法論上受過訓練，是最早寫作關於美國道教的學術文章的人。作為一名有著超過二十年經驗的修行者，他致力於「合理膳食、健康與長壽的方法，靜坐（坐忘冥想），哲學的沉思，以及經典的學習」。[8]康思奇的許多學術成果，可以被當作一張道教修煉的地圖來解讀，他將之描述為「整全的」、「綜合的」。例如，他的著作《道教：答疑解惑》（*Daoism: A Guide for the Perplexed*）就根據主題分為九個章節：傳統、社團、身份、觀點、人格、實踐、體驗、地點，以及現代性。因此，他就是「修道學者」這類人物的典型例子，根據他的定義，這是一些「對於他們的研究對象有著深刻的主觀連接」的學者，並且他逐漸地對此產生了一種自我認同：

---

5. 康思奇，《道教傳統》，第313頁。這可以和孔麗維在2001年出版的一本教材作比較。這本書是她最先出版對美國民間道教表示同情的著作之一。在書的結尾，她用四頁紙的篇幅總結了西方的道教，幾乎全是讚美而沒有批判。參見孔麗維，《道教與中國文化》（*Daoism and Chinese Culture*），第222–26頁。
6. 康思奇，《修真》。
7. 康思奇，《全真之道》。
8. 康思奇，〈道教基本知識〉（"Basic Information Sheet on Daoism"），網址為：http://www.daoistcenter.org/Daoism_Information.pdf（2016年7月31日查閱）。

如果沒有正規的學術訓練，我不可能從歷史情境的角度來理解那些道教的經典文獻，並準確翻譯它們。而沒有正規的道教訓練，我不可能以一種技術上精準的方式，特別是在道教實修方面，翻譯這些文獻。如果不是這樣的話，我就不可能在一種更加深刻的，也許是更加玄秘的、更加諾斯底主義式的，以及神秘的層次上，來理解道教的其他層面，比如道教的信仰、歸屬、社團、皈依方式、傳統，等等。我可能也就無法體驗到以一個社團存在的道教傳統，即它由彼此連接的修行者組成，是一個歷史和能量的連續體。[9]

學術研究的價值，在於其可以彌補西方修行者對於移民美國的中國師父們所傳授的方法本真性方面的不確定性，康思奇的這種觀點應該會得到麥考文的認同。正如麥考文告訴我們的：

我們對療癒之道一直感到心裡不太踏實，直到越來越多的學術研究獲得出版，支持了我們從口頭傳統中所學習到的東西。這些東西也許源自宋代——呂洞賓的秘訣就是我們現在的「七訣」修煉法。現在我們終於明白我們的傳統從何而來了。當我們最初學習它的時候，我們完全不知道關於它的任何背景知識，這使我感到有一點不安。[10]

麥考文的話指出了現代靈性之困境的關鍵一點：許多修煉的本真性是不確定的。對於麥考文來說，學術研究起到的是一個確證作用，僅僅可以用來證實「一雲七訣」的準確性，並使之處境化。

但是，學術研究也可能會帶來相反的效果，會使靈性運動所主張的本真性變得相對化，甚至破壞它的根基。例如，對於道教內丹曾經做過非常重要的學術研究的康思奇認為，「療癒之道」的那些修煉方法可以說與中世紀晚期的內丹幾乎沒有什麼關係。他從其中識別出了印度密教以及新世紀運動的神秘影響，並且明確地批評了其他的「美國道士」，認為他們通過他所稱的「不準確以及選擇性的」學術讀物，企圖建立起自己的合法性。在一篇名為〈美國的氣功〉（“Qigong in America”）的文章中，康思奇定義了四種美國氣功修行者的類型，包括「傳統主義者」、「醫療論者」、「靈性追求者」，以及「實證主

9. 康思奇，〈莫比烏斯宗教：局內人／局外人的問題〉（“Möbius Religion: The Insider/Outsider Question”）。

10. 2010年12月22日，北卡羅萊納州阿什維爾，史來家對麥考文的訪談。

義者」，他將麥考文歸於第三類型。[11] 不過，麥考文隨後在其療癒之道的網頁上引用了康思奇的話，並且認為自己是**全部四種類型**的體現。對於康思奇來說，「(麥考文) 這種自我標榜、不斷進行混融和綜合的模式，是一種處在不斷變化中的建構，這從他追求一種自己想像中的一雲功法的『歷史』，以及後來編織的一套『派系説辭』可以看出來。」[12]

另一方面，麥考文指出了事情反諷的一面：正是他最早遇到了陳道長，而且，正是通過2004年的夢道之旅我們才得以認識他，然後使康思奇與陳道長和胡道長產生了連接，使康思奇成為了陳道長的徒弟，並且使他在華山派中找到了自己的靈性之路。麥考文説：「這實際上是將我和夢道者置於他個人能量進化的譜系當中，他應該對此表示感激、並將我 / 我們都納入到他每日的誦咒與祈禱的儀式中去。」[13]

在本章中，我們將要探討，在美國道教本真性與權威性的形成過程中，學術研究所發揮的作用，以及存在於道教「世俗的」學術研究與宗教的實踐之間的跨界歷史。我們將會追溯，就夢道者所秉持的道教而言，學術研究對於其形成所做出的早期貢獻的系譜；同時，我們還將回顧康思奇的前輩們，即那些西方道教學術研究世界中的修道學者。在此之後，我們將講述康思奇的「反夢道之旅」的故事——一位修道學者自己的華山之旅，他是如何與陳道長和胡道長打交道的，以及在修煉、派系傳承、學術研究的基礎上，他對於道教本真性的追尋。這種路徑有意識地將自己與療癒之道及其夢道之旅的活動對立起來，然而又與對方在一些方面類似。確實如此，無論是康思奇還是麥考文，他們兩個人都受過良好的教育，能言善辯，並且對道教充滿了熱情。他們都去過中國許多次。他們也都是在大學期間就接觸到了道教——實際上，他們都在達特茅斯大學學習過——一邊閱讀《道德經》，一邊練習打坐。他們都傳達了一種「靈性獨立」的訊息：「你不應該依賴於你的老師——他只是『道』的傳遞者。」在他們與中國道教產生關聯的過程中，陳道長都是其中的一位關鍵人物。他們對於彼此的人生軌跡都起到了一種間接的作用：康思奇將道教學術研究的世界介紹給了麥考文，而麥考文則為康思奇進入傳統的華山全真道世界打開了大門。在道教修煉與本真性方面，他們二人在方法上

11. 康思奇，〈美國的氣功〉，第226頁。
12. 康思奇，〈對《夢道華山》的回覆〉(“Responses to *Dream Trippers*”)。
13. 2016年2月22日，麥考文寫給宗樹人的電郵。

的張力，使逐漸顯現的全球道教場域中有關道教權威性的主張，其本來就極具爭議與脆弱的基礎，更加凸顯出來。

(一) 學術與「吃道教」

當康思奇尋找西方人去中國道教聖地進行旅遊的積極形式時，他想避開夢道者和其他西方靈性旅行者所採取的方法，因為在他看來，「這些人只是想要對他們自己的錯誤觀點與半吊子的修煉尋求一種印證。他們對於本真的、基於傳統的道教修煉，沒有興趣。」[14] 康思奇曾經想要帶領一支他自己的旅遊團隊，不過設想中的旅行將被稱為朝聖之旅，聚焦於一些道教的、主要是全真道的聖地（例如樓觀台、重陽宮、昆崙山、龍門洞），並且將特別突出全真道的一些關鍵性聖地，用康思奇的話來說就是，要體現出「傳統」，而不是「混雜的靈性」。康思奇在討論這件事的時候，他強調「尊重」、「行為得體」，以及中國傳統的「主客禮節」，特別是去拜訪某個地方以及當地的道教社團時。人們也許會想，如果康思奇打算組織這樣一次旅行的話，那麼他應該聽取西爾弗斯的建議。這位美國商人（我們在第二章中曾提到過他）對組織一次「道教的朝聖之旅」給過一些基本建議，例如「不要請求留下來！」，「不要拍攝神壇」，以及「正處於月經期的女性應該避免進入道觀的壇場區域」等等，[15] 而所有這些建議都被夢道者成員忽略了。實際上，康思奇將他自己對於道教聖地的拜訪看作是一種朝聖，在此期間，他會追憶一些重要的歷史人物和事件，向神壇上香、磕頭，以及偶爾給予一些捐助。

2007年，康思奇寫了一篇未出版的論文，內容是關於他在華山全真道士當中的生活，他在文中通過強調陳道長和胡道長動機的純粹性，間接地降低了夢道者與這兩位道長之間存在著真正連接的可能性：

> 陳道長和（胡道長）都很享受他們的那些高手同伴的陪伴，因為他們具備了投身於一種道教宗教生活以及自我修煉中去的條件。許多當代的道教修行者都使用著一套「修煉的說辭」，那就是，他們大談著某些功法的重要性，但是在他們身上卻找不出任何證據表明他們從

---

14. 2015年3月8日，康思奇寫給史來家的電郵。
15. 西爾弗斯，《道教手冊》，第192–93頁。

> 事過這種修煉或者獲得了成就……在這裡，道教修煉的一個非常有意思的方面是關注「德性」和「懺悔」。在這些全真道士看來，如果不修德（內在的善念與外在的善行）以及悔過自新的話，道術的修煉只會徒勞無功。在這個方面，他們針對的是那些散漫的道士以及西方的「靈性旅行者」（氣功修行者），將他們作為一種反面的典型。[16]

當我們告訴康思奇，陳道長、胡道長以及其他道士都願意與這些「靈性旅行者」打交道時，他回覆我們說，「中國道士經常將他們自己的行為理解為『傳道』，而不在意站在他們面前的是誰。他們在意的是自己對於宗教的奉獻。」然而，陳道長和郝道長以及其他道士的確喜歡陪伴那些康思奇所稱的「新世紀氣功修行者」，而且在某種程度上，正如我們在前面一章中所描述的，他們之間走得越來越近。對此，康思奇的解釋是，「這是對夢道者的『自然』和『逍遙』的一種（羅曼蒂克式的？）誤解。」康思奇認為，本書中描述的那些道士是出於對制度性道觀中的腐敗現象感到失望，才使他們錯誤地接納那些西方的旅行者，將這些人看得更加純潔，至少從其行為的目的、虔誠度以及時機方面來說是這樣。[17]

當我們問康思奇，他是如何看待夢道者從那些「跨國公共域」的重要時刻中有所獲益時，他並沒有立即否認。他只是說：「道是以非常神秘的方式來發揮作用的，道教遠遠大於任何的個體。沒有人會知道最終的結果。以一種開放包容的心去相信道，是非常重要的。」[18] 不過，出於對他自己觀點的維護，他又說道：「這種相遇（它們是真正的相遇嗎？）的一個主要的問題就是，它們涉及對靈性的殖民主義與東方主義的挪用。」康思奇繼續指出，「西方的靈性旅行者」將那些傳承當作實現他們合法性的一個工具。對於康思奇來說，這正是文化理論家岩村直美（Jane Naomi Iwamura）所分析的「東方僧侶」現象的一個例子，即任何一位東方靈性導師（真假不論），只要符合「東方僧侶」這個形象範式所封裝起來的一些基本特徵，他就能獲得大家對他的認可，這些特徵包括：他對於靈性的追求、他冷靜的舉止、他的東方面孔，以及更常見的是，他的著裝方式。[19] 對於康思奇來說，療癒之道所繼承的「一雲遺產」，

16. 康思奇，〈與道士一起生活〉。
17. 2015年3月8日，康思奇寫給史來家的私人電郵。
18. 2015年3月8日，康思奇寫給史來家的私人電郵。
19. 岩村，〈美國的東方僧侶〉（"The Oriental Monk"），第27頁。

以及他們與全真道士進行「靈性交流」的敘事，都可以作為想像中的合法化資源，正是這種東方化過程的一個「典型的例子」。[20]

據康思奇說，對於陳道長離開華山這件事，玉泉院裡的道士們有著不同的意見：「那些致力於全真派宗教修煉的道士對此感到惋惜，認為這是一個損失；而對另外一些道士來說，因為他們的主要動機僅僅是為了能在一個道觀中穿著道袍、過著平凡人的生活，所以他們對於陳道長的離開感到非常高興。他們就是那些正在『吃道教』的人。」[21] 在一個注腳中，康思奇解釋了「吃道教」這個特別表述的意義：

> 我第一次聽到這個説法是從山東大學的姜生教授那裡。[22] 當我與陳道長和胡道長聊天的時候，這個説法很快被用來指稱某一些道士。這些道士追求的目標並不是「道」，也不專心於道教的宗教活動。這個説法適用於那樣一些「道士」，他們的動機是非道教的，這可以指那些不具備一個真正身份的全真道士，也可以指那些去中國進行他們的「靈性之旅」時，「賣道教」的新世紀美國靈性主義者。奇怪的是，後者中的一些人實際上將他們與陳道長和胡道長的會面當作了他們的成果之一，而在此之前他們根本就不認識。[23]

因此，「吃道教」這個詞可以用來指這樣一種道士——他們穿著道袍、履行著公職，但是他們不做任何內在修煉，而荒謬的是，這個詞也可以指這樣一類西方人——他們只想著自己的靈性修煉，對於道教的組織形式、儀式或者裝束，一無所知。因此，康思奇對於美國大部分的「道教徒」，包括夢道者，以及大多數的中國道教社團的本真性提出了質疑。以這種標準來看的話，這個世界上本真道教徒的數量似乎少到可以忽略不計了。對此，陳道長也許會表示同意，因為他曾經告訴我們說：「實際上，整個中華民族都在『吃道教』。」[24]

20. 康思奇，〈對《夢道華山》的回覆〉。
21. 康思奇，〈與道士一起生活〉。
22. 姜生教授後來去了四川大學工作。
23. 康思奇，〈與道士一起生活〉。
24. 2016年5月25日，成都，宗樹人對陳道長的訪談。

對於大多數的道教學者來說，他們研究關注的是道教文獻以及修煉史，或者是對於某些複雜的儀式傳統進行民族志研究——美國道教的這些現象在他們看來，幾乎是不值得去認真關注的：引用一句某位著名學者的話來說，就是「這些人都是怪胎」。道教研究的學術圈子之所以歡迎我們的這項研究，從好的方面說，我們的研究可以成為他們枯燥嚴肅的文獻分析和儀式研究工作之後的一份輕鬆慰藉；從壞的方面說，這種研究是對於中國古老的道教傳統在現代社會發展的一種必要記錄，在現代性和全球化的肆虐下，這個古老的傳統正經歷著可悲的墮落與腐化。

儘管如此，為什麼一小群的西方人，只是在學習了幾個「太極」和「氣功」的動作，或者看了幾部 DVD 影片，又或者讀了一兩本關於能量治療和多重性高潮之道的書之後，就裝作他們可能理解了這個豐富且複雜的傳統呢？這個傳統有著超過兩千年的歷史，其典藏（《道藏》）中收入了超過一千四百冊的經書，它的一些宗教儀軌可以被歸入世界上最精美的宗教儀式之列，它的冥想體系據說需要花上一生的時間去探索和把握，它還與中國的歷史、文化與文明的方方面面相聯繫。修道學者康思奇是這麼認為的：

> 我發現這些人大部分都充滿了善意而且非常真誠，但是，對於從一種歷史和規範的視角來看待道士生活方式的人來說，他們的行為就顯得很不像那麼一回事。從最低要求來看，有人也許會說，以一種非道教的方式來修煉「道教的技術」是可行的。不過，你也可以從一個混濁與攪動的視角（一種陰性狀態）來評述這種現象，這些人將自己與他人相互混融。[25]

其他學術同仁則走得更遠，他們認為根本就不存在「美國道教」這樣一種東西。為了使這種區分更加明確，在 2001 年美國宗教學會組織的一場討論會上，漢學家祁泰履（Terry Kleeman）曾經提出，「真正的」——就是中國的——修行者可以稱為「Daoists」（以 D 打頭），而那些美國人則應該叫做「Taoists」（以 T 打頭），以反映出他們這些人對於東方主義修辭的癡迷，而與

25. 康思奇，〈關於我在道教傳統中的位置的一些反思〉（“Some Reflections on My Location in the Daoist Tradition”）。

中國真正的道教沒有什麼關係。[26] 康思奇也參加了這場討論會，這可能也是他第一次以修道學者的身份「公開出席」活動，目的是為了「挑戰」這種觀念，即一名美國人不可能成為一名真正的道教徒（Daoist）。[27] 不過，康思奇也同意祁泰履的觀點，那就是大多數所謂的美國道教徒（Taoists）與真正的道教傳統沒有什麼聯繫。

與康思奇不同，美國道教的其他學術批評者大多都不屬於參與觀察者，當然就不會是「修道學者」。因此，康思奇認為他自己在美國道教學術圈子裡處於一種邊緣的位置，對於「過度智識主義和權威主義話語的學術傾向」持批判的態度——這是一種非常空洞的學術研究，只專注於乾巴巴的歷史主義和文獻的建構，或者是民族志的描寫，而完全不考慮實際的體驗。[28] 正如他在他的《道教：答疑解惑》一書中寫到的，他堅持一種立場，這種立場既批判那些「中立的」學者，也批判那些聲稱自己具有道教徒身份的人：

> 我相信，西方對道教的建構與挪用，會涉及到道德與政治層面，即使是那些選擇「中立」和「客觀」的人也無法完全迴避。我在這裡顯然背離了學術的傳統，採取了一種道德–政治的立場：任何人如果聲稱自己是一名道教徒，但是同時又否認道教的一些典型特徵，並且否定現存的道教和道教團體的權威，那麼他（她）實際上就是否定了自己所主張的宗教身份與宗教歸屬。我不打算通過接受那些進行自我標榜的身份敘事，來為其提供一種默許的合法性。要想推進這種社會批判，如果一個人能夠更加勇敢並且願意嚴肅地維護道教的觀點的話，那麼他應該意識到這是一件至關重要的事情，要維持自己的立場。這並不僅僅是一種「原教旨主義」、「派別主義」、「教派主義」或者「排他主義」。[29]

對於康思奇來說，「至關重要的事情」，就是「作為一種救度途徑的道教傳統，它根植於身與心的轉變，以及神聖之道的傳承」。

---

26. 2001年11月在美國科羅拉多州丹佛市舉行的美國宗教學會年會上評論克拉克著作《西方的道》的小組討論會，祁泰履做了這樣的批評。
27. 2015年12月1日，康思奇閱讀本書草稿時所做的筆記。
28. 康思奇，〈田野筆記〉（"Field Notes"），第100頁。
29. 康思奇，《道教：答疑解惑》（*Daosim: A Guide for the Perplexed*），第209–10頁。

(二) 學術研究與美國道教本真性的構建

儘管康思奇並不認為學術訓練或者熟練掌握中文是進行本真道教修煉的前提條件，但是他自己卻是沿著這個路子前進的。面對著一個讓人難以琢磨的、虛假的「道」的困境，一種解決的辦法就是，使權威性合法化與本真性合法化兩種途徑互相強化：派系的歸屬與傳統、學術訓練，以及個人修行。

康思奇並不是第一位將學術研究引入到尋求道教本真性當中來的人——實際上，道教學術研究與宗教實踐之間的關係有著一段複雜的歷史。在尋找和建構一個本真道教的過程中，這是其中一個棘手的問題——不僅僅是因為，與他們的西方同道們相比較，中國道士是通過一種非常不同的文化與語言來表達自己，而且也是因為他們自己的訓練與宗教實踐都集中在具身修行，而不是學術話語。這種情況由於20世紀的政治動亂與宗教組織制度的邊緣化而得到增強。儘管道教自身的確有著其學術性的一面，[30] 但與其他宗教傳統很不一樣。在其他的宗教傳統中，神職人員在文獻研究與學術方面所接受的訓練，依據的是該傳統內部的規定，因此，「教徒學者」的情況要普遍得多，這甚至成了一種規定。教授猶太研究課程的拉比，以及教授基督教歷史課程的牧師，都很常見，以至於很少引起關注。實際上，在美國的神學院裡開設的宗教研究課程，講授「基督教」課程的教授就被要求信仰基督教。

與道教研究很相似的是西方的佛教研究：普萊比什（Charles Prebish）用「沉默的僧伽」來稱呼那些學者兼從事佛教修行的人，這些人的數量也不少。[31] 與道教的情況最接近、可進行比較的對象也許是藏傳佛教。從希望保留文獻的原初意義以及保存其自身傳統的角度來看，藏傳佛教與道教一樣，也是一個擁有豐富文獻的宗教傳統，同樣被廣泛地誤解，並且在西方很盛行，也同樣受到了「東方主義」關注的影響。

不過，二者之間的差異同樣富有啟迪意義。藏傳佛教學術研究的發展，得益於經由印度前往美國避難的喇嘛們。他們在大學裡教授藏文，並且經常在校園外教授宗教修行。此外，這種發展還得益於一些美國人，他們不僅獲

30. 參見康思奇，《道教傳統》。康思奇強調說，在道教傳統的「內部」，有一些修道學者的典範人物，他個人非常認同的道士有：陸修靜（406–477）、陶弘景（456–536），以及李道謙（1219–1296）。康思奇，〈對《夢道華山》的回覆〉。

31. 普萊比什，《光明的通道》（*Luminous Passage*），第173–202頁。

得了佛教研究的博士學位，還在印度的藏傳佛教寺廟裡接受過訓練。這些美國人當中就包括最著名的瑟曼（Robert Thurman, 1941–），他是美國哥倫比亞大學「法主宗喀巴印藏佛教研究」講座教授。這類的修道學者，無論是在相關的宗教傳統還是研究領域中，其狀況都存在著很大的差異。

在現代語境下，道教缺乏這種「知識分子道士」的傳統；當代大多數道士的教育水平都不高，很難想像他們在一所中國的大學裡面任教，更不要說在西方大學裡任教了。此外，在流亡者開設於印度的藏文學習中心裡，西方的佛教學者被要求有一段必需的修行時間，而道教的情況則不一樣，實際上道教的學者並沒有這樣的機會去道觀中接受培訓（至少幾年前還是這樣），這些道觀也不是真正的教育機構。實際上，在中國，道觀和道教協會經常將他們學術方面的工作外包給世俗的學者們：中國大學裡的研究人員被邀請去給年輕道士們講授道教的文獻傳統。康思奇在山東大學做訪問教授時，他自己就親眼見到過這種情況。他注意到那些世俗的學者們以一種不準確和過於簡單的方式，在給道士們講授「道教的歷史」。

關於本真性與權威性，道教缺乏在制度或話語權層面上強有力的聲音，所以世俗的學術機構和培訓才會在道教的宗教領域裡佔據了一席之地。如果和印度教或佛教研究相比，正規的道教學術研究還處於嬰兒期。而且，與這兩種宗教相比，美國的道教實踐遠沒有那麼具有等級性、組織性，以及直接與現存的傳統聯繫。然而，吊詭的是，美國的道教修行者可能比其他非西方的靈性傳統修行者更受到世俗學者的影響。當然，學者從來都不是中立的觀察者或裁判員，而是積極參與學術論爭，定義自己的研究對象。特別是當這個研究對象是道教這樣既很少被準確理解、又缺乏定義時，情況就更是如此。

夢道者的態度，以及他們在華山及之後向我們表明的那些態度，在很多方面都是從19世紀晚期的漢學中繼承而來的，那就是：道教既是一種治療現代西方文化弊病的方法，又是一種衰退的長青哲學，可以在西方世界中得到保存，並且可以恢復到它最初純粹的樣子。正如吉瑞德（Norman Girardot）所說的：「對於『道教是什麼』這個問題的持續追問，本質上是想詢問，面對這份極其豐富和複雜的傳統，漢學家們⋯⋯究竟是如何給出極度歪曲與偏離的答案、做出如此荒誕的錯誤注釋的。」[32]

32. 吉瑞德，《維多利亞時代的翻譯》，第317頁。

這種影響的代表人物是漢學家理雅各（James Legge, 1815–1897）。他是一名蘇格蘭公理會的傳教士，從1870年代後期到19世紀末，他成為了中國宗教研究的權威學者。與之前的傳教士學者不同的是，理雅各非常欣賞「老莊道學」，認為它嚴肅且很有價值。在中國待了許多年以後，理雅各回到英國，得到了牛津大學首任中文教授的職位，他向西方社會大量地引介有關中國宗教方面的知識。理雅各是第一位將許多重要的中國經典翻譯成英文的學者，他的這些譯作在各個書店仍然可以找到，並且任何一個關於亞洲宗教的概論課程都將其作為教材使用，包括《易經》、《莊子》以及《道德經》。理雅各的這些經典譯作，被繆勒（F. Max Müller）收入其主持編譯的《東方聖書》（*The Sacred Books of the East*）系列叢書中出版，因此將道教和儒教置於逐漸浮現的「世界性宗教」這一範疇當中。

理雅各主動去探究和理解這些經典的道教文獻（所謂「哲學的道教」），甚至自己被其打動，但與此同時，他又貶低當代的「宗教的道教」。因此，在思考道教的時候，他創建了一種概念上的二元論，而這種二元論一直延續到今天。從1890年代直到最近，美國人在寫作世界宗教時，關於中國宗教、特別是關於道教的信息，還是主要依賴於理雅各。康思奇將這種已然被廣泛接受的「哲學的道教」和「宗教的道教」的區分，稱為「理雅各式的」或者「二分的」道教觀。[33]

另一個學術興趣的主題，是身體修煉與煉丹術。儘管對於這些題目的研究比「道教哲學」（例如《道德經》和《莊子》）的研究還要少，但是通過為東方主義的夢幻世界提供他們喜歡的素材，這類主題對於美國道教的形成具有重大的影響。在這種情形下，中國被想像成了一個充滿了煉丹術士、隱修者以及神仙的浪漫樂土，而不是啟蒙時期的一個理性的、道德的國度。

瑞士心理學家榮格（Carl Gustav Jung, 1875–1961）是最應該為中國煉丹術在西方廣泛傳播負責任的人。榮格一直對儒教沒有多大興趣，但是他對道教卻表現出極大的興趣，很有好感，還錯誤地將道教看成為中國整體思想的典型代表。榮格最初喜歡上道教是通過《太乙金華宗旨》一書，這是一部清代的

---

33. 參見康思奇，《道教傳統》。

內丹文獻，大概是通過扶乩方式創作的，榮格在1922年為這部書寫過一篇介紹文章。[34]

之後，在20世紀中期，由馬伯樂（Henri Maspero）、李約瑟（Joseph Needham, 1901–1995），以及高羅佩等學者，提出了一些關於道教養生、長壽、成仙、超越，以及房中術的觀念，這些觀念吸引了西方人以身體為中心的靈性追求興趣。李約瑟對於早期中國的浪漫觀點，影響了後來的道教研究。他還是多卷本巨著《中國的科學與文明》（又譯作《中國科學技術史》，*Science and Civilization in China*）的編輯與主筆人，這部巨著對於中國科學與技術各個方面有著長篇累牘的研究，包括紡織、農業、礦業。這部書寫作於第二次世界大戰末期，李約瑟將中國煉丹術視為西方世界疾病的一劑解藥，並將道教房中術看作是「對西方文化的一股療癒的力量」。[35] 李約瑟的一些最具深度和重要的研究，就是關於中國的煉丹術。早期流行的一本有關「道教中的性愛」的英文書《性愛之道：古代中國的至樂之道》（*The Tao of Love and Sex: The Ancient Chinese Way to Ecstasy*），作者是李約瑟的朋友、資深記者張忠蘭（Jolan Chang, 1917–2002），李約瑟為這本書充當了編輯並作序。[36] 李約瑟在道教中看到了於現代世界實現一次古老的復興的可能性。[37] 道教有可能恢復因為現代性而被破壞的東西：道德與科學、人與自然，以及各類知識學科之間的聯繫。

所有這些學者的研究與著作，揭示出那些美國民間道教徒身上所具備的特質從何而來，儘管這些人通常對此並不知情。民間修行者所擁有的道教概念，其形成都是受到了一些學術研究的影響，而且，通常都是一些過時的、維多利亞時期的五花八門的研究。然而，這個形成過程卻很少得到承認，甚

---

34. 榮格，《金花的秘密》（*The Secret of the Golden Flower*）。參見克拉克，《榮格與東方思想》（*Jung and Eastern Thought*）；莫妮卡，〈《金花的秘密》的不同版本〉（"The Different Versions of the *Secret of the Golden Flower*"）。康思奇在他的文章〈道教內丹〉（"Daoist Internal Alchemy"）中討論了榮格和煉丹術。

35. 存放在「李約瑟檔案」中的李約瑟手寫筆記，樂懷璧（Leon Antonio Rocha）在〈性道〉（"The Way of Sex"），第614頁加以引用。

36. 張忠蘭，《性愛之道》（*The Tao of Love and Sex*）。李約瑟的作用在樂懷璧的文章中有所討論。

37. 參見李約瑟以筆名霍洛倫肖（Henry Holorenshaw）發表的文章，〈一個榮譽道士的成長〉（"The Making of an Honorary Taoist"）。

至還被否認，因為許多美國修行者認為「從書本上學習」的方式是「非道教的」。康思奇就是這麼認為的：「的確存在著一種刻意的忽略，甚至企圖阻止人們接觸到這類信息。」[38] 不過，肯定的是，修行者需要持續更新的學術研究支持：當他們在他們的師父所傳授的技術中遇到瓶頸時，他們經常會去尋找一種「新的」（儘管他們傾向於將其標榜為古老的）道教修行方式——他們就需要依賴於學術翻譯作品去尋找他們想要的東西，因為他們大多數人都不懂中文。[39]

一些更高等級的修行者，比如說麥考文，願意承認修行者在許多方面受益於學術研究。麥考文告訴我們，他非常重視道教學者，因為他將自己視為其中的一分子：

> 我不僅僅是一個修行者，我還是一個學者。我對歷史很感興趣，總想弄清楚事情的來龍去脈。由於我的修煉已經達到了比較高的程度，所以我可以發現一些小細節，它們可能會帶給我對於這種修煉方法的不同觀點，或者是讓我懂得它是在什麼情況下被傳授的……我喜歡關注事物的語境。我想了解一種修煉技術是如何演變的。學者能讓修行者保持誠實。修行者喜歡說謊，誇大他們派系的地位或者是其他方面，又或者是吹噓自己的派系歷史有多麼地悠久……
>
> 我有許多的學術書，我一直在閱讀，因為這些書能讓我不斷提升自己，使我對中國文化與思想的理解越來越深刻，這是一個非常深的題目，也隨著時間而不斷地變化。我喜歡大量閱讀不同學者的書，我總是試圖從中找出新的東西，我將這些東西吸收到我教授的課程當中，將其作為一種觀點傳授給西方的道教徒。[40]

實際上，麥考文認為他自己「完全有資格稱得上是一名獨立道教學者」，因為他是《道教研究學刊》（*Journal of Daoist Studies*）編委會成員之一，他的

38. 康思奇，〈對《夢道華山》的回覆〉。
39. 值得引起注意的例子是由孔麗維出版的譯著，這些譯著所起到的作用，在《道教打坐與長生術》（*Taoist Meditation and Longevity Techniques*）一書中被討論過。
40. 2010年12月22日，北卡羅萊納州阿什維爾，史來家對麥考文的訪談。

一些文章曾經發表在這本刊物以及孔麗維主編的一些書中；[41] 而且，他的「私立道教大學」同時開設道教理論與修煉術的課程。[42] 他之所以保持著一種「獨立」學者的身份，沒有正式的學術研究資歷，據他說，為了維護他個人的本真性，他寧願犧牲學術的權威：

> 在一個道教學者和密教學者參加的會議上，我宣讀了我的論文〈探索靈性大觀〉，講述了個人的性經驗，這讓在座的許多人都非常吃驚。一些人告訴我說，「如果是我發表那篇論文的話，我準會被辭退的。」當然，這就是原因之一，導致我願意做一個獨立學者和獨立教師——讓自己擺脫機構的壓力，不用為了迎合傳統而去歪曲事實。[43]

不過，在康思奇看來，麥考文是「典型的新世紀的挪用者，通過他自己的胡編亂造和對『學術研究的選擇性閱讀，以及沒完沒了的自我推銷，尋求一種合法性……真正的學術研究需要系統的研究和反思，包括在道教研究領域的正式學術訓練」。康思奇在他的《道教傳統》這本書裡談到「共謀性的忽略」時，他首先想到的就是麥考文以及與其相似的人。[44]

(三) 施舟人和蘇海涵：田野中的受籙

西方文獻研究的第一個百年，對於西方民間如何理解道教起到了關鍵性的作用。不過，康思奇明確地將自己歸入道教學術研究的新生代之列，這種學術研究拒絕早期漢學傳統中的「東方主義」。對於早期漢學傳統的批評，部分源於1960年代開始的民族志研究新熱潮。這種新的研究方法，挑戰了早期學者基於書本的各種想像，令他們直接面對著來自田野的各種具體資料。康思奇聲稱他自己已經正式「受籙」(ordained)，成為了一名「道士」。他的這種說法，已經被之前的施舟人和蘇海涵 (Michael Saso) 使用過，他們在1960年代將台灣的道教視作一種活著的傳統，運用民族志的方法對其進行了開創

41. 麥考文，〈道教方法〉(“Daoist Methods”)、〈道教內丹〉(“Daoist Neidan”)、〈道教內丹術〉(“Daoist Internal Alchemy”)，以及〈轉變性能量〉(“Transforming Sexual Energy”)。
42. 2016年3月6日，麥考文寫給宗樹人的電郵。
43. 2016年2月19日，麥考文寫給宗樹人的電郵。亦可參見麥考文，〈探索靈性大觀〉。
44. 康思奇，《道教傳統》，第9頁。

性的研究。在公開場合，蘇海涵總是以一名道教皈依者、修道學者的身份出現，這使他成為了康思奇學習的榜樣。實際上，康思奇與蘇海涵於2010年在一個會議上相遇，對此後文還會説到，他們從此以後就成為了好朋友和合作者。康思奇在他2013年出版的一本關於道教的書中寫到：「蘇海涵（1930–）和施舟人（1934–2021）是首批皈依道教的著名西方人士。他們都通過拜師成為一名正一派道士，正是因為他們，才得以在道教研究中建立起一種道教修道學者的模式。」[45] 事實上，康思奇就是根據這種模式來稱呼他自己的。正如蘇海涵和施舟人是第一批的「正一派修道學者」，康思奇則以第一批通過正式皈依而成為全真道士的學者自居，即第一位「全真派修道學者」。當學術界一度只專注於文獻，而且普遍認為道教是一種已經消失的過去的宗教時，施舟人與蘇海涵通過在台灣「發現」一種活著的儀式傳統，以及自己「受籙」為正一派道士，在學術研究中掀起了新熱潮。正如康思奇説的：「蘇海涵和施舟人作為『局外人』(學者)，為了能夠更全面地理解道教，他們決定成為一名『局內人』(信徒)。因此，這種早期『民族志式的』研究個案揭示，參與觀察的研究方法正在逐漸浮現，」[46] 這種研究方法開始被視為具有權威性，其基本特點是進入到一個傳統當中去。康思奇將他自己的民族志研究（後面會討論）視為與施舟人和蘇海涵的正一派研究相似的全真派研究。

在施舟人英文著作《道體論》(*The Taoist Body*)[47] 的前言中，吉瑞德講述了關於施舟人的故事。1962年，二十八歲的施舟人作為法國遠東學院的一名研究人員、在法國接受學術訓練的荷蘭漢學家，第一次進入台灣。在台灣中央研究院待了兩年以後，他決定「告別作為一名學者在辦公室裡的研究生活，離開居住的台北市，因為道教中有一種説法是『隱於民間』。」[48] 他去了台灣南部地區，在那裡他觀看了一場道教的「醮儀」。他在巴黎研究《道藏》時學

45. 康思奇，《道教傳統》。

46. 康思奇，《莫比烏斯宗教》。

47. 在康思奇早期對道教傳統的追尋中，這是其中一本對他產生過很大影響的書。1990年代初期，康思奇在道教研究所學習，當時還沒有什麼可以借鑒的道教學術研究書籍，他發現了施舟人的《道體論》。施舟人對於道教中「山」的觀念的討論，引起了康思奇的極大興趣：山，既是山，也是壇場，還是身體，還象徵著「靜」。參見康思奇，〈對《夢道華山》的回覆〉。康思奇經常就這個主題進行寫作，這啟發了他，形成了他的「山觀」概念，下面會談到。

48. 施舟人，〈前言〉，載於《道體論》，第 xi 頁。

習到的有關道教經書文獻的晦澀知識，給當地的道士留下了深刻的印象，他們允許他正式拜師入道。1968年，他拜道士陳榮盛（1927–2014）為師。逐漸地，施舟人入道的消息變得廣為人知，這極大地促使他在道教研究的權威，因為在那個時候還沒有其他道教學者冒險進入過這個領域。不過，與蘇海涵不同的是，施舟人並沒有將他的入道經驗當作他發表的任何研究成果的基礎；他是通過其他方式來建立起自己的學術權威的：他對道教儀式進行了歷史和文獻的研究；他培養了其他著名的田野研究工作者，例如勞格文（John Lagerwey）和丁荷生（Kenneth Dean），他們都不是道教實修者；他還組織了一場對於《道藏》的非凡研究工作。[49] 施舟人皈依道教的故事成為了他個人傳奇的一部分，但是這並沒有因此成為他自己學術研究的一部分。同樣，這也創造了一種範式，那就是作為「傳統行為體」的學者以及修道學者的範式，這種範式在宗教研究這個更大的領域中也能看到。

相對於施舟人讓其他學者來講述他入道的故事，蘇海涵則在其未出版的回憶錄中講述了自己的入道經歷，並將之視為自己有影響力的論著之一。[50] 蘇海涵將他與後來的師父第一次見面的經歷形容為「一次令人不愉快的責備」。他的師父莊陳登雲（1911–1976）問他：「一個外國學者除了想要破壞他祖先的傳統，還能懷著什麼樣的目的呢？」[51] 當蘇海涵掏出來自英國博物館的一份儀式文本的影印件時，莊道長的態度變得溫和起來。蘇海涵強調說，莊道長不僅僅教給他儀式的知識，而且還教給了他有關道教哲學與內丹的知識。

康思奇曾說自己這個西方人才是其中最勤奮的學生，而大多數其他的中國道士都非常地懶惰：「在每場儀式的間隙，那些渾渾噩噩度日的道士便在附近的檯球室裡打發時間，全然想不起還有關於調息功法、身體鍛煉、健康膳食以及與之類似的功課。」[52] 在這裡，也許會讓人想起康思奇所說的關於「吃道教」的評論，他指的是道觀的腐敗與全真派道觀中的「廟混子」。康思奇還提到過這些道士經常搓麻將，以及拿著手機沒完沒了地聊天。

49. 施舟人和傅飛嵐編，《道藏通考》（*The Daoist Canon*）。
50. 蘇海涵，《莊林續道藏》（*The Teachings of Taoist Master Chuang*）。
51. 蘇海涵，《莊林續道藏》，第89頁。
52. 蘇海涵，《莊林續道藏》，第89頁。

與施舟人一樣，蘇海涵跟他的儀式師父學習了數年的時間，直到他完全理解了「他所操演的道教儀式的各個方面及其美妙之處」，[53] 並且能夠描述出他在台灣正一派道士們當中的生活。在他接下來的一本書中，蘇海涵透露了一些道教文本，這些文本本來只有學道之人才被允許看到。他還出版了一套道教科儀圖書集成。實際上，在最初出版於1972年的一本學術著作中，他特別指出，只有作為一名修行者，他才可能發現和闡明道教：

> 這個傳統通常只傳授給那樣一些徒弟，即他已經被一位師父所接受，並且已經懂得如何進行道教的冥想修煉（茅山的施道長稱之為「定心」）。因此，一位在這個領域從事科學調查的學者會發現，如果要以「主位的」方法來研究這種神秘儀式的話，他就必須拜一位師父、成為一名道士學徒，並且真正開始修習儀式中的冥想技術。[54]

不過，至少作為一名學者，蘇海涵為他的直言不遜付出了代價。被其他人視為一名修道學者，意味著你的處境將變得複雜與困難。儘管一個人的學術資歷可能有利於他作為修行者的地位，但反過來卻不一定是這樣。出於謹慎，學者們一般不會輕易對外表露自己作為一名修行者的身份，因為不然的話，他們可能會發現自己的學者身份和修行者身份都會受到質疑。事實正是如此，在一篇長達49頁、廣為人知的抨擊性評論文章中，漢學家司馬虛（Michel Strickmann, 1942–1994）指出：「蘇海涵從他的老師–信息提供者那裡獲取信息的方式，存在著嚴重的問題。當一名人類學家是其描述的儀式的參與者（也許也是一名信徒）時，就會出現一個關於客觀性的基本問題。此外，也有許多明顯的跡象表明，蘇海涵影響了莊道長，而且，許多莊道長給他的信息，正是蘇海涵灌輸給莊道長的。」[55]

康思奇顯然認同蘇海涵與施舟人，認為他們不僅提供了一種道教修道學者的範式，還代表著「不同命運」的可能性。對施舟人來說，這種複雜的身份

---

53. 蘇海涵，《莊林續道藏》，第101頁。

54. 蘇海涵，《道教與儀式》（*Taoism and the Rite*），第114頁；亦可參見康思奇的《道教傳統》，第260頁。

55. 司馬虛，〈歷史、人類學與中國宗教〉（"History, Anthropology and Chinese Religion"），第237頁。另一個可作比較的例子，參見巴斯韋爾（Robert Buswell）的《禪修體驗》（*The Zen Monastic Experience*）。有意思的是，巴斯韋爾明確提到了他與司馬虛的師徒關係（mentorship）。

帶給他的可能是權威與聲望；而對蘇海涵來說，這種身份可能導致他的學術權威的喪失並且被邊緣化。出於對蘇海涵研究的尊重，康思奇還討論過是否應該寫一篇文章，題目就叫做「重溫司馬虛與蘇海涵之爭」，康思奇打算在這篇文章中質疑司馬虛的觀點，並且回顧蘇海涵的貢獻。[56]這些跡象表明，康思奇對於這個在宗教研究領域中更廣泛存在的「修道學者」現象，有著持久的興趣，並且在寫作中特地關注了「局內人與局外人的問題」。[57]

（四）孔麗維：從經典研究學者到靈性企業家

康思奇起初將施舟人與蘇海涵視為修道學者榜樣的時候，他並沒有想到自己後來的博士導師孔麗維也追隨著同一條道路，儘管是以一種非常不同的形式和方向進行的：施舟人與蘇海涵是通過道教受籙的形式，進入到社團儀式傳統中，這種傳統還沒有被其他西方人涉足過。而孔麗維經過了一段出色的學術生涯，退休後，她成為了美國道教在「新世紀」圈子裡的一位重要人物，這種美國道教專注於個體的冥想與身體修煉。我們可以這樣說，本來作為漢學家施舟人同行的孔麗維，轉變成了靈性企業家麥考文的同行，在努力打破西方道教學者與修行者之間的壁壘方面，她發揮了重要作用。

除了數量眾多的學術出版物之外，孔麗維還推出了許多對於修行者來說非常重要和實用的翻譯作品。直到2000年以前，孔麗維還被認為是一名從事經典研究的漢學家，她在德國接受了學術訓練，以文獻研究為主，研究的領域非常專業。但是從那以後，她就變得對西方道教這個領域更加感興趣了，[58]再接著，她將自己變成了一名西方民間道教徒。2004年，離康思奇博士畢業還差一年的時間，孔麗維從波士頓大學退休，不再從事全職教學工作。她在新墨西哥開設了一個中心，從2006年初至2008年底，她居住在當地，將更多的時間花在道教修煉教學方面。她的「道教深度體驗課程」，被宗教和旅遊研究學者斯朵斯伯格（Michael Stausberg）稱作為「跨界」的一個典型例子。[59]

---

56. 康思奇，〈對《夢道華山》的回覆〉。
57. 康思奇，《莫比烏斯宗教》。
58. 參見孔麗維的課本《道教與中國文化》最後四頁。此外，她資助了在瓦遜島召開的「道教修煉大會」。
59. 斯朵斯伯格，《宗教和旅遊》，第142頁。

1970年代中期，孔麗維在加州大學伯克利分校做交換生，她開始練習太極拳，從此以後，她就一直在做不同的修煉。1980年從德國波恩大學獲得博士學位以後，她搬到了日本京都居住。在那裡，「她極大地拓展了冥想的視野，開始接觸到佛教的修煉方法：內觀、密續瑜伽，以及禪。她參加了一個由葛印卡（S. N. Goenka）組織為期10天的課程，與當地法眾坐在一起，還閱讀了創巴仁波切（Chogyam Trungpa）的每一本書。」[60] 1988年，孔麗維作為波士頓大學的一名全職教授，「出版了幾本關於道教打坐與中國神秘主義的書，同時繼續做她的內觀修煉。」[61] 在她正式的學術生涯裡，她主要是一名投入的內觀修行者，一直致力於日常的冥想練習以及參加各種各樣為期10天或30天的靜修班。這就是康思奇1998至2005年跟著孔麗維讀博士研究生時，也是這種情況。[62]

但是孔麗維最主要的身份還是一名學者，她對自己的佛教修行保持著低調的態度。不過，她退休以後，在其自費出版的書中（這些書通過她自己開辦的三松出版社出版，這個出版社專門出版有關道教的著作），自我推介為一名傳授修煉術教練（在她創辦的一個現已停辦的非營利網站上，她的個人簡介是這樣描述的：「孔麗維涉足太極拳、氣功、打坐，以及其他修煉活動已經超過二十年時間」），[63] 她還組織了一些工作坊——更像是一名新世紀運動教練，只不過具備了超多的歷史、文獻以及學術知識。最近，她成為了一種新形式能量治療術導師，這種治療被稱為「核心健康」（Core Health）（參考核心力瑜伽〔CorePower Yoga〕）。[64]

當孔麗維的生活軌跡開始變得與麥考文相似時，他們兩人成為了朋友和合作人，同時，孔麗維和康思奇的關係開始變得疏遠起來，也就沒什麼讓人驚奇的了。麥考文邀請孔麗維參加他組織的夢道之旅，儘管孔麗維有事未能成行，不過她後來在2011年組織了一次孔麗維版本的夢道之旅，活動的名稱是「老子的足跡」，主要參訪華山和其他一些道教聖地。麥考文曾經為孔麗維

---

60. 2011年1月11日，史來家對孔麗維的電話訪談。

61. 孔麗維，《關於冥想的研究》（*Meditation Works*）中的〈致謝〉（“Acknowledgments”）。

62. 康思奇，〈對《夢道華山》的回覆〉。

63. 參見「道之遺產」網站：http://www.legacyofdao.org/organization.html（2015年3月6日查閱）。

64. 參見「核心健康」網站：http://corehealth.us/facilitator/facilitators/unitedstates/florida/saint-petersburg（2015年3月6日查閱）。

在三松出版社出版的兩本論文集寫過文章，內容是關於身體修煉與內丹。[65] 實際上，他在自己的網站上介紹並出售這些書。儘管孔麗維肯定不是麥考文的一名學生，她仍然稱讚他是一名優秀的作者，誇獎他「清晰有力的表達」以及博學多聞，而後者的這些知識都是從孔麗維的書中獲得的。

孔麗維組織過一系列會議，讓學者和修行者之間互動。第一場會議是1998年在哈佛大學舉辦的「道教與生態」大會，[66] 這個會議是當時有關生態的系列會議之一，主要針對世界各大宗教。正是在這個會議中，康思奇第一次遇到孔麗維、施舟人以及劉明。實際上，康思奇是特地來參加這個會議的，他想看看是不是有可能跟著孔麗維做博士研究。這個會議討論的結果，導致接著於2001年5月在西雅圖瓦遜島召開了一個僅憑邀請函出席的關於道教修煉會議。這是第一次學者與修行者被有意安排在一起開會。孔麗維是會議的官方召集人，她還得到了塔克（Mary Evelyn Tucker）和莫承華（Harrison Moretz）的支持。塔克是一位研究宗教與生態的教授，她組織了那次哈佛會議。莫承華是道教研究所（The Taoist Studies Institute）創辦人。不過，這個會議的具體組織人是孔麗維的學生康思奇。部分緣於對上次「道教與生態」會議上出現的「修行者代表」的不滿，[67] 康思奇特別希望召集一個由「遵循傳統的道教信徒」與「權威學者」共同組成的會議。不過，他的努力未能如願。最後，康思奇不得不妥協，接受一些「新世紀道教徒」。[68] 正是在這個活動中，孔麗維與麥考文第一次相遇。[69]

---

65. 麥考文，〈西方的道教內丹〉（"Daoist Internal Alchemy in the West"）以及〈轉變性能量〉。康思奇也參加了第一本文集的寫作，但是他退出了第二本文集的寫作工作，因為在三松出版社的出版物中出現了越來越多關於「混合靈性」的內容。
66. 這個大會是孔麗維與吉瑞德、塔克共同組織的。
67. 在由吉瑞德、苗建時（James Miller），以及劉笑敢編輯的《道教與生態》（*Daoism and Ecology*）一書中，孔麗維好心地逐篇為這些報告做了概述。
68. 摘要請參考康思奇未出版的論文〈道教修煉大會綜述〉（"Conference on Daoist Cultivation: Summary Report"）。苗建時，是孔麗維的另一名學生，他也錄製了許多與會者的影像，並將其展示在他的〈美國的道教修煉〉（"American Daoist Cultivation"）中，網址是：www.daoiststudies.org/content/amercan-daoist-cultivation（2016年7月31日查閱）。關於麥考文在會議上提交的論文，參見麥考文，〈作為一種深層語言的道教煉丹術〉（"Daoist Alchemy as a Deep Language"）。
69. 這個會議成為孔麗維主編的文集《道教的身體修煉》（*Daoist Body Cultivation*）的基礎。

獲得這次會議的邀請，讓麥考文有機會將自己定義為一名修道學者，使他能夠與學術研究者進行一些認真對話。麥考文回憶：

> (我和孔麗維) 第一次相識於瓦遜島 (Vashon Island)。她發了一封邀請函，請謝明德來參加會議。我給她回信說，謝明德無法參加會議，而且他也不是這次會議的合適人選。他不與學者接觸。我告訴她說，我覺得我適合參加這次會議。然後她回信說，好吧，你來吧。她讀了我的會議初稿以後說，好吧，這個人是一名私人學者，而且他還是一名嚴肅的修行者⋯⋯因此，後來她不斷地邀請我參加會議，我也一直樂於發表我在這方面的觀點，我們成為了好朋友。這是一種美好的關係。我很欣賞她將實修引入學術圈所發揮的作用。[70]

這封邀請函其實是康思奇發出的，他後來將麥考文和其他「新世紀」氣功修行者提交的報告看作是這次會議的主要欠缺之處。[71] 受到瓦遜島退修活動的啟發，孔麗維開始每兩年組織一次國際道教會議，地點通常選在例如中國道教名山或者德國湖泊之類的風景點。她因此而成為了將學者和修行者聚集起來的一個主要人物，可能也是她幫助西方民間道教獲得了合法性。她評價說，這些會議在調和包括「心理學家和商人」在內的學者與修行者方面獲得了「極大的成功」。[72] 這些會議的預期是促進思想與實踐之間的交流，擴大彼此的視野。不過，有時候會給人這樣一種印象，雙方在各說各的，並沒有進行真正的對話。在康思奇看來，「他們就是這樣破壞著道教的傳統。」不過，麥考文很興奮能有這樣一個機會，讓他可以使用從修煉體驗中獲得的知識去挑戰學者。他說：

> 孔麗維是一名真正的鼓動者與激勵者，我真的非常感謝她在給予修行者應有的尊重方面所做的工作。這正是她在做的事情。我參加了波士頓的會議 (2003 年孔麗維組織的第一個道教研究國際會議)，遞交了一篇論文，關於最神奇的坎訣與離訣，探討了有關於行星、音

70. 2010 年 12 月 22 日，北卡羅萊納州阿什維爾，史來家對麥考文的訪談。
71. 康思奇，〈對《夢道華山》的回覆〉。
72. 2011 年 1 月 11 日，史來家對孔麗維的電話訪談。

> 調以及諸如此類的事物。[73] 蘇德樸(Steve Eskildsen)是其中一名審稿人,他是一位從事道教文獻研究的學者,他説:「我從來沒聽説過這個東西;我沒有辦法相信它。我無法評議,抱歉。」於是我回覆説,這是一個口頭傳統,我將它轉變成了書面的語言。我的理解是,它一直是以秘密狀態存在的,以前沒有人將它寫出來,所以您沒有聽説過。但是現在您知道了。他看到我的這份説明後很吃驚。更不用説讓他去理解《易經》可能是一種音樂符號系統。我從一個不同的視角來看待這些事物。我們有著相同的興趣。只是我的視角不同而已。他們試圖找出文獻以及文獻的文化背景,而我則努力探明修行者的觀點,以及它是如何運用的。因此,我們都對同樣的事物感興趣,我們只是對於其中的關聯性得出了不同的結論。[74]

諷刺的是,正是通過組織瓦遜島會議,康思奇將孔麗維介紹給了麥考文,同時也為後來一系列道教會議設定了基調,而這正是康思奇所譴責的。有時候康思奇會感到懊惱,因為他曾經參與過其中的工作,卻導致了這樣不盡人意的結果。從康思奇「基於傳統」的觀點來看,在靈性資本家和道教民間建構這個永無休止的、封閉的循環中,孔麗維和麥考文是一對合作者,而這種建構意味著「道教完了」。

(五)羅耀拉馬利蒙特會議

由孔麗維組織的第六屆道教研究系列會議,於2010年在位於洛杉磯的著名耶穌會教育機構羅耀拉馬利蒙特大學舉行。這所大學坐落在一個覆蓋著整齊修剪過的草坪的舒緩山坡上,俯視著遠處的碼頭和纏繞在一起的高速公路。這個聚集著道教學者、修行者以及修道學者的大會,並沒有消滅加利福尼亞州作為靈性個人主義的一個中心的聲譽:會場上,這邊是一群獨立學者在忙著兜售自己的《道德經》譯作;那邊站著一些武術和氣功大師與他們的簇擁者;又有一些穿著各式中國服裝的慕道者和聖徒。還有幾位中美兩國的宗教研究與漢學研究著名學者,以及道教研究專家。儘管2004年康思奇去中

73. 麥考文,〈魔幻數字〉(“Magic Numbers”)。

74. 2010年12月22日,北卡羅萊納州阿什維爾,史來家對麥考文的訪談。

國旅行時對麥考文避而不見，但是在這次會議上他卻無法再迴避了。康思奇在會上作了「關於早期道教存想術歷史」的報告；而麥考文剛剛結束他組織的2010年夢道之旅，從中國飛回美國，他在會議上組織了一個叫做「學者的專用氣功：為精神體（Mental Body）築基」的工作坊。我們倆也參加了這次會議，遞交了本章的初稿以及本書第七章作為參會論文。孔麗維指派麥考文作為這場討論主持人，而康思奇則坐在聽眾席中。

在羅耀拉馬利蒙特大學的第一個上午，孔麗維的主題發言試圖將道教與一些關於商業和大眾心理學方面流行書籍聯繫起來，她稱呼聽眾為「我們道教徒」，鼓勵我們成為「變革推動者」。另一位主題發言人，是一位從中國移民到美國南加州的自封道士。他表演了一個叫做「龍劍書法」的東西，在一張紙上書了一道符，據說是「向和平致意」。康思奇從這場靈媒式「能量閱讀」表演的現場離開，對他來說，這不過是另一種「道教欺詐術」和「靈性暴露癖」。

在主題發言結束之後，與會者分組進行為期三天的小組討論或修行分會。小組討論的題目包括「道教的領導力教育」、「道教與量子物理」等類似主題；而修行分會則包括「柳腰：女丹功法」以及「中國占星術：了解你的命運」。一場關於健康飲食的小組討論，讓學者（孔麗維和她之前的學生阿瑟〔Shawn Arthur〕）和修行者（一位傳統中醫藥學醫生）同台宣讀論文。

也許有人認為，康思奇作為一名修道學者應該會發現，這次會議將學者與修行者召集在一起，象徵著美國道教發展中的一個重要進展。實際情況是，康思奇對整件事情持極度批評態度，他指出，這次大會意味著「道教完了」。同樣讓他感到失望的是，與會者中沒有人以一個修道學者的視角去看問題。會議快要結束時，康思奇向我們透露，作為一名道士，他具有一種靈性識別的能力——當他與其他參會者共同用餐時，他能感受到「所有這些人根本就沒有從事過任何修煉，我不會稱他們為道教徒，或者說把這個叫做道教」。對他來說，道教意味著「為道日損——虛空和消解自我，而在這個會議上，人們都在填塞自我」。康思奇不但沒有將這次羅耀拉馬利蒙特大學會議視作一次學者與修行者的深度接觸，相反，他認為這是「美國氣功協會的一次延伸活動」，換句話說，這是一次氣功技師們的大集合（他將麥考文也歸於此類），每個人都在忙著推銷自己的氣功技術。

（六）康思奇的故事

儘管康思奇對所謂的「美國道教」這樣的稱呼持批評態度，但是他自己進入道教的方式卻與這個常見的模式很相似。在康思奇十二歲時，他的父母離婚了，他的母親決定搬離密歇根州，他在加州中央谷地的一個中產階級家庭中長大。從青少年時代起，康思奇就開始練習日本的合氣道，他喜歡徒步旅行，並且對詩歌有著長久的興趣。十七歲那年，他獨自一人徒步旅行，在野外睡了七天，其中有五天他持守齋戒。他也讀過一些「靈性經典」，包括《法句經》、《奧義書》，以及《先知》。他獲得過意識的深度靜止和延展的不同體驗。回顧過去，康思奇將這些經驗稱為自然神秘主義，它們沒有任何概念框架或言語能夠表達。這改變了他對於空間的觀念。當他回到文明社會中，待在房間角落裡時，他總是感到很壓抑。[75] 他還記得，有一次他去優勝美地國家公園攀登花崗岩山峰時，他獲得了一種一體式的神秘體驗。

在美國加州大學聖地亞哥分校讀書時，康思奇主修文學與哲學。大二時，他在達特茅斯學院待了一個學期，在那裡他遇見一位非裔美國人阿莫什（Deneal Amos, 1928–2003）。阿莫什是一名太極拳和佛道交涉（Buddho-Daoist）方面的老師，帶領著一個提供住宿的準出家社團。康思奇開始練習楊式太極拳。他感到在他的太極拳和攀岩運動之間存在著一種內在的聯繫，他說「這是因為，當你緊貼著岩石的表面時，如果你的身體不是完全投入其中的話，你就會沒命」。阿莫什給了康思奇第一本《道德經》，這是1958年由布萊克尼（R. B. Blakney）翻譯的一個版本，書名叫做《生命之道》（*The Way of Life*）。阿莫什還給了康思奇一份「靈性經典」的閱讀書目，其中包括克里希那穆提（J. Krishnamurti）的《重新認識你自己》（*Freedom from the Known*）。當他獨自穿越阿帕拉契亞山徑時，康思奇認真閱讀了《道德經》，發現書中傳達的信息明顯與他之前的神秘體驗相契合。他從此獲得了一種神學語言。他深度認同《道德經》中的觀點，並且逐漸得出了一種「荒野倫理」（wilderness ethic）。此外，在康思奇和阿莫什共處的時光裡，還有兩個方面值得注意。一個是他經常說自己是「通過運動皈依了道教」。他聲稱的「皈依」道教，自己正式確定發生的時間是1994年。在這一年中，阿莫什出現在康思奇身邊，讓他在太極課上獲得了「能量和諧」的體驗，與此同時，他對《道德經》進行文

75. 2010年6月4日，加州洛杉磯，宗樹人與史來家對康思奇的訪談。

獻研究。康思奇認真考慮過，在他畢業以後回到新罕布什爾州漢諾威，進行專門訓練。[76]

在大學時，出於對哲學沉思以及靈性追求，康思奇不再飲酒吃肉；他說，這些生活上的自律讓他失去了許多朋友。他開始踐行一種準苦行者生活方式。1993年畢業以後，康思奇去了西雅圖，在華盛頓大學開始他的研究生生活。他計劃的研究方向是英國浪漫主義文學和美國超驗文學中的生態主題。他沒有找到相應資金資助，所以他不得不去打零工來維持生活，包括去開環衛車和運送果汁貨車等等。此外，他在道教研究所莫承華指導下，開始研究道教和中國內功，包括太極拳，並且學習中文。莫承華是一位長期從事道教和內功修煉的歐美人士。康思奇說，從他離開達特茅斯以後，他就一直在尋找一位老師，能夠傳授與阿莫什楊式太極拳類似的功夫，而莫承華正是他遇到的第一位這樣的老師。康思奇練習道家打坐和修煉，包括氣功和太極拳，每週大概二十個小時。他在道教研究所時，還開始研讀各種道教出版物。他記得當時孔麗維的《道家打坐與長壽方法》(*Taoist Meditation and Longevity Techniques*)以及施舟人的《道體論》都給了他重要的影響。此外，他還讀過克萊瑞(Thomas Cleary)1991年出版的《精、氣、神》(*Vitality, Energy, Spirit*)，這是第一部受大眾喜歡的關於全真道的文集。康思奇將他自己2013年出版的著作《全真之道》視為對克萊瑞文集一個學術上的拓展和回應。在道教研究所，康思奇還遇到了唐鄉恩(Kate Townsend)，後者自1980年代早期就開始道家修煉以及學習傳統中醫與中藥學。

康思奇和唐鄉恩開始交往，最後兩人結婚了。1997年，他們一起去了中國。他們要去成都中醫藥大學開始實習工作，在途中，他們去了一趟陝西省，希望能遊覽一下華山。他們決定沿著傳統朝聖路線徒步旅行，從玉泉院開始，到山頂結束。當他們黎明前經過山腳下的道觀時，唐鄉恩看到一位道士正在練習站樁，他站在一棵樹旁，幾乎讓人難以注意到。(當他們2004年遇到陳道長時，唐鄉恩在想之前遇到的那個道士會不會就是他。)這是晚秋時分，天氣寒冷，並不是旅遊時節，他們在山上只看到為數不多的幾個人。在山頂上，他們到達了南天門道觀的遺址，那裡到處散落著具有道教文化色彩的物件和垃圾。康思奇說：「出於某種原因，我們開始清理現場。」在東

76. 康思奇，〈對《夢道華山》的回覆〉。

峰時，康思奇和唐鄉恩遇到了一個十歲的小道士。這個小道士當時坐在一張長凳上，兩腿張開，雙手放在膝蓋上，正是打坐的姿勢。這個小道士把他們帶去見他的師父，那是一位飽經風雨的老道長。大家一起在道觀中喝了茶。之後，這位老道長帶領著康思奇沿著一條石階走下懸崖，進入一個洞中。當時老道長是面向著前方走下石階的，其他人勸康思奇不要這樣做，但是他跟著走了下去。那裡是華山道教歷史上一位重要人物曾經打坐過的地方，康思奇認為這對他而言具有重要意義。這裡還讓他想起他年輕時候攀岩去過的地方。也正是在這個華山頂上度過的夜晚，讓康思奇和唐鄉恩有了另一番重要的發現。黃昏時分，一位坤道出現在住宿區，她打開了破損的道觀大門，在祭壇上點燃了蠟燭與香。祭壇上其實並沒有擺放任何道教神像和器物，檯子上只有一個破爛玩偶。在這個燭光昏暗的山洞小廟裡，這位坤道完整地唱誦了全真道整齣儀式。康思奇和唐鄉恩為此討論過，在那個時刻這件事如何說明了道教的真實狀況：儘管道教處於一種衰敗的危險之中，但仍然有那麼一些虔誠而專注的道士，他們勤於修煉，並且堅持在不為人知的神壇面前唱誦經咒。對唐鄉恩來說，這位坤道保存了道教的能量，並使之薪火相傳。不過，在那個時候康思奇還沒有感到自己與華山之間存在著強烈的靈性連接，他沒有想到自己還會回到華山。[77]

那一年的晚些時候，在參加完哈佛大學的道教與生態會議，以及在會上遇到孔麗維之後，康思奇和唐鄉恩就搬去了波士頓，康思奇將在那裡跟著孔麗維開始做他的博士研究，方向是宗教研究。在那個時候，康思奇已經閱讀完了有關道教的大部分英文文獻。他思考著可能的合適導師，他希望能夠跟隨一位「以修煉為導向」以及重視經驗感受的導師學習。他初步確定的是賀碧來（Isabelle Robinet, 1932–2000）、施舟人以及孔麗維三人。康思奇選擇了孔麗維，除了因為賀碧來和施舟人兩人都在法國之外，還因為孔麗維對於道教打坐的興趣以及她在翻譯上的成就。康思奇希望自己能獻身於道教研究，特別是對於道教文獻的翻譯，而一所世俗大學中的研究生院為系統研究提供了唯一的可能性。（他隨後將此形容為一種類似於神學院教育。）康思奇對於建立一番自己的學術事業並沒有那麼強烈的興趣，讓他感興趣的是怎麼才可以一邊修行一邊進行學術研究。[78] 他運用原始文獻，對全真道創始人王重

77. 2010年6月4日，加州洛杉磯，宗樹人與史來家對康思奇的訪談。
78. 2010年6月4日，加州洛杉磯，宗樹人與史來家對康思奇的訪談。

陽及其早期教團的實踐進行研究，將之作為博士論文題目。2001年，在完成了相關課程學習以及通過了博士生資格考試之後，雖然還沒有完成他的學位論文，康思奇返回了西雅圖，在道教研究所教授道教歷史與文獻課程，這部分是出於對莫承華的感激，部分也是希望幫助那裡的學員對道教有一個更深刻的理解。那裡的組織者為他開設了一個系列講座，但其實他們對於他所教授的東西並沒有太大興趣。來聽課的學生也只有幾個人。不過，他將自己的精力投入到了翻譯工作中。這項工作的成果就是他自費出版的《道教修行手冊》(*Handbooks for Daoist Practice*)，[79] 這套書最初於2003年由雲遊出版社(Wandering Cloud Press)發行，後來於2008年由香港圓玄學院正式出版。這是特別針對那些對道教修行感興趣的人的第一批系列譯著。這個項目也顯示出，康思奇對於他所說投入道教修行中最核心的部分，即「靜學」，有著越來越濃厚的興趣。也是在2003年，康思奇和唐鄉恩開辦了道教研究中心(Center for Daoist Studies)。這一年，康思奇為自己取了一個道名「修靜」，以表達他對於「清靜」修行的深刻認同。

就在這個時候，康思奇感到了迷茫。他已經完成了他的學術訓練，而在美國，他找不到一個可以進一步學習道教傳統的地方。他不得不將自己的眼光放得長遠和開闊一些——這意味著他將要去中國。2004年，他本來並沒有計劃去華山(武當山才是他行程的主要目的地)，因為他之前已經去過了，但是，正如我們前面說過的，當我們在樓觀台碰巧遇到康思奇和唐鄉恩的時候，他們改變了行程，決定去華山。他們在那裡遇到了陳道長和胡道長。

這一次，華山在康思奇靈性道路上佔據了一個重要位置。對於他來說，華山不僅在外形與能量方面與美國優勝美地國家公園相似，而且這兩個地方都是他「靈性成長」的地方。不過，他慢慢地不再談論他個人在華山的靈性體驗，他只是說，他批評麥考文利用夢道之旅作為宣傳材料，來追求一種在華山隱秘山洞中想像和超越的體驗。「華山的能量並不存在於那些山洞裡，」康思奇告訴我們。「為什麼要在一個山洞裡打坐呢？」他說，「難道盼望著與神仙相遇或者是讓自己成為神仙的願望，會比與胡道長一起喝茶的願望更美好嗎？」作為一名「非有神論道教」(non-theistic form of Daoism)信奉者來說，康思奇對於與神靈會面並不感興趣。

79. 劉明(Liu Ming)，《藍皮書》(*The Blue Book*)；西爾弗斯，《道教手冊》。

康思奇在華山為自己選擇了最崎嶇的一條道路，這條路上沒有夢道者旅途中那些讓人炫目的許諾。也許這是一條類似於他和唐鄉恩在1997年曾經走過的朝聖路線，也類似於他2006年第三次去華山時與胡道長攀爬的路線。[80]這條路上只有派系歸屬、認真學習。這是一條靜坐之路，也是康思奇在他的修道導師那裡看到的一條路：「對於陳道長和胡道長來說，堅持獨自打坐，是修煉的基礎。他們一直強調應該每天在一個安靜隱蔽之處進行個人靜坐修煉，並且身體力行。他們每個人都擅長自己所屬派系的內丹修煉方法，但是他們都一樣地對於『靜坐』情有獨鍾。」[81]

當康思奇和唐鄉恩與陳道長和胡道長第一次遇見時，他們討論了道教徒的信仰、身份認同，以及修行等問題。他們的交流暢通無阻，部分是因為康思奇有著豐富的道教知識，而且對於與道教修煉有關的問題，他都能夠用中文直接對話。對康思奇來說，這次會面似乎更加堅定了他可以成為一名修道學者的想法。康思奇說過，他的歐裔美國名字叫做「Louis Komjathy」（康思奇就是根據後面這個K打頭的名字取的），但是他的許多朋友都喜歡叫他「Lou〔音Lu〕」。他告訴道士說，他給自己取的道名叫做「修靜」。陳道長和胡道長聽到以後笑了起來，說了一聲「陸（Lu〔即Lou〕）修靜」，暗指中國歷史上一位非常重要的道教集大成者陸修靜（406–477），他生活在南北朝時期。在他們第一次會面將要結束的時候，康思奇說，他希望第二年能獨自回到華山，他想住在玉泉院裡，跟隨陳道長學習。陳道長暫且答應了。

一年之後，康思奇返回中國，成為山東大學2005–2006學年的一名訪問教授。他的計劃是，頭半年從事教授的工作，並且對山東全真道物質文化做一些田野調查；後半年，他打算作為一名民族志學者，對當代道教出家制度進行參與性觀察。他特別計劃去華山玉泉院住上四到六個月，跟陳道長和胡道長學習。在抵達位於濟南市的山東大學後，康思奇就給陳道長打了電話，告訴他自己已經來到中國了。不過，從陳道長的回覆中表明情況有了意外進展。陳道長說：「我不在華山。我現在於濟南，和我父母住在一起。」而且，康思奇和陳道長居住的地方還相隔不遠，這真是命運又一次有趣的安排。這一次的相遇增強了「緣分感」，這種緣分感常常是師父與徒弟之間所必需的。

80. 康思奇每次去華山都會選擇走這條朝聖路線登上山頂：1998年（和唐鄉恩）、2004年（和唐鄉恩）、2006年（和胡道長），以及2011年（他自己）。

81. 康思奇，〈與道士一起生活〉。

他們很快見了面，一起喝茶聊天。陳道長告訴康思奇說，他已經離開了華山。康思奇感到很困惑，於是問他以後是否還會返回華山。陳道長說他不確定，但很有可能是不會回去了，而且他可能將要脫離全真派。陳道長這種不確定歸期離開的消息，在他最初離開華山的時候，顯然在華山道眾中傳了開來。比如，當康思奇後來遇到胡道長時，胡道長不斷地表示他非常希望陳道長能回來。陳道長在道觀裡的朋友們都覺得他的離開只是一個短暫的閉關修行。

陳道長決定離開全真道觀的決定讓康思奇很吃驚，這打亂了他原來的計劃。他本來計劃去華山做一名「掛單道士」，以當代道教出家制度的參與者–觀察者身份，進行民族志田野調查。不過，陳道長的解釋讓他了解到了一種不同的傳統。正如康思奇後來所說的，在道教中，放棄出家的發願被稱為「還俗」(即回歸世俗生活)，不過陳道長告訴他，他更願意將自己的決定稱為「隱光」或「隱退」。換句話說，陳道長離開的原因「並不是為了滿足道士 (理論上說) 通常無法得到的那些世俗的享樂與慾望：吃葷、飲酒，以及性愛。對他來說，他選擇這條路可以讓他專心從事自己的修行，而不用像之前管理道觀時需要考慮牽涉其中的政治因素。」[82]

2005年夏季末，陳道長搬去了成都，這些內容我們在第四章中已經談到過了。2006年早春，康思奇追隨陳道長在成都待了一段時間。他們經常在茶館裡碰面，「討論當代全真派出家生活各個方面，以及一種道教宗教生活方式的必要條件。」康思奇說，關於道教以及自己與道教的關係而言，「這些會面和談話對於批判性反思一些問題，提供了必要的背景。」康思奇和陳道長還一起去過附近的青城山，在那裡陳道長「從他自己的視角以及他在玉泉院當副住持的體驗出發，談論了全真派的出家生活」。[83] 在一次兩人的論辯交鋒中，當時他們在討論道教的現狀，康思奇評論了一句說：「道教可能要完了。」陳道長笑了起來，道教的現狀的確讓他感到有點尷尬，他不再說話。停頓了一會兒後，他說道：「道教可能會完，但是道會永遠存在下去。」[84]

82. 康思奇，〈與道士一起生活〉。

83. 這些細節來自與康思奇的談話；另外可參考他未發表的論文〈與道士一起生活〉。

84. 康思奇，〈對《夢道華山》的回覆〉。

(七)「皈依」

就在那個夏天，康思奇皈依了全真道華山派。入道儀式在成都人民公園的「鶴鳴」茶館內舉行。康思奇談論過這個名字中蘊含的某種巧合。鶴鳴是四川境內一座山的名字，正是在這裡，公元2世紀時，張道陵受太上老君的啟示，許多學者認為這個神啟標誌著道教作為一種組織性宗教的誕生。

在這些會談中，康思奇再一次詢問了關於道教徒信仰與身份的問題，包括門派和皈依。他表達出想要通過拜師儀式成為一名「道士」的願望。陳道長解釋說，門派反映的應該是一個道士的歸屬，特別是與某位特定老師的關係。他們進一步討論了龍門派和華山派各自的特點。陳道長解釋說，這兩派除了分別與丘處機和郝大通有聯繫之外，龍門派更強調戒律，而華山派則更自由隨意。康思奇說，他對華山派特別感興趣，部分是因為華山這座山以及山上那些隱修者。他還對陳道長表達了自己深切的敬意和認同，這包括他請求陳道長收他為徒。陳道長同意了。因此，陳道長和康思奇之間開始有了一種正式的師徒關係，雖然康思奇有時候也把這種關係稱為「道友」。康思奇還向陳道長提到，他希望在美國建立一個道教社團和中心。這其中包括建立一個新的道教冥想派——「清靜道」，因為康思奇非常喜歡《清靜經》，他相信「清靜」是道教傳統中一直在傳續的東西，強調相關的「靜功」修習。不過，康思奇對於名字的使用有所保留，因為已經有一個「清靜派」存在了，這是一個與孫不二有關聯的全真派分支，主要由全真派坤道組成。陳道長解決了名字的問題，他告訴康思奇說，他可以將清靜派的字輩詩用於自己創立的道派上。讓康思奇吃驚的是，陳道長接著告訴他說，自己曾經拜過清靜派一名坤道為師父，這位師父就是山東嶗山的崔靜一道長(1912–2008)。正因為此，陳道長說，他也可以傳清靜派道名給徒弟。

陳道長說他要回家想一想，為康思奇選擇一個合適的道名。幾天以後，他們又在茶館見面了，陳道長告訴康思奇說，他已經為他取好了兩個名字：一個是華山派的名字，叫做「萬瑞」；另一個是清靜派的名字，叫做「常德」。萬瑞這個道名，表明了康思奇為該派第二十六代徒弟，他的師父是陳宇明，他的師爺是薛泰來。我們在第四章中已經提到，波特在《空谷幽蘭》這本書中對薛泰來道長有過描述。在康思奇看來，這種派系道名，被賦予了特別的意義，因此是非常重要的：名字當中同時指明了某人的天賦以及他在修行中應該努力的方向。康思奇經常開玩笑說，「萬瑞」這個名字非常迷人，但同時也非常難以實踐，因為這意味著：將每一件事物都當作一種恩賜。這倒是與康思奇自己的觀點相符，那就是「萬事皆修煉」。在一張最近的宣傳海報上，康思奇對他自己和妻子唐鄉恩的描述是「美國新興道派之清靜派創造人及傳承人」。

沒有其他更多的儀式。但在那一刻，康思奇感到在他和陳道長之間打開了一個新的空間。他感受到一種傳承正在發生，也感到他和陳道長的「本性」都打開了，一種無以言表的交流正在發生；[85] 他能感受到他的心和陳道長的心都張開了，道炁，即神聖的道，正在他們的身體裡流動。在另外一些場合，當與其他道士在一起時，康思奇也曾經獲得過這種體驗。但是這一次，是他個人獲得過的最重要的體驗之一，這影響了他對於道之存在以及對身份問題的看法。

康思奇請求陳道長給他一份證明書（意思是「本真性的證明」）。陳道長說沒有那個必要，而且在中國，皈依的文書「道士證」已經不再頒發了。如果康思奇實在是想要一個的話，陳道長說他需要禱告神靈，問問他們是否同意。不過，陳道長說他能夠在華山找到一個證書。在後來的一次訪談中，康思奇回憶起那天他與陳道長的談話。當時他向陳道長要一個證書，因為他覺得「每個人都有一個證明檔」。陳道長回答說：「你覺得有這個必要嗎？」康思奇問道：「這難道不是傳統的一部分嗎？」對此陳道長回答說：「傳統就是我報告給天庭。」康思奇記得他大概說了一句，那麼其他的那些「江湖術士」可能會不相信他，陳道長聽了以後回答說「那挺好呀」。康思奇將師父陳道長的這個觀點當作一個非常重要的教導。

我們記得陳道長告訴過我們說：「康思奇曾經想要一個『證明書』，一份寫著關於他入道情況的證明材料。但是我拒絕了。因為我就是證明。我認為所有這些入道的手續都是多餘的。我告訴他，如果上帝或者是呂洞賓在你面前顯現，想要拯救你，你還會要求他出示道士證嗎？……在現在的中國，任何人都能弄到證書，都能參加這種儀式。這種證書和儀式不再有任何特別

85. 2009年7月11日，成都，史來家對康思奇的訪談。

之處。假道士證太多了，現在這種證書説明不了任何問題。你應該依靠你自己。」[86]

康思奇經常將這次傳承説成是，他正式「受籙」(ordination) 為一名道教「教職人員」(Daoist "priest")。他運用傳統的道教概念，將這個經歷形容為「入道」、「傳道」，或者是成為一個「道士」(Daoist priest，道士，字面意思是「有道之士」)。在其最近出版的教材裡提到自己成為道士的經歷時，他是從派系與傳承兩方面討論皈依的，專門關注到了這些中國道教的術語。在此，他解釋説：「很少人了解還有一種皈依 (ordination)，不舉行正式公開的儀式，而是在師父與徒弟之間直接傳承。」[87]

然而，在西方道教研究中經常使用的兩個詞「ordination」(授予聖職) 和「priest」(教士)，其實是從天主教借用來的，所以並不容易將它們翻譯回中文。在道教學術研究中，「ordination」這個詞是特指正一派的「受籙」，即一系列複雜的入道儀式，通過這些儀式，權威和力量被賦予徒弟，使其成為一名「道士」，從而具備了運用符籙和儀式為公眾建醮、治病，以及驅邪的能力。這種特別的權威和力量來自神靈，通過授予「度牒」或者「法籙」的形式被賦予徒弟。當我們向陳道長問起發生在人民公園茶館裡那場「儀式」的名稱時，他告訴我們那個儀式叫做「拜師」。這是雙方對師徒關係的一種正式確認。在這個過程中，師父會根據所屬派系的字派詩，給徒弟一個道名。這個名字表明了這個徒弟的派系身份歸屬。陳道長對我們解釋説，這個儀式並沒有將他變成一名「道士」，只是給他一個「正式的道門徒弟」身份。「道士」在英文裡經常被翻譯成「道教的教士」(Daoist priest)，但對陳道長來説，「道士」只是指那些經過中國政府認證的出家人。他説：「一個外國人是不可能成為一名道士的，這需要經過道教協會等部門的批准。」[88] 在陳道長看來，不僅道士證是毫無意義的，而且連「道士」這個稱呼本身也沒有意義，因為這個稱呼不過是根據某人的社會角色和地位而被賦予的一個名字和功能。

康思奇強調説，他從來不在意自己皈依是否需要舉行一個「儀式」；但是，從本體論的層面看，傳承 (transmission) 確確實實地發生了，這使他轉

---

86. 2010年6月17日，成都，宗樹人對陳道長的訪談。有趣的是，康思奇在他對道教的介紹中，重提了他的這些感想。

87. 康思奇，《道教傳統》，第251頁。

88. 2010年6月17日，成都，宗樹人對陳道長的訪談。

變成一名正式皈依的道士，儘管這並不是陳道長從政府和組織意義上定義的那種道士。他在給我們的信中寫道：

> 皈依，或者說成為一名道士的正式過程，是一種感召，一份使命。理論上，這個過程包括深度問詢、正規培訓，以及最終確認。在現在的社會中，情況發生了變化。目前，在中國大陸，個人可以通過購買皈依證成為一名道士。人們可以在那些自我標榜的道士身上發現一個相同的模式。這種模式很成問題，讓人感到不安，那就是，這些人都在利用皈依和派系歸屬作為自己獲得合法性和權威性的資源。這與傳統中醫的資格證書和氣功證書的情況類似。
>
> 在我看來，皈依既是一個事件，也是一種持續投入，包括一些特別的任務與責任。道教徒的神職身份既是本體性的（關於存在），也是功能性的（關於表現）。前者是關於道士的存在與傳承，而後者則與道士的作用與行為有關。這兩個方面在教義、靈性引導，以及儀式活動中融合在一起。在這個世界上，道士體現並且傳承著「道」和道的傳統；他們幫助人們探尋著「道」和道的存在方式；當人們有所需要時，他們提供服務和儀式操演。[89]

儘管康思奇曾經請求陳道長給他一份「證明書」，不過幾年後他告訴我，雖然他出於合法性的需求想得到一份證明書，但是他在公開場合申明自己在華山派中的地位的主要目的，是為了「清晰地說明我在這個傳統中的位置。有時候，我以道士身份說話，有時候我以全真道士身份說話，再有時候我以某個特別派別（華山派）的道士身份說話。這可以準確地告訴大家我的身份立場。」不過，康思奇開始強調說，這慢慢出現了問題。而且，康思奇並不認為一個人必須經過皈依或者是歸屬於某個派系，才能成為一名道教徒或者是派系成員；[90] 基於傳統的修煉以及深入其中的學習，才是他主要關心的方面。當其他美國道教的商業營運人看到皈依身份具有的潛在推廣價值，從而向康思奇詢問如何才能獲得這個身份時，康思奇將關於他自己派系身份歸屬的介紹材料，從他的網站上刪除了。他在給我們的來信中說道：

89. 康思奇，〈對《夢道華山》的回覆〉。
90. 例如，參見他在《道教傳統》中的討論。

> 現在面臨的挑戰，是普遍存在於大多數現代道教中的高度腐敗和歪曲濫用，無論是在中國、歐洲、美國還是其他地方。以美國為例，人們可以發現許多自我標榜的道士，他們利用自己的派系身份和皈依背景作為其合法性和自我炫耀的資源。這些人沒有接受過正規訓練，他們只是追求皈依身份，對於相應的道教活動或者派系神恩（charism，靈性特徵）缺乏真正的委身。比如說，有些自我標榜為「龍門派」的道士，他們既不遵守全真道的修道功課，[91] 也不特別遵從龍門派的生活方式。[92] 更不用指望他們會進行修煉和靈性追求。而避免產生這些江湖術士和騙子道士的最簡單方法，就是對他們進行道教傳統的教育。[93]

所以，康思奇現在降低了皈依身份和證書的重要性，而是強調，基於對正一派的研究，西方的道教學術研究忽略了皈依和教職身份的真正意義。因為在正一派中，受籙文書和儀式是一個道士身份的決定性特徵。康思奇不再強調皈依，只是想表明這樣一個事實，那就是，對他來說，「道教的內在修煉、靈性追求，以及神秘的與道合一，才是我所關心和努力的方向。這明顯也是受到陳道長教誨的影響。」[94]

> 通過皈依而獲得教職身份，並不僅僅是靠一份受籙證書。這是一種誤解。其他學者從功能的角度來看待教職身份，而我是從本體的角度來理解它的。當陳道長向我傳道時，我在自己身上感受到一種本體意義上的變化。在那以後，我突然腦子裡湧現出了許多全真派的觀念，而不是從我自己的途徑獲得的。華山派開始在我身上發揮作用，通過我發揮作用。成為一名道士，意味著奉獻於你的道派，維護這種傳承，要明白你不僅僅是你自己。成為一名道士，要肩負使

91. 這是指：禁慾、不飲酒，以及素食。康思奇自己並不是獨身，但是他在年輕時就有意識地不生孩子。至於戒酒和素食，早在他正式的「改教」（“conversion”，1994）以及「皈依」（“ordination”，2006）之前，他就已經這樣做了。此外，據他所說：「出於對儒家傳統的尊重」，他沒有割斷與家庭聯繫的紐帶，對父母保持著他對「祖先的義務」。
92. 官方的、「正統的」龍門派受籙以「三壇大戒」和相應的修道手冊及戒律文書為主。參考：康思奇的《全真之道》及《道教傳統》。
93. 康思奇，〈對《夢道華山》的回覆〉。
94. 康思奇，〈對《夢道華山》的回覆〉。

命：所以最好不要成為道士，只是做一個簡單的修行者，因為這樣的話，你很自由，你不用承擔這些責任。[95]

就在同一次的訪談中，康思奇還談到了在鶴鳴茶館拜師之後發生的變化：他開始「從全真道的視角來看待這個世界了」，並被注入了一種「全真的DNA」，因此「消除了家庭的業障」。[96]

幾年後，我們問康思奇，為什麼說只要有「本體上的轉變」，就可以讓一個人變成一名道士呢，麥考文不是也可以說是從本體上發生了轉變嗎？「我能分辨，所以你也能，」康思奇回答說，「他身上有氣，但不是道炁。而且他沒有派系歸屬。道士應該是道的一個化身。」對康思奇來說，並不是「本體上的轉變」就使人變成一名道士；而是一名道士需要本體上的轉變。理論上說，皈依者轉變成了**一種新的存在**。康思奇對於那些「靈性企業家」，比如麥考文，以及他們缺乏道炁的一些批評，集中在「德」這個方面。在康思奇看來，德既是道教修煉的前提，也是修煉的結果。他說：「如果一個人有長期修煉的積累的話，他就不會做出某些行為或者是養成某些不好的性格。」康思奇指出，許多「所謂的道教活動」——包括去道教聖地朝聖的靈性之旅——它們的明顯缺陷就是都高度的商業化、物質主義，而且非常的自戀。[97]

(八) 體驗出家生活

2006年春天，在拜陳道長為師之後，經山東大學幫助，康思奇在山東嶗山腳下太清宮道觀中住了一週。那裡的道士並不知道他是一名超過十年的堅定的道教修行者，也不知道他最近已經拜陳道長為師，正式進入了道門。實際上，他的介紹人建議他不要向別人——特別是不要向當地宗教局官員提起他的這些情況。因為對於接待中涉及的所有人來說，康思奇「只是一名學

95. 2013年11月23日，馬里蘭州巴爾的摩，宗樹人和史來家對康思奇的訪談。
96. 2013年11月23日，馬里蘭州巴爾的摩，宗樹人和史來家對康思奇的訪談。此外，康思奇在他的《莫比烏斯宗教》中也討論了這個正在進行著的轉變：「在皈依的過程中，我和師父並沒有明確的討論，我也沒有做過太多的反思，但是，關於祖先影響和家庭責任的一系列觀念突然湧現了出來。特別是，我開始漸漸看明白了對於日常家庭事務一些錯誤的認知與曲解，包括在繁衍後代方面，出於生物和社會的需求。」
97. 康思奇，〈對《夢道華山》的回覆〉。

者」，希望從學術的視角來理解全真派出家生活。有些人害怕他是一名「政府的密探」。不過，雖然態度有所保留，他們還是熱情地接待了他，並給了他一套正式的全真道士道服，包括長袍、帽子、鞋子，以及襪子。「他們接待了我，並且試圖迎合我這個外國人的趣味，因為我與山東大學的一位教授有聯繫，宗教部門提前就告訴他們要注意自己的行為舉止，特別是不要當著我的面吃肉或者喝酒。」[98] 康思奇待在嶗山的這一週裡，他參加了道觀的早晚功課，在道觀的食堂裡用餐，並且與負責管理的道士們建立了關係。這些道士教給他正確的著裝順序，不同樣式的頂髻，以及各種象徵的關係。康思奇還爬了山，在爬山過程中，他與一些老道長喝茶聊天，談論了道教的修煉。

作為一名掛單的學者道士，康思奇的出家生活採用的是一種「局內」的視角，但是作為一個外國人，他又是站在「局外」的。總有沒完沒了的大量遊客過來，康思奇發現他自己成了一個讓人們感到好奇的對象，經常有遊客要求與「洋道士」合個影。慢慢地，康思奇開始對當一名中國道士的體驗，以及他們在自己被旁人注視和關注時無動於衷的表現，有了更深入的理解。幾天之後，有一個副局長問起康思奇對於道教的興趣。康思奇自稱為道士，並且提到自己的道名叫做「修靜」。他還說，他是陳道長的徒弟，他的華山派道名叫做「萬瑞」。這個消息很快就傳遍了整個道觀，許多常住道士開始對康思奇變得熱情起來。有一群年輕道士問康思奇他的中國師父是誰。康思奇說是陳道長，並且說他已經離開華山了。然後一個道士說道：「這太糟糕了。全真派需要陳宇明。」遠在嶗山的道士居然知道華山的陳道長，對康思奇來說，這個事實進一步確認了他最初的感覺，那就是，陳道長這樣的人是罕見且重要的。

在那之後，康思奇去了華山，住在玉泉院裡。據他自己說，他「參加了日常的儀式活動，特別是全真派的儀式服務；討論了道教的宇宙觀、文學、哲學，並且與年長的全真道士一起進行修煉；他參觀並記錄下了這些聖地設計和神靈造像；他還對全真道士的日常生活有了進一步的了解。」[99]

陳道長離開全真派道觀組織的決定，意味著康思奇在華山的主要「道友」和支持者恐怕已經沒有辦法再讓他住在道觀中了。到了華山以後，康思奇換上道裝，找到了胡道長。一起喝完茶之後，胡道長在小道士的宿舍區為他安排了一間房間。之後，康思奇向胡道長問起如何才能得到「證書」，胡道長

98. 2010年6月4日，加州洛杉磯，宗樹人與史來家對康思奇的訪談。
99. 康思奇，〈與道士一起生活〉。

帶他去見了新任副住持黑道長。最後，黑道長、胡道長以及五六個道士領導一起與康思奇會面，他們告訴他說，沒有辦法給他頒發證書。這不僅需要宗教局的許可，而且證書的被授予人還必須是一名常住的中國道士。在當代中國，康思奇想要的只是由政府頒發的一個類似於身份證的東西。不過，為了表達同情與慷慨之意，胡道長隨後把康思奇領到一邊，告訴康思奇他個人會為他想辦法。胡道長最後將證書給了康思奇。這份證明書是一個寫著「華山居士證」的會員卡。[100]胡道長解釋說，他沒有辦法為他提供一張真正的道士證，這種證書法律上只能由政府頒發。不過，對於康思奇來說，胡道長贈予的證書進一步確認了他與陳道長、與華山派，以及與華山本身的聯繫，他對此非常感激。

在他的報告中，康思奇這樣描述了他在華山玉泉院裡度過兩週的出家生活：

> 我一到那裡，就受到了胡道長的歡迎，他也是陳道長的一個好朋友。在這個地方，我與陳道長的關係變得既有利又有弊。有利的一面是，胡道長在我之前訪問華山時就認識我了，並且知道我已經正式皈依了。在他看來，我就是一名華山道士，所以我應該受到熱情的接待。這意味著我可以用掛單道士的身份住在道觀裡。但是與此同時，由於我和陳道長的關係，我不得不變得很謹慎。關於陳道長離開華山的原因，我聽到過不同的解釋，包括說華山道眾的散漫作風，或者是道觀管理制度，以及沒完沒了的旅遊活動和訪客接待等。[101]

對於康思奇來說，住在華山是一次深入的體驗。他每天與胡道長待在一起，一邊喝茶一邊談論著道教修煉。康思奇最愉快的時光之一，就是坐在道觀的魚池旁邊與胡道長一起打坐，他們曾經談論起「魚之樂」，這是《莊子》中的一個典故。在這段時光裡，胡道長經常說起他和陳道長之間的深厚友誼和自己對他的欣賞之情，包括他們早期的「詩歌交流」，他還送給康思奇一本詩集。此外，康思奇進一步探尋了華山全真道的歷史，包括與其相關聯的道派。特別有意義的是，他發現了薛泰來道長的墓和由陳道長書寫的墓碑，以

100. 2010年6月4日，加州洛杉磯，宗樹人與史來家對康思奇的訪談。
101. 康思奇，〈與道士一起生活〉。

及一座供奉著賀志真（1212–1299）的側殿。賀志真是郝大通的徒弟，並且可能是華山派的正式創建人。康思奇在這些神聖地點上香禮敬，因為這些地點與他所屬的道派傳承有關，那就是從郝大通到薛泰來、然後再到陳宇明，最後到康思奇的這樣一個派系傳承。後來，康思奇還和胡道長一起爬了山，他們一路沿途朝聖，直到山頂。在這個過程中，胡道長向康思奇介紹了各處神秘之地，並且向他講述了華山的「內部歷史」。他們住在山中的道觀裡，經常一起打坐。一週以後，當康思奇再次回到華山時，他送給胡道長一本相冊以及一枚篆刻印章，以表達他的謝意。

幾個月之後，當2006年夢道者團隊來到華山時，胡道長向我們講述了康思奇來訪的情況。他說：「他現在知道怎麼像個全真道士那樣綁他的髮髻了。但是這是他自己的意思，不是陳道長的要求。不過，他對於美國道教的現狀之不滿，反應太過強烈了，他應該冷靜下來，變得更加灑脱一點。」

陳道長對康思奇也做了與胡道長相類似的評述：

> 當我放棄出家生活時，他很失望。他是一個標準的學者，一個書呆子。這又不是一件壞事。他的思想太僵化了，太強調教派，對於全真道有著過於強烈的依附感。他對於什麼樣才算得上是道教，有許多教條化的思想，其實這都是一些他自己的想法罷了，是一些很書本化的、學究式的知識。真正的修煉應該建立在真實體驗的基礎上，而不是基於理論。他總是在説美國有多少多少的假道士，這些人如何利用道教服務於自己的目的，或者是以道教的名義傳授太極拳。但是我告訴他，那又怎麼樣呢？彈古箏也可以是一種非常好的修煉方式，為什麼人們不可以用練習太極拳或者其他自我完善的方式來進行修煉呢？不過，我是真的很喜歡他，因為他總是讓我想起我剛進入道門時的樣子，對道教充滿了熱情，對於改變這個社會充滿了希望和樂觀的精神。他現在就是我剛開始時的那副模樣：完全的書生意氣，追求教派化，但是滿懷熱忱。他打算在美國建立全真道的計劃恐怕很難實現，但是不管成功與否，都沒有關係。因為在這個過程中，他會經受許多考驗並且獲得經驗，這將使他對道教的

實質有更多的了解。這對於他個人的修煉來說是很好的磨礪，而這遠比他的計劃成功與否要重要得多。[102]

返回美國以後，康思奇全職任教於太平洋路德大學（Pacific Lutheran University）。他再一次見到陳道長是在2009年，這一次他的妻子唐鄉恩也在成都人民公園的茶館裡正式拜陳道長為師。陳道長給她取了一個華山派的道名「萬清」，以及一個清靜派的道名「常容」。在這之後，康思奇和唐鄉恩兩人獨自去了青羊宮道觀，禮敬「三清」和「三寶」（道、經、師），康思奇為唐鄉恩取了一個道名「抱靜」。在這一年的七月份的大部分時間裡，康思奇和唐鄉恩每天都與陳道長見面，地點選擇在公園的茶館裡或者是公園附近他們住的旅社房間裡。他們每次會面的時間持續幾個小時，康思奇擔任談話的翻譯。他們討論過許多話題：當然包括修煉，還有懺悔。唐鄉恩強調，陳道長不僅清晰闡述了道教的教理，而且他身體力行，特別是面對來來去去的翻譯時，他表現出極大的耐心。整個對話的過程進展非常緩慢，這是因為康思奇的古代漢語知識強過他的現代漢語口語，再加上康思奇還要為唐鄉恩充當翻譯，耗費了不少時間。這些都使得他們與陳道長之間的對話顯得頗費力氣，需要一種類似於打坐時的耐心與專注。陳道長說，自己也在這些會談中學習到了很多東西：康思奇和唐鄉恩的提問，使他加深了對事物的認識。[103] 當他們見面時，康思奇和唐鄉恩總是想給陳道長一些供養費。雖然陳道長總是拒絕，但是這對夫婦堅持要這樣做，他們請陳道長用這些錢去幫助其他有需要的人。康思奇說：「這種『給予』的方式與靈性旅遊者的『索取』方式正好相反。而這正是尊重與殖民主義的區別。」[104]

一個月後，陳道長告訴我們說，康思奇「已經取得了很大的進步⋯⋯他以前完全是個書呆子。他動不動就生氣，特別是對於那些他所認為的『假』道士，但是現在的他放鬆了很多。他了解得更多了。」[105] 陳道長後來還說，他被康思奇「對於道教的使命感」深深地感動了。他的堅定不移、他的犧牲精神，還有他對於道教事業的忠誠，都是非常值得讚揚的品質」。[106]

---

102. 2006年7月17日，成都，宗樹人對陳道長的訪談。
103. 2009年7月24日，康思奇的成都田野筆記。
104. 康思奇，〈對《夢道華山》的回覆〉。
105. 2009年8月28日，成都，宗樹人對陳道長的訪談。
106. 2013年6月17日，成都，宗樹人對陳道長的訪談。

不過，康思奇覺得2009年與陳道長的交流並沒有預想的收穫那麼大。他說：「陳道長現在已經離開了全真道；他更感興趣的是談論『道』，而不是道教。我們上一次（2006年）的談話更好一些，我們對於修煉的觀點更相近，因為那個時候我對全真道開始有了更多的接觸和了解，而他也才剛剛離開全真道。」[107]

（九）道教基金會

2007年9月，康思奇和唐鄉恩創建了道教基金會，他們對這個基金會的描述是：「一個非營利的宗教和教育組織，致力於促進本真的道教研究與修煉，以及保存和傳承傳統的道教文化。」他們希望能培育一個充滿活力的道教社團，這個團體「不依賴於一個魅力型領導人物，它適合於任何一個個體」。[108] 通過這個基金會，康思奇和唐鄉恩能扮演道士的角色，而不僅僅是修行者。康思奇告訴我們，這包括將人從對其出生家庭的依戀，轉變為對一個靈性家園的依戀（包括得到一個新的名字）；以靈性導師的方式行動（你所做的修煉並不僅僅是為了你自己，也是為了你的老師、你的學生，以及整個團體）；因此將實行一對一的靈性指導，「那就是，幫助每一個人理解他或她與『道』的關聯，以及理解『命』，即『道』通過人起作用的方式。」[109] 康思奇解釋了這個道教基金會的「夢想」與「願景」：

> 通過道教基金會，我們努力在美國建立和維護一個本真的、有活力的、且基於傳統的道教社團，一個與中國道教有著連接但是獨立的團體。這包括創建一個位於山間的道教退修中心，那裡將提供不同形式和不同水平的本真道教訓練，包括以皈依和非皈依為目標兩種類別的培訓。還包括提供不同的機會來強化靈性訓練以及集體活動的形式。我們希望最終能夠有一個呈現出道教美學的道教場所。我們還在努力建立一個新的冥想派別「清靜道」，其中會進行正規訓練以及最終皈依。清靜道同時根源於全真道以及其支派華山派。這個新的派別以《清靜經》為其主要的經典，強調內在修煉、能量調適、

107. 2010年6月4日，加州洛杉磯，宗樹人與史來家對康思奇的訪談。
108. 康思奇，〈關於我在道教傳統中的位置的一些反思〉。
109. 康思奇，〈關於我在道教傳統中的位置的一些反思〉。

冥想打坐，以及靈性洞見。清靜道在靈性上的另一個特徵就是「山觀」。清靜道的潛在皈依者將在宗教上歸屬於全真道、華山派，以及清靜道。[110]

道教基金會是一個註冊的非營利組織以及公共慈善機構，其最終的目標是取得「教會」的法律地位。為了挑戰市場論，康思奇反對按照供需關係來設計他的課程，並且強調施予的重要性。他將兩者比喻為一座道壇前上香。實際上，康思奇和唐鄉恩希望建立一個基於捐助的模式和社團。

在我們開展研究期間，道教基金會運作中比較有公共性的部分是「格拉格爾灣道教協會」（Gallagher Cove Daoist Association），名字來源於其所在地華盛頓首府奧林匹亞。協會會員在此地聚會。他們一般五六個人每個月聚一次，會期一天。後來康思奇搬到聖地亞哥，會員們大概一年聚會四次。在聖地亞哥，康思奇成立了一個新的道教協會——浮橋道教協會（Floating Bridge Daoist Association），他在協會裡授課，教導學生關於站樁、氣功、每個季節的健康飲食、經典學習，以及打坐和自我按摩。在這裡，經典學習從基礎的道教經典《老子》和《莊子》開始，不過社團同時也使用康思奇編寫的《道教修行手冊》。

2011年3月的一個星期六，我們參加了格拉格爾灣道教協會的一次季節性退修活動。參加活動的成員除了康思奇和唐鄉恩，還有一名高級會員和其他八名參會者。這位高級會員提供了自己的房子作為會議場地，同時也是一名主要的贊助人。「我不清楚其中的一些人他們真正尋求的是什麼；對於一些人來說，他們可能只是為了健康與滿足感。我不確定他們是否有興趣進一步深入，」康思奇後來告訴我們說。[111] 在一段友好的談話之後，康思奇開始帶領著大家進行「養生」鍛煉，主要是練習站樁和氣功。他教導我們站著，「吐故納新」，「三丹田站立」，以及吸氣和呼氣，包括吸納天地之氣並將其儲存在我們的三個丹田處。總體來說，這些和麥考文的修煉方式很相似。不過，接下來幾個小時的活動內容，就與麥考文在阿什維爾或者是在夢道之旅中教授的東西很不一樣了。第一次休息之後，康思奇換上了長袍和象徵著「雲遊」的一字巾，開始他所謂的「論道」。康思奇談論起正確的方向，以及「我的中國

110. 康思奇，〈對《夢道華山》的回覆〉。

111. 2010年6月4日，加州洛杉磯，宗樹人與史來家對康思奇的訪談。

老師」(即陳道長)的一些教導，他說，陳道長強調，靈性的方向才是最主要的。康思奇還對比了他自己主要的道教打坐方法，即「靜功」——回到或者深入到靜的狀態——與道教的丹法。最後，他還談到，「性」與「命」，分別與「靜功」和「動功」聯繫起來。總體來說，這場論道很像是大學裡一場還不錯的研討班。

活動接下來的部分是關於健康飲食的，由唐鄉恩主講。她念了一長串與「春」相關聯的事物的名字(木、東方、肝臟等等)。緊接著就是午餐，一份簡單的素餐，有米飯、豆苗、豆乾，以及蘆筍。用完午餐，與會者外出圍著建築散步。

當與會者再次集中時，康思奇帶領他們進行經典學習。他們已經學完了《老子》，現在正在一章一章地學習《莊子》，使用的書本是一個修訂版，由華茲生(Burton Watson)的譯本加上康思奇的一些改編與重譯組成。書中的第十八至二十章，康思奇帶領大家一個故事接著一個故事地學習，有時甚至是一行一行學習。很顯然，康思奇對於文本注釋是非常熱衷的，這在美國道教中是非常少有的。

這個退修活動以康思奇常說的「靜坐」和自我按摩結束。總體來說，這個靜修活動是康思奇想像中的靜修，也是一種道教生活應該有的樣子。他並不在意是否能夠吸引大量的參與者。[112]

(十)修道學者的規範性道教

當康思奇的宗教修煉之路和學術生涯都獲得進展並且成熟起來時，他在個人表達以及學術計劃方面也經歷了變化。最明顯的是，康思奇開始發表一些論文，在論文中他明確地討論他作為修道學者的身份。例如，在關於道教素食主義的一篇論文中，康思奇提出了「規範性道教」的觀點，他說：「我現在是以一名道教修道學者的身份在說話——作為一名信徒，在經歷了十二年的投入與修煉之後，在2006年，我正式皈依了全真道華山派。因此在寫作的時候，我是從一名有著傳統道教正規派系歸屬的人的視角出發的。」正是堅持這個視角，康思奇寫道：「對於**任何**聲稱致力於生態保護和關心環境的人，

112. 2011年3月，史來家在美國華盛頓州奧林匹亞的田野筆記。

素食主義都是**一個最基本的要求**……為了帶來生態環境一個更大的轉變，人們也許應該保持嚴格的素食，即便這可能導致早逝。我就已經立下過這樣一個誓言。」[113] 康思奇以問答方式結尾，他說：「我努力遵循一種道教的生活方式，這種生活的基礎是專注、敬畏，以及連接……作為社區、地方以及世界的居民，讓我們為滋養生命而修道吧。」[114]

在另一篇論文〈一位道教教授的田野筆記〉中，[115] 康思奇再次以一位倡導人和道教「神學家」的身份說話。在導論中，席莫－布朗（Judith Simmer-Brown）和格雷絲（Fran Grace）兩位編輯寫道，康思奇「談到了他的冥想『小屋』的誘惑，以及從中走出來再進入傳統學術世界的困難，因為這個世界充滿了漫無邊際的論辯、各種各樣的任務，以及校園政治。」[116] 在這篇論文中，康思奇是以一個「正式皈依了傳統道教」的人的身份進行寫作的，他在神仙呂洞賓身上發現了一種榜樣，那就是「他為了修煉內丹而放棄了官職」。[117] 康思奇始終感到自己處在一個人們常說的十字路口。不過，至少直到我們完成這本書的時候，他選擇的是學術事業，他的想法是：「當我以老師的身份站在（我的學生）面前時，難道我作為一名道士和冥想者的身份就會不一樣嗎？」[118] 實際上，對於康思奇來說，做一名道教教授意味著要認真對待教育，傾聽學生的心聲，找到一種謙卑來「緩和一下高度的智識主義和權威主義話語權的學術傾向」。[119] 康思奇在這裡倡導一種修道學者的模式，道教修煉可以充實他的道教學術，反之亦然，而這兩個方面又將同時充實他對大學生講授的「宗教研究」。

幾年後，康思奇在聖地亞哥大學找到了一個新的從事學術研究的工作崗位，這是一所獨立的天主教大學。康思奇被告知，他被錄用的部分原因，是

---

113. 康思奇，〈道教：戒葷食〉（“Daoism: From Meat Avoidance”）。應當注意的是，康思奇的助手、他的妻子唐鄉恩、他在奧林匹亞的主要學生，以及他的師父陳道長，都不是素食者。不過，康思奇堅持說，素食主義是靈性領悟的一個要求以及體現。參見康思奇，〈對《夢道華山》的回覆〉。
114. 康思奇，〈道教：戒葷食〉，第103頁。
115. 康思奇，〈田野筆記〉。
116. 康思奇，〈田野筆記〉，第 xxi 頁。
117. 康思奇，〈田野筆記〉，第97頁。
118. 康思奇，〈田野筆記〉，第96頁。
119. 康思奇，〈田野筆記〉，第96及100頁。

因為他是一名信徒和修行者，從神學研究的角度考慮，他可以與他們進行跨宗教的對話。康思奇之前的第一份工作是在太平洋路德大學，那也是一所隸屬於教會的大學。因此，康思奇主要的專業性工作，即教學與寫作，都是在基督教神學家們的環繞下進行的。所以，康思奇對於道教懷有的樂觀前景，部分可以歸因於比較神學，也就不足為奇了：「在美國的背景下，我將全真道放在逐漸興起的『新興修道運動』（new monasticism movement）的語境之中。在這裡，它包括對性的節制、戒酒，以及素食主義。如果沒有這些的話，全真道會同時失去它的靈性特徵和靈性力量。」[120] 康思奇將他的規範性的美國全真道放在天主教徒發起的新興修道主義運動中，這一點非常重要，因為這個運動與逐漸興起的福音派社團有關。[121] 康思奇尤其受到了蘭澤塔（Beverly Lanzetta）的影響，後者是「新修道社團」（Community for a New Monastic Way）的創始人和高級老師。蘭澤塔搬到聖地亞哥居住以後，與康思奇發展出了一段靈性上的友誼。另一件重要的事是，康思奇使用了「charism」（神恩）這個詞，這是天主教修會使用的一個詞，用來說明他們靈性使命的方向和特質。

隨著康思奇越來越清晰地在學術寫作中表明其作為一名道士的身份，他似乎認識到了一種倫理上的責任，那就是不對他所謂的「假」道士保持中立的立場，而是將他們分辨出來。康思奇以一位修道學者的身份，就我們對於夢道者的敘述作了如下評論：

> 經過深入的修煉，一個人就會變成「道」和「道的傳統」的具身（embodiment），這個人就成為了一個道的載體，道通過他（她）在這世界上傳播。這其中要經歷從習慣和幻想到靈性領悟的一個運動過程。對道士來說，道表現為一種神秘的在場（presence），這經常被稱為道炁。這是與道、道的傳統，以及道的團體和其中的修行者有關的、一種特別的炁。這並不僅僅是一種說辭，再多的言辭都無法窮盡「道的在場」。雖然那些假道士們都喜歡自我吹嘘，但這種吹嘘恰恰證明了他們缺乏道炁。通過道這種神秘的在場，已經悟道的道士都能夠互相識別出對方。道充盈於他們的存在之中，以及在他們的生活中被表達出來，包括通過德性表達出來。[122]

---

120. 康思奇，〈對《夢道華山》的回覆」。
121. 薩姆森（Will Samson），〈新興修道制度〉（“The New Monasticism”）。
122. 康思奇，〈對《夢道華山》的回覆〉。

(十一) 康思奇的夢

孔麗維的變化讓康思奇很失望，因為她看起來正在朝著「美國道士」圖景中那些「以自我為滿足」的營銷者的方向發展。當我們分別詢問孔麗維和麥考文，他們對於康思奇選擇同時作為一名學者和「基於傳統的」修行者的道路的看法時，他們幾乎做出了相同的評論。孔麗維說，如果你「看看現在的市場」，就會知道康思奇的方式是「行不通的」。「美國人喜歡混搭和比較，」她告訴我們說，「對他們來說，康思奇的方法太學術化了。你不能只成為一個你自己派系的護教者。」[123] 麥考文則問道：「我的看法是，康思奇他能影響多少人呢？他所提倡的價值在哪裡？這才是問題所在。也許存在著一些價值，要以全真派的方式來實踐它們。但我的觀察是，大多數西方人對於加入全真派沒有興趣，以後也不會有。全真派在美國沒有前途。至少以它現在的形式來說是這樣。」[124]

孔麗維和麥考文的市場論調，證實了康思奇的想法，那就是，他們都不理解道教修行的基礎，這種基礎是基於虔誠和長期的修煉，完全超越了僅僅作為消費者的考量。康思奇說：「首先，要與道進行超越個人的交融，這才是充滿能量的。」在個人層面上，令康思奇更難以理解的是，他所有的導師都離開了他一直在追尋的基於派系和傳統的正道。他學術上的導師孔麗維，已經表明了自己在靈性上的折衷態度，她很享受從教學崗位上退下來的生活，而且與康思奇不同的是，她似乎已經接受了整個的美國民間道教。康思奇在修煉上最親密的導師和他的派系師父——陳道長，儘管不再受到體制的約束，過上了隱修生活，但卻即將為各種不同的道教愛好者授課，其中就包括夢道者。無論是孔麗維，還是陳道長，他們都與麥考文有著持續的往來關係，而康思奇對此人卻並無好感。2011年，當陳道長遇見正在中國進行「老子的足跡」之旅的孔麗維時，孔麗維給他留下了深刻的印象。他告訴我們說：「我非常尊敬她……康思奇應該像她那樣。他實在是太僵化了。」[125] 至於康思奇，他也漸漸明白了，他的道路很大程度上將會是一項孤獨的事業。他說：「這就

---

123. 2011年1月11日，史來家對孔麗維的電話訪談。

124. 2010年12月22日，北卡羅萊納州阿什維爾，史來家對麥考文的訪談。

125. 2011年7月15日，成都，宗樹人對陳道長的訪談。

像是在冬季攀登高峰。」面對批評，康思奇努力培養「不滯於物」和「靈性的洞察力」。

雖然康思奇很了解他的導師們對他的批評，但是他還是堅持著自己的立場：

> 你應該從他們所處的具體情境來看待陳宇明和孔麗維的反制度主義主張。他們都是完全的根植於制度之中，所以他們才有了擺脫制度的可能性。但是，如果你沒有經受過結構的訓練，你就說你不需要結構，那情況就不一樣了。對我來說，正好是與陳道長相反。在美國，根本就沒有任何的結構。所以沒有結構需要擺脫；我們需要的是建立起結構……要告訴人們什麼是道，結構是必需的；如果沒有這樣的結構的話，「道」就很難彰顯自身。[126]

在羅耀拉馬利蒙特大學的會議上，在談到他自己的處境時，康思奇告訴我們說：「一些人不得不成為美國道教的芻狗。」[127] 後來，他向我們解釋了他的這個說法：

> 我的意思是，道教作為一種宗教傳統，只是剛剛才開始在美國扎下根來。我們這些投身於這個傳統的人，以及那些希望保存和傳承這個傳統的人，為了保衛道教，將不得不犧牲以個人自我實現為目標的輕鬆生活。這就好像以道士身份出席羅耀拉馬利蒙特大學的會議，一些基於傳統的道士可能不得不接受被人視作是「宗派主義者」(對於那些新世紀氣功的老師來說，這是一個很可笑的概念)，或者是「傲慢的」，又或者是用別的什麼概念，來維護他們自己的無知、錯覺，以及商業上的利益。我希望這是首先要弄清楚的。[128]

有人也許會說，面對現代靈性的困境，孔麗維、麥考文以及陳道長都已經找到了個人可行的解決方案，但康思奇的例子卻揭示了這種困境。在一次動真情的討論中，康思奇告訴我們說：「對我來說，放棄飲酒和吃肉是修煉最基本的條件」——「你為什麼要說『對我來說』呢？」我們問道，「難道不是因

126. 2013年11月23日，馬里蘭州巴爾的摩，宗樹人和史來家對康思奇的訪談。

127. 「芻狗」來自於《道德經》第五章，「天地不仁，以萬物為芻狗」。

128. 2010年6月10日，康思奇與宗樹人的私人交流。

為道教的經書或者齋戒中有這樣的規定嗎？」——康思奇回答說：「因為在當今的文化中，並不存在普遍認可的權威。」[129]

康思奇一直在努力繼承與傳播一種結構，這種結構的權威基於傳統、經典以及派系，而不是基於自我，基於那個個體化的「對我來說」。不過，至少在這個重要時刻，康思奇還是繼續在用個人主體性的話語來表達自己。同時，儘管他的中國之行可以理解為是一種學徒經歷，使他入道並傳承一種本真的派系與傳統，但是這種「本真性」恐怕也只能來源於純粹的主觀性，或者，只存在於一個神秘之域中：從那天康思奇第一次遇到陳道長，陳道長說「**因為我們坐在一起**」，就證明我們存在著一種神秘的道的連接；接著是，陳道長說「**我**就是皈依的證明」；再到康思奇獲得了「一種超越言語的交流」，他們的「心被打開了」，以及「道炁在他們之間流動」的體驗。

在一次自省時，康思奇承認，他關於現代道教的願景也是一個夢。他說：「道教給了我特別的洞察力，讓我看到了認知與學習的長處與局限，包括大學教育和學術上智識主義的不足。這讓我明白，存在著許多的夢，從莊周夢蝶到呂洞賓的黃粱一夢。而我也正在做著夢。」[130]

(十二) 返回美國

2011年夏天，孔麗維「老子的足跡」之旅抵達華山；我們參與協助了這次旅行，負責其中一群美國大學生，他們為了獲得學分而參加了這次旅行。在玉泉院，他們意外地碰見了康思奇，他當時在那裡做一名掛單道士，身上穿著道袍。他似乎對於自己被這群人看見而感到有些尷尬，不過他還是爽快地答應了參加旅行團在賓館的晚餐，回答他們關於他皈依道教的問題。那天晚上，他換下了道袍，我們一起步行去了他的導師孔麗維和她的團隊下榻的賓館。

用餐時，康思奇和大家講述了他皈依的情況。之後，我們一起去賓館外面的院子裡散步。在那裡，我們遇到了那群美國大學生，他們隨身還帶著學習資料。他們是孔麗維旅行團隊的成員，為了獲得相應的學分；他們的包裡裝著當代道教的閱讀材料，也包括本書草稿的部分章節。我們和這些學生

129. 2013年11月23日，馬里蘭州巴爾的摩，宗樹人和史來家對康思奇的訪談。
130. 康思奇，〈田野筆記〉，第102頁。

們的討論慢慢轉向了美國道教、療癒之道，以及閱讀材料中描述的夢道之旅活動。康思奇說，儘管是在中國，但是他不希望別人將自己與夢道之旅混為一談。一個學生指著自己面前的複印材料驚呼道：「這就是這個男人說過的話！」他沒有想到，複印材料中引用的那段說於2004年的話，說話的那個人就是站在他面前的這個男人！康思奇笑了起來，覺得很有趣，因為一個學生竟然向他介紹他自己，同時康思奇也意識到自己談論這種觀點居然已經有七年之久了。

那天晚上的遲些時候，康思奇告訴我們，他正經歷著一場「存在主義的危機」，所以選擇來到中國進行為期一個夏天的「雲遊」，尋找道教的隱士們。他最近已經不再練外功了。而位於奧林匹亞的道教基金會的修煉小組，也處於一個危險的狀態——作為一名全真道教職人員，他的使命感要求他自己去做靈性導師，同時，他居住的地方卻距離社團中的一些成員超過了一千二百英里，這太難了。[131]

不過，2011年夏天康思奇在中國的旅行，似乎並沒有給他提供預想的完滿答案；實際上，康思奇說，他對這個國家已經感到疲倦，也已經受夠了這裡炎熱和潮濕的天氣。至於康思奇已經去過的那些可能存在著道教隱士的修煉之地——樓觀台和終南山，波特在二十年前曾經在那裡發現過隱士，並且在他的著作《空谷幽蘭》中描述過這些人，現在都「擠滿了遊客」。

康思奇來到華山，是為了鞏固他與胡道長的友誼並且向他致謝；他同時也希望能夠加深他與華山道眾團體以及玉泉院道眾的聯繫。但是在康思奇第一次遇到胡道長的七年之後，胡道長現在被提拔上了華山道教協會的領導崗位，對於接待外國人已經沒有之前那麼積極了，而且他現在被提拔上了華山道教協會的領導崗位，有著一副中國官員的架子。康思奇重走了那條傳統的朝聖路線，不過這一次是他自己一個人。沿著這條路線，他慢慢地偏離了主道，穿越了許多「禁止入內」和「遊客止步」的標識牌。也許違背了他的師父陳道長和他的道士朋友胡道長的意願，康思奇漸漸地走到了通向仙台的那條路上，郝道長的隱修山洞就在仙台之上。康思奇和郝道長一起喝茶，他們談玄論道，並討論了郝道長的計劃和處境。康思奇向郝道長致謝，並給了他一點捐助，然後離開了。在下山的路上，康思奇開始思考起了「華山的經驗教

131. 2011年6月15日，史來家的華山田野筆記。

訓」。他感歎著我們故事中的三位道士主角之間的緊張關係，因為他們其實有許多相同之處，比如他們都有獻身精神，並且價值觀相似。同時，他也從中分辨出了道教信仰與存在的幾種模式：陳道長體現了靈性修煉；胡道長體現了道觀定居生活；郝道長體現了山林隱修。每個人都在堅持著自己的道教修煉之路，雖然他們遵循著各自不同的方式，而康思奇也領悟到了一件重要的事，那就是：「只要你有意願，就會有傳承。」

過了不久，陳道長乘火車從成都到了西安，去看望住在西安一個賓館裡的康思奇。與以往一樣，康思奇和陳道長討論了道教修煉問題，向陳道長表達了感激之情，給予了一些供養費用。他們還一起去拜訪了陳道長的古箏老師，這個經歷為他的修行提供了另一種啟示。不過，當後來談話轉向《夢道華山》的寫作計劃時，聽到陳道長說他一直與麥考文有接觸並且因為向他們傳授特別的修煉技術而獲取報酬時，康思奇似乎很失望。實際上，雖然陳道長在西安時也一直與位於俄羅斯一個新興宗教運動的代表進行對話。這個運動組織叫做 INBI，雖然它對各種靈性傳統進行了一種總體上相容並包的選擇，但看起來最關注道教的內丹。[132]

康思奇堅持著他的夢想，就是要有一處道教場所，它也許是在美國的一處共居之地（coinhabited place），在那裡，陳道長可以作為一名道教的隱士生活，同時將道教修煉傳授給那些真正的道教徒。康思奇希望能發展出一種「基於傳統的美國道教」以及一個「充滿活力的美國道教社團」。基於「促進本真的道教研究和修煉」以及「保存和傳承傳統道教文化」的抱負，這個夢想的內容包括：一批正式皈依的美國道教教職人員，以及一個山林退修中心，提供一套整全的、綜合的訓練。[133] 儘管在這個夢裡，很難知道康思奇的「旅行」最終將會往何方去。2011 年的夏末，康思奇覺得在中國已經沒有什麼可以學習的了，他感到：他的道教在美國。

132. 參見 INBI World 網站：http://www.inbiworld.com（2015 年 9 月 1 日查閱）。
133. 康思奇，〈對《夢道華山》的回覆〉。

七、困境

我們在第三章描述了2012年夢道者和陳摶廣場的本地人一起跳舞，結束之後，他們又跳起了另一場舞，這一次是在距離廣場步行只有五分鐘行程的賓館舞廳裡面。燈光關閉，伯大尼（Bethany）指揮夢道者圍坐成一圈。「放飛自我，聽從你們自身的道。這是一種流動形式的自由舞蹈。」我們在下文將要描述，她將這個舞蹈獻給兩對夫婦的陰陽和合，他們次日就要在華山成婚了。她解釋道：「一開始音樂要輕緩、溫和、陰柔，然後再快速一點、陽剛一點。達到一個頂峰，再逐漸舒緩下來。」她打開手提錄音機，一些不知其名的新世紀樂曲響了起來，逐漸轉化為更加躍動的、快速的節奏。讓人感覺像是一種高中舞會，只是舞蹈形式不同。大家向著四面八方舞動。有的看上去是在舞蹈，有的在做側手翻或仰臥起坐；有的則隨著音樂的節拍擺動，還有的順著自己的節奏，或者根本不管什麼節奏；有的躺倒在地，雙腳在空中舞動，活脫一隻翻轉的甲蟲。一些人呆在原地，而另一些人則齊刷刷繞著房間兜圈子，或者擦身而過，或者撞個滿懷，互相調個個兒。整個場景可以描述為一種和諧的、亂糟糟的，表現出一種無拘無束但又溫文爾雅的個人主義。

夢道者給華山帶來了一種每星期都在北卡羅萊納州阿什維爾舉行的神聖儀式。伯大尼，2012年夢道之旅的副領隊，她是「阿什維爾運動集體」（Asheville Movement Collective），又稱「舞蹈教會」（Dance Church）的創始人和領導人。就像前文所述，每個週日都在阿什維爾的共濟會大廈舉辦「舞浪」（dance waves），是城裡眾多另類療法和靈性網絡一場重要的公共集會。麥考文、皮斯和2012年夢道者都住在阿什維爾，有些還都是在舞浪中首次見面的

——尤其是麥考文和他的未婚妻簡也是如此，後來他在華山之巔娶麥諾爾為妻。

阿什維爾運動集體的成立，受到了羅絲（Gabrielle Roth）工作的啟發。羅絲是一名美國舞者，她以五韻（5Rhythms®）為法的靈舞（ecstatic dance）可謂名聞天下，1960年代她就在加利福尼亞發展了，起先在大瑟爾的伊薩冷研究所當了幾年按摩師和舞蹈指導老師，並先後供職於克里帕魯瑜伽和健康中心（Kripalu Center for Yoga & Healthy）以及俄梅嘎整全研究所（Omega Institute of Holistic Studies）。阿什維爾運動集體的宗旨是要創造一個身體自由表達的社團。其網站是這樣描述其宗旨的：

> 我們的舞浪活動是一種超驗的體驗，承認這種體驗將自己與個人或集體治療相連，並創造一種社團。我們心懷誠意、個人的責任，以及對他人的敏感性而匯聚一堂。我們以此創造一種美妙無比、生機勃勃、不斷進步的社團。我們相信，每一個舞者都是整體友愛的一部分，每一個人的體驗都無比重要。[1]

正如我們2013年秋天所看到的那樣，每週的舞浪都是以頗具儀式感的「起式-收式圓圈」為開始和結束。一開始，所有參與者——大約六十人左右——必須坐在地板上圍坐成一個圓圈，培訓師做若干提示和講解，指導行動。音樂響起來，在九十分鐘裡面，參與者跳起來，搖擺、起坐、轉圈、躺倒和走動。最後，在這個階段結束之際，參與者必須重新圍坐成一個圓圈，作見證。培訓師列舉了若干作見證的規則：

> 你的見證不能預先寫好，必須發自肺腑。
> 你的見證必須用現在時表達。
> 你的見證必須是真實的。

然後，六七個參與者分享他們的感受。「多謝你們的愛，多謝這個社團，多謝分享，」有個人說，他是指具身體驗的「分享」，因為在舞浪期間不得交頭接耳。另一個人則說：「感謝有這樣一個機會學會接受自己，也被別人接

1. www.ashevillemovementcollective.org（2013年11月18日查閱）。

受。」最後，許多參與者通告：他們下個星期要參加的治療小組、要出手的物品或者出租的房間——分享社團的各種實用信息。

阿什維爾運動集體明確闡述了其宗旨，是要培育一個表達「本真的自我」的「超越體驗」的社團，並且研創了儀式、規則和行動綱領，以確保所有參與者將會保持自發的、本真的狀態，創造出一種社團，同時禁止任何異質性和人為性的跡象。阿什維爾運動集體的網址是這樣描述其願景的：「一個在和諧中運動的世界，在這個愛的社團裡面，所有人都擁有成為一個本真的自我的自由。」[2] 這個社團在於能夠恰到好處地處理其成員之間的邊界，如下文所述：

邊界以及與他人共舞：

> 你們有權利和責任維護你們自己的邊界。不要用語言請求和另外一個人跳舞或者碰觸到他。請尊重他們的邊界，遭到「拒絕」要心中歡喜，或者根本不要做任何回應。如果你選擇和某人跳舞，這舞蹈跳多久全都在於你自己。你明白準備好了，就請開始跳舞吧。你和阿什維爾運動集體跳舞，你就是在一個社團裡面跳舞。你個人的舞蹈探索就是這種活動的精髓。我們需要你的感受性，你的表達要能夠影響別人。請意識到我們處在本真性和社區文化之間的舞蹈吧。我們修行的表達性本質，自然意味著我們相互的能量一路上都在相遇。我們鼓勵舞者之間的反饋，不管所發生的事情究竟是支持性的，還是令人迷惑的。培訓師可以幫到你們。[3]

阿什維爾運動集體也是美國療癒之道和夢道者所從出的「自我靈性」文化的絕妙範例。

這是一種特別的「自我」，其本真性只能由修行者在自己內在人格的深處發現。這種「自我」是受約束的，人與人交往時，它的邊界應被維護與尊重。儘管它的自主性是毋庸置疑的，但這種「自我」相當脆弱，因此培訓師隨時準備提供幫助，處理它與其他個體能量之間「令人迷惑」的相遇。

---

2. http://www.ashevillemovementcollective.org/about-Asheville-Movement-Collective.html；http://ashevillemovementcollective.org/AMC-guidelines.html（2013年11月18日查閱）。
3. http://www.ashevillemovementcollective.org/about-Asheville-Movement-Collective.html；http://ashevillemovementcollective.org/AMC-guidelines.html（2013年11月18日查閱）。

在伯大尼看來，「狂喜之舞正是道教一種又美妙又本真的運動、表達、自我探索和發現的形式。」[4] 麥考文則認為，運動集體和療癒之道有共通之處，「兩者雖是同一個靈性自我，但一個是幼兒，一個是成年人……西方道教之『我』**不是**脆弱的，不需要什麼培訓師來守護它的邊界；內丹氣功的行家根基牢固，（而且）和（宇宙）大地融為一體。」[5] 在一定意義上，道教實際上可以是一種「運動集體」和美國靈性個人主義價值觀的自然或者「成熟」的表達形式——但是從其他觀點來看，沒有比這些美國靈性追求者和狂喜舞者的「自我表達」更加接近於道了。

「道教」如何能夠成為美國靈性個人主義最充分的表達呢？它來自中國，和美國的歷史與文化大相徑庭。於是就產生了一個問題：道教在中國文化裡是否也具有一種個人主義的特點？中國的道教徒也追求實體自我嗎？中國語境下的道教生活構成了哪些靈性主體？本章探討這些問題，證明雖然可以說中國的道教傳統具有一種個人主義的維度，但是它並不尋求實體自我的自主性。道教徒跟社會和政治的關係、道教在中國宗教領域裡的結構性定位，令中國道教發展的軌跡呈現為嵌入地方性、傳統和中國的本土化——所有這些都和美國民間道教的非嵌入性、非傳統性和普世化的傾向形成鮮明對照。堅持這兩種發展方向遇到的種種困難，讓我們對現代靈性的「困境」以及我們的主人公所訴諸想像擺脫此種困境的另類「第三種文化」許諾等，進行總結性討論。但我們質疑，這「第三種文化」只不過表現並強化了它所宣稱要超越的超現代全球秩序。

＊＊＊

我們在第五章的前半部分談及和全真道道士的對話，從中我們看到，他們關於道教修煉的話語，似乎和美國靈性個人主義可謂南轅北轍！他們談論的是派系的權威性、師父的神力、德行的必要性，以及儀式的重要性。只有在全真派的宇宙觀和組織結構之下，身體修煉的技術以及對「氣」的體驗與工作才是有價值的。莊子的逍遙嘲諷各種形式的權威，老子稱道是超越美德和傳統的教導，又是怎麼回事？早期的道家思想，不就是個人主義的、顛覆性的嗎？如果是的話，麥考文等美國道教徒主張道教的真精神在中國的道觀和儀

4. 2013年11月17日，北卡萊納州阿什維爾，宗樹人和史來家對伯大尼的訪談。
5. 2016年4月8日，麥考文給宗樹人的電郵。

式體系中已經喪失，只有從美國這裡，真正的道教才能再度周行天下，不就是正確的嗎？麥考文以這樣的口吻跟我們說：

> 道教在（中國文化）中的作用就是要牽住個體化這個牛鼻子。那也是成仙所要追求的。你成為了仙人，實際上就是擺脫文化、超越文化。正因如此，傳說中張三豐等人拒不侍奉皇上。如果他們真的是中國文化的一部分，皇上召喚他們，他們會是這樣的：「是，聖上，小的聽命。我奉上全部秘密，你是當今皇帝。」但是他們卻是這樣做：「啊，我們歸隱山林，和我的聖上——就是道——對談，你的權力不能淩駕於我。」他們對中國文化嗤之以鼻。[6]

（一）中國的靈性個人主義

如果我們摒棄鐵板一塊的觀點來看待中國文化，是不是可以從中國傳統中分辨出一種靈性個人主義，而且明顯地通過某些道教特性體現出來呢？道教史家高萬桑主張，全真道重內丹，標誌著「現代道教」的濫觴——即使它出現在12世紀！[7] 他在一篇論文中問道：「內丹和大眾文學融為一體、面對所有人、在宮觀中自由傳授、適應任何生活方式、強調個體選擇而不是集體歸屬、強調體驗而不是信仰的權威，它難道不是可以視為一種堅定的現代靈性嗎？」[8]

道教的身體修煉，也許是中國文化比較個人主義一種最流行的形式，個體返向內求，觀察、內視、滋養自己的身體和力量，對傳統的社會規範構成了一種批判。由是觀之，道教和美國的靈性個人主義的「契合」，並不能單純地視為去文本化和再創造的結果。毋寧說，在中、西傳統中都存在各自的靈性個人主義，因此，隨著全球化時代的連接、交集，雙方顯然就會不可避免地發生密切的關係。換言之，正如克里帕爾所言，如果考察各種身體修煉功法，可以看出它們有著普遍的（universal）身心基礎：

---

6. 2010年12月22日，北卡羅萊納州阿什維爾，史來家對麥考文的訪談。
7. 高萬桑，〈現代道教的形成〉。
8. 高萬桑，〈內丹的復興？〉（"L'alchimie intérieure réhabilitée?"），第507頁。

> 我們所見的亞洲譚崔（這是一個無所不包的範疇，克里帕爾將道家的種種房中技巧都納入其中）和美國反文化之間這種跨文化的一致性和真正的挪用，可以用一個簡單但又極其複雜的事實加以解釋，即這兩種意識現象見證了作為一切人類的經驗以及人類身體的結構上的、生理的、性的、分子的、基因的和亞原子過程，它們展現了一切人類已知的文化和有文字記載時代類似的動力和結構。因此，人類處在不同的文化和時代裡，照樣能夠體驗到即使可能不完全一致，但卻相似的身體的啟蒙。因此，譚崔傳統能夠並且確實從一個文化遷移到另外一個文化：它們不管在哪裡，都有相同的身心基礎。[9]

但是，和作為一種本體論上的西方實體性的自我概念有所不同，道教傾向於將自我理解為流動的、具身的、動力性的，它由無數實體、能量和流動所構成，和其他存在、對象，以及宇宙的諸種維度形成一種不斷伸展的關係。它不執著於「存在」。在道教語境中的「修煉」，就是破除自我的迷誤，通過修煉一種身體、大地和宇宙之間的聯繫，而回歸或者邁向一種與道合而為一的**本源的、先天的自我**。道教徒從來不說「自我修煉」而是說「修道」或「修真」，表明那是一種靈性自我超越的過程，靈性個體化產生於肉體，但是最終要超越肉體。這種修煉過程包含著有限自我和肉體經驗的解體，最後肉體被體驗為一種處所和力量的場域，和宇宙的各種範型相互關聯、相互聯合，提煉出一種純粹的、靈性的存在。其迷人之處在於能夠和鬼神與神仙交流，在更高境界成仙；揭秘宇宙範型的意義、掌控宇宙的力量。通過歸屬他們的師父和派系，通過和神靈、聖地的聯繫，通過他們和內在的宇宙力量與他們的身體有意識的運行，從而構築成靈性主體。

我們在這裡所遇到的，遠非現代的個人主義。從道教徒的觀點看，它是一種極端形式的消失和分化：在天人感應架構裡的道教修煉並不只是「聽從你的直覺」、「做你自己」、「與眾不同」，以及「放鬆自己」——所有這些都是自我和慾望「隨波逐流」的表現，而不是真正的自我轉變或感應。正如陳道長所解釋的那樣，「這並不是說，你想要成為什麼就成為什麼——其中有自我轉變的作用，使你的真我與天地萬物平心氣和地合二為一。你不可這樣理解

9. 克里帕爾，《伊薩冷》，第22–23頁。

無為，説它就是不做任何努力、做任何想要做的事情的意思。無為是指不干預、不把你的自我強加給其他人；但是你仍然需要對自我付出一種努力。」他批評另一個美國氣功經營者——一個在其他方面他倒是很喜歡的人——在一本書中寫道，一個人可以在道教中變得任性、瀟灑。「可是他不理解，瀟灑並不是道教徒對**自我**的態度，而是一種**和世界打交道**的方式。道教徒和人打交道，看上去隨意、溫和，甚至不合傳統、酩酊大醉等等，但是，這要和一種嚴格內在約束相關，否則的話就根本不符合道家了。」[10]

陳道長多次談到獲得「真實的自我」，例如，「最真實的、最自由的、最原始的自我，那是最美妙的。那是和天地萬物相交融，不受任何控制……我們要獲得獨立、自由、真我。」這種追求真實的自我，必須經歷入靜的階段——「在此之前，並無真實的自我。執著自我是極其危險的。那不是一個穩定的自我，處處變化不定。今天認為是這個，明天又否認這個。被不同的事物朝各種不同方向拖來拖去。」但是，他在描述這種由靜而入的「真實的自我」本質時，並無所謂本體論的實體，只有身體的各種有機系統和部位相關聯的各種魂魄之間的脆弱結合，這些魂魄表現出不同的倫理取向，和相互關聯的宇宙論相符合。

中國的道教徒**不是**美國意義上的那種本體論上的個人主義者，但是這並不意味著他們是個人主義者的**對立面**。我們比較中西的發展軌跡，並不是要用美國的個人主義來凸顯中國的「集體主義」。相反，中國道教的「個人主義」的維度和自我、權威以及傳統的相互影響，是不能透過個體與制度、抵抗與權威，或者創新與傳統這樣的西方二元對立的透鏡去審視的。[11] 美國人的自我靈性假設對那個有限的、獨一無二的**自我**的關注，這個自我內在於自然主義的本體論框架，而中國道教則追求在一個關聯的宇宙論框架裡，自我和一種超越於自我的宇宙範型的感應。用陳道長的話説，就是捨「小我」，為「大我」，即包孕整個宇宙的「真我」。[12] 美國人的「非宗教的宗教」建立在拒絕教會權威的基礎上，而中國人的道教在其發展歷史上，一再創造各種權威體制，總是和中國人的國家的、官方的儒家教理，以及後來的社會主義等佔統

10. 2010年6月17日，成都，宗樹人對陳道長的訪談。
11. 關於該主題更進一步的討論，參見布林德雷（Erica Fox Brindley），《古代中國的個人主義》（*Individualism in Early China*）。
12. 2010年6月17日，成都，宗樹人對陳道長的訪談。

治地位的權威積極互動。美國人的「新世紀」致力於對異域的靈性功法和符號，採取一種普遍主義的反傳統和反處境化，而中國人的道教總體上則是**地方化**和**處境傳統化**（contextual traditionalization）過程的載體。

（二）宇宙的自我

我們現在所稱的道教傳統，可以追溯到公元前4世紀至公元前3世紀戰國時代的《內業》、《莊子》和《老子》等中國文獻。這些文獻出現在人神交流的模式主要還是獻祭儀式的時代。人們認為神靈的力量能影響自然現象；必須和它們建立關係，避免帶來厄運，確保繁榮和成功。然而，這種關係並不是「和諧的」；正如普鳴（Michael Puett）所言，「這就導致人類似乎一直要嘗試用獻祭和占卜的方式，安撫、勸慰，以及影響這些靈魂。」[13] 儀式系統被精心構造出來，以便馴服這些力量、使它們具有祖先的形象，將它們確定在一種等級制度之中，規範它們與人類的關係。這個儀式系統，也是社會政治秩序的基礎和範型。這個系統的運行中心就是祭司——儀式專家，他們需要有專門的知識與靈魂進行交流，精心確立儀式活動至高無上的權利。

早期道教文獻挑戰此種獻祭秩序，主張人類本身就能成神。無需運用任何儀式，通過身體和意識的修煉，人就能夠獲得靈性的力量，掌握幸運和厄運的知識。[14] 於是就出現了一種「自我神化」的觀念，通過身體和儀式的活動，實現這種「自我神化」。這些活動在理論上任何人都可以進行。《莊子》並不關注社會等級；在其講述的故事中，我們遇到各色追求超越性的男男女女、文人、農夫和工匠、自由民和僕人等。他們討論的問題都與個體相關——生命的意義和目的、死亡的本質，以及如何看待世事變遷等。[15]

於是，道教文獻指出了一條通往個人化的過程，通往一個人的自我、慾望和幻想的意識覺醒，以及宇宙的範型和力量的意識覺醒的路徑——亦即指明了一條通過個體修煉而轉變，最終通往成神的道路。這條道路公開羞辱了祭司以及他們的獻祭。這和現代的個人主義，顯然有著異曲同工之妙，因為它們都追求自我的知識和進步，拒絕傳統和體制的權威。

---

13. 普鳴，《成神》（*To Become a God*），第44頁。
14. 參見羅浩（Harold David Roth）譯，《內業》（*Original Tao*）。
15. 施舟人，《中國的宗教》，第41頁。

但是早期道教的成神過程，包含著與更廣泛的宇宙力量相互感應的範型。得道的條件就是超越自我；我們只有變成「虛」才能「通」道。生命通往死亡的自然過程是一種分化，甚至和道的無分化的狀態漸行漸遠；道教自我轉變之道就包含復歸那種嬰兒的、或者「樸」、「歸於一」的無分別狀態。無為、與道「遊」的前提條件，就是必須「逆流而行」。

但是隨著道教修煉傳統的發展，它們與在漢代得到系統化了的比附性的天人感應的宇宙觀相融合。這個過程經歷了再分化的階段，如身心對應於相互關聯的宇宙觀的範疇：首先人要學會對應八卦、五行、天人地三才、陰陽的力量，並且將它們的對應性等同於一個人的身體、他的環境，以及在宇宙中的位置、力量、能量，以及時間的循環。

(三) 權威的陰影

「道教的」立場在古代中國有著清晰的政治意義。其中之一便是，對於統治者而言，和依賴儀式專家的獻祭相比，獲得道的力量是一種更有效的統治策略。道教的修煉可以當作一種統治術而學習。然而，另外一種意義則是，任何人只要與道合一，和宇宙的範型與能量相一致，便是一個真正的統治者；而在理論上，任何掌握道教成神道術的人，都可以達到這種境界。這兩種得道的途徑都削弱了宮廷祭祀的權威。漢朝的最初幾位皇帝曾親近道教的統治術，但是到了公元前2世紀，尤其是在大臣董仲舒（前179–前104）影響下，國家正統轉向了儒家的禮教和經學。

自此以往，儒家的結構性位置就成為一種自上而下對統治、正統、理性化以及鞏固國家的關切，而道教則在百姓、鄉村和山野構建其制度，從來遠離政治權力中心。[16] 雖然發軔於帝國中心，理性化的儒家傾向於一種相對的但絕非徹底的祛魅；而身體修煉和地方醮儀則成了道術賦魅的場域，身體成了神靈的居所，可聽從修行者的召喚，道士可命令神兵進行驅邪法術。道教在政治上被邊緣化了；由於得不到大多數帝國行政機構的偏愛，它就在普通

16. 這並不是說，道教徒並不出現在宮廷——相反，他們繼續得到皇帝的保護，在不同時期，某些道教教派如全真和正一還得到了官方的正式許可。道教的世系和儀式一直被皇帝所用，成為神聖權威與合法性的來源（參見勞格文，〈神權〉（"Droit divin"）。但是道教發生影響的基礎，總是遠離政治首都。

百姓中廣為流傳。道教在中國變成了「庶民的宗教」。中國最初追求太平盛世的起義——黃巾起義(184–205)以及天師道運動(142–215)——都是由「得道」且神化的救世主人物所領導的。[17]

(四)地方傳統的儲藏所

布迪厄吸收了韋伯的思想，提到了中國宗教場域的分化：

> 在同一個社會結構的核心，宗教和巫術的對立……掩蓋了受制於宗教資本的分配結構的宗教能力的差別。這一點可以從儒家和中國勞動階層的宗教性之間的關係中看到，後者則被儒家視作巫術並拒斥，他們對之抱有仇視與懷疑的態度。這些人受過良好的教育，詳細制定了國家宗教的精緻儀式，並強力推行自己這套教義和社會理論的統治地位與正統性。儘管某些道士和佛僧也取得了某些地方性的、暫時的勝利，他們的教理和宗教生活更加貼近大眾的宗教利益。[18]

在這裡，我們要討論道士們的這些「地方性」勝利——但它們斷然不是「暫時的」，而是持續了許多世紀——表明道教是如何將自己組織成為**地方**社會的「高級宗教」的。當道教滲入普通百姓的文化中時，它和地方性的宗教習俗和知識融為了一體；與此同時，它給地方傳統提供重要的宇宙和儀式結構，通過儀式的組織化，將之整合成為共同的相互關聯的宇宙論。[19]知名的道教修煉者和隱士獲得治病救人的聲譽，生前死後變成了神靈和宮觀祭拜的對象。漢末的天師道運動創造了一套儀式系統，在許多方面都仿照漢朝的宮廷儀式，通過道士主持的儀式化請神、拜神體系，創造了一種自治社團，最終抵達天庭。道士就像一名官員，代表民眾，授命將符籙送到天府相應的官員那裡。道教儀式就充當了天庭的官方文書、記錄、訴訟的中保，還涉及治療和成仙。經過進一步的變遷和轉變，從精緻的宮廷慶典，到整合鄉野宗教的地方神靈和靈媒，道教儀式在許多方面都有所發展。道士扮演著雙重角

---

17. 石泰安(Rolf Stein)，〈道教運動評述〉(“Remarques sur les Mouvements du Taoïsme”)；石秀娜(Anna Seidel)，〈完美統治者的形象〉(“The Image of the Perfect Ruler”)。
18. 布迪厄，〈起源和結構〉。
19. 丁荷生，《道教儀式》(*Taoist Ritual*)。

色，在道的天宮裡是臣，面對地方的神靈和魔鬼則是將領——在當今許多鄉村儀式中也仍然擁有這樣的文武雙全特徵。地方神靈可以作為低級的神靈被道教的神靈體系收編，或者當成不守規矩的、嗜血的魔鬼而與之戰鬥。顯而易見，道教儀式系統起到了調節地方和普遍的神靈之間的關係、聯盟或者衝突的作用。對於地方社團和帝國統治而言，它在建構政教聯盟的過程中都是不可或缺的，提供一種共同但卻繁複的儀式和符號語言，從而在兩者之間建立聯繫。[20]

道教修煉者獲得的靈性力量因而在服務民眾中充分發揮了作用，因為他們施法、授權、訓導、指揮神靈，與魔鬼、疾病以及厄運作戰。他們越與道和宇宙感應，就越能掌握修煉的技術，治病救人、保護鄉民，調停地方力量和普遍力量的能力也就越大。道教和地方以及帝國的文化和儀式傳統深深地交織在一起。表面看，這種類型的道教似乎已經遠離早期輕視儀式需求的文本——但是我們需要謹記，道教的傾向不是**對立**，而是**融合**與**超越**。齋醮科儀或許並不需要個體修煉，但是修煉的個體則要用治療、保護和促進繁榮的齋醮科儀來服務百姓。道教科儀變成了共同體獲得集體救贖的工具，道長們藉此工具運用並聯合類似的宇宙力量。通過與他們身體裡面的、周圍環境的能量和力量相感應，按照地方百姓尋求儀式和巫術保護的需要去幫助他們，從而在地方神靈、權力和學問之間找到自己的位置，道士就和地方傳統全然融合為一體了。

道教由此成為了中國最地方化的「宗教」。正如陳道長常說的，由於深度嵌入地方，地方百姓和道士甚至都已經忘記他們儀式的傳統和功法來自於道教了。[21] 不過，一套公有的宇宙論的原則、修行以及經籍，在一定程度上保存了超越地方的多樣性統一。道教和帝國共有一個基本的相互關聯的宇宙觀，但是運用的方式有所不同，它將地方神靈和意識傳統整合到了它的結構裡面，[22] 並且通過道士的權威而提供通往該宇宙觀的道路。因此，正如石秀娜常說的那樣，道教成為中國的「非官方的高級宗教」。[23] 道教成為「另外一個中國」的宗教，不是在帝國和文明中心那種縱向的中國，而是橫向地方性

20. 勞格文，《中國：一個神州國家》(*China: A Religious State*)。
21. 2016年5月25日，成都，宗樹人對陳道長的訪談。
22. 戴維斯（Edward L. Davis），《社會和超自然》(*Society and the Supernatural*)。
23. 石秀娜，〈道教：非官方高級宗教〉(“Taoism: The Unofficial High Religion”)。

網絡的中國——其中每個地方性都根植於通過分有一個相同宇宙觀的儀式結構和身體實踐而整合起來的無數個特殊歷史。陳道長多次提到，正是在這種「民間」道教裡面有著最本真的道教，因為歷史上國家的長期干預歪曲了道教的神靈系統和經籍，任性地提升某些教派的地位，如正一派和全真派，將它們納入國家建構的正統，而忽視其他派別，任其在老百姓中間流傳。與此同時，陳道長強調，道士的這種地方性取向也是自求遠離政治中心、甘願默默無聞，融入民間的結果。[24]

這種「道教中國」在政治動盪、「蠻夷統治」時期就會蓬勃發展。那時，許多精英喪失了他們在王都的地位，退隱民間。繼漢朝（前206–公元220）之後的六朝（222–589），中國北方受到非漢族的部落統治，士族和廷臣避禍南方。他們在這裡無法充任（儒家的）國家官員，便將注意力轉移到了修煉身體、養生和成仙，與靈性世界進行交流。正是通過道教經籍、傳統和生活，他們探索這些領域。新道教運動隨之出現了，如上清和茅山傳統，它們將早期道教傳統與地方神靈祭祀、佛教教義結合起來。實際上，就在佛教迅速傳播中國之際，道教有意識地規定自己，既與這個外來宗教相對抗，同時又吸收其部分內容，但是，首次發展出了一種與佛教「教理」相異的自我認同。道教有意識地成為中國**本土**宗教傳統的淵藪。正是在華北被「蠻族」女真部落的金人統治時期，王重陽發起了全真運動，有的學者視之為宋朝（960–1279）的漢族遺民運動；後來，在蒙元入侵時期，全真派運用其影響力維繫了和平，拯救了無數漢族黎民百姓的生命。[25] 在元朝統治下，全真派獲得朝廷寵幸，成為政府和各種宗教派別之間主要的制度化紐帶。對於政治中心而言，道教由此建構起了**地方**傳統；對於外來宗教而言，道教又建構起了**本土**宗教和活動。

到了滿族而非漢族統治的清朝，這種傾向變得異常突出，道教修行成為抵抗異族統治的形式。當時武術和太極拳通過將道教的身體修煉和拳術融為一體而得到發展並且盛極一時。正如威爾和夏維明所言，受道教啟發的武術通過體現中國的宇宙觀和力量而成為文化抗清的一種形式。[26] 道教身體修煉的功法，其目的就是要形成**中國人**的靈性主體。

---

24. 2016年5月25日，成都，宗樹人對陳道長的訪談。
25. 康思奇，《修真》，第18頁；高萬桑，〈現代道教的形成〉。
26. 威爾，《失傳的太極經典》（*Lost T'ai-chi Classics*）；夏維明，《少林寺》。

(五) 中國人靈性的現代性

20世紀初，中國和西方文化霸權的鬥爭日趨激烈，一些個人和團體將道教的本土化取向轉化為一種更現代的、「民族主義」的取向。隨著外部世界的徹底轉型以及傳統社會結構的崩塌，身體也就成為保護中國本土靈性傳統的最後避難所。例如，內丹現代化的主要領導者陳攖寧，就曾努力排除道教修煉中各種外來的甚至佛教的影響——他認為那正是中國積弱的淵藪——而將內丹轉化為一種特殊的中國科學。[27] 另外一條進路則被20世紀上半葉救世團體的浪潮所發揚光大，這種新興宗教運動試圖將中國各種靈性遺產融會貫通，成為一種新的、以中國為中心的普遍主義。儘管這些運動，如同善社、道院和一貫道等，都具有強烈的儒教和佛教元素，但它們的宇宙觀和秘傳的經書卻主要是道教的，它們也是民國時期（1912–1949）道教內丹的主要宣傳者。[28] 在同一時期，基於和道教同樣相互關聯的宇宙觀的武術和中醫，也經歷了民族主義的復興，分別將自己重新命名為「國術」和「國醫」。中國特性的精華，在西方現代性的猛烈攻擊下，被認為已經崩塌或者喪失，在此環境下，現代中國的道教修煉，就和中國特性的具身體現牢固地聯繫起來了。

1980至1990年代期間，中國經歷了一場氣功熱，出現了千百位氣功大師，每一個大師都在推廣各自的功法，清晨到來時，數以百萬計的中國人聚集在公園和廣場集體練功。到1990年代中期，這場運動得到了中國政府的支持，大眾氣功被當成老百姓價廉物美的健康護理。氣功跟道教的歷史、文化和宇宙觀有著千絲萬縷的聯繫，但是國家計劃是要發明一種現代的、世俗化的中華氣功來服務國民。雖然國家的意圖是要割斷氣功與其道教背景的聯繫，但是習練氣功還是作為五千年中華傳統和智慧的成果而加以推廣，以及作為歷經數十年革命性破壞之後，**中國人**靈性文化的重新發現而加以實施的。[29]

然而，到21世紀初夢道者開始進入中國時，氣功運動在中國已經大規模解體，隨著1999年國家取締最大的氣功運動——共產黨認為它挑戰了其權威

27. 劉迅，《摩登道》。
28. 宗樹人，〈中國救世團體〉；高萬桑，《北京的道士》；高萬桑和宗樹人，《現代中國的宗教問題》。和越南的比較，參見加梅（Jérémy Jammes）和宗樹人，〈道的玄化〉（"Occulting the Dao"）。
29. 宗樹人，《氣功熱》。

——法輪功，幾乎所有氣功大師都移民到了西方。[30] 氣功現在成為了一個政治敏感的範疇，許多大師都拒絕這個標籤；他們轉而以商業化方式傳授和推廣這些功法，稱之為道教的健康和養生。主要的氣功療養機構和培訓中心開展商業化運行，但是大體是為了滿足日益增長的西方修練者！

中國共產黨不會過度明顯地支持道教，它是中國的現代主義思想和中國共產黨努力與之鬥爭長達一個多世紀的傳統宇宙觀的化身。但是到了21世紀初，中國開始對傳統文化採取了一種更加積極的態度，道教開始享有比以前更多的合法性。這是越來越明顯的民族主義策略的一部分，目的是為了抑制農村地區基督教的迅速增長，增強中國在國際舞台上的「軟實力」。

（六）天人感應的政治學

中國道教的地方化、本土化和民族主義化的發展軌跡，可以和西方玄秘傳統的世界主義（cosmopolitanism）相比較。自18世紀以來，歐洲的玄秘思想大致採取和世俗的現代主義與普世主義相似的路徑，擺脫了地方和種族的傳統根基。「古已有之的哲學」的概念傾向於去處境化而不是建構一種族類認同，它與科學和現代主義的結盟，則使新世紀運動脱離與任何曾經存在的傳統聯繫。[31]

道教以及作為當代西方靈性個人主義早期形式的各種歐洲秘傳宗教傳統，都與正統的政治和宗教之間長期存在一種張力。歐洲各種秘傳宗教的傳統，被天主教會劃為異端；它們對教會權威進行靈性的抵抗。但是中世紀羅馬天主教會，卻遠遠不如儒教正統的反應那樣寬容對待「異端」，這導致各種西方另類靈性對宗教權威的極其強烈的反應。在中國，道教在這種持續不斷的張力中，將自己置於一種「陰」的位置，不與佔主導地位的正統發生對抗。處在這樣一種位置的缺少政治力量或者地位的庶民（subaltern），可以通過身體修煉求仙。道教的立場並不是尋求一種**拒斥**正統的獨立地位，而是追求**超**

30. 宗樹人，《氣功熱》。

31. 確實還有其他發展軌跡。歐洲的玄秘宗教傳統，確實滋養了極端保守主義的極右民族主義的歐洲運動，並且為其提供象徵和學術資源，而「傳統主義」作為一種學派，則憑藉玄秘資源以便對現代性保持一種激進的批評。然而，中國道教「民族主義」從未採取好戰的形式。

越世俗並與道**合**一的獨立地位。道教中的隱士理想，當然是要割斷對自我和對社會習俗的依戀——但是，離開社會舞台的隱士，明確拒絕挑戰正統和習俗。當民間道教運動參與到太平盛世的反叛時，[32] 它尤其是要**捍衛**和**恢復**被道德腐化的皇帝或者王朝所破壞的既定的道德規範。

全真派運動創始人王重陽強調：「忠君王，孝敬父母師資。此是修行之法，然後習真功。」除了支持儒教的社會原則外，王重陽還強調必須遵行佛教的無我和慈悲，這是道教內丹修煉的前提條件。[33] 在全真派著作中，踐行道德和禮俗是修得無我和慈悲的工具，而這是靈性修煉的基本條件。胡道長2006年在給夢道者授課的時候，強調了同樣的問題：顧念他人、行善積德、奉行德行、公平、敬愛、孝順、施捨和寬容。

天人感應與實體自我的追求之間的重要區別在於，後者通過拒絕社會習俗和權威而找到自己的源頭和確定性，然後給自我找到一個獨立於習俗和權威的新的靈性根基。道教則反其道而行之：其出發點就是要尋求和更高的宇宙範型的連接並與其發生感應——這種自我超越的過程，引導人們放棄對習俗的規範和權威的依戀，但卻繼續支持它們。實體自我從**拒斥**出發，而道教則始乎**合一**。

道教傳統裡的天人感應並不局限於個體的身體和宇宙之間的一種聯繫，而是包含政治聯繫。政治的、社會的和宇宙的結構——還有身體本身的結構——相互之間有著相似之處；天人感應顯然指向所有這些關係。正如陳道長所描述的那樣，心即是身體之「君」，其他器官系統是「臣」；政治制度和身體系統的運行遵循同樣的原則。在道教的星相學中，以此類推，北極星是群星之「君」，其他星星則是圍繞它運行的「臣」。和北極星是宇宙靜止的支點一樣，君主清靜無為，諸臣則圍繞他運行，發揮治理的功能。同樣的原則也適用於人體。例如，君主則寧靜其心，與天感應，以治理宇宙、社會和身體。

在陳道長看來，古代道教中的天人感應，早在黃帝時期就包含仰觀天象、俯察地理、中參人和。他在批評內丹時，發現在道教的歷史發展中存在一種嚴重的個人主義傾向——仰觀天象和中參人和都變得無足輕重了；道教修煉只注重內視，宇宙則被完全封裝在身體裡面。因此，陳道長認為，反身

---

32. 魏樂博（Robert P. Weller），《中國的反抗、混亂和控制》（*Resistance, Chaos, and Control in China*）。
33. 王重陽，《金關玉鎖訣》，轉引自康思奇，《修真》，第151頁。

內求，強調個體的主觀性並不是在西方才有的現象；它也是中國道教修煉歷史上的一種傾向。在陳道長看來，這是道教衰落的一個跡象，因為自從秦朝（前221–前206）政治上的中央集權以來，國家就將修煉的範圍限制在身體裡面，剝奪了百姓參與社會和政治關係的天人感應長達數世紀。因此，按照這個邏輯推論，本真的道教傳統的破壞和解體，不是從現代時期開始，而是長達兩千年了！[34]

（七）困境

一些西方人批評美國道教過分自我中心和流於膚淺，而要從中國人那裡尋求派系和傳統。有的對道教修行只重功法的取向不滿，前去中國尋求歸屬，加入更為深嵌的傳統。有的正式拜道士為師，甚至至少還有一位自己出家做了坤道，住進了一所坤道道觀。但是實際上，中國道教的派系和傳統已經破碎、損傷了，而且整體上和中國文化、歷史和種族中心思想密不可分。他們能夠在這種狀況下，找到他們所尋求的本真的道教傳統嗎？

夢道者和雲遊者的相遇，因此造成了當代兩種靈性發展軌跡的相互干預和滲透：或者是一種實體自我極端化的超極現代性，或者從封裝 起來的現代性走出來，而轉向中國的傳統、地方性和民族性的嵌入。這些相遇以及由此產生的相互吸引、抗拒、連接和解釋，揭示出當今超極現代性的和具封裝性的靈性建構都一樣不穩定——我們稱之為現代靈性的「困境」。

儘管如此，這兩種取向都承受著壓力：一方面是徹底自我中心的、無根基的靈性主體的脆弱性；另一方面是傳統權威以及傳承結構的破壞，而這正是靈性主體的自我超越所需要的一種框架。在現代主義的宏大敘事中，實體自我的意義在於將理性自我從傳統體制中解放出來，在這種宏大敘事中，現代烏托邦的特徵就是自由和自主的個體，他們有著理性的牢固基礎，他們和進步的目的論是相協調的。但是當傳統**和**現代性的確定性都解體時，又會發生什麼情況呢？在鮑曼提出的「流動的現代性」理論中，社會的形式和體制不再穩定，難以為人類生活提供堅固的參照系，它們變得更加碎片化和不確定了。人們需要不斷改變委身、工作、關係和興趣；所以他們的生活不再是

34. 2015年10月23日，成都，宗樹人對陳道長的訪談。

不斷進步的「職業」，而是一系列任意的體驗和機遇的序列。他們需要不斷遷移、萍蹤無定。他們更多的時間花在了普遍的「非場所空間」，如購物商城、速食店和機場等。[35]

在此狀況下，為自我找到一個穩固根基的需求就變得越發迫切，而諸如療癒之道等組織，就以道教的內丹向眾人指出一條通往那個根基的道路。但是自我的根基能夠在一個人的自我裡面找到嗎？我們前面已經提到，療癒之道延續了美國靈性個人主義的傳統，將本真性和權威性定位於身體內部。身體裡面的某些轉瞬即逝的體驗，即使經常出現，能夠為自我提供一個堅實基礎嗎？夢道之旅能夠消弭超極現代性的「流動的自我」的脆弱性嗎，還是說它們本身就是「流動自我」的一種徵兆？[36]

夢道之旅看來就是這種超極現代的靈性悖論的典型代表：一方面，它們只不過是一種個體體驗的商業化包裝，為那些本來就對自己具身的主體性感興趣的人，提供了一個新的背景，這些人實際上並不關注那些令其「夢道」成真的修行，以及聖地的道教傳統的歷史、文化和宗教的語境。另一方面，夢道之旅的前提，是要和道教資源發生連接，和一種能在例如華山等場所具有的本真性發生連接，而且這些只能在這座山上進行的連接——個體的、能量的，以及靈性的——具有極其深刻的意義。這種本真性也會給像美國療癒之道這樣仍在努力確立其道教信譽的組織帶來急需的合法性。正如麥考文所言，

> 我們要努力傾聽來自中國的一切真實的、證明我們道路的東西，因為我們作為西方的療癒之道的道教徒，有一種巨大的不安全感，就是我們處在真空之中，除了通過謝明德，我們沒有和中國建立任何連接，沒有任何其他英文出版的背景資料可以證明我們現在學到的東西。這就像，呃，我們獲得了這種不可思議的傳承，可是我們的後援在哪裡呢？⋯⋯我還記得早年我們還是有點兒在意這些東西的，我們說，「我們的傳統在哪兒呢？在這件事情上我們的角色是什麼？」總的來說，有些重量級的學者——我覺得就是施舟人——說這些新世紀的道教徒不是真正的道教徒。如果他們不是全真派，也不是正一派，就不是真正的道教徒。這個領域的權威我們還不得不

35. 鮑曼，《流動的時代》(*Liquid Times*)；奧吉 (Marc Augé)，《非場所》(*Non-Places*)。
36. 關於這個悖論，參見希拉斯，《新世紀運動》，第137頁。

> 認。幸運的是，我知道他們也有學術盲點，他們太關注傳統和大事件了，他們看不見這種游方道士的傳統在這裡已經成為主流了。它是從後門溜進來的，從一個游方道士，一雲，再到謝明德。[37]

與此同時，麥考文想要回到中國去發現更多的道教功法：「這裡還會有更多的交流嗎？我們能在發源地得到比謝明德那裡更多的東西嗎？當然可以啦！我得到的多得多！就是要學習其他形式，比如從朱輝（Zhu Hui）那裡學來的無極功。那裡老師多、跟著學上一些，給自己充電，充實我在這裡的教學，這是必須的。」

於是，不管在個體還是在體制的層面上，夢道之旅似乎都在尋求一種外在於自我、外在於美國的本真性。他們在華山遇到了雲遊者、那些將其靈性之路建立在派系和傳統基礎上的道教修煉者。但是，道士也體現出一種悖論：正是構成他們的認同以及他們權威基礎的派系和傳承，在過去幾十年的革命、運動和改革中已被破壞掉了——國家「凍結」了全真派的傳統，保留其形式，並且創造了一種封裝起來的結構，在這個結構中，道士得以建構其身份、規避或超越現代世界。

我們已經論證過，中國道教的靈性傾向和美國的自我靈性有所不同，一方面是地方傳統和文化的具體體現，另一方面又是中國特性的具體體現。但是，當今華山周圍有著一種基督教發展最快的農村地區的地方環境和文化，該市正在開發成為一個有著「道教健康養生園區」的商業化旅遊度假區的城市、一座供群眾旅遊的名山。還有空間讓全真派嵌入在這樣的社會環境裡面嗎？如果說華山道士在開發計劃中還有一席之地的話，那就是充當道教生態主題樂園中的演員。這種「嵌入」難道不會導致全真派道教封裝狀態的終結，導致其本真性進一步流失嗎？很少有人真正對華山道教的靈性價值、對道士的生活感興趣了——在這些少數派中間，佔著很大一部分比例的卻是……西方人！

在一些全真道士看來，就全國的道教而言，因為聖地的破敗和政治化的體制，大環境並不適合開展道教修煉；他們在全球的靈性追求者中看到了招募學生和徒弟的空間。由於出家體制中的權威性的腐化和破壞而遭到孤立，他們被西方修煉者無拘無束的自由，以及被不受體制或權威約束的道教所深

37. 2010年12月22日，北卡羅萊納州阿什維爾，史來家對麥考文的訪談。

深吸引。胡、郝和陳三位道長都是非常與眾不同的個體，他們循著不同的道路來到華山長達數年，和麥考文的夢道者交流了數年，但是，從此之後，他們所走的方向卻大相徑庭。三人對修煉的熱情甚高——但他們強烈感受到，他們的許多道士同行卻很少擁有。

胡道長選擇留在華山腳下的玉泉院，仍然堅持正統的出家制度。作為華山道教協會的領導人，他堅定扎根於中國社會主義的一個「宗教工作單位」，貢獻於維護和建構國家的民族建設語境下的中國「傳統文化」和「本土宗教」。郝道長開始了不得已的放逐，在一座山中過著隱居生活，以實現其早年的靈性自由的夢想；他生活在一個山洞群裡面，一直在搬運一塊又一塊石頭，想在山洞邊上搭建一座宿舍，以便更好地招待更多國外和台灣來的修煉者。與此同時，他害怕他的山洞群成為旅遊開發的目標。陳道長——是三個人中最特立獨行的，曾經成功地走上了華山道教協會的政治和社會舞台，就這樣還俗了，但是並沒有回到世俗生活成家立業。作為一名都市隱士，他更加熱衷於他的靈性命運。為了迎合本地徒弟的需要和期望，他扮演了一個趕鬼的角色——同時，給美國、俄羅斯和比利時的修行者和機構授課、辦講座，遠離他所受訓的道教社團。

(八)解決困境：第三種文化？

我們的主角們都各自在尋找解決這個現代靈性困境的方案。最深刻、最敏銳地感受到這種困境的是修道學者康思奇，我們在前一章討論了他的解決方案。陳道長，由於拒絕道教體制，又拒絕發起一種新的或者改革派的組織，在被問及一個真正的求道人在沒有任何合法體制條件下如何求得真道時，他做了如下回答：

> 自宇宙開始之時就有了分別。眾人都不平等。有的尋找真道，其他人卻遍尋不得。不管體制究竟怎樣，求道人要皈依道教的三寶：道、經、師。道無所不在，萬物皆可通道。因此，如果你的心是開通的，就能夠得道。這裡的差別僅僅在於每個人的靈性狀況及其接受道的能力。至於經，許多人窮數十年功夫練習各種稀奇古怪的功法，但是根本沒有去努力閱讀經書。要沉浸在真正的經書裡面，那些經書經受了時間的考驗，書中的真理已經得到證明。我告誡我的

> 徒弟，他們要找到經書、讀經，理解它們的教導，進香的時候把經書放在祭壇上，禮敬經書。説到師，找到一個好的師父很難。但是要想一想，最有成就的、法力無邊的師父願意選擇什麼樣的徒弟。一個真正的師父只會接納一個心地純潔、好善樂施、誠實謙卑的徒弟。因此，在找到一個師父之前，就要努力做一個好徒弟，修德行善。那麼，有了好徒弟的品德，無疑師父就會來選擇你。[38]

他的答案試圖維持道教傳統結構神秘的、德性的取向，同時又將它全部留給個體的想像：在道、經和師的「三寶」中尋求庇護，但是這三寶並沒有任何外在或者儀式的形態，只存在於人心之中。但在其他場合，他又強調嚴守道教派系準則的極端重要性，我們在第五章討論過；甚至在他離開道觀之後，他還是強調出家修行的重要性：

> 道教是一種孵化器。我還是道士的時候，在一種人為的環境裡面經歷了許多考驗，那是在別的地方得不到的。例如，和你的家庭斷絕關係，斬斷所有情絲，就是一種真正的考驗。與此同時，你和其他道士成為「兄弟」，他們也斬斷了情絲，甚至斬斷相互之間的情感聯繫。這是一種真的歷練。[39]

説到那些將「宗教」和「靈性」區分開來的人，陳道長警告説，「你必須提防那些主張這種區分的人以及他們這樣做的動機。有的信徒這麼説，當他們這麼説的時候，是站在從內部理解兩者的立場説的，他們已經修煉到一定的層次了。但是做這種區分的大多數人，只是因為他們想要利用宗教達到其他目的，例如健康、事業、名聲、金錢等等。他們只是不想接受艱苦的訓練，走捷徑，所以拋棄宗教，選擇『靈性』。」

因此，雖説多年以後陳道長的話語已經變得越來越「個人主義化」了，但他總是從某個在出家體制中受過訓練的人的視角去説的，而且他仍然肯定其重要性。他的話語因而表現出一種悖論，既肯定靈性的腐化、出家體制的衰落，又堅持認為出家受訓有助於靈性的進步。後來，他澄清説，「有些形式是重要的、也是基本的；你不可能無中生有。但是我們要接受許多形式的此消

38. 2010年6月17日，成都，宗樹人對陳道長的訪談。
39. 2006年7月17日，成都，宗樹人對陳道長的訪談。

彼長，我們不必對它們有過分的依戀。」所以在陳道長看來，某種「形式」能將人帶入超越自我的結構和權威，是不可或缺的——但是並沒有哪種特定的形式是絕對不可或缺的。[40] 要找到一個人的形式，他的回答是採取一種純粹個體的路徑，一個人以此投身於道德上的自我轉變的靈性之路，並等待道的運作，而不用任何主動的努力就和一個社會共同體發生連接。

另一方面，麥考文則論證必須採取積極有為的路徑。他批評中國道教消極和秘密的態度，他論證道，正如中國的科技發明如印刷術、火藥和指南針，只有在西方得到發揚光大，道教的內丹也將同樣如此：

> 為什麼西方人超越了中國人？那是因為他們分享知識。因為他們公開知識。他們說，「喂，這就是我的發現。這是我的科學論文。」其他人都會去閱讀。「好吧，你發現了這個，但是根據你的材料我做了實驗，我又發現了那個。現在我公開我的結果。」可見我們有一種分享和協同，可以讓西方保持領先。因此西方的科技現在領先一步。就是由於這個創造性的優勢和這種分享。
>
> 現在靈性技術也在發生同樣的事情。我們正在採納道教的技術，就我接觸到的而言，全是第一流的、全方位的。但是被埋沒了、隱藏了，不是失傳……呃，如今世界上也差不多失傳了，我得說。所以我們要把它拿過來、和人分享、我們拿它來做實驗。將它放在一種新的環境和話語裡面，「這就是原則、我們就用這種方式試一試。將它們用於性、用於深層心理學。將它們用於治療、用於各種事情。」因為這個計劃，因為將它西方化，你可以說，我們在改進它；使它更容易入門。我們實際上是讓它獲得重生。我們正在使它繼續保持生命力，在這個世界裡重現。[41]

在麥考文看來，這種推廣工作要使自己投入到一種非常商業化的模式，徹底進入靈性市場，而這是陳道長和康思奇所譴責的。「在西方，除非進入市場，否則它們就會失傳。」將信息盡可能多地放到網上、嘗試讓大家都能掌握這些信息，即使在這些人中，只有百分之一的人讚賞和練習複雜的道教內丹。以性為招攬也不錯，只要能夠把人們吸引到道教上來。「當然，關於性的

40. 2013年6月20日，成都，宗樹人對陳道長的訪談。

41. 2013年11月16日，北卡羅萊納州阿什維爾，史來家和宗樹人對麥考文的訪談。

圖書確實能夠吸引人們的注意，讓（謝明德）出名，就是那本我寫的如何開發男人性能力的書。那真的能引起人們的注意，因為，『嘿，這就是性的文化角色。貌似不錯哦！』那我們就出名啦！有些人叫他性學大師，道教的性學大師。如果這也是導致人們聚集過來的理由，那也沒關係啊。然後他們深入了解，就能發現，『哇，其實我還得學習其他各種東西來調節我的性能力，再上一個層次。』這就是一個圈套。而在中國呢，這些都是禁止的。」這種營銷、商業化的維度也是一種結構上的必須：美國的道教和傳統的、現代的中國不同，得不到國家對大型道觀的支持，也得不到社區對小廟的支持，普羅大眾沒有喪葬、治療等儀式需要，也沒有趕鬼的儀式需要。「我們沒有這個。我們不得不去營銷，為道教的長期存在打好基礎。」[42]

麥考文宣稱，這個過程將導致介於美國的新教文化和中國的道教文化之間的「第三種文化」初露端倪，它仰仗美國的自由和創造性，產生某種比中國道教更具活力的東西。「道教全球化的未來在西方，因為我們是新生力量。我們能夠用新的眼睛去審視它，我們能夠從中挑選出最為鮮活的東西來，從中發現我們想要的真正的能量科學。」這種「能量科學」是科學和宗教文化的橋樑，就如他忽發奇想，要在他阿什維爾的房產附近複製北京天壇時所說的：

> 我的想法是要建造一個內丹退修中心。總體而言，在精神和物質之間有一道門——這就是內丹的根本。怎樣才能打開這扇門，在兩邊來回自由走動？推動其內容即可，精神的一面和物質的一面，天堂和死亡，不是離開這道門，而是呆在門的中間，不要向兩邊去。在西方，一個環保主義者就是只站在地球的一邊，而一個虔誠的信徒會說，「不，我要跨越世俗，進入精神的那邊」，而一個修煉丹道之人則是持中守正。[43]

這第三種文化採取道教功法，並將其運用到新的領域，尤其是運用到西方對心靈（psyche）的理解，

42. 2013年11月16日，北卡羅萊納州阿什維爾，史來家和宗樹人對麥考文的訪談。

43. 2013年11月16日，北卡羅萊納州阿什維爾，史來家和宗樹人對麥考文的訪談。到了2016年3月的訪談，麥考文的建築工程還是沒有動工，但是估計和主要的投資商都快要談妥了。

> 因為我們想知道我們是什麼。我們想開發自我，即那個體的自我。這是我們文化的未來。我們正在利用這些功法來做⋯⋯我認為療癒之道就處在這種文化的中心，因為它將西方的心靈和這種深層的⋯⋯我稱之為道教深層心理學，就是將西方的個性化衝動和道教的功法及陰陽五行原則結合起來。這就是宇宙觀。徹底接受這種宇宙觀，但是將其運用於西方「沒錯，我們就是要使自己個性化」的原則上去。[44]

麥考文似乎主張將實體自我和天人感應這兩種整合模式混雜在一起。它要將天人感應封裝進個人的身體和主體裡面去。但是在中國的道教傳統裡面發展起來的天人感應，不僅假定並推動身體和主體之間的對應關係，而且也假定並推動社會和政治的結構、聖地，以及宇宙之間的對應關係。天人感應不僅通過身體操練和靈性功法，而且通過社會生活、齋醮科儀以及政治關係得以實現。但是這一點在療癒之道的「第三種文化」中幾乎沒有什麼體現，天人感應在這裡只是通過個體的操練體現出來，這是一種主觀的體驗，但是不需要任何外在的表達或者意義。可以說「第三種文化」利用了道教的宇宙觀以深化並賦魅有限個體的具身主體性。

麥考文的第三種文化似乎和社會學家維阿爾特格拉斯所分析的西方人追求宗教上的異國情調的悖論若合符節：現代人追求異國情調的、另類的靈性浪潮源自反文化和人類潛能運動，他們拒絕西方文化機械的、二元論的以及物質主義的成分（即各種形式的自然主義的本體論），在亞洲和其他外國傳統中尋求一種另類。但是，他們也拒絕這些宗教中諸多和西方文化格格不入的東西；他們對於那個他者（Otherness）既迷戀又排斥，搖擺不定；最終將它們去情境化，將它們標準化為後弗洛伊德式的塑身和心理治療的框架。他們所提供的個體的靈性自由和自主乃是一種幻象，用來掩飾訓練技術的營銷，以便開發多功能的、有適應能力的、自反的，以及自我依賴的新自由主義的消費者和生產者。[45]或者，換句話說，他們修復個人主義的間離效果的途徑，實際上是更強化了個人主義：通過提供一條通往返魅和靈性主體的道路，強調自由的、自主的以及主觀上獨一無二的自我，強化實體自我的建構。

---

44. 2010年12月22日，北卡羅萊納州阿什維爾，史來家對麥考文的訪談。

45. 阿爾特格拉斯，《從瑜伽到喀巴拉》，第271–81、323–24頁。

在麥考文看來，西方人遇到的挑戰就是要斷然超越這種實體自我：「這就要求一個西方人將道教基於氣的宇宙觀內在化，放棄萬物有別的西方本體論假設。這是一種巨大的轉變。更為艱難而有活力的工作，是要成為一個『本真的』西方道教徒（我眼裡的），能夠超越他們古老的本體論的有限自我觀。」[46] 問題在於，這樣一種轉變有著什麼超越嚴格的個體層面上的體驗、知覺和具身性的意義嗎？

歷史學家克里帕爾在對伊薩冷研究所的研究中提出了一種樂觀的預測，肯定這種個人主義的「無宗教的宗教」所蘊含的烏托邦政治潛力，具有一種削弱種族民族主義（ethnic nationalism）和宗教字面主義（religious literalism）的「解構力量」。他寫道：

> 民主最為深刻的心理的、社會的，以及靈性的意義還遠沒有在社會——包括我們自己的社會——中充分實現……因此，甚至在我們談論人權、個體自由和靈性自由，以及個體的完整性不可侵犯之際，許多宗教傳統都依舊服從、崇拜、屈從，虔誠地屈從於盛裝的神聖的主和王，天空中無數令人壓抑的君主統治。
>
> 換言之，地球上大部分地區都生活在一種巨大的不合時宜或者迷信，或者說是一種「殘餘」之中：一方面，我們的民主理想在過去三百年間發展起來各種形式的民主和平等，另一面我們大多數人對神聖的想像依舊滯留在過去的政治，因此繼續極大地鼓勵等級制的、威權主義的、暴力的做法並且為之辯護。[47]

也許陳道長本人會對克里帕爾的論證感到興趣，那天我們坐在一間茶室裡，他開始大聲斥責中國人的「奴性」，在他看來，這種奴性已經養育了二千五百多年了，扭曲了孔子的「獨立思想」；他批評佛教「和奴隸主沆瀣一氣」，因為「它相信四大皆空、無相，因此對人間的不公漠不關心」。當我跟他提到，也有人批評道教對於此種威權主義的文化無所作為時，他提到了人權的話題，強調說「道教絕對是支持人權的，因為它反對為他人、集體犧牲個人」。他讚揚拔一毛而利天下不為的哲學家楊朱（前440–前360），而莊子

46. 2016年4月8日，麥考文給宗樹人的電郵。

47. 克里帕爾，《伊薩冷》，第223頁。

也教導效法無用之木。在陳道長看來，服侍他人的觀念被用作以集體的名義為了政治權力而犧牲個人的權利和自由。

> 你讓一些人犧牲自己，使他們成為英雄，你說犧牲自我是好的，要每一個人為了政治的權威犧牲自我。即使你犧牲了自己，你也把自己樹立為一個榜樣，說你在道德上高人一等，或者其他人也要犧牲⋯⋯你期待他人追隨你，服從你。許多聖賢都是這麼做的。他們表現得很無私，但是他們想要你崇拜他們。然後那些沒有犧牲自己的人就被貼上了惡人的標籤；他們將遭到壓制和殺戮。[48]

陳道長的話語實際上並不是關於「人權」，而是對「犧牲」概念的嚴厲批評，和他對道教靈性修煉的解釋以及可以上溯至莊子的自由主義特徵相一致。[49]

在克里帕爾看來，與美國道教密切相關的人類潛能運動的政治意義，並不在於一個特定的政治議程和組織，而是在於那些通過其實踐而得到修煉的靈性主體在一種深刻的靈性的意義上，乃是民主的政治主體。他們通過靈性功法所培育的主體，給民主權利和政治過程的抽象主體，賦予了一種神聖的基礎、經驗的深度，以及具身的實質。這為基於身體的普遍倫理提供了一個基礎：

> 我們人類身體的整合賦予了我們最為真實的哲學基礎，**既能夠**欣賞和鼓勵人類活動的多樣性，**也能夠**抗拒任何反道德的相對主義，這種相對主義區分不出哪些文化活動是滋養這些身體的，哪些是傷害這些身體的⋯⋯同樣是這種身體的福祉令我們、**召喚**我們譴責那些以任何方式危害或者傷害此種奧體（*corpus mysticum*）的文化實踐。[50]

雖然克里帕爾讚美這種身體的新普遍主義和民主的烏托邦潛能，但同時他也強調它是極其**美國式的**。[51] 麥考文在其風格、進路和道教傳統的挪用上，也無可辯駁是美國式的。我們已經看到，這種挪用或許有助於通過將道教的

---

48. 2013年6月22日，成都，宗樹人對陳道長的訪談。
49. 關於進一步的討論，參見宗樹人，〈道教和人權〉（"Daoism and Human Rights"）。
50. 克里帕爾，《伊薩冷》，第223頁。
51. 克里帕爾，《伊薩冷》，第9頁。

天人感應宇宙觀封裝進身體和個人主體的有限空間裡面，從而修復並且最終強化美國文化以實體自我為中心的宇宙觀。似乎結果卻只是造就了一種**美國的靈性主體**。因此，奧特格拉斯提出的問題一語中的：「除了美學和快感外，宗教上的異國情調明顯暗含有一種權力關係，並且提出了一系列問題：究竟誰能夠挪用象徵資源。誰能被挪用，誰能定義挪用的術語。」[52]

但是克里帕爾和麥考文都願意反其道而行之，為全人類提出一種全新的「美國式的」神秘理想：

> 我們能重新審視「美國」嗎？不把它當成一個全世界遭人恨的超級帝國，不把它當成一個對外癡迷於瘋狂的傲慢的末日狂想、對內崇奉充滿歧視的「家庭價值」的「基督教國家」，也不把它當成一個全球正在急劇減少的資源的魔鬼消耗者，而是一個有待實現的普遍理想、一個寬敞的極富創意的空間，遠遠比最愛國主義的、最基督教右翼的人所能夠想像的還要有革命性、自由奔放……我們還能夠看見嗎？看見同樣這個無宗教的宗教民主異象，必然導致一種觀念和信仰的重新整合，有些人將公開譴責這是靈性資本的一種形式，或者一種宗教的衰退，而另一些人則會認為這是每一種新的宗教創新所常見和必要的進化。「我有靈性，但不信教。」我們真的為這種積極的、靈性上的（對宗教的）否定，為一種全盤美國式的神秘主義，為讓「美國」本身成為一種神秘主義做好了準備嗎？[53]

和這種美國中心的全球靈性相對立，康思奇提出了一種不同類型的「第三種文化」，即植根於作為「傳統源泉」的中國道教，但是它既不是中國也不是美國的修行者所獨享的特權：它要參與到「一種全球道教傳統裡面，它具有多元文化性、多元種族性、多語言性，以及多國性。在這裡，基於傳統的道教徒，尤其是堅定的修行者、有派系歸屬的教師和真正的長老之間相互尊重、相互支持。也就是說，雖然在民族文化意義上是『超越中國的』，但是這種『第三種文化』是一種『新道教文化』，保留了道教的價值、活動、審美、取向等等。」[54]

52. 阿爾特拉斯，《從瑜伽到喀巴拉》，第327頁。
53. 克里帕爾，《伊薩冷》，第464–65頁。
54. 2016年6月13日，康思奇給宗樹人的電郵。

但是這兩種相互對立的道教「第三種文化」的觀點，是否只是對**全球**現代性的不同表達而已？宗教社會學家拜耶在研究宗教與全球化的時候寫道，「現代性同時造成人的個體化的日益增長，以及機械化的社會制度的日益增長。」[55] 這些「機械化的社會制度」，就是在例如經濟、法律、醫療、科學、各種專業分工和規範等不同領域裡各自發揮作用的制度。在全球化狀態下，這些制度的規範、機構、專門知識以及網絡的範圍和權威，都已變成全球性的了。儘管如此，沒有一個專門制度聚焦於「支持運行這些制度的人的整體生命」。但是，許多個體經驗和社會生活卻是在這些機械化社會制度無從決斷的領域裡發生的。哲學家和社會科學家稱這個領域為「私人空間」或者「生活世界」；正是在這個領域裡，人們試圖在靈性主體裡面建構自己，將他們全部碎片化的生活連接到一個有意義和有目的的整體。這個過程將個體的主體性內在化和相對化了；與此同時，它也產生、強化和相對化了基於種族的、地緣的或宗教的特殊性之上的集體，這些集體試圖找到一種共同的身份認同和目的，但又總是有意識地和世界上其他集體相區分。因此我們全球化的世界就具有了一種二元化的範式結構：它既是由無數的個體組成的，他們的獨特性通過人權和自由的政治制度而被神聖化了；它也是由千萬個文化的、種族的或者國家的共同體所組成的，這些共同體是由那些被視為共享通常一種由「民族精神」形成的主體性的眾人，或者那些在傳統的文化和宗教的精神中找到本真性的眾人所構成的。每種個體和集體的主體性建構都是獨特的、同樣值得尊重和保護的。這種個體和集體都是相對的，相互並存、相互意識到和對方的差別；誰都不具備權威或者超越對方的本體論基礎；其各自獨一無二的主體性便是它們值得尊敬的來源。在這些個體和集體單位的差異性之外，全球體制運行的共同基礎就是由按照同一規律運行的外在的、物質的世界構成的，沒有內在性，可以由重要的社會體制的理性規則加以有效控制。

這些正是德斯科拉闡述的自然主義本體論（naturalist ontology）的特徵。在全球體制的框架中產生了兩種靈性主題的構建，都符合此種本體論：第一種是個體的，是大多數夢道者和美國民間道教徒的超現代靈性主體，第二種是集體的，是中國全真派被封裝起來的傳統出家制度。兩種靈性主體尋求體

55. 拜耶，《宗教與全球化》（*Religion and Globalization*），第99頁。

現道教的天人感應，但只能在有限範圍內：要不在個人的身體裡，要不在國家體制內的宮觀單位管理制度下。

自從18世紀浪漫主義興起，機械化的現代社會制度的傳播和增長的霸權，已經受到一系列反體制運動的挑戰。[56] 其中包括從梭羅到西方反文化和環保主義的另類靈性；也包括民族主義、反殖民主義運動，以及民族和原住民的復興運動。但是最終而言，這些運動容易被封裝在全球體制內的自然主義本體論所提供的空間內——多種宗教之一、多種民族之一、多種文化之一、多種修煉路徑之一、多種靈性體驗之一。這就是我們故事中各種不同類型的道教徒——不管是在宮觀和聖山的出家道士、固守傳統的修道學者，或是超現代靈性個體的宿命嗎？他們所挑戰的機械化社會制度依然在擴張。夢道者產生的「宇宙能量」、他們培育的更深的主體性、他們享受的宇宙大歡（如本書尾聲中所描述的）只是充當了幾滴油而已——或者幾滴「精」——來潤滑全球制度的運行。無論結果如何，他們不正是在「療癒」、返魅和強化他們所要努力超越的全球秩序嗎？

56. 拜耶，《宗教與全球化》，第100–101頁。

八、尾聲：大道高潮

「這是一種玩世不恭的觀點，把人當成向下的螺旋式退化，」在回應上述分析的時候，麥考文寫道。「所有個體的進步，它都視為黑暗面（Dark Side）所拉攏，並轉換成為某種新世界的秩序（New World Order）——而不是因果變化的種子，要用幾十年甚至幾個世紀才能充分成熟。」他繼續寫道：

> 從外部看，看不到正在蓬勃發生的因果變化，只能看到支配著生命的物質一面的全球制度和組織有形的因果鏈。但內因是根本；人類意識的範本之嬗變的第一步就是要改變其物質性的外表。這便是東西方丹道家的偉大工程：將一小粒凝縮的仙丹或一種淨化的靈魂的意識丟入廣袤的田野，讓它如同一塊卵石投入湖面激起一片漣漪。所以丹道家在傳統上是隱世的，所以他們就不必和外部社會、宗教或政治體制相妥協、被它所封裝。[1]

當代學術的社會理論本身就基於一種自然主義的本體論，在這種理論看來，唯一共同的現實就是外在性，而內在性純粹是主觀的，為個體或團體所特有的，其中並沒有以外在性的媒介與內在性進行交流。任何基於這些社會理論基本假定的分析框架，只能得到我們在上一章結尾所得出的類似結論。但是我們樂意承認，這種本體論本身就是一種社會建構，而本書的故事能表明，對其他本體論的感受、保留、啟動以及調遣的追求仍然十分活躍。而

1. 2016年4月8日，麥考文寫給宗樹人的電郵。

且，社會理論雖然可以提供批判性的洞見，但是沒有一種理論或者觀念體系能夠完全掌握現實的複雜性，以及深不可測的生命體驗。

實際上，我們的夢道者並不在意學術上的批評和爭論。他們有意無意地將「第三種文化」付諸實踐，以一種新的方式去體現道教的宇宙觀，化生命為靈性的房中，一種心醉神迷的天地陰陽交歡。2012年6月3日，他們登臨華山，目的不僅是要連接華山五峰的強大能量：麥考文選定了時間和地點，在這裡舉辦他的「丹道婚禮」，他在此次旅行的推廣説明書中突出強調了這一點。夢道者整整花了六小時，終於登上了西峰，將行李放在翠雲宮裡為他們指定的搖搖晃晃的木頭房子的鋪位上——但是只有幾分鐘的時間小憩片刻，他們還要再爬三十分鐘的山路，抵達麥考文選定的舉行丹道婚禮的「秘密地點」。沿著山峰西側的台階，人們盤旋而上，抵達一塊稱為南峰的突出的岩石。大量遊客擠在山石上拍照，而夢道者則從他們身邊走過。他們繼續前行，很快就消失在灌木叢生的小路上了。

山間小道蜿蜒穿過一片蒼松虯結的林子，幾分鐘後，通向一塊多石的平台，這平台形成一處天然的露天劇場，突出於華山的岩壁，將人們的目光引向遠處終南山脈無盡的峰巒，每座山峰都是億萬年前從大地腑臟裡拋出來的岩漿之海乳白色熔岩形成的高塔。在黃昏的陽光之下，赤黃青白的光影投射在群山間突兀的岩壁上面。夢道者一路攀登，疲憊不堪，但是心情愉快。有的開始起舞、吟唱。一位二十掛零的苗條女子，站在懸崖邊上，面向空靈的世界。她的雙臂擁抱著無限，優雅地擺動著，愛撫看不見的氣的流動。她就是簡，那位丹道新娘。

比麥考文小三十歲左右的簡·麥諾爾，就要成為麥考文的第三任妻子了。他和首任妻子，埃塞俄比亞人，是「先結婚後戀愛的」[2]「綠卡婚姻」。1983年他在療癒之道工作坊遇到了第二任妻子，喬伊絲·蓋赫特（Joyce Gayheart），1987年在大峽谷邊結婚。麥考文請一位著名的美國道士倪清和給他們證婚，但是他沒能來；他跟我們説，「我們自己動手草擬道教的儀式。我和妻子就自創了一套水火五行儀式。」[3] 他們呼喚天地的力量和道教的神仙，做了一隻八卦餡餅，中間有一個大大的陰陽符號。「我發現，而且參與婚禮的人後來也告訴我，婚禮儀式的氣場很強，他們説『你們再也不會離婚了』……

2. 2013年11月16日，北卡羅萊納州阿什維爾，宗樹人和史來家對麥考文的訪談。
3. 2010年12月22日，北卡羅萊納州阿什維爾，史來家對麥考文的訪談。

我們打開了某種更高層次的意識和能量，使我們有了一種再生的感覺……那個晚上，我們躺在婚床上，就像頭婚一樣。我們強烈感受到了一種純粹的、能量充滿的性連接，弄得我們都沒法去真正做愛。」[4]

麥考文受到這個儀式產生的強烈體驗的鼓舞，開始也為其他人主持丹道婚禮儀式。過了一段時期，為使這些儀式合法化，麥考文還從一個網上教會弄來一份宗教教職人員的證書。

(一) 一種新創的道教婚禮儀式

在大峽谷和華山舉辦的「道教」婚禮是混雜型的：它們將一種非常美國化的「個人化」婚禮和一種實驗性的、旅行婚禮相結合。不僅如此，這種婚禮實現了一種商業和靈性、公共和私人的徹底融合。選擇你們的穿戴——真正的「某時某地的服裝」(麥考文第一次結婚穿成一個埃塞俄比亞王子)，寫下個人的婚誓、採用兼收並蓄的讀物，例如紀伯倫（Khalil Gibran）的，以及經典的「阿帕奇（Apache）婚禮」的婚誓——這些材料在美國非宗派的牧師那裡經常使用。以「道教」名義進行推廣、被麥考文構思為「道教」的「天地能量丹道」在一座道教的山上某個秘密、神聖的地方舉行的婚禮，居然和中國道教組織和個人徹底相切割，這真是一個莫大的諷刺。

但是這種說法提出了一個問題：那麼「真正的」道教婚禮儀式，究竟又是什麼樣子的呢？事實上，根本沒有，至少沒有傳統意義上的道教婚禮。從理論上講，也許應該有：在中國，道士和其他儀式專家經常被找去主持各種喜慶儀式——比如生意開張等等——這些儀式都是基於中國人的宇宙觀。然而，在中國婚姻傳統上屬於男尊女卑的儒家範疇。麥考文的道教婚禮顯然蘊含著極其鮮明的性別平等——在華山，一個叫伯大尼的女子主持了毫無性別等級痕跡的婚禮。雖然道教的宇宙觀也許比任何其他各大宗教都更加突出女性在本體論上的優越地位，但是，在社會生活裡，中國道教在傳統上從未挑戰儒家父權制的社會關係。道教在坤道的道觀裡為婦女創造一個空間，但是這是一個獨身、出家環境內的空間。夢道者的婚禮則在社會上推動一種性別平等，這在中國道教傳統中只是有所耳聞卻從未實現。

---

4. 2013年11月16日，北卡羅萊納州阿什維爾，宗樹人和史來家對麥考文的訪談；2016年4月8日，麥考文給宗樹人的電郵，略有改編。

也許中國婚禮中極少的一點「道教」色彩就是在婚禮之前，媒婆要測生辰八字，定下良辰吉日——這在其他許多文化中也有類似習俗，將男女的結合置於一個與比附的宇宙系統相應的、和諧的位置裡面。中國傳統婚禮中的這個「道教」元素（包括緣分的概念）絕無什麼浪漫主義。但是華山的婚禮卻將道和內丹塑造成對浪漫生活和人格圓滿的現代西方觀念的一種支撐。中國人的婚禮也不使用道教煉丹術的隱喻。但與此同時，使用煉丹術圖像和道教宇宙觀倒是相一致的：婚禮在一種新的語境和條件下創造性地塑造了道教的宇宙觀。麥考文解釋道：

> 關於婚姻，如果還有什麼需要補充的，那就是煉丹術，我意識到基本上你需要和兩類對立的元素打交道。一類是水平的，那是男人和女人。另外一類是垂直的，就是精神和物質。這便是水平和垂直的兩條軸線。你在易經和八卦中就能發現。上天最初的安排只有水和火、左和右、天和地……這就是我所理解的煉丹術。你如何能夠同時解決這種兩極對立，令一切在中央相遇。從本質上講，這是通向永恆的入口。就能形成你內在的聖人，你的本質。它無堅不摧、生生不已。結婚能夠穩定水平的層面，這是人間最變動不居、最脆弱的一面。男女關係是極其不穩定的。擁有神聖的靈性婚姻，我感到就能穩定這個水平的兩極對立了。當然，垂直的一面還有待於從內心進行開發，但是，你懂的，許多人打坐、在這個垂直的軸向上努力，我覺得他們的成功多少也是有限的，因為他們沒有真正解決他們的性認同，以及這些兩極對立。他們會試圖在垂直層面的精神和物質交匯點創造一種認同，但是沒有在同樣這個點上水平男女內在的丹道結合，它也是不穩定的。那是仙丹的形成之處，也是靈魂成形之處。[5]

麥考文堅持一夫一妻的婚姻生活乃是他早年生活的一種進化，那時他可是性革命的弄潮兒，激勵他成為謝明德《道教的性愛秘密：男人性能量的修煉方法》一書的合作者，因而名聲大噪。他解釋說，正是性引導他去進行道教修煉：「我曾經癡迷於性。之所以樂此不疲，因為我百分之七十的時間都在

5. 2013年11月16日，北卡羅萊納州阿什維爾，宗樹人和史來家對麥考文的訪談；2016年4月8日，麥考文給宗樹人的電郵，略有改編。

想女人。每個從我身邊走過的女人，我都想脫光她的衣服——到哪裡去和她發生性關係呢？當時我就是這麼癡迷。我就開始習練道教的性修行了。我試圖緩解這種長期的、永久的性衝動。它實在太讓人分心了。」於是麥考文去過苦行的生活，將中國人的方法運用在他自己身上，它確實「消除了我的性衝動，解決了我的問題。我能將性能量收回到我的器官和各種經絡裡面去。它讓我進入不同的狀態，包括一種非常具身的喜樂」。他通過修行學會了超越過去對「那種非常突兀的、外在的、由內而外的性活動的氣——永無止境地追求『旺盛性慾』的狀態。」相反，逐漸珍視長期的、一夫一妻式的伴侶，「男女雙修和分享某種取得性平衡的身體能量（Body Energy）。令人感到諷刺的是，我屢次觀察到人們前來學道是因為它和性有關，而其他大多數修行之道都和它無關。但是，一旦他們和這種性能力建立了聯繫，他們就會認識到它和性並沒有什麼關係，它只是開發一種能量。他們會認識到它們能夠創造性地運用內在的性能量而不是去追女人。」[6] 他拒絕接受中國傳統「房中術」中的「採補」，那是教導男人如何用道教功法保存他們的精氣，以確保有足夠的體力和更多的女子交媾：

> 我發現在中國，道教的性修行聲名狼藉。有著漫長的「採補」、「採玉女之氣」的歷史，但是我發現，即使你不是一個採花賊，如果你只是出於性或者健康的需要，從女子那裡採陰——這種男女的亂交也是十分危險的。性快樂可以激發你的氣，但是你也得到了性伴侶的心靈垃圾，因為它化為了她的精氣。你自然可以認為盜取了她們的性能量，但事實上你會為此付出很大代價。你要創造性地使它轉變。如果不這麼做，你性伴侶的所有被深埋的問題和壓力就會植入你的內心。所以我告誡我的學生不要胡來。你們最好只找一個性伴侶。如果你們都練氣，你們就能交換某種東西，達到更高層次。你們做愛能夠清除掉所有潛意識的垃圾，因為男女兩極使之得到中和。如果你們亂交，到處留情，你就會被那些女人許多粗俗的、下流的以及無意識的能量帶走。反過來女人也能對男人這麼做。這就像一種能量的自我懲罰。你覺得從她們那裡獲得了新鮮的能量，

6. 2013年11月16日，北卡羅萊納州阿什維爾，宗樹人和史來家對麥考文的訪談；2016年4月8日，麥考文給宗樹人的電郵，略有改編。

> 但實際上你是她們的奴隸，還必須轉變她們的能量。這樣並不支持一種高層次的靈性修行，因為你每遇到一個性伴侶，你就要重新開始。最好要有一個長期的性伴侶，她致力於和你一起練氣，達到越來越高的境界。我前面那個妻子和我習練雙修有二十五年，清除掉無意識的生物性衝動，把它們轉變成為一種完整的心身綜合體……你的精氣越多，你就越想要更為穩固的男女關係。你就會認識到，不斷重新開始和某人粗俗和無意識的性能量相接觸，這太花時間了。[7]

麥考文和他的第二任妻子喬伊絲・蓋赫特都是療癒之道的老師，深度介入另類靈性和健康的實踐。他們花數千小時一起打坐，將性衝動昇華（或者用麥考文的話說就是「烹調」）為靈性的精華：

> 我們在很高的層次上一起習練，經常不必上床。我們只是躺在對方身邊進行氣的交換。當然，這是一種兩極對立，男人和女人。我們全身心投入於此，長達幾個小時……我們躺下，觸摸彼此的身體，交換彼此的能量。因此實際上是一種微妙的肉體的性——穿衣還是不穿衣完全不重要。其實，我們在洞房花燭夜就發現了：我們累極了，就躺下。我們想，這是婚禮之夜，我們會做愛的。但第二天早上，我們不想。我們只是需要這種妙不可言的交換。我們婚後六個月，沒有一次肉體的歡愛。我們只是發現，這種交換如此純潔、深沉，如此豐富。於是我們只是不斷地進行氣的交換，而不是身體接觸的性愛。這需要找對一個伴侶，至少達到一定層次的修煉。但大多數人沒有行在正道上，因為他們的目的性太強了。[8]

---

7. 2013年11月16日，北卡羅萊納州阿什維爾，宗樹人和史來家對麥考文的訪談；2016年4月8日，麥考文給宗樹人的電郵，略有改編。麥考文關於道教性能量的在線訪談視頻，參見 https://vimeo.com/150606564。
8. 2013年11月16日，北卡羅萊納州阿什維爾，宗樹人和史來家對麥考文的訪談。

喬伊絲想要孩子，麥考文不想。2008年2月，喬伊絲死於腦癌。三天以後，照麥考文的敘述，喬伊絲的神和麥考文的神融為一體。麥考文在療癒之道的悼念網頁上，詳細撰寫了他們的生活、她的死，以及這種神的轉移。[9]

在麥考文看來，「這種神的融合感覺就像我們的婚姻還在延續，只是現在它在天上了，因為喬伊絲的身體已經不在人間了。」麥考文的新聞簡報寫道：「神在推動我找到另外一位女子並誕下某個『聖愛之子』，他有可能成為下一代靈性教師。我覺得不需要孩子，難以應付，事兒又多（多虧爸媽把我養大而做到了！）。但是我認可當父親的責任，只要這個神子替我找到一個合適的母親。我要求這位母親能與意識受胎（Conscious Conception）的丹道過程有所感應。」

最後，他的在線新聞簡報說，麥考文的母親在她去世之後兩天，給他傳話，他在六個月內在阿什維爾會遇見他的伴侶。所以他取消了預告的2011年中國之旅——不管怎樣，那次報名人數也少了點。在預告的時間內，麥考文在2011年春，在阿什維爾運動集體遇到了簡，我們在第七章描述了經過。

簡，有部分夏延印第安人的血統，生於阿拉斯加，十一歲開始練氣功，是女巫大會的會員，曼荷蓮女子學院的本科生，現就讀於阮英俊在阿什維爾創辦的針灸學院，阮氏師承1949年以前的華山派系。

麥考文的新聞簡報刊發了簡對他們第一次相遇的敘述：「在遇到他的那一瞬間，一個內在的聲音告訴我，我可以和他有一個孩子。這個響亮而清晰的發自內心的宣告，讓我大吃一驚。我既沒有尋求什麼浪漫史，也沒有想很快要有孩子。我還有兩年在針灸學校的學習，還想獨身一年。〔……〕在以後的幾個月裡，在他不多的幾次出席舞會的時候，我觀察、感受他在舞蹈時如何運氣。」[10]

她最終同意拜訪他。麥考文門前的一張便條：「歡迎回家。」我們接著看麥考文如何敘述這個故事的：

9. 麥考文，〈喬伊絲・蓋赫特：快樂的生活過程〉（"Joyce Gayheart: Joyful Living Process"），參考 http://www.healingtaousa.com/JoyceGayheart/（2015年8月24日查閱）。

10. 麥考文，〈簡論愛之道：冬至女神〉（"Jem on the Tao of Love: Winter Solstice Dark Goddess"），參考 http://www.healingtaousa.com/cgi-bin/articles.pl?rm=mode2&articleid=142（2015年8月24日查閱）。

> 只和她在一起呆了一天，我就邀請她搬過來住了，確信我們將會結婚。我們甚至還都不是戀人。看上去徹底瘋狂，尤其是像我這樣特別挑剔的人。我的一位極其信任的女性婚戀顧問也提醒我：「你的條件太多，我都不知道是否有人能夠滿足全部條件。」我告訴她：「地球上有三十億女子。道只需要送我一個獨一無二的女子給我。為什麼要接受更少的條件呢？（……）」簡似乎同樣挑剔，甚至更挑剔。但是從外表看，似乎是非理性的。有些有愛心的朋友試圖提醒簡和我再三考慮一下我們是否決定要結婚，才三個半月，倉促了點吧。但是，實際上我們感覺已經結婚了。[11]

整個故事和相關婚禮通知正是麥考文2012年中國之行廣告的一部分——通過他擁有二萬讀者的電子新聞通訊「氣流自然」（"Chi Flows Naturally"）發佈。特別說明婚禮是2012年夢道之旅的特色之一。還會迎請誰呢？「我期待眾多道教神仙和龍神在婚禮儀式上現身，」麥考文在婚禮／旅遊廣告／愛情故事寫道。他的旅遊副領隊有他的新娘子（她是第一次訪華）、主持婚禮的伯大尼。除了任何支付5,000至6,000美元旅費的人將受邀參加婚禮外，還有麥考文和簡的未來之子的神：

> 簡和我都很清楚，我們的靈性使命包括一個水（誕生）的階段。可以採取許多形式，包括一種聖愛之子的意識概念之潛能，充滿了和諧和靈性的恩典。我們迎請這個神靈小童參加我們的婚禮儀式，希望它騎著一條吹火水龍參加儀式。這個孩子已經向我們顯現其神名為「翡翠」（來自大地深處的一個聲音告訴我們）。[12]

但是沒有一個中國道士受到邀請。實際上，整個婚禮都沒有讓真正住在華山的道士知道。麥考文不想任何官僚介入，要是通知了華山道士，這種介入是免不了的。

11. 麥考文，〈參加我們在華山的婚禮：中國「水龍」夢道之旅〉（"Come to My Wedding on Mt. Hua: China 'Water Dragon' Dream Trip"），參考 http://www.healingtaousa.com/cgi-bin/articles.pl ?rm=mode2&articleid=142（2015年8月24日查閱）。
12. 麥考文，〈參加我們在華山的婚禮：中國「水龍」夢道之旅〉，參考 http://www.healingtaousa.com/cgi-bin/articles.pl ?rm=mode2&articleid=142（2015年8月24日查閱）。

(二) 婚禮

舉行婚禮的時間到了。夢道者站滿了整個平台——沒有遊客，也沒有道士。不過有三個年輕小夥跟著這群人一起來到此地。這些穿著迷彩服的小夥子是翠雲宮的幫手。他們被這些奇怪的外國人弄得又好奇、又無聊、又好玩，他們打從翠雲宮就一路跟隨到此，相互推搡著、逗趣，大聲笑著。麥考文允許他們呆在那兒，交給他們一項神聖的任務，雖然他並不認識他們：要他們當中國證婚人。「看他們如此渴望做這件事，我意識到，這種傳承肯定能通過他們傳遞給中國人。」

一件色彩斑斕的布巾在岩石上鋪開，標誌著婚禮的儀式空間；上面擺滿了各種用具。夢道者或坐或站在這個由一級級石頭形成的天然劇場裡。有一位美國老婦，銀髮，紮著個圓髮髻，身穿黑裙、中式白襯衫、中式便鞋，演示一套站式氣功動作，「給這個儀式空間熱身。」麥考文的助手伯大尼身穿淺黃色和紫色的中式長袍，走上前去主持儀式，搖響小銅鈴，吩咐新婚夫婦上前。「**朋友們，今天，我們齊聚在此，在這美妙壯觀的時刻，見證和參與簡和麥考文的婚禮。你們每一個人的光臨，令這一時刻成為美好的特殊時刻直到永遠。你們的到來至關重要。我們不是見證，而是參與創造、加持和增進聖愛之域。**」致歡迎詞後，她便引導夢道者進行氣的存想和導引。「**我們心心相連，產生發乎我們各自心中的能量。如果你們願意，就那麼一會兒，閉上你們的眼睛，迎接一道金光流入你們的頭腦、你們的前額；美妙的金光，從你們臉上流下，穿過並溫暖你們的雙眼、你們的鼻子、你們的嘴巴、你們整個的臉部，往下流到你們的喉嚨；金光注入你們的身前，直落你們胸口、你們的雙足，然後收起，向上回流。**」她三次重複了這個循環，引導氣下降至身體的背部和中部，再引導參與者將這道光「**向下引入丹田，將神聖之愛固定在丹田，念三遍哈、呼、吽〔*ha, hu, hum*〕。**」所有的參與者齊聲唱念旋律優美的「療癒之聲」，「哈哈哈、呼呼呼、吽吽吽」。然後，她要眾人舉起雙臂，指向這對夫妻：「**我們現在身邊的能量場創造一顆珍珠，一顆粉紅色的珍珠，它就在我們的身邊。每個人都捧著同一顆珍珠，那是神聖之愛的基礎，同樣也增強我們丹田裡面的那顆珍珠，我們創造並且護持這塊神聖之愛的集體之場域，固守它。再來一遍，哈——**」眾人同聲高唱，哈——。

接下來的儀式就是「潔淨水火」。麥考文的姐姐頭髮灰白，穿著一件猩紅色中式絲裙，她舉著一隻白碗，先是向新人和伯大尼，再向前排的夢道者灑水。伯大尼搖響鈴鐺，她的同伴舉著一小盤香，在新人身邊揮動，一前一後，一上一下，他們的胳臂向下伸，掌心向外。簡笑容可掬，她帶著香，繞著聽眾轉了好幾圈。伯大尼搖響鈴鐺，要這對新人邀請那些他們希望到場的看不見的神靈。簡開始念道：「**我邀請阿瑪奇〔Amache，簡的印第安曾曾曾祖母〕、所有我的祖先，不論男女。我迎請我的母親和我的姐妹，我迎請我的女祭司姐妹，我迎請觀音和斗母、迎請蓋亞、女神的所有化身，我內心的智者、八方諸神，以及我的全部神鬼。**」她把手放到肚臍位置，麥考文接著念道：「**我呼求世間所有帶領我的神靈，我的父母迪恩・文和雪麗・文〔Dean and Shirley Winn〕，他們已經結婚六十多年了。我呼求八方神聖，指引我的道路，以及我看不見的祖先，人和非人，我呼求太一，中央的太陽，放射純粹之愛、神聖的、太初之愛的光芒，以及斗母元君，太陽發射出來的光芒、維持平衡和諧的易經八卦的神力、回應我的內在和外在生命如同四季一般的五行、三清、一切黃道星帶上的神靈、太陽、月亮、大地、星辰，一切主宰我生命器官的神靈，請你們全部到場、保持清醒，我恭請所有鬼神，讓他們見到光明。我歡迎你們，一起來玩，**」他說，許多夢道者笑了。

另外一些朋友走向前來，朗誦沃爾特斯（Dorothy Walters）的詩歌、一段《易經》，以及紀伯倫的詩〈婚配〉。然後，有位比利時領舞人和氣功練習者，一身黑衣打扮，根據優雅的太極圖編製的「龍舞」，在快慢運行之間突然切換，圍繞新人並且在夢道者面前快速旋轉。接著，麥考文的朋友瓊（Joan）朗誦了切諾基人的祈禱，「讚美新娘新郎生活的這片土地，在綿綿華山另一面的聖山裡面。」她呼召所有在場的人「找到自己的神聖空間」，各就各位集體練習無極功，「**將自我置於此山中，我們為了這愛的儀式來到這座聖山。讓我們為了這個結合而發心，將神聖之愛帶往這個空間和時間。我們處在無極，讓我們一同發出神聖的六訣，團聚在一起。**」所有夢道者移動身體，用悅耳舒緩的節拍齊聲念唱六種療癒之聲。

現在麥考文念祝福語：「**簡和我恭請水火元神，以它們的交歡祝福我們。**」沉默片刻，麥考文和一些夢道者都笑了。「**這就是那推動萬物的力量。陰陽交泰、男女合歡，我們每個人都在湧動的愛中間舞蹈。我們一起歌頌這愛，將其擴展到宇宙的最遠處，日月合歡、內在的太陽、內在的大地，放**

射出它們的愛，它們漉漉的愛散發給了每一個穿越這個大宇宙的靈魂。眾星官、眾鬼神和地上的神靈交歡，創造萬物。我們恭請這美妙的、強烈的宇宙的性行為，讓它流遍我們之間的浪漫關係，流遍每一個人之間的關係。那是推動一切創造、一切的愛、一切的改變、一切的進化的點點星火，」麥考文繼續說，一些夢道者笑出了聲。「**感謝你，元火，感謝你，玄母，以宇宙之交歡祝福我們，願這樣的愛播散到華山之巔的每一個人的心裡、地球上的每一個人、未來所有因為那樣的交歡而將要降臨此世的靈魂，尤其願我們稱為翡翠的精靈，能夠感受到從這個交歡的中心、男女、火水、天地之完美結合播散出來的愛，讓這愛打開每一個人的心扉。**」麥考文在結束的時候，發出陣陣氣的痙攣。

伯大尼搖響鈴鐺，請麥考文和簡一起念結婚誓詞。每個人相互表白各自的愛，用的是抒情詩和丹道的語言。麥考文給簡帶上戒指，她給他脖子上戴上一根項鏈。他們深吻了好幾秒鐘。伯大尼宣佈他們成婚：「**以天地、道中的神仙、華山上的白帝神、九天玄女，斗母元君、黃帝、太乙、愛和一的中央太陽、集合在一起的修道人作見證，我宣佈你們結為終身的丹道伴侶**〔幾個夢道者笑了〕**致力於充分認識道，作為夫妻，在這個人間，願你們神聖的結合得到和諧和美德、子嗣，以及無盡的歡笑。**」

新婚夫婦登上夢道者身後更高的石台。所有參與者同唱一首歌並且鼓掌：「**我們心懷喜樂，心中平安，群山歡騰。田野裡的樹木也都撫掌，田野裡的樹木也都撫掌，田野裡的樹木也都撫掌，我們心懷喜樂。**」麥考文和簡面向西方的日落，他們的黑色的剪影隨著氣功舞動，然後緊緊擁抱在一起。夢道者一陣歡呼。簡將一捧鮮花擲向他們，他們就擁上前去搶奪。麥考文走下來和夢道者閒聊，而簡繼續在台上漫舞，暮色中她的身體成為一團移動的黑影。

天黑前所有人都回到了道觀。和這群人一起參加婚禮的那三個中國小夥子很興奮，想要創造一種歡樂的氛圍，在夢道者慢吞吞的、柔和的活動之後放鬆一下。他們在宮觀的場院裡面，打開了某種大聲的西方搖滾。一個美國人應和了音樂的節拍，年輕人就加入進來，興奮地拉著夢道者到「舞場」裡面。很快，所有人都踩著快速舞步跳了起來。道教的「清淨」在翠雲宮消逝不見，成了熱鬧的舞會場子。

麥考文後來在一份新聞簡訊中為婚禮做了一場報導，還貼了許多蜜月照片。「6月3日在華山頂舉行的儀式，是我們為期三週的夢道之旅道教聖山之行的頂峰，這個奇妙的團隊緊密團結，為我們的婚禮製造一個安全的丹鼎。在儀式上，我們恭請一切神靈潛入神聖之愛的海洋，在道教所言的太乙之中漂流。我們在華山，我認為中國道教最強大的聖山上為大家播報。」至於他們在山洞裡面度過的那個晚上，他寫道：「**我的新娘子在我們的洞房裡喚醒我：在一處堅硬的花崗岩洞穴裡呆上整整三個晚上。我們愛死了這種空無！只有我們，還有山上的神靈。這也和2002年我用一個星期辟穀**〔不進食，不飲水〕**的『雪花洞』一樣。**」後來，他們又用一個月在阿拉斯加、大峽谷、猶他國家森林公園和拉斯維加斯度了一個傳統的蜜月。[13]

但是，他們還在華山期間，麥考文和簡舉行婚禮的第二天一早，夢道者徒步登上了華山的中峰，舉辦第二場婚禮。麥考文的朋友，以前的夢道者助理領隊、加利福尼亞人肯特，和墨西哥人黛西，他倆相遇在2006年的夢道之旅，從此開始了他們的浪漫史。他們的婚禮在中峰玉女宮前面一塊天然的石台上舉行，可以聽見宮觀裡面飄來的錄製道樂。夢道者一行抵達後，圍繞著婚禮的空間自覺圍成一個半圓，道觀的主人濮道長走出來看熱鬧。這位道士和西方人一起觀察這場婚禮，還用手機錄製視頻。

這儀式和昨天婚禮的祈禱文相似，只是這次主婚人是麥考文。這次不是「潔淨水火」禮了，而是突出五行，五位參與者，每人各自扮演五行之一的「龍」，手持象徵五行之一的東西，依次走近那個儀式空間。這次婚禮沒有集體練無極功。作為送給「所有到場者的禮物」，肯特本人引導這群人練「五寶氣功」，一種由美國全國氣功協會開發的功法。在肯特的指導示範下，夢道者整齊劃一地擺出「浪呼吸」、「取地氣」、「集星光」、「點明火」和「接天氣」諸式。

接著，麥考文就帶領夫妻倆和夢道者進入愛的存想：「**大山本身就在高潮，**」麥考文說，這時一些夢道者笑出了聲。「**現在我邀請你們所有人都參與到這種神聖的高潮之中。元火和元水，乃是陰陽交配，驅動著一切生命之流。閉起你的眼睛，在大山中尋找升起的火，在大地深處尋找燃燒的情慾之球，尋找從大地母親散發出來的深深的愛。從天空上面，那隱秘的心、水、藍色的珍珠紛紛落下，環抱著我們所有人。水火交歡。喜樂的雲綿綿不斷，**

13. 麥考文，〈我在華山之巔的婚禮照：2012年中國夢道之旅照片集〉（“My Wedding Photos Atop China’s Mt. Hua: 2012 China Dream Trip Photos”），參考 http://www.healingtaousa.com/cgi-bin/articles.pl ?rm=mode2&articleid=152（2015年8月24日查閱）。

愛在放射光芒。我們在雲中飄蕩。任你自己在雲中飄蕩一分鐘，默默地，感受下面的火、上面的水，還有那真正的源泉、連結，向愛的雲端之中心流溢。」這時麥考文渾身急速抖動，雙手放在肚臍的「丹田」位置。「**現在這種愛的喜樂的雲和光穿透了肯特和黛西的心，在他們的血管裡面流動，在他們骨骼裡面，他們所有的身體組織，每一個細胞、每一個細胞核都因為這愛和光，以及神聖之愛的源泉而發熱。但願這種內在的愛和光引導他們的浪漫關係、他們的婚姻，以及他們走到一起的神聖路徑，他們是通向道的路徑上的丹道伴侶。**」

在夫妻倆念完婚誓、交換婚戒後，另外一位參與者跳起了一種「神聖八卦舞」，一組武術動作，並圍繞著儀式空間跳躍。皮斯吹奏一曲竹笛。最後，麥考文要求所有夢道者都圍著這對夫妻組成一個圓圈，然後唱九遍唵——「道教完美和至陽的神聖數字」。肯特和黛西面對面站著，手牽著手。其他人圍成一個圓圈，掌心向外，面向他倆，齊聲高唱，「唵唵唵唵唵唵唵唵唵」，連唱九遍。新郎新娘擁抱，旁人就拍手。麥考文邀請他們一起擁抱。一群人便集體擁抱，三十張嗓子同聲發出：「唵唵唵唵唵唵唵唵唵……」

附錄：方法論問題

本書所研究的，不是一個有邊界的宗教社團，而是個體之間的相遇，這些個體歸屬並往來於至少三個不同的文化世界——全真派道士、全球另類養生和靈性網絡，以及西方道教研究界。隨著我們研究的深入，修道、靈性之旅，以及學術界這三個世界的邊界受到挑戰並被打破，而且我們在無意之間影響到了相遇和軌跡的展開方式。

實際上，這些相遇在時間中一直發生著，造成主角軌跡的變化——因此，這不是對一個處在永恆的「民族志當下」均衡文化體系的整體論研究，而是對一個鬆散結構與新興網絡之間的接觸、流轉、回應和連鎖反應的研究。這些相遇並不是重複發生的文化模式，而是在轉型歷史中的一些不規則事件、一些重要時刻，也是一些空間上的點，通過在特定社會環境以及具體地方發生的獨特個體行為，由此而構成並展現出一個更廣泛的過程。自從我們開始這項研究計劃以來，主角的情況就已經發生變化，有些變化甚至是劇烈的、出乎意料的。

(一) 民族志作為一種介入

布迪厄在談到與宗教社會學研究相關問題時強調，研究者必須在理解宗教場域內的鬥爭或參與這些鬥爭之間做出選擇。[1] 但是，根據以往的研究和撰寫這本書的經驗來看，我們發現這種二分法並不成立。儘管研究者希望避

1. 布迪厄，〈信仰的社會學家〉(“Sociologists of Belief”)。

免，但他們還是會被捲入這些鬥爭。我們的研究主要針對全球道教宗教場域的若干參與者，他們每個人在道教的本真性、權威性以及修行的定義和組織方式的鬥爭中，都有自己的立場和利益。我們不選邊站——但是我們在不經意間不可避免地捲入了這些鬥爭。實際上，這本書無意中對這個場域構成一種干預，作為一本公開出版的專著，構成該場域的修行者和學者都會去閱讀和引用。

正如人類學家杜蒙（Jean-Paul Dumont）所指出的那樣，田野工作是海森堡不確定性原理的一個例證：一個調查人員在實驗的過程中會改變其檢驗的條件，也會改變其本人。[2] 在過去的幾十年裡，人類學家持續地批判傳統的民族志寫作，在這種寫作中，事實材料是由一個無所不知然而不可見的作者－敘述者呈現出來的，他的田野工作和資料獲取的方法通常是隱而不顯的，也沒有提到他和研究對象是怎樣一種個人和結構性質的關係——是個人之間的還是結構上的關係。[3] 民族志學者嘗試了不同的寫作方法，對「再現的政治」、對作者如何通過寫作掌控研究對象的聲音被呈現和被解讀的倫理規範高度敏感。

在研究和撰寫本書的過程中，我們經常反思這些爭論；在本附錄中，我們簡要介紹一些相關的方面。我們的研究和寫作方法與「對話」以及「合作」人類學的方法論的討論和實驗相關，這種人類學試圖超越研究對象的客體化，以求平等參與。[4] 一般情況下，這些討論總會假設一個相對無差異的社團，它能夠用同一個聲音（或無爭議的發言人）說話，表明該社團的觀點和利益，作為對話或合作的夥伴，為民族志學者製作一份文本。然而，本次研究沒有集體的對話參與者：我們每一個主角都聲稱自己代表道教的傳統，但也可以說只代表他自己。他們所有人，以彼此的立場，無論通過迴避、對話或是辯論——有時是我們自己在研究過程中激發的——都有助於構築全球道教場域。

2. 杜蒙，《頭人和我》（*The Headman and I*），第60–61頁。
3. 羅伯森（Jennifer Robertson），〈復歸性的自反性〉（"Reflexivity Redux"），第785頁；亦可參見戴維斯（Charlotte Aull Davies），《反身性的民族志》（*Reflexive Ethnography*），第40頁；克利福德（James Clifford）和馬庫斯（George E. Marcus）主編，《寫文化》（*Writing Culture*）。
4. 拉希特（Luke Eric Lassiter），《芝加哥合作民族志指南》（*The Chicago Guide to Collaborative Ethnography*）。

(二) 對局內人－局外人二分法的質疑

正如本書所描寫的相遇表明了主人公生活道路的相互糾纏，本書研究和寫作的概念與展開，也成為了我們自己生活軌跡的一部分。我們都不以「道教徒」自居——史來家是一個無宗教信仰的猶太人，宗樹人是巴哈伊信徒——但我們與道教傳統有很深的親和力（或者，也可能像中國道教徒說的那種「緣分」）。在開始這項研究時，我們不能算是「修道者」，但我們有足夠的道家思想和功法的體驗，讓我們對修道的體驗和境界並不感到陌生，不認為道教宇宙觀只是一種知識系統，而也是一個具身的體驗場域。與其他許多人一樣，我們第一次接觸道教是在青少年時閱讀的《道德經》一書。在多倫多時，我們是高中校友，都對中國文化有共同的親和性；有一次，作為校際即興辯論賽中的隊友，我們以投幣的方式在現場使用了《易經》作為論據的來源。十年後，史來家為了攻讀加州大學聖塔芭芭拉分校美國宗教史的博士，花了數年時間研究美國道教的歷史和活動。而宗樹人在施舟人指導下，按照巴黎高等實驗研究學院的法國人類學和道教研究傳統，在成都開始研究後毛澤東時期的中國氣功運動。儘管我們有不同的學術軌跡和目前的學科定位（宗樹人在社會學系，史來家在宗教學系），但為了完成這本書，我們共享了一種結合人類學、社會學和宗教史學的研究方法。我們一起進行了一些實地考察和訪談，有一些是分頭做的；然而，為了便於閱讀，我們採用第二人稱複數代表敘述者發言。在某些情況下，「我們」確指我們兩個人；而在其他情況下，只有我們中的一個在現場觀察或訪談。讀者可以參考章節腳注，以確定我們中哪個人在這些情形下說話。

儘管總體而言，我們對道教有著知識的、靈性的，以及體驗的舒適感，但我們開始本項研究時，面對發生相遇的特定群體和活動，我們完全把自己視為局外人。我們對中西方的道教及其更廣泛的歷史和社會文化語境都很熟悉，對歷史學、社會學以及人類學的思辨性眼光也很熟悉，這導致我們從不同於夢道者或中國道士本身的視角看待這些行動者、他們的相遇，以及他們的體驗。

然而，隨著時間的推移，我們作為外部觀察者身份的獨特性變得越來越站不住腳了。夢道者根本不是一個同質的群體；儘管他們中間有一些是麥考文或者謝明德所推廣的道教修煉方法，或者其他形式的氣功或太極拳的堅定修行者，但是，許多人充其量只是與道教有微不足道的聯繫，而其他人則對其他靈性修煉傳統有更多經驗。其中一些人在加入夢道之旅前就彼此了解，許多人維持了從旅行開始時建立的友誼，但大多數旅行團只是短暫的團組，僅維持幾個星期，離開中國時就分解為道教和其他另類修煉的鬆散網絡。因此，在華山或其他地方加入夢道者時，我們幾乎感覺不出自己是異類或局外人。儘管有些參與者確實參加了多次夢道之旅，但是就算有，也很少有像我們那樣參加過四次的（不過我們只加入部分旅程，而且從來沒走完全程）。史來家甚至幫助孔麗維**組織**了一次和夢道之旅極為相似的旅行。

史來家粗通中文，宗樹人精通這門語言；本書記錄的許多對話，是他做的翻譯；要是在別的情形下，這些對話是否會以不同方式發生，甚至是否會發生，就很難知道了。麥考文和夢道者不會講中文；全真派道士和陳道長不會說英語。麥考文總是為夢道者安排中文導遊或翻譯，但他們通常沒有像宗樹人那樣的文化背景和道教專業知識，因此可能導致翻譯和引導對話的方式產生不同。康思奇擅長古典道教經典的書面語言而不是中文口語。由於語言技能上的這些差異，中國的對話者與麥考文、康思奇和宗樹人之間發生的交談，其內容和流暢程度肯定是有所不同的，並且可能影響到他們的態度和看法。

當宗樹人與陳道長、胡道長和郝道長在一起的時候，他既作為材料收集者，又作為學道的人與其交往——正是處在這樣的位置上，他才可以引導他們詳細闡述道教修煉和本真性的話語，評論和評價這些西方修行者。宗樹人與他們的關係是「道友」，其中道士擔當教師的角色。宗樹人將他們視為一種活生生的傳統的具體體現，通過他們的生活，道教世界的不同片段聚集在了一起——神仙、大山、身體修煉、儀式、神話和哲學。雖然不是一個正式徒弟，但宗樹人所學到的不僅是學術知識，還包括對修行的教導。隨著時間的推移，這一過程逐漸濡染他的日常具身體驗，以至於成為他體驗和感知這個世界不可缺少的一部分。

我倆對麥考文和謝明德的氣功形式略知一二，其中包括無極功的基本動作，這些對夢道之旅來說很重要，而且史來家還參加了麥考文於2005年組織的阿什維爾的週末退修活動。在華山的洞穴中，宗樹人還體驗到三次激越的具身異象，與本書中的主角們所回顧的一樣令人著迷。我們之所以在這裡提到這一點，不是為了驗證這些敘述，對此我們不作判斷，也不是為了宣稱擁有任何從這種體驗中產生的權威，而是強調我們不會試圖在以下兩者間人為地劃定界限：作為「淩駕於」這些體驗之上的科學觀察者的我們，和那些異國情調的「本土的」、「宗教的」，或者「神神道道的」盡提出一些無法驗證和解釋，或者純粹愚蠢主張的民族志研究的對象。

因此，到完成這本書的時候，我們還遠遠沒有成為夢道者或全真道教的局內人——但我們也不是局外人。可以說，我們既不在局內也不在局外，或者說局內局外兼而有之——但大多數夢道者本身以及修道學者也是如此。我們並非要談論宗教研究領域長期存在的「內－外」有別的問題，毋寧只是談論每一個行為人——以及那些撰寫關於這些行為人的學者——在宗教場域及構成該領域的網絡系統中所處的不同的、變動不居的位置。

我們主要的對話者全真道士也是如此。全真派的文化強化了對陌生人保持審慎保守的傾向：與道士進行坦誠而深入的對話並不容易。然而，經過十多年的反覆訪問，我們和這裡所描述的這些相遇的主要行為人，建立起了足夠的信任和熟悉的關係，能夠深入了解華山道教團體的條件和內部動力、個別道士的深層動機和關切，以及他們在與西方人互動期間靈性和社會的軌跡。雖然如此，這裡呈現的大部分信息主要基於少數人的敘述。他們在多大程度上能夠代表整個全真道士呢？我們只能說：根據他們自己的敘述，程度不高。我們認識他們十多年了，陳道長和郝道長越來越被全真派的主流邊緣化了——這種距離既是自發的，又是道教社團強加的，他們與西方人的關係是促成這種距離的一個因素。因此，這些道士的邊緣性是意味深長的，因為它被我們感興趣的全球相遇加重了，而且它使他們與自己的傳統和社團保持重要的距離。處於這種位置的人通常是民族志學者眼中理想的「信息提供者」。陳道長成為本研究開展所得以進行的社交網絡中的關鍵人物——他與這個故事中的每個主角都有著重要的關係，但是特點各有不同：胡道長的師父；麥考文夢道者的顧問和演講嘉賓；康思奇的師承道長，以及宗樹人的「道友」。

(三) 從信息提供者到主角

因此，就我們與故事主角的關係而言，我們看到了參與－觀察者與之建立「融洽關係」的民族志「信息提供者」——或其替代者「顧問」的概念問題甚多，有其局限性。相反，我們更傾向於稱他們為「主角」或「對話者」，以便突出其個體性、能動性，以及在我們鋪陳他們彼此關係時他們常常扮演的角色。而且，與其說「融洽關係」，不如說馬庫斯提出的「共謀」概念可能更為貼切。[5]一方面，在我們的主角彼此之間微妙的關係中，我們發現自己是他們的同謀，因為他們信任我們，有時他們讓我們傳遞消息或互相辯論，或者在私下裡，或者通過他們對本書提出的修改建議。另一方面，我們已經成為我們主角的不同意圖的同謀了。麥考文會把這本書作為確立其學術合法性和推廣他的企業之用，而對於城中隱士陳道長，我們為他提供了一個直接向西方聽眾講話的平台，指出他認為的西方修行者的錯誤缺點，引導他們向著他所認為的、更全面的、更本真的方向理解道教。我們被任命為康思奇和唐鄉恩的道教基金會顧問委員會成員，本書為康思奇提供了空間，好讓他傳播對夢道者的道教建構提出一種反敘事。

（四）作為一系列相遇的研究

本研究不僅是關於相遇，它本身就是由一系列與我們的主角相遇所組成的，這些相遇的發生，不是在一個單一的、有地理邊界的「場域」，而是在一系列場所——在華山、西安、樓觀台、成都、青城山、清邁、阿什維爾、奧林匹亞和洛杉磯的道觀、洞穴、山頂、公園、茶館、賓館、水療中心、牧場、退隱所、大學和會議中心。

麥考文和康思奇於2001年的首次相遇，是在第六章我們描述過的瓦遜島會議上，史來家當時也出席了。這次僅供特邀代表與會的會議，旨在將北美的道教學者和修行者聚攏來共同討論道教修煉。在會議上，修行者分成兩個陣營，第一天的熱烈討論一直延續到下午。麥考文是「非傳統」陣營的核心人物，對陣那些重視派系和入道的那個陣營。康思奇和其他學者，包括孔麗維和史來家本人擔任這次歷史性會議的協調人和記錄人。史來家在他2003年完成的有關美國道教的博士論文中描述了這次相遇。[6]此前一年，宗樹人完成了關於後毛澤東時代中國氣功運動的博士論文。[7]作為研究的繼續，史來家決

5. 馬庫斯，《不畏艱辛的民族志》（*Ethnography through Thick and Thin*），第105–32頁。
6. 史來家，〈美國的道〉（“The Dao of America”）。
7. 宗樹人，《氣功熱》。

定以麥考文的夢道之旅為個案，研究美國道教往中國之旅的情況。他與宗樹人結對，宗樹人則關注中國道教徒如何看待美國的修行者。史來家聯繫了麥考文，獲准加入2004年夏季的夢道之旅，並訪談參與者；作為交換，我們同意以學者身份向旅行團講授中國宗教。宗樹人還擔任了本書所記錄的許多次對話的翻譯。我們最初預計這只是一次短期的田野調查，以完成一篇學術文章。結果我們竟花了十年的時間，跟蹤中美主角生活的種種曲折反覆，參加了多次夢道之旅，方才寫成一部完整的書。

2004年8月，我們在成都西北約50公里的道教名山青城山首次參加夢道之旅。與此同時，在山腳下的一處度假勝地，我們也參加了由四川大學道教與宗教文化研究所合辦的孔麗維第二屆道教學術會議。康思奇以及一些中西方道教研究的主要學者都參加了這次會議。西方學者和修行者同時出現在同一個道教聖地，各自進行有關道教跨國話語建構——夢道者和道士在山頂的道觀，西方學者與他們的中國同事在山下的度假村。這兩個團體之間無任何交流。

幾天後，我們再次加入夢道之旅，這一次是在西安，和他們一起前往華山，正如本書開頭幾段所述，然後跟著他們去了樓觀台，我們在那兒偶遇康思奇和唐鄉恩。我們對華山的陳道長和他的同道胡道長留下了深刻印象，所以我們建議康思奇和唐鄉恩去參訪華山與他們見面。康思奇最初計劃去另一座道教名山武當山，但他接受我們的建議改變了行程。我們沒想到康思奇同陳、胡兩位道長的見面會改變他的生活，讓他成為他們的正式徒弟，走上一條入道和傳承道教的新路。

宗樹人此後參加了2006年和2012年的華山夢道之旅。2011年史來家和孔麗維的「老子的足跡」之旅——一場帶點學術味的「夢道之旅」——參訪華山。華山的相遇每次持續五天左右的時間，主要在山上和周圍的不同地點，包括道觀、洞穴和山峰。除參加團體的活動和交流外，還包括在山上各景點的徒步旅行、在道觀和洞穴中過夜、參加集體氣功練習和個人打坐、參加道士的交談和課程——宗樹人在中國道士的住處與他們進行私下交談，史來家有時會和宗樹人一起，對夢道者進行了即興式訪談。2004年，總共有大約三十餘位來自美國、加拿大、墨西哥、法國、土耳其、羅馬尼亞和日本的夢道者分別在登山的歇腳處、他們酒店的房間，或道觀周圍的空地上填寫了問卷。

我們中的一人或兩人在他們旅行途中斷斷續續陪同他們，尤其是樓觀台、成都的青羊宮，以及道教名勝青城山。訪談也在這些片段的旅途中進行。史來家回去後通過電郵和電話以及個別面談方式，對大約二十名夢道者進行了後續訪談。史來家和宗樹人還就療癒之道的龐大網絡和文化進行了進一步的調查和訪談，包括泰國清邁的謝明德的道花園度假村和北卡羅萊納州阿什維爾郊外的療癒之道大學。2005年7月，我們在道花園度假村度過了一週時間，參加了培訓，對參會者和謝明德做了訪談。這些年來，我們還與麥考文進行了一些非正式的、深入的對話以及正式的訪談。史來家也訪談了組織美國靈性之旅的其他美國道教徒。

隨著我們研究項目的進展，我們一些從事道教研究的學術界同事——康思奇和孔麗維——越來越積極地去做大眾講師、道教退修活動或修煉之旅的組織者。他們也成為我們正在研究現象的一部分，但他們漢學家的身份與訓練，讓他們與夢道者有著不一樣的視角。經康思奇同意，我們決定將他納入我們的敘事，尤其是在第六章，作為我們聚焦夢道者主要故事的一種對照。

2007年12月，在香港由孔麗維組織的第四屆道教研究會議上，宗樹人與康思奇第二次會面。康思奇和宗樹人在彼此並不知情的情況下，被安排在同一個發言小組中，在會上宣讀各自有關在華山民族志研究成果的論文，描述相同的修道團體和個人。「人類學家」和他的「對象」或「信息提供者」作為學術界同事，宣讀對同一個場域的研究成果。我們在研討會前一個晚上分享了發言要點，避免在民族志敘述中出現任何可能令人尷尬的矛盾（好在一點也沒有，儘管我們的發言有著極為不同的視角）。

多年來，我們與孔麗維、康思奇和他的妻子唐鄉恩進行過多次對話及訪談，唐鄉恩也是陳道長的徒弟，她是道教基金會創始主任，還在傳統中醫藥領域開展臨床實踐。我們的幾位主角，包括孔麗維、麥考文和康思奇都出席了我們在第六章提到的2010年6月在洛杉磯羅耀拉馬利蒙特大學舉行的第六屆道教研究大會；在兩天時間裡，我們對他們進行了訪談，寫了關於他們的文章，並在他們既是評論人又是聽眾的小組中宣讀了有關他們的論文。他們對我們工作的評論隨後也整合到我們的書稿中。從2011年開始，孔麗維組織了一個行程類似於麥考文夢道之旅的「老子的足跡」之旅。史來家幫助組織了這次老子之旅，他的一些學生因為可以獲得學分，也參加了這次旅行。史來家於2011年3月參加了康思奇加拉格爾灣道教協會的一次退修活動。

與此同時，在中國方面，宗樹人五次獨自回到華山。2004年8月，他在山下的玉泉院道士的住處待了一個星期，他和陳道長、胡道長等多位道長長談。2006、2007、2008和2013年的夏天，宗樹人還與郝道長一起呆在仙台的洞窟群中。此外，2005至2016年間，宗樹人每年夏天都會與陳道長在成都進行密集訪談，陳道長在那裡以城中隱士的身份重返世俗生活。宗樹人還與北京、華山和成都的其他道士進行了交談和訪談。在大多數情況下，我們在事後（通常在同一天晚上）盡可能及時根據記憶寫下我們談話的內容；有時，我們也會把對話錄音轉成文字。

（五）化名

關於化名説明如下：麥考文、康思奇、謝明德、唐鄉恩、孔麗維和我們提到的其他旅行團負責人都是美國道教小圈子中的公眾人物，我們在敘述中用真名稱呼他們。然而，儘管我們幾位主要的中國主角慷慨地分享自己的時間與我們進行研究合作，但他們並不願大事宣揚，以符合其道家的職業要求及個人傾向。顧及到他們的慎重態度，我們使用了化名（「郝道長」、「胡道長」、「黑道長」、「濮道長」）稱呼他們，或者有時候並沒有特別指出某道士的的意見是誰講的。我們也將只有郝道長居住的華山洞穴改名為「仙台」。陳道長最初同意參加這項研究，條件是匿名，我們在本書草稿中稱他為「溫道長」。但是，當宗樹人把完成的書稿內容講給他聽之後，他改變了主意，要求使用他的真名陳宇明。我們採訪過的其他道士和夢道者都是用匿名或化名。

（六）偏見之省思

完成本書草稿後，我們和三位主角——陳道長、麥考文和康思奇分享了手稿，期待聽到他們的反饋意見。看到自己被對象化自然是一個令人不安的時刻，我們感激他們三人的寬宏大量，因為他們三人收到的文字並不都是恭維話。他們的回應認可了我們敘事的總體結構，並提供了大量更正和豐富的補充材料。他們還使我們對一些造成我們呈現和構建敘事方式以及分析的結論的偏見進行省思。他們中的每一個人都各自對自己與其他兩個人的話語有關係的部分做了字斟句酌的提煉，表明他們對其身份和主張的自反性增強了——這是旨在描述權威和本真性話語的本書始料未及的效果。

三位的回應風格和重點皆有不同。麥考文細緻到回應每一章，通過往來電郵向我們發送了超過六十五頁的評論。他直接參與完成了書中的理論框架——大體上他是同意的——但是在不同意的地方，他引用道教研究和人類學學術期刊的參考文獻來支持自己的觀點。值得注意的是，他的評論幫助我們批判性地優化了對德斯科拉本體論比較方法的運用。麥考文還指出了我們記錄中存在的一些偏差。他批評了這樣一個事實：在最初的草稿中，我們把各種夢道者都歸入同一個範疇「新世紀」修行者和「靈性遊客」。他強調，在夢道者中，人們可以發現有兩種「遊客」，一種是只有消費體驗的膚淺慾望，還有一種是潛心內丹的修行者，他們致力於超越主觀主義的西方自我意識。這種批評引導我們在對夢道者的敘述中採用更為細緻的表述。

麥考文還發現了一個更為基本的偏見，即認為目前在中國活動的道教最具本真性：

> 你目前的命題暗示西方人不可能擺脱其自身的文化條件，他們對氣的體驗只能加強西方文化中更大範圍的個人主義認同。西方人感受到的任何氣都是會消耗掉的氣，由大山激發出來，但仍不是本真的道教之炁。實際上，你是加強了我遇到的中國人的共同觀念，就是許多中國人都有的排外思想，認為西方人不可能體驗到氣，氣是某種如此深層而神秘的東西，以至於它只會留給真正的中國人，而非外邦蠻夷。[8]

儘管我們盡可能保持公正，但還是要承認個人傾向和學術訓練可能會讓人難以擺脱一些偏見。在個體層面上，如果我們學習中文、在中國生活，並且在中國做宗教的田野研究，那正是因為在我們自己的生活和職業生涯中，可以不借助西方中介，直接地、徹底地獲得中國文化和宗教的信息。[9]宗教研究和道教研究的學術領域尤為青睞歷史學、經典和儀式傳統的民族志研究——就道教而言，目前所有這些儀式活動都主要還在中國——而不是當代西

8.　2016年4月8日，麥考文給宗樹人的電郵。

9.　這個判斷比較適用於宗樹人的學術研究，但是史來家本科時也學過中文，在中國生活和工作過，每年訪問一次中國。

方的創新。主流人類學仍然偏愛非西方的「本地」民族。社會學雖然對現代宗教的創新和全球化問題表現出更持久的興趣，但這門學科的高度批判性理論方法，使其很少有餘地對西方修行者的本真性主張產生共鳴。就本書而言，我們利用了這四門學科的研究和理論，它們在某種程度上似乎都導致對夢道者的結構性偏見。

康思奇對書稿的回應主要集中在糾正一些事實錯誤，並在他的傳記和我們討論他的觀點中增加了細節和精確性。他對書稿直接做了大量的編輯和補充；我們接受了其中大部分，因為它們包含著非常有用的額外資料和說明。關於第六章，康思奇寫道，「我發現這一章總體上公平、準確，我對此感到滿意」；然而，他對我們的敘事結構有一些看法，他寫道，我們這裡強調的「身份政治」僅是康思奇眾多生活和規劃中關注的一個點。事實上，他批評了這本書稿的早期版本，他從中看出了一種「三角互證的傾向」，即出於敘事的目的而並列和強化不同觀點。他認為，作品的某些維度過分強調那些並非在個體現實生活中佔有核心位置的觀點。康思奇提出了一些旨在彌補這種情況的改動；但是我們承認，我們所採用的敘事結構確實凸顯了我們主角和我們講述的故事有關的生活及觀點。沒有任何敘事結構可以徹底公平地對待他們的生活、修煉，以及他們的觀點，我們必須記住，作為活生生的人，他們無限地超出了任何敘事或分析可能傳達的東西。關於第六章，康思奇還寫道，它「有青睞胡道長、孔麗維、陳宇明以及麥考文的傾向」。對他而言，我們的偏見有利於中國道士和靈性企業家**兩者**。對於後面這種情況，儘管我們的學科普遍存在固有的偏見，但毫無疑問我們對宗教創新和全球傳播持贊同態度，我們沒有發現美國療癒之道和夢道者有什麼令人反感的地方，這在道教歷史上和宗教全球化過程中也是天然**有趣**和**重要**的現象。

由於陳宇明不懂英文，2015年10月和2016年5月在成都舉行為期數日的會面期間，宗樹人向他講述了手稿內容，並對其評論進行錄音。陳宇明的評論主要是進一步闡述了道教修煉的概念和歷史；他只是建議對他的師父薛泰來的故事改正一個小的時間點。關於他自己生活和觀點的細節，他未提出任何更正或補充。他指出：「這本書對我來說是一面很好的鏡子，可以回顧和反思自己的變化。聽到你描述關於我的事情，一直有點難以承受哦！多年來，我經歷了這麼多的曲折反覆，這是一個痛苦的過程。」當被問及是否要糾正我們敘述中有關他的任何事實錯誤時，他回答說：

> 我不在乎，真的不在乎。最重要的事情是告訴大家正確的觀點……因為我做了很多不好的事情，我不能告訴任何人，所以沒有人會知道，我也不會因此而遭到批評。如果這本書裡有寫關於我的不真實的事，我因此而受到批評，那麼它會〔對於我在其他事情上應得的批評而〕使我得到補償。所以，這是最好的結果了。[10]

陳宇明對本書的分析框架做出了富有洞見的回應，我們吸收了他的一些關於道教修煉的陳述。然而，與許多不斷通過中西比較的棱鏡來審視和對比中國文化的中國知識分子不同，陳宇明並沒有把西方的文化或宗教而是把佛教當做道教話語的陪襯。正是通過他對佛教批判的棱鏡，他（錯誤地？）解釋了我們對實體自我和天人合一宇宙論的對照，他將實體自我的尋求與他所理解的佛教僅關注自我、滅盡自我而和宇宙無關聯繫起來。對陳宇明而言，靈性個人主義是由佛教傳入中國的；它將道教轉變成一種向內的修煉，不關心世界或宇宙，這是道教衰亡的主要原因，也導致中國人屈從政治權威。陳宇明認為西方也難免這種具有破壞性的影響。當我們解釋涂爾幹關於神聖的社會建構理論時，他也將其等同於佛教，這可以視為對後現代主義的一種批判：「首先，他們說你感知到的東西沒有內在本質——它只是你思想的一種產物；於是，一旦他們使你確信你的實體只不過是一種暫時的精神建構，他們就會讓你相信任何他們為你建構的精神世界！」[11] 陳宇明對道教修煉和佛教極為深入的闡述令人著迷，由於這些會佔用太多空間，讓我們遠離敘事的線索，所以很不幸，我們沒有在修訂中收入其中的絕大部分內容。我們編輯上的裁剪表明，我們採取對話研究方式融入到寫作有多大的局限性。

在回應我們對本書的分析結論時，陳宇明表示，他對我們提出的關於新道教「第三種文化」突破並超越當前世界體系結構的可能性問題不感興趣：

> 即使這次突破實現了，導致社會的變革，它也無法維持下去。這與中國或美國無關。所有這些要改變世界的願望都是從自我的立場出發的——但天地的立場是什麼呢？為什麼這些問題從未解決？因為我們在這裡。如果我們不在這裡，那就沒有問題了；實際上，我們需要解決的問題是我們自己。中國人有一句老話：「世上本無事，庸

10. 2015年10月23日，成都，宗樹人對陳宇明的訪談。
11. 2015年10月23日，成都，宗樹人對陳宇明的訪談。

人自擾之。」世界本來處於一種寧靜的狀態，沒有任何問題；為什麼會出現這麼多的紛爭？因為愚昧的人類不斷地搞事——只要與道合一，不要擔心教理的榮與衰……花雖敗，根猶在。[12]

12. 2016年5月26日，成都，宗樹人對陳宇明的訪談。

參考書目

外文書目

Albanese, Catherine L. *A Republic of Mind and Spirit: A Cultural History of American Metaphysical Religion*. New Haven, CT: Yale University Press, 2007.

Altglas, Véronique. *From Yoga to Kabbalah: Religious Exoticism and the Logics of Bricolage*. Oxford: Oxford University Press, 2014.

———. *Le nouvel hindouisme occidental*. Paris: CNRS, 2005.

Althusser, Louis. "Ideology and Ideological State Apparatuses (Notes towards an Investigation)." In *Lenin and Philosophy and Other Essays*. New York: Monthly Review Press, 1971. https://www.marxists.org/reference/archive/althusser/1970/ideology.htm (accessed July 13, 2015).

Andersen, Poul. "A Visit to Huashan." *Cahiers d'Extrême-Asie* 5 (1990): 349–54.

Augé, Marc. *NonPlaces: Introduction to an Anthropology of Supermodernity*. London: Verso, 1995.

Bauman, Zygmunt. *Liquid Times: Living in an Age of Uncertainty*. Cambridge: Polity Press, 2007.

———. *Postmodernity and Its Discontents*. Cambridge: Polity Press, 2013.

Belamide, Paulino. "Taoism and Healing in North America: The Healing Tao of Mantak Chia." *International Review of Chinese Religion and Philosophy* 5 (2000): 245–89.

Bellah, Robert Neelly, Richard Madsen, William M. Sullivan, Ann Swidler, and Steven M. Tipton. *Habits of the Heart: Individualism and Commitment in American Life*. Berkeley: University of California Press, 1985.

Bernbaum, Edwin. *Sacred Mountains of the World*, 2nd ed. Berkeley: University of California Press, 1997.

Beyer, Peter. *Religion and Globalization*. London: Sage, 1994.

———. *Religions in Global Society*. London: Routledge, 2006.

Blofeld, John. *My Journey in Mystic China: Old Pu's Travel Diary*. Translated by Daniel Reid. Rochester, VT: Inner Traditions, 2008.

Bourdieu, Pierre. "Genesis and Structure of the Religious Field." *Comparative Social Research* 13 (1991): 1–44.

———. "Sociologists of Belief and Beliefs of Sociologists." Translated by Véronique Altglas and Matthew Wood. *Nordic Journal of Religion and Society* 23, no. 1 (2010): 1–7.

Bradbury, Steve. "The American Conquest of Philosophical Taoism." In *Translation East and West: A Cross Cultural Approach*, edited by Comelia N. Moore and Lucy Lower, 29–41. Honolulu: University of Hawai'i Press, 1992.

Bremer, Thomas S. *Blessed with Tourists: The Borderlands of Religion and Tourism in San Antonio*. Chapel Hill: University of North Carolina Press, 2004.

———. "Sacred Spaces and Tourist Places." In *Tourism, Religion and Spiritual Journeys*, edited by Dallen J. Timothy and Daniel H. Olsen, 25–35. London: Routledge, 2006.

Brindley, Erica Fox. *Individualism in Early China: Human Agency and the Self in Thought and Politics*. Honolulu: University of Hawai'i Press, 2010.

Buswell, Robert E. *The Zen Monastic Experience: Buddhist Practice in Contemporary Korea*. Princeton, NJ: Princeton University Press, 1992.

Carrette, Jeremy R., and Richard King. *Selling Spirituality: The Silent Takeover of Religion*. London: Routledge, 2005.

Carroll, Bret E. *Spiritualism in Antebellum America*. Bloomington: Indiana University Press, 1997.

Chang, Jolan. *The Tao of Love and Sex: The Ancient Chinese Way to Ecstasy*. New York: Dutton, 1977.

Chau, Adam Yuet. "Modalities of Doing Religion." In *Chinese Religious Life*, edited by David A. Palmer, Glenn Shive, and Philip L. Wickeri, 67–84. New York: Oxford University Press, 2010.

———. "Religious Subjectification: The Practice of Cherishing Written Characters and Being a Ciji (Tzu Chi) Person." In *Chinese Popular Religion: Linking Fieldwork and Theory, Papers from the Fourth International Conference on Sinology*, edited by Chang Hsun, 75–113. Taipei: Academia Sinica, 2013.

Chia, Mantak. *Awaken Healing Energy through the Tao: The Taoist Secret of Circulating Internal Power*. New York: Aurora Press, 1983.

———. (Written with Michael Winn). *Taoist Secrets of Love: Cultivating Male Sexual Energy*. Santa Fe, NM: Aurora Press, 1984.

Chia, Mantak, and Maneewan Chia. *Awaken Healing Light of the Tao*. Chiang Mai, Thailand: Universal Tao Publications, 1993.

Chia, Mantak, Maneewan Chia, Douglas Abrams, and Rachel Carlton Abrams. *The Multi-Orgasmic Couple: Sexual Secrets Every Couple Should Know*. New York: HarperOne, 2002.

Chidester, David, and Edward T. Linenthal. "Introduction" to *American Sacred Space*, edited by David Chidester and Edward T. Linenthal, 6–19. Bloomington: Indiana University Press, 1995.

Clarke, J. J. *Jung and Eastern Thought: A Dialogue with the Orient*. London: Routledge, 1994.

———. *The Tao of the West: Western Transformations of Taoist Thought*. London: Routledge, 2000.

Clifford, James, and George E. Marcus, eds. *Writing Culture: The Poetics and Politics of Ethnography*. Berkeley: University of California Press, 1986.

Coleman, John. *The New Buddhism: The Western Transformation of an Ancient Tradition*. New York: Oxford University Press, 2001.

Csordas, Thomas J. "Introduction: Modalities of Transnational Transcendence." In *Transnational Transcendence: Essays on Religion and Globalization*, edited by Thomas J. Csordas, 1–30. Berkeley: University of California Press, 2009.

———. *The Sacred Self: A Cultural Phenomenology of Charismatic Healing*. Berkeley: University of California Press, 1997.

Davies, Charlotte Aull. *Reflexive Ethnography: A Guide to Researching Selves and Others*, 2nd ed. London: Routledge, 2008.

Davis, Edward L. *Society and the Supernatural in Song China*. Honolulu: University of Hawai'i Press, 2001.

Dean, Kenneth. "Daoism, Local Religious Movements, and Transnational Chinese Society: The Circulation of Daoist Priests, Three-in-One Self-Cultivators, and Spirit Mediums between Fujian and Southeast Asia." In *Daoism in the Twentieth Century: Between Eternity and Modernity*, edited by David A. Palmer and Xun Liu, 251–73. Berkeley: University of California Press, 2011.

———. *Lord of the Three in One: The Spread of a Cult in Southeast China*. Princeton, NJ: Princeton University Press, 1998.

———. Princeton, NJ: Princeton University Press, 1993.

Deng Ming-Dao. *Chronicles of Tao: The Secret Life of a Taoist Master*. San Francisco: HarperOne, 1993.

———. *Gateway to a Vast World*. New York: Harper & Row, 1989.

———. *Seven Bamboo Tablets of the Cloudy Satchel*. New York: Harper & Row, 1987.

———. *The Wandering Taoist*. New York: Harper & Row, 1983.

Descola, Philippe. *Beyond Nature and Culture*. Translated by Janet Lloyd. Chicago: University of Chicago Press, 2013.

Dott, Brian R. *Identity Reflections: Pilgrimages to Mount Tai in Late Imperial China*. Cambridge, MA: Harvard University Press, 2005.

Duara, Prasenjit. *The Crisis of Global Modernity: Asian Traditions and a Sustainable Future*. Cambridge: Cambridge University Press, 2015.

Dumont, Jean-Paul. *The Headman and I: Ambiguity and Ambivalence in the Fieldworking Experience*. Austin: University of Texas Press, 1978.

Eliade, Mircea. *The Sacred and the Profane: The Nature of Religion*. Translated by Willard W. Trask. New York: Harcourt, Brace and World, 1958.

———. *Patterns of Comparative Religion*. Translated by Sheed Rosemary. London: Sheed & Ward, 1958.

Ellsberg, Robert, ed. *Modern Spiritual Masters: Writings on Contemplation and Compassion*. Maryknoll, NY: Orbis, 2008.

Eskildsen, Stephen. *The Teachings and Practices of the Early Quanzhen Taoist Masters*. Albany: State University of New York Press, 2004.

Esposito, Monica. "The Different Versions of the *Secret of the Golden Flower* and Their Relationship with the Longmen School." *Transactions of the International Conference of Eastern Studies* 43 (1998): 90–109.

———. *Facets of Qing Daoism*. Wil, Switzerland: UniversityMedia, 2014.

Farquhar, Judith. *Ten Thousand Things: Nurturing Life in Contemporary Beijing*. New York: Zone Books, 2012.

Feuchtwang, Stephan. "Too Ontological, Too Rigid, Too Ahistorical but Magnificent." *Hau: Journal of Ethnographic Theory* 4, no. 3 (2014): 383–87.

Foucault, Michel. *Dits et écrits 1954–1988: IV 1980–1988*. Paris: Gallimard, 1994.

———. *The Use of Pleasure: Volume 2 of the History of Sexuality*. Translated by Robert Hurley. New York: Vintage Books, 1990.

Frøystad, Kathinka. "The Return Path: Anthropology of a Western Yogi." In *Transnational Transcendence: Essays on Religion and Globalization*, edited by Thomas J. Csordas, 279–304. Berkeley: University of California Press, 2009.

Giddens, Anthony. *Modernity and Self-Identity: Self and Society in the Late Modern Age*. Stanford, CA: Stanford University Press, 1991.

Girardot, Norman J. "My Way: Reflections on Thirty Years of Teaching Taoism." Unpublished article.

———. "Teaching Taoism." Introductory comments in the panel of the *American Academy of Religion Annual Meeting*, Nashville, TN, November 18, 2000.

———. *The Victorian Translation of China: James Legge's Oriental Pilgrimage*. Berkeley: University of California Press, 2002.

Girardot, Norman J., James Miller, and Liu Xiaogan, eds. *Daoism and Ecology: Ways within a Cosmic Landscape*. Cambridge, MA: Harvard University Center for the Study of World Religions, 2001.

Goossaert, Vincent. "Daoists in the Modern Chinese Self-Cultivation Market: The Case of Beijing, 1850–1949." In *Daoism in the Twentieth Century: Between Eternity and Modernity*, edited by David A. Palmer and Xun Liu, 123–53. Berkeley: University of California Press, 2011.

———. "The Invention of an Order: Collective Identity in Thirteenth Century Quanzhen Taoism." *Journal of Chinese Religions* 29 (2011): 111–38.

———. "La création du taoïsme moderne: l'ordre Quanzhen." PhD diss., École Pratique des Hautes Études, Section des Sciences Religieuses, 1997.

———. "L'alchimie intérieure réhabilitée? (Notes critiques)." *Revue d'histoire des religions* 215, no. 4 (1998): 493–507.

———. *The Taoists of Peking, 1800–1949: A Social History of Urban Clerics*. Cambridge, MA: Harvard University Asia Center, 2007.

Goossaert, Vincent, and David A. Palmer. *The Religious Question in Modern China*. Chicago: University of Chicago Press, 2011.

Goossaert, Vincent, and Xun Liu, eds. *Quanzhen Daoists in Chinese Society and Culture, 1500–2010*. Berkeley, CA: Institute of East Asian Studies, 2013.

Gottlieb, Roger S. *Spirituality: What It Is and Why It Matters*. New York: Oxford University Press, 2013.

Graburn, Nelson H. H. "Tourism: The Sacred Journey." In *Hosts and Guests: The Anthropology of Tourism*, edited by Valene Smith, 21–36. Philadelphia: University of Pennsylvania Press, 1989.

Granet, Marcel. *La Pensée chinoise*. Paris: Albin Michel, 1968 [1934].

Hahn, Thomas H. "The Standard Taoist Mountain and Related Features of Religious Geography." *Cahiers d'Extrême-Asie* 4 (1988): 145–56.

Hannerz, Ulf. *Transnational Connections: Culture, People, Places*. London: Routledge, 1996.

Hargett, James. *Stairway to Heaven: A Journey to the Summit of Mount Emei*. Albany: State University of New York Press, 2006.

Heelas, Paul. *The New Age Movement: The Celebration of the Self and the Sacralization of Modernity*. Oxford: Blackwell, 1996.

Heelas, Paul, David Martin, and Paul Morris. *Religion, Modernity and Postmodernity*. Oxford: Blackwell, 1998.

Herrou, Adeline. *A World of Their Own: Daoist Monks and Their Community in Contemporary China*. Translated by Livia Kohn. Dunedin, FL: Three Pines Press, 2013.

Hervieu-Léger, Danièle. *Religion as a Chain of Memory*. New Brunswick, NJ: Rutgers University Press, 2000.

Hodel, Bryan. "Tibetan Buddhism in the West: Is it Working Here? An Interview with Alan Wallace." Published in *Tricycle: The Buddhist Review* (Summer 2001), http://alanwallace.org/Tricycle%20Interview.pdf (accessed September 16, 2013).

Holorenshaw, Henry. "The Making of an Honorary Taoist." In *Changing Perspectives in the History of Science: Essays in Honour of Joseph Needham*, edited by Mikuláš Teich, 1–20. London: Heinemann, 1973.

Huang, Al Chungliang. "Once Again: A New Beginning." In *Tao: The Watercourse Way*, Alan Watts (with Huang), 123–27. New York: Pantheon Books, 1975.

Huntington, Samuel P. *The Clash of Civilizations and the Remaking of World Order*. New York: Simon & Schuster, 1996.

Ingold, Tim. *The Perception of the Environment: Essays on Livelihood, Dwelling and Skill*. London: Routledge, 2000.

Iwamura, Jane. "The Oriental Monk in American Popular Culture." In *Religion and Popular Culture in America*, rev. ed., edited by Bruce David Forbes and Jeffrey H. Mahan, 25–43. Berkeley: University of California Press, 2005.

Jackson, Carl T. *The Oriental Religions and American Thought: Nineteenth-Century Explorations*. Westport, CT: Greenwood Press, 1981.

Jain, Andrea R. *Selling Yoga: From Counterculture to Pop Culture*. Oxford: Oxford University Press, 2015.

Jammes, Jérémy, and David A. Palmer. "Occulting the Dao: Daoist Inner Alchemy, French Spiritism and Vietnamese Colonial Modernity in Caodai Translingual Practice." *Journal of Asian Studies* 77, no. 2 (2018): 405–28.

Jung, C. G. *The Secret of the Golden Flower: A Chinese Book of Life (with a European Commentary)*, 7th ed. Translated to German by Richard Wilhelm; translated to English by Cary F. Baynes; with a commentary by C. G. Jung. London: Kegan Paul, Trench, Trubner & Co., 1947 [1931].

Kirkland, Russell. "The Taoism of the Western Imagination and the Taoism of China: De-Colonializing the Exotic Teachings of the East." Unpublished paper, http://www.arches.uga.edu/~kirkland/rk/pdf/pubs.html (accessed February 1, 2009).

Kohn, Livia. *Chinese Healing Exercises: The Tradition of Daoyin*. Honolulu: University of Hawai'i Press, 2008.

———. *Daoism and Chinese Culture*. Cambridge, MA: Three Pines Press, 2001.

———, ed. *Daoist Body Cultivation: Traditional Models and Contemporary Practices*. Magdalena, NM: Three Pines Press, 2006.

———. *Meditation Works: In the Daoist, Buddhist, and Hindu Traditions*. Magdalena, NM: Three Pines Press, 2008.

———. "Quiet Sitting with Master Yinshi: Religion and Medicine in China Today." *Zen Buddhism Today* 10 (1993): 79–95.

———, ed. *The Taoist Experience: An Anthology*. Albany: State University of New York Press, 1993.

———, ed. *Taoist Meditation and Longevity Techniques*. Ann Arbor: University of Michigan, 1989.

Komjathy, Louis. "Conference on Daoist Cultivation: Summary Report." Unpublished paper presented at the Conference on Daoist Cultivation, organized by Komjathy, Vashon Island, Washington, May 9–13, 2001, http://www.daoistcenter.org/Cultivation.pdf (accessed July 31, 2016).

———. *Cultivating Perfection: Mysticism and SelfTransformation in Early Quanzhen Daoism*. Leiden, Netherlands: Brill, 2007.

———. "Daoism: From Meat Avoidance to Compassion-Based Vegetarianism." In *Call to Compassion: Reflections on Animal Advocacy in World Religions*, edited by Lisa Kemmerer and Anthony J. Nocella II, 83–103. New York: Lantern Books, 2011.

———. *Daoism: A Guide for the Perplexed*. London: Bloomsbury, 2014.

———. *The Daoist Tradition: An Introduction*. London: Bloomsbury, 2013.

———. "Field Notes from a Daoist Professor." In *Meditation and the Classroom: Contemplative Pedagogy for Religious Studies*, edited by Judith Simmer-Brown and Fran Grace, 95–103. Albany: State University of New York Press, 2011.

———. "Living among Daoists: Daily Quanzhen Monastic Life." Unpublished paper presented at the Fourth International Conference on Daoist Studies, Hong Kong Institute of Education, 2007.

———. "Möbius Religion: The Insider/Outsider Question." In *Religion: A Next-Generation Handbook for Its Robust Study*, edited by Jeffrey Kripal, 305–23. New York: Palgrave Macmillan, 2016.

———. "Qigong in America." In *Daoist Body Cultivation: Traditional Models and Contemporary Practices*, edited by Livia Kohn, 203–36. Magdalena, NM: Three Pines Press, 2006.

———. "Responses to *Dream Trippers* as an Adherent and ScholarPractitioner." Personal communication, 2015.

———. "Some Reflections on My Location in the Daoist Tradition." Personal communication, June 12, 2013.

———. *The Way of Complete Perfection: A Quanzhen Daoist Anthology, Selected, Translated, and with an Introduction by Louis Komjathy*. Albany: State University of New York Press, 2013.

Kripal, Jeffrey John. *Esalen: America and the Religion of No Religion*. Chicago: University of Chicago Press, 2007.

Lagerwey, John. *China: A Religious State*. Hong Kong: Hong Kong University Press, 2010.

———. "Droit divin et crise dynastique en Chine: les fondements religieux de la légitimité politique." In *Religion et politique en Asie: histoire et actualité*, edited by John Lagerwey, 49–56. Paris: Les Indes savantes, 2006.

———. "The Pilgrimage to Wutang Shan." In *Pilgrims and Sacred Sites in China*, edited by Susan Naquin and Yü Chünfang, 293–332. Berkeley: University of California Press, 1992.

Lassiter, Luke Eric. *The Chicago Guide to Collaborative Ethnography*. Chicago: University of Chicago Press, 2005.

Lau, Kimberly J. *New Age Capitalism: Making Money East of Eden*. Philadelphia: University of Pennsylvania Press, 2000.

Lee, Fongmao. "Transmission and Innovation: The Modernization of Daoist Inner Alchemy in Postwar Taiwan." In *Daoism in the Twentieth Century: Between Eternity and Modernity*, edited by David A. Palmer and Xun Liu, 196–227. Berkeley: University of California Press, 2011.

Lenoir, Frédéric. *Le bouddhisme en France*. Paris: Fayard, 1999.

Lindholm, Charles. *Culture and Authenticity*. Malden, MA: Blackwell, 2008.

Liu, Xun. *Daoist Modern: Innovation, Lay Practice, and the Community of Inner Alchemy in Republican Shanghai*. Cambridge, MA: Harvard University Press, 2009.

Liu, Xun, and Vincent Goossaert, eds. *Quanzhen Daoists in Chinese Society and Culture, 1500–2010*. Berkeley, CA: Institute of East Asian Studies, 2013.

MacCannell, Dean. *The Tourist: A New Theory of the Leisure Class*. Berkeley: University of California Press, 1999.

Madsen, Richard, and Elijah Siegler. "The Globalization of Chinese Religions and Traditions." In *Chinese Religious Life*, edited by David A. Palmer, Glenn Shive, and Philip L. Wickeri, 227–40. New York: Oxford University Press, 2010.

Marcus, George E. *Ethnography through Thick and Thin*. Princeton, NJ: Princeton University Press, 1998.

Marsone, Pierre. *Wang Chongyang et la fondation du Quanzhen: ascètes taoïstes et alchimie intérieure*. Paris: Institut des Hautes Études chinoises, Collège de France, 2010.

Merleau-Ponty, Maurice. *Phenomenology of Perception*. Translated by James Edie. Evanston, IL: Northwestern University Press, 1962.

Merton, Thomas. *The Way of Chuang Tzu*. New York: New Directions, 1965.

Ming, Liu. *The Blue Book: A Text Concerning Orthodox Daoist Conduct*, 3rd ed. Santa Cruz, CA: Orthodox Daoism in America, 1998.

Morrison, Hedda, and Wolfram Eberhard. *Hua Shan: The Taoist Sacred Mountain in West China, Its Scenery, Monasteries, and Monks*. Hong Kong: Vetch and Lee, 1973.

Murray, Daniel M., and James Miller. "The Daoist Society of Brazil and the Globalization of Orthodox Unity." *Journal of Daoist Studies* 6 (2013): 93–114.

Naquin, Susan, and Yü Chünfang, eds. *Pilgrims and Sacred Sites in China*. Berkeley: University of California Press, 1992.

Nattier, Jan. "Who Is a Buddhist? Charting the Landscape of Buddhist America." In *The Faces of Buddhism in America*, edited by Charles S. Prebish and Kenneth Tanaka, 183–95. Berkeley: University of California Press, 1998.

Nussbaum, Martha Craven. *The Clash Within: Democracy, Religious Violence, and India's Future*. Cambridge, MA: Belknap Press, 2007.

Nyiri, Pal. *Scenic Spots: Chinese Tourism, the State, and Cultural Authority*. Seattle: University of Washington Press, 2006.

Obadia, Lionel. *Bouddhisme et Occident: la diffusion du bouddhisme tibétain en France*. Paris: L'Harmattan, 1999.

Ownby, David. *Falun Gong and the Future of China*. Oxford: Oxford University Press, 2008.

Palmer, David A. "China's Religious *Danwei*: Institutionalizing Religion in the Peoples' Republic." *China Perspectives* 4 (2009): 17–31.

———. "Chinese Redemptive Societies and Salvationist Religion: Historical Phenomenon or Sociological Category?" *Journal of Chinese Ritual, Theatre and Folklore* 172 (2011): 21–72.

———. "Daoism and Human Rights: Integrating the Incommensurable." In *Religious Perspectives on Human Rights and Bioethics*, edited by Joseph Tham, 139–44. Dordrecht, Netherlands: Springer, 2017.

———. "Dao and Nation. Li Yujie: May Fourth Activist, Daoist Cultivator and Redemptive Society Patriarch in Mainland China and Taiwan." In *Daoism in the Twentieth Century: Between Eternity and Modernity*, edited by David A. Palmer and Xun Liu, 173–95. Berkeley: University of California Press, 2011.

———. "Globalizing Daoism at Huashan: Quanzhen Monks, Danwei Politics, and International Dream Trippers." In *Quanzhen Daoists in Chinese Society and Culture, 1500–2010*, edited by Xun Liu and Vincent Goossaert, 113–40. Berkeley, CA: Institute of East Asian Studies, 2013.

——. *Qigong Fever: Body, Science and Utopia in China*. New York: Columbia University Press, 2007.

——. "Transnational Sacralizations: When Daoist Monks Meet Spiritual Tourists." *Ethnos: Journal of Anthropology* 79, no. 2 (2014): 169–92.

Palmer, David A., and Elijah Siegler. "'Healing Tao USA' and the History of American Spiritual Individualism." *Cahiers d'Extrême-Asie* 26 (2017).

Palmer, David A., Glenn Shive, and Philip L. Wickeri, eds. *Chinese Religious Life*. New York: Oxford University Press, 2010.

Palmer, David A., and Xun Liu, eds. *Daoism in the Twentieth Century: Between Eternity and Modernity*. Berkeley: University of California Press, 2011.

——. "Introduction: The Daoist Encounter with Modernity." In Palmer and Liu, *Daoism in the Twentieth Century*, 1–19.

Pieterse, Jan Nederveen. *Globalization and Culture: Global Mélange*. Lanham, MD: Rowman & Littlefield, 2009.

Porter, Bill. *Road to Heaven: Encounters with Chinese Hermits*. San Francisco: Mercury House, 1993.

Prebish, Charles S. *Luminous Passage: The Practice and Study of Buddhism in America*. Berkeley: University of California Press, 1999.

Pregadio, Fabrizio. *The Way of the Golden Elixir: An Introduction to Taoist Alchemy*. Mountain View, CA: Golden Elixir Press, 2014 [2012].

Puett, Michael J. *To Become a God: Cosmology, Sacrifice, and Self-Divinization in Early China*. Cambridge, MA: Harvard University Press, 2002.

Robbins, Joel. "Is the Trans in *Transnational* the Trans in *Transcendent*? On Alterity and the Sacred in the Age of Globalization." In *Transnational Transcendence: Essays on Religion and Globalization*, edited by Thomas J. Csordas, 55–72. Berkeley: University of California Press, 2009.

Robertson, Jennifer. "Reflexivity Redux: A Pithy Polemic on 'Positionality.'" *Anthropology Quarterly* 75, no. 4 (2002): 785–92.

Robinet, Isabelle. *Taoist Meditation: The MaoShan Tradition of Great Purity*. Albany: State University of New York Press, 1993.

——. *The World Upside Down: Essays on Taoist Internal Alchemy*. Translated and edited by Fabrizio Pregadio. Mountain View, CA: Golden Elixir Press, 2011.

Robson, James. *Power of Place: The Religious Landscape of the Southern Sacred Peak (Nanyue) in Medieval China*. Cambridge, MA: Harvard University Press, 2009.

Rocha, Leon Antonio. "The Way of Sex: Joseph Needham and Jolan Chang." *Studies in History and Philosophy of Biology and Biomedical Sciences* 43, no. 3 (2012): 611–26.

Roof, Wade Clark. *Spiritual Marketplace: Baby Boomers and the Remaking of American Religion*. Princeton, NJ: Princeton University Press, 1999.

Roth, Harold David. *Original Tao: Inward Training (NeiYeh) and the Foundations of Taoist Mysticism. Translations from the Asian Classics*. New York: Columbia University Press, 1999.

Said, Edward W. *Orientalism*. New York: Vintage Books, 2003 [1978].

———. "Orientalism Reconsidered." *Cultural Critique* 1 (Fall 1985): 89–107.

Samsom, Will. "The New Monasticism." In *The New Evangelical Social Engagement*, edited by Brian Steensland and Philip Goff, 94–108. Oxford: Oxford University Press, 2014.

Saso, Michael R. *Taoism and the Rite of Cosmic Renewal*, 2nd ed. Pullman: Washington State University Press, 1990.

———. *The Teachings of Taoist Master Chuang*. New Haven, CT: Yale University Press, 1978.

Schipper, Kristofer. *La religion de la Chine: la tradition vivante*. Paris: Fayard, 2008.

———. "Taoism: The Story of the Way." In *Taoism and the Arts of China*, edited by Stephen Little and Shawn Eichman, 33–56. Berkeley: University of California Press, 2000.

———. *The Taoist Body*. Berkeley: University of California Press, 1993.

Schipper, Kristofer, and Franciscus Verellen, eds. *The Taoist Canon: A Historical Companion to the Daozang*. Chicago: University of Chicago Press, 2004.

Seager, Richard Hughes, ed. *The Dawn of Religious Pluralism: Voices from the World's Parliament of Religion, 1893*. LaSalle, IL: Open Court Press, 1993.

Seidel, Anna. "The Image of the Perfect Ruler in Early Taoist Messianism: LaoTzu and Li Hung." *History of Religions* 9, no. 2/3 (1969–1970): 216–47.

———. "Taoism: The Unofficial High Religion of China." *Taoist Resources* 7, no. 2 (1997): 39–72.

Sen, Amartya. *Identity and Violence: The Illusion of Destiny*. New York: W. W. Norton & Company, 2006.

Shackley, Myra L. *Managing Sacred Sites: Service Provision and Visitor Experience*. London: Thomson Learning, 2001.

Shahar, Meir. *The Shaolin Monastery: History, Religion, and the Chinese Martial Arts*. Honolulu: University of Hawai'i Press, 2008.

Siegler, Elijah. "'Back to the Pristine': Identity Formation and Legitimation in Contemporary American Daoism." *Nova Religio* 14, no. 1 (2010): 45–66.

———. "Chinese Traditions in Euro-American Society." In *Chinese Religions in Contemporary Societies*, edited by James Miller, 257–80. Santa Barbara, CA: ABC-CLIO, 2006.

———. "The Dao of America: The History and Practice of American Daoism." PhD diss., University of California at Santa Barbara, 2003.

———. "Daoism beyond Modernity: The 'Healing Tao' as Postmodern Movement." In *Daoism in the Twentieth Century: Between Eternity and Modernity*, edited by David A. Palmer and Xun Liu, 274–92. Berkeley: University of California Press, 2011.

Silvers, Brock. *The Taoist Manual: An Illustrated Guide Applying Taoism to Daily Life*. Honolulu: Sacred Mountain Press, 2005.

Solignac, Aimé, and Michel Dupuy. "Spiritualité." In *Dictionnaire de spiritualité ascétique et mystique: Doctrine et Histoire*, edited by M. Viller et al., vol. 14, colonne 1142. Paris: Beauchesne, 1932–1995.

Spiegelberg, Frederic. *The Religion of No Religion*. Stanford, CA: James Ladd Delkin, 1953.

Srinivas, Tulasi. *Winged Faith: Rethinking Globalization and Religious Pluralism through the Sathya Sai Movement*. New York: Columbia University Press, 2010.

Stausberg, Michael. *Religion and Tourism: Crossroads, Destinations and Encounters*. London: Routledge, 2011.

Stein, Rolf. "Remarques sur les mouvements du Taoïsme politico-religieux au IIe siècle après JC." *T'oung Pao* 50 (1963): 42–59.

Strickmann, Michel. "History, Anthropology, and Chinese Religion: A Review Essay of the Teachings of Taoist Master Chuang by Michael Saso." *Harvard Journal of Asiatic Studies* 40, no. 1, June (1980): 201–48.

Taylor, Charles. *A Secular Age*. Cambridge, MA: Belknap Press, 2007.

Timothy, Dallen J., and Paul J. Conover. "Nature Religion, Self-Spirituality and New Age Tourism." *In Tourism, Religion and Spiritual Journeys*, edited by Dallen J. Timothy and Daniel H. Olsen, 139–55. London: Routledge, 2006.

Towler, Solala. *Embarking on the Way: A Guide to Western Taoism*. Dallas: Abode of the Eternal Tao, 1998.

Tsing, Anna Lauwenhaupt. *Friction: An Ethnography of Global Connection*. Princeton, NJ: Princeton University Press, 2005.

Turner, Victor. *Dramas, Fields and Metaphors: Symbolic Action in Human Society*. Ithaca, NY: Cornell University Press, 1974.

Turner, Victor, and Edith L. B. Turner. *Image and Pilgrimage in Christian Culture*. New York: Columbia University Press, 1995 [1978].

Tweed, Thomas A. "Asian Religions in the United States: Reflections on an Emerging Subfield." In *Religious Diversity and American Religious History*, edited by Walter H. Conser Jr. and Sumner B. Twiss, 189–217. Athens: University of Georgia Press, 1997.

Urban, Hugh B. *Magia Sexualis: Sex, Magic, and Liberation in Modern Western Esotericism*. Berkeley: University of California Press, 2006.

van der Veer, Peter. *The Modern Spirit of Asia: The Spiritual and the Secular in China and India*. Princeton, NJ: Princeton University Press, 2014.

———. "Spirituality in Modern Society." *Social Research* 76, no. 4 (Winter 2009): 1097–1120.

van Gulik, R. H. *Sexual Life in Ancient China: A Preliminary Survey of Chinese Sex and Society from ca. 1500 B.C. till 1644 A.D.* Leiden, Netherlands: BRILL, 1961.

Verellen, Franciscus, ed. "Cultes des sites et culte des saints en Chine." *Cahiers d'ExtrêmeAsie* 10, special issue, 1998.

von Glahn, Richard. *The Sinister Way: The Divine and the Demonic in Chinese Religious Culture*. Berkeley: University of California Press, 2004.

Wasserstrom, Steven M. *Religion after Religion: Gershom Scholem, Mircea Eliade, and Henry Corbin at Eranos*. Princeton, NJ: Princeton University Press, 1999.

Watts, Alan (with the collaboration of Al Chungliang Huang). *Tao: The Watercourse Way*. New York: Pantheon Books, 1975.

Weber, Max. *The Sociology of Religion*. Translated by Ephraim Fischoff. Boston: Beacon Press, 1971 [1920].

Weller, Robert P. *Resistance, Chaos, and Control in China: Taiping Rebels, Taiwanese Ghosts, and Tiananmen*. Seattle: University of Washington Press, 1994.

Wile, Douglas. *Art of the Bedchamber: The Chinese Sexual Yoga Classics including Women's Solo Meditation Texts*. Albany: State University of New York Press, 1992.

———. *Lost T'ai-chi Classics from the Late Ch'ing Dynasty*. Albany: State University of New York Press, 1996.

Willaime, Jean-Paul. "Religion in Ultramodernity." *In Theorizing Religion: Classical and Contemporary Debates*, edited by James A. Beckford and John Wallis, 77–89. Aldershot, UK: Ashgate, 2006.

Winn, Michael. "Daoist Alchemy as a Deep Language for Communicating with Nature." Paper presented at Vashon Island Conference of Daoist Scholars and Adepts, May 2001, http://www.healingtaousa.com/articles/taoalchemy_idx.html (accessed July 25, 2016).

———. "Daoist Internal Alchemy in the West." In *Internal Alchemy: Self, Society, and the Quest for Immortality*, edited by Livia Kohn and Robin Wang. Magdalena, NM: Three Pines Press, 2009. Excerpt online at http://www.healingtaousa.com/cgibin/articles.pl?rm=mode2&articleid=209 (accessed July 25, 2016).

———. "Daoist Methods of Dissolving the Heart-Mind." *Journal of Daoist Studies* 2 (2009), http://www.healingtaousa.com/cgibin/articles.pl?rm=mode2&articleid=97 (accessed July 25, 2016).

———. "Daoist Neidan: Lineage and Secrecy Issues Challenge for Western Adepts." *Journal of Daoist Studies* 1 (Spring 2008), http://www.healingtaousa.com/cgibin/articles.pl?rm=mode2&articleid=210 (accessed July 25, 2016).

———. "Foreword" to *Awaken Healing Energy through the Tao: The Taoist Secret of Circulating Internal Power*, by Mantak Chia. New York: Aurora Press, 1983.

———. "Magic Numbers, Planetary Tones and the Body: The Evolution of Daoist Inner Alchemy into Modern Sacred Science." Paper presented at International Daoism Conference, Boston University, 2003, http://www.healingtaousa.com/pdf/39.pdf (accessed July 25, 2016).

———. "The Quest for Spiritual Orgasm: Daoist and Tantric Sexual Cultivation in the West." Unpublished paper, 2002, http://www.healingtaobritain.com/p67magazinequestforspiritualorgasm.htm (accessed February 3, 2008).

———. "Taoist Alchemy and Breatharians: Five Days in a Huashan Cave." *QI Journal* 12, no. 1 (Spring 2002). Also available at http://www.healingtaousa.com/cgibin/articles.pl?rm=mode2&articleid=32 (accessed November 4, 2010).

———. "Taoist 'Dual Cultivation' and the Quest for Sexual Love." In Mantak Chia and Michael Winn, *Taoist Secrets of Love: Cultivating Male Sexual Energy*. Santa Fe, NM: Aurora Press, 1984.

———. "Transforming Sexual Energy with Water and Fire Alchemy." In *Daoist Body Cultivation: Traditional Models and Contemporary Practices*, edited by Livia Kohn, 151–78. Magdalena, NM: Three Pines Press, 2006. Excerpt online at http://www.healingtaousa.com/cgibin/articles.pl?rm=mode2&articleid=103 (accessed July 25, 2016).

Wu, Peiyi. "An Ambivalent Pilgrim to T'ai Shan in the Seventeenth Century." In *Pilgrims and Sacred Sites in China*, edited by Susan Naquin and Yü Chünfang, 65–88. Berkeley: University of California Press, 1992.

Yang, C. K. *Religion in Chinese Society: A Study of Contemporary Social Functions of Religion and Some of Their Historical Factors*. Berkeley: University of California Press, 1961.

Yang, Der-ruey. "Revolution of Temporality: The Modern Schooling of Daoist Priests in Shanghai at the Turn of the Twenty-First Century." In *Daoism in the Twentieth Century: Between Eternity and Modernity*, edited by David A. Palmer and Xun Liu, 47–80. Berkeley: University of California Press, 2011.

Yang, Fenggang. *Chinese Christians in America: Conversion, Assimilation, and Adhesive Identities*. University Park: Pennsylvania State University Press, 1999.

Yang, Mayfair. "Spatial Struggles: Postcolonial Complex, State Disenchantment, and Popular Reappropriation of Space in Rural Southeast China." *Journal of Asian Studies* 63, no. 3 (2004): 719–55.

Yü, Dan Smyer. *The Spread of Tibetan Buddhism in China: Charisma, Money, Enlightenment*. London: Routledge, 2012.

中文書目

陳宇明、孟宏。《華山——洞天福地》。西安：陝西旅遊出版社，2003。

蒲樂道（John Blofeld）。《老蒲遊記：一個外國人對中國的回憶》。香港：明報出版社，1990。

索引

按漢語拼音順序，**斜體**頁碼為插圖。

C

D

I

J

K

N

O

P

Q

T

U

V

W

Z

夢道華山

全球道教與現代靈性的困境

「《夢道華山》引人入勝，文筆優美簡潔。此書不但對嘗試了解道教的讀者尤其
要，更有助學者們以此為題材去研究當代文化如何切實地『塑造宗教』。」

——**苗建時**，崑山杜克大學

「這是一本吸引、富有洞察力且讀起來暢快的學術著作。《夢道華山》之所以特別
趣和珍貴，在於其能詳述道教在跨文化環境中的歷史、定義、關聯性和實用性，
準確剖析當中矛盾和歧義。這對研究道教在現今超物質主義的中國和崇尚個人主
的美國的發展貢獻良多。」

——**吉瑞德**，美國理海大學

在過往幾十年來，道教已經成為西方「非主流」靈性生活的一個面向。直至現在，
化的道教開始從美國和歐洲反過來影響中國的道教。

在《夢道華山》，宗樹人與史來家利用超過十年的民族志田野調查，訪問了不同的
士和西方來華者去追查洋化道教在當代中國的流傳。他們研究華山頂峰上修行群
的日常生活，並論及他們和現代中國社會的互動。他們追蹤國際道教「能量之旅」
路線，隨著這路線到訪中國不同的名勝。作者們藉此探討西方學者成為道教修行
和宣傳者後所帶來的論爭。本書研究了三個群體，包括中國隱士和道士、西方靈
追求者和修行學者，並生動地描寫他們的相遇。他們的互動既充滿誤解又幽默，
有時卻富啟發性和轉化力。《夢道華山》解構了中國和美國修煉者為追尋全球化世
中的本真性以平衡「天人感應」和「靈性個人主義」所帶來的焦慮、混亂和模糊性。

宗樹人 現為香港大學香港人文社會研究所暨社會學系教授。

史來家 現為美國查爾斯頓學院宗教研究學系教授。

封面圖片：華山下棋亭。史來家攝。

宗教 / 人類學 / 文化研究

香港大學出版社
HONG KONG UNIVERSITY PRESS

https://hkupress.hku.hk